RODRIGO BROTERO LEFÈVRE E A VANGUARDA DA ARQUITETURA NO BRASIL

Miguel Antonio Buzzar **RODRIGO BROTERO LEFÈVRE**

E A VANGUARDA DA ARQUITETURA NO BRASIL

edições Sesc

Sesc

SERVIÇO SOCIAL DO COMÉRCIO
Administração Regional no Estado de São Paulo

Presidente do Conselho Regional
Abram Szajman
Diretor Regional
Danilo Santos de Miranda

Conselho Editorial
Ivan Giannini
Joel Naimayer Padula
Luiz Deoclécio Massaro Galina
Sérgio José Battistelli

Edições Sesc São Paulo
Gerente Iã Paulo Ribeiro
Gerente adjunta Isabel M. M. Alexandre
Coordenação editorial Francis Manzoni, Clívia Ramiro, Cristianne Lameirinha
Produção editorial Antonio Carlos Vilela
Coordenação gráfica Katia Verissimo
Produção gráfica Fabio Pinotti
Coordenação de comunicação Bruna Zarnoviec Daniel

Para Lucia, Gui, Gabu

© Miguel Antonio Buzzar, 2019
© Edições Sesc São Paulo, 2019
Todos os direitos reservados

Preparação Luiz Guasco
Revisão Elen Durando, Mayara Freitas
Capa e projeto gráfico Victor Burton
Diagramação Anderson Junqueira

DADOS INTERNACIONAIS DE CATALOGAÇÃO NA PUBLICAÇÃO (CIP)

B989r Buzzar, Miguel Antonio
     Rodrigo Brotero Lefèvre e a vanguarda da arquitetura no Brasil / Miguel Antonio Buzzar. – São Paulo: Edições Sesc São Paulo, 2019. – 312 p. il.: fotografias, plantas, croquis.

     Bibliografia
     ISBN 978-85-9493-099-6

     1. Arquitetura Brasileira. 2. Historiografia. 3. Rodrigo Brotero Lefèvre. 4. Biografia. 5. Obras. I. Título. II. Lefèvre, Rodrigo Brotero.

                                  CDD 720.981

Edições Sesc São Paulo
Rua Cantagalo, 74 – 13º/14º andar
03319-000 – São Paulo SP Brasil
Tel. 55 11 2227-6500
edicoes@edicoes.sescsp.org.br
sescsp.org.br/edicoes
/edicoessescsp

SE FÔSSEMOS INFINITOS

Fôssemos infinitos
Tudo mudaria.
Como somos finitos
Muito permanece.

— Bertolt Brecht

SUMÁRIO

10 **APRESENTAÇÃO**

12 **EM VEZ DE PREFÁCIO**

24 **INTRODUÇÃO**

32 **A CATEDRAL DE LEFÈVRE**

CAPÍTULO 1

36 **O ESPAÇO DE CONVÍVIO NA ARQUITETURA MODERNA BRASILEIRA:**
O CASO DA ESCOLA PAULISTA

37 *Habitar e ser*

52 *As ideias de Artigas, a escola paulista, o convívio, o lazer e a formação: uma interpretação*

CAPÍTULO 2

54 **A ASSOCIAÇÃO DE RODRIGO BROTERO LEFÈVRE COM SÉRGIO FERRO E FLÁVIO IMPÉRIO**

55 *Residência Marietta Vampré*
60 *Residência Helládio Capisano*
65 *Edifícios São Paulo e Goiáz*
67 *Residência Bernardo Issler*
71 *Residência Cleômenes Dias Batista*
78 *Residência Sylvio Bresser Pereira*
82 *Outras residências projetadas nos anos 1960*
86 *Projetos escolares*
96 *Residência Juarez Brandão Lopes*

CAPÍTULO 3

106 **ORIGEM E FORMAÇÃO. ARQUITETURA BRASILEIRA E SUA HISTORIOGRAFIA**

107 *Reencontro, historiografia e projeto nacional*
110 *Projeto nacional e política nacional*
112 *Formação e historiografia: a operação de seleção*
118 *Arquitetura moderna brasileira: nacional por subtração. Técnica e participação*

CAPÍTULO 4

128 **ARQUITETURA BRASILEIRA, DESENVOLVIMENTO E TÉCNICA CONSTRUTIVA**

129 *Vanguarda do novo e do arcaico*
134 *Arquitetura e ideologia*
150 *Um sentido para a técnica*

CAPÍTULO 5

158 **INÍCIO DOS ANOS 1970: O PERCURSO INICIAL DE RODRIGO BROTERO LEFÈVRE**

159 *Uma nova arquitetura*
161 *Residência Pery Campos*
167 *Residência Dino Zammataro*
172 *Residência Carlos Alberto Ziegelmeyer*
178 *Residência Thomaz Farkas*
182 *Residência Frederico Brotero*

CAPÍTULO 6

188 **ARQUITETURA, DESENVOLVIMENTO E CONSTRUÇÃO**

189 *O lugar da arquitetura*
195 *Arquitetura moderna e a ausência de vanguarda: o trabalho na Hidroservice*
245 *Projetos independentes*

CAPÍTULO 7

248 **ARQUITETURA: UTOPIA E REALIDADE**

249 *Projeto de um acampamento de obra: uma utopia*
256 *Escola Técnica de Formação de Quadros de Saúde: realidade*

CONCLUSÃO

265 *Uma conclusão para a historiografia*
270 *Catedrais – ou, uma conclusão para a arquitetura*

ANEXO

274 *Manuscritos*

294 **REFERÊNCIAS BIBLIOGRÁFICAS**
304 **SOBRE O AUTOR**
306 **AGRADECIMENTOS**
308 **CRÉDITOS DAS IMAGENS**

APRESENTAÇÃO CONSTRUÇÃO DE POSSÍVEIS

Danilo Santos de Miranda
DIRETOR REGIONAL DO SESC SÃO PAULO

APRESENTAÇÃO

A criatividade humana busca caminhos para se expressar. Nessas trajetórias, explora campos específicos – arte, filosofia, ciência –, testa suas potencialidades e limites, inserindo-se em fluxos marcados por tradições e rupturas. O caso da arquitetura é especialmente complexo, na medida em que se trata de um terreno pleno de atritos: ação criativa movimentando-se entre saberes, materiais e demandas sociais.

Esse panorama ganha uma camada suplementar de complexidade quando abordamos a arquitetura brasileira, que se caracterizou pela mescla de adesão e subversão em relação a padrões elaborados *grosso modo* em outros contextos, bem como pelo convívio com uma circunstância nacional repleta de contradições. A aventura dos arquitetos modernos brasileiros ilustra com eloquência tais dinâmicas, o que testemunha sua relevância em nível global.

Apesar de tal relevância, cabe perguntar qual é o impacto cultural da história da arquitetura para além dos círculos especializados, principalmente no que se refere aos capítulos dessa história não dedicados às personalidades consagradas. Os brasileiros se acostumaram, notadamente nas grandes e médias cidades, com obras que revelam as idas e vindas do movimento moderno, mas isso não corresponde a um debate público amplo sobre o tema.

Daí a importância de publicações dedicadas a episódios menos alardeados, embora historicamente fundamentais. É o caso do itinerário criativo de Rodrigo Brotero Lefèvre, arquiteto paulistano pertencente a uma geração de profissionais que iniciaram seus percursos sob o impacto da inauguração de Brasília.

A turbulenta década de 1960 foi cenário para a eclosão da carreira de Lefèvre, marcada pela aproximação a Sérgio Ferro e Flávio Império: os três arquitetos, docentes na FAUUSP, constituíram o grupo conhecido como Arquitetura Nova, empenhados numa leitura crítica da escola paulista de arquitetura – cujo destaque residia na figura de Vilanova Artigas – em razão de sua suposta adesão ao desenvolvimentismo.

Os três arquitetos reivindicavam a democratização do acesso da população à arquitetura, bem como a valorização dos saberes e das condições de trabalho dos profissionais da construção civil. Desse quadro, surgiu o uso do teto em abóbada autoportante, uma das primeiras etapas da obra, cobrindo o canteiro e oferecendo proteção dos elementos naturais aos trabalhadores.

O recrudescimento da ditadura militar precipita o desmembramento do grupo; a partir de então, Rodrigo Brotero Lefèvre concilia a carreira acadêmica com sua atuação como arquiteto dentro e fora do país, num percurso precocemente interrompido por seu falecimento, em 1984. Desde então, sua obra mereceu uma atenção da literatura especializada desproporcional à sua importância, em geral circunscrita à sua experiência com o Grupo Arquitetura Nova. A edição de *Rodrigo Brotero Lefèvre e a vanguarda da arquitetura no Brasil*, fruto da pesquisa de Miguel Antonio Buzzar, busca minimizar tal carência.

Aproximar públicos ampliados dos processos históricos que redundaram na circunstância contemporânea pode ter importantes desdobramentos – a leitura crítica do presente está entre eles. Caso contrário, o campo cultural tende a se transformar num universo cifrado e hermético, arredio aos usos e reusos dos cidadãos.

EM VEZ DE PREFÁCIO
Sérgio Ferro

> **A** Miguel Antonio Buzzar sugeriu que eu escrevesse o prefácio de seu livro *Rodrigo Brotero Lefèvre e a vanguarda da arquitetura no Brasil*. Agradeci sua gentileza, mas me esquivei. Por duas razões. Primeira: seu livro não requer prefácio. É bem documentado, o material recolhido foi organizado como convém para sua tese – e ela é pertinente, inteligente e bem apresentada. O livro se basta, não precisa de esclarecimentos e muito menos de meus elogios. Como todo empreendimento feliz, traz em si mesmo sua própria justificação.

Destaco, entretanto, uma de suas qualidades menos evidente para o leitor: sua oportunidade. É tempo de acabar com o ostracismo profundamente injusto de Rodrigo. Éramos como três irmãos (convém logo chamar o Flávio Império para nossa conversa). Diferentes, sem dúvida, mas sem distâncias entre nós. As especificidades de cada um irrigavam os outros sem parcimônia (eu saí ganhando, eles certamente sabiam, mas nunca reclamaram). Entretanto, os favores sociais couberam mais ao Flávio e a mim. Culpa dele: Rodrigo sempre foi o mais rigoroso e intransigente em suas posições essenciais, o que o tornava o menos "sociável", mais ríspido nas respostas às provocações. Daí a injustiça do ostracismo. Essa ausência de distância, de recuo entre nós, torna inaceitável a distinção dos favores, como denuncia com justo vigor Miguel Buzzar a respeito da exposição dos 50 anos da FAUUSP. Se há que distribuí--los desigualmente, neste caso o Rodrigo deveria ser o mais contemplado: sua obra em arquitetura é bem maior do que a do Flávio ou a minha, sem contar com a exemplaridade pedagógica inigualável de sua tese.

Sem querer, já entrei pela segunda razão de minha esquiva: a ausência de recuo entre nós. Somos diferentes, repito. Como querer igualar com Flávio no teatro, no cinema ou na serigrafia? Ou com Rodrigo na inventividade técnica e até científica? Ele foi o inventor das vigotas curvas para a construção das abóbadas e de sua fabricação no canteiro; o descobridor da necessidade da igualdade das fórmulas das catenárias para anular empuxos horizontais se elas forem de alturas diferentes, como na residência Thomas Farkas. Sem contar com a demonstração, enquanto preparava o vestibular, de um teorema sobre a divisibilidade por 13, uma inutilidade primorosa, ou, no outro extremo, com a comovente ideia do punhado de argamassa aplicada à mão para encastoar tubos de água, como na residência Dino Zammataro (a "impressão digital do trabalhador", como diz Miguel Buzzar). Mas, mesmo assim, cada um mergulhava de cabeça na proposta sugerida pelo outro, com a maior confiança, muitas vezes sem nem mesmo saber nadar na novidade. Manet e Mallarmé, de quem copiei a metáfora, aplaudiriam. Mas, por essa mesma razão, não temos (tínhamos) como falar com isenção uns dos outros. E sem termos a impressão, ao falarmos, de estarmos falando descabidamente de nós mesmos.

Por essas duas razões me esquivei do prefácio.

Sugeri, entretanto, uma variante. Quando vim para a França, comecei a escavacar a história da arquitetura de modo mais intenso para testar a validade de nossas teses (tentar falsificá-las, como propõe K. Popper). Dispunha de boa documentação, de exemplos concretos por todos os lados da Europa e de um laboratório de pesquisas que eu dirigia (este foi-se). Resultado: até hoje não consegui falsificá--las (desmenti-las). Ao contrário, parecem extremamente resistentes, além de bem enraizadas na história – mas não somente na da arquitetura, como na da construção em geral. Em vez de prefácio, propus esquematizar de modo ultrassintético essa escavacação, essa arqueologia, e inscrever nela o que creio demonstrar nossa (dos três) coerência interna e implantação histórica. Surpresa: nossa história participa de outra, muito amarga, velha – mas com bolsões de resistência merecedores de respeito.

Miguel aceitou.

> **B**

Vamos lá.

Depois de destruir a colaboração simples entre os primeiros construtores das catedrais, a saída do desenho do canteiro, aproximadamente na metade do século XII, provoca a primeira grande divisão entre trabalho material e trabalho intelectual na produção arquitetural. Parte da atividade anterior do trabalhador coletivo, sobretudo a determinação da forma global do edifício e detalhes importantes, passa a constituir o domínio do protoarquiteto. Esse período de transição dura até a primeira metade do século XIV. Dele herdamos a segregação do desenho e o escondimento do canteiro. Primeira surpresa: o que Rodrigo constata no canteiro do Hospital das Clínicas em São Paulo, como conta Miguel Buzzar, data de mais de 800 anos.

Daí em diante domina a organização manufatureira do canteiro, ostensivamente instaurada por Brunelleschi, após precursores mais discretos. Ela serve a todas as variantes do classicismo, dos "neos" posteriores às diversas correntes do modernismo e do pós-modernismo. Ou seja, serve a toda a história de "nossa" arquitetura desde a Renascença. É preciso lembrar que a constituição manufatureira da construção é absolutamente indispensável para a saúde do capitalismo. Por isso é seu inseparável complemento.

Seu peso na economia e a composição orgânica de seu capital garantem o fornecimento de enorme massa de mais-valia indispensável para a acumulação primitiva (de capital) e, muito mais tarde, para resistir ao pesadelo do sistema após a primeira Revolução Industrial, a queda tendencial da taxa de lucros. A manufatura tem uma característica essencial: todo o *savoir* e *savoir-faire* necessários e indispensáveis para construir corretamente continuam concentrados nas mãos dos trabalhadores, apesar da venda de suas forças de trabalho. Sob o ponto de vista do capital, esse é seu defeito maior. Sob o ponto de vista dos trabalhadores, essa é sua maior virtude. Essa característica constitui o que Karl Marx chama subordinação (somente) formal do trabalho. (Somente) formal porque, sob o ângulo da técnica, pouca coisa muda com relação à que estava disponível antes da subordinação. No entanto, mudam as relações de produção. As decisões quanto à forma do todo continuam a ser privilégio do arquiteto. Mas para assegurar o poder do capital sobre o trabalho, ele introduz um universo plástico desconhecido pelos trabalhadores, que realizam esse universo com a velha técnica, obrigada por isso a abandonar seu próprio horizonte plástico e adotar, contorcendo-se, o imposto pelo desenho. Questão (também) de luta simbólica. Cresce ainda mais a divisão do trabalho e sua degradação enquanto aumenta a quantidade e o detalhamento formal dos desenhos. Como toda a técnica construtiva continua a ser determinação exclusiva do canteiro, torna-se uma arma de resistência poderosa contra a dominação do capital sobre a força de trabalho. Para D. Harvey, esses *savoir* e *savoir-faire* constituem "monopólios" operários. Como os monopólios do capital, servem na luta de classes – em sentido inverso, evidentemente. Durante séculos, na legalidade ou na ilegalidade, os *métiers* "monopolizáveis" conduziram a resistência e a formação operária: a época dos *compagnons*. Adequados à ação direta, eles reforçam na segunda metade do século XIX as afinidades "naturais" dos canteiros com o anarquismo. O sindicalismo emergente na Terceira República, posterior à Comuna de Paris de 1871, dominado por gente de pequenas e médias manufaturas e artesãos diversos, logo se radicaliza e se transforma no agressivo, exigente e combativo sindicalismo revolucionário de tendência anarquista. Os trabalhadores da construção destacam-se no seu comando[1]. Ocupando-se o menos possível com questões habituais nas lutas sindicais (salários, jornada de trabalho, segurança etc.), esse sindicalismo dedica-se quase exclusivamente a preparar a greve geral de duração indeterminada que resultaria fatalmente, e dentro de pouco tempo, na revolução preta e vermelha, anarquista e comunista. Há convergência espontânea entre manufatura, anarquismo autogestionário e sindicalismo revolucionário. É compreensível que o pânico assalte as classes possuidoras. Durante quase toda a história dos canteiros de "nossas" construções, raramente houve períodos duráveis de tranquilidade para os patrões.

A Guerra de 1914 desarranja esse quadro. Com a cessação das batalhas e a derrota de alguns movimentos radicais, praticamente desaparece o sindicalismo revolucionário. A CGT (Confédération Générale du Travail [Confederação Geral do Trabalho]), agora sob a tutela da União Soviética e do Partido Comunista, muda completamente sua orientação política. Adota a postura procrastinadora de seus tutores: se a revolução não veio quando era esperada, foi porque seria prematura. As forças de produção não haviam atingido o grau de desenvolvimento necessário para que se tornasse inevitável a transformação correspondente das relações de produção. A tática sindical, portanto, deveria ser alterada. Em vez da preparação exclusiva e para logo da greve geral revolucionária, o sindicalismo deveria lutar para obter a satisfação das reclamações por melhores condições de trabalho (salários, segurança etc.) e promover uma política favorável ao progresso das forças produtivas, a condição para a revolução... algum dia no futuro. Os trabalhadores que esperassem. Tratava-se de uma variante do desenvolvimentismo.

A produção manufatureira, fornecedora desde o século XV de montanhas de mais-valia para a acumulação primitiva de capitais, compensa também desde o século XIX a tendência do sistema industrial a diminuir a taxa de lucros. Essa produção é caracterizada pela subordinação somente formal do trabalho, um gênero de subordinação essencialmente contraditória. Nesse caso, com a compra da força de trabalho, o capital impõe a divisão do trabalhador em duas partes incompossíveis: por um lado, deve ser o serviçal passivo diante das determinações formais do capital; por outro, deve ser o colaborador ativo, autogerido quanto às decisões de técnica construtiva, somente conhecida por ele. Esbarrão de contrários: a autogestão técnica a serviço da subordinação formal. Não há como rasgar harmoniosamente um mesmo homem entre atividade e passividade simultaneamente requeridas pela mesma operação. As duas partes são fragmentos incompletos do que foi um indivíduo. Mas esta obrigação impossível cabe aos operários: eles que se arranjassem como possível. A partir da instauração da manufatura, a feitura passa a ser designada por "trabalho", palavra derivada de *tripalium*, instrumento de tortura.

Todas essas características apontadas pela análise marxista da qual nos apropriamos caracterizam nossos canteiros ainda hoje, mesmo a memória das lutas do sindicalismo revolucionário, trazidos pelos migrantes europeus que desembarcaram aqui depois da Primeira Grande Guerra. Leiam, por exemplo, o jornal *Avante*, publicação operária dessa época.

---

1. Ver G. Davranche, *Trop jeunes pour mourir: ouvriers et révolutionnaires face à la guerre (1909-1914)*, Paris: L'Insomniaque & Libertalia, 2014, p. 9: "a poderosa federação da construção (é a) coluna vertebral do sindicalismo e (o) viveiro do sindicalismo revolucionário". (Todas as traduções são do autor.)

> **C**

A agitação intensa e vigorosa do sindicalismo revolucionário por volta de 1900 é parte essencial do processo de formação do movimento moderno nas artes plásticas e na arquitetura. "Assim que terminou o curto episódio do terrorismo anarquista no fim do século XIX [...] o anarquismo gozou de imensa popularidade no mundo das artes e das letras"[2]. Sua luta e sua tática de ação direta remetem, repito, ao mundo da manufatura e do pequeno artesanato, e sua arma principal, o potencial revolucionário do monopólio operário do *savoir* e do *savoir-faire*. Essas características se assemelham às da pintura e da escultura – as quais, em paralelo com o movimento sindical, entram num momento de radical ebulição transformadora. Braque e Picasso, vestidos como trabalhadores, invertem entre 1912 e 1914 o *slogan* de J. Ruskin e W. Morris: no lugar de "arte é trabalho livre", propõem "trabalho livre é arte". A situação cria pânico nas classes dirigentes: "a grande campanha pelas oito horas e a greve geral [...] viu a burguesia quase enlouquecer diante da multiplicação das greves, dos sindicatos crescendo como cogumelos e da CGT adquirindo estatura incontornável"[3].

O caso da arquitetura é mais entravado e toma o sentido contrário. Não posso descrever aqui a reação do capital, múltipla, errante e tortuosa – e feia. A maioria dos arquitetos procura afoitamente na virada do século XIX para o XX uma resposta simples e praticável para o desafio crescente vindo dos canteiros de obra. Resumo, sem entrar em detalhes do confuso andamento, seu resultado. O núcleo mais combativo dos trabalhadores da construção reunia os carpinteiros e talhadores de pedra, "a aristocracia operária"[4]. Seus *métiers*, os mais "monopolizáveis", eram as armas mais poderosas do mundo da construção: se eles entrassem em greve, todo o canteiro pararia sem esperança de encontrar *jaunes*, fura-greves. O remédio encontrado foi suprimir esses *métiers* graças à substituição de seus materiais, a madeira e a pedra, pelo ferro e o concreto armado. Os historiadores do modernismo salientam o papel transformador do uso desses materiais – mas destacam suas virtudes plásticas sem considerar sua interferência drástica nas condições de produção. A quase totalidade dos trabalhadores combativos dos *métiers* tradicionais foi afastada dos canteiros de obra. (Alguns deles são os que migram para o Brasil, como disse anteriormente).

A subordinação real, dependente na indústria da introdução do maquinário, vem juntar-se à formal, inseparável da manufatura. Na construção, a impossível industrialização é substituída pela hegemonia crescente do desenho centralizado e a troca de materiais. Essa hegemonia se afirma ainda mais com a degradação crescente e generalizada dos *savoir* e *savoir-faire* dos *métiers*, que passam todos por um processo de aspiração pelo *bureau-technique* semelhante e inspirado no sofrido pelo ferro e pelo concreto armado. À centralização do desenho junta-se a do saber técnico: todo o *savoir*, adaptado à sua mudança de lado na luta de classes, migra para o *brain trust*, o *bunker* dos técnicos prescritores. Torna-se aliado da dominação. Esse correlato da industrialização na construção não conduz ao mesmo desastre econômico que seria causado pela verdadeira industrialização, mas conduz a gravíssimos desastres humanos.

Resumindo, até o século XIX quase todo *savoir* e *savoir-faire* construtivos

2. G. Davranche, *Trop jeunes pour mourir: Ouvriers et révolutionnaires face à la guerre (1909-1914)*, op. cit., p. 5. Ver também P. Leighten, *Re-ordering the Universe, Picasso and Anarchisme, 1897-1914*, Princeton: Princeton University Press, 1989.

3. G. Davranche, *op cit.*, p. 234.

4. *Ibidem*, p. 30.

está nas mãos dos trabalhadores. Depois, boa parte deles é destruída no processo de substituir a industrialização perigosa pela troca de alguns *métiers* por outros não "monopolizáveis" pelos trabalhadores. Chega-se assim a um tipo diferente de manufatura com centralização praticamente total do *savoir* e da prescrição técnica detalhada. Tipo eminentemente contraditório, pois tem fundamentação ainda no *savoir-faire* operário, mas desprovido do *savoir* agora centralizado e sujeito a um tipo de subordinação (mal) copiada da subordinação real industrial. Uma salada incoerente conveniente para o capital, mas de modo algum para a construção e os construtores.

> **D**

Esse trançado histórico, ultracondensado aqui, cruza uma antinomia cujos polos têm raízes em Marx. P. Dardot e C. Laval resumem do seguinte modo a polêmica que ainda hoje agita os teóricos: "A necessidade histórica da autossuperação do capitalismo pode ser pensada a partir do modelo de uma 'necessidade natural'". Pouco depois, acrescentam o polo oposto:

Entretanto, a experiência mostrou que a revolução pode irromper mesmo lá onde as condições econômicas e sociais não estão reunidas [...] É por isto que numerosos foram os que, como Trotski, tiveram que redigir contra os esquemas evolucionistas "anexos" à teoria de Marx que deveriam permitir preparar a revolução sem esperar o amadurecimento completo das condições para a instauração do socialismo e recolocar os combates políticos aparentemente "periféricos" no centro do afrontamento mundial da luta de classes[5].

5. P. Dardot e C. Laval, *Marx: prénom Karl*, Paris: Gallimard, 2012, pp. 13-19. Ver também K. B. Anderson, *Marx aux antipodes: nations, ethnicité et sociétés non occidentales*, Paris: Syllèpse, 2015: este autor mostra como o próprio Marx, em seus últimos estudos e notas pouco conhecidos, examina alternativas para a "necessidade natural", para a trilha obrigatória da evolução econômica ainda defendida no Capital. "Na sua correspondência com a exilada russa Vera Zassoulitch e em outros lugares, Marx começa a sugerir (no fim de sua vida) que as aldeias comunitárias da Rússia agrária poderiam servir de ponto de partida para uma transformação socialista, transformação que poderia evitar o processo brutal da acumulação primitiva de capital", p. 300. Ver também J. Nóvoa (org.), *Incontornável Marx*, Salvador/ São Paulo: EDUFBA/UNESP, 2007.

> **E**

A construção no meio do século passado encontrava-se no cruzamento dessas tendências. Dominada pela ideologia desenvolvimentista postergadora, parece engajada num processo "necessário" de progressão de suas forças produtivas – quando, na verdade, está bloqueada por restrições macroestruturais: deve permanecer "atrasada" para facilitar a acumulação do capital e servir de barreira contra a queda tendencial da taxa de lucro[6]. Mais ainda: como a subordinação do trabalho contém restos importantes de subordinação formal, sua tecnologia "atrasada" sofre pressão suplementar para desaparecer sob cobertura plástica inadequada a ela (como hoje fica demonstrado pelas "fantasias" de Gehry e seus semelhantes, verdadeiros crimes contra o trabalho humano), com o que se desgasta ainda mais. A ideologia desenvolvimentista na construção, quando não se aplica em equipamentos para o capital constante fixo ou para a circulação de mercadorias, encobre seu oposto: a necessidade do "desenvolvimento do subdesenvolvimento" (título de uma obra de A. G. Franck) para que o capital se mantenha.

[6]. Nos anos 1970, essas contradições foram analisadas com pertinência por A. G. Franck, com o qual nos reunimos algumas vezes no comitê editorial da revista *Teoria e prática*.

> **F**

Agora podemos chegar a nós: Rodrigo, Flávio e eu. O quadro esboçado até aqui é a situação que encontramos.

O que fazer?

O que fizemos.

O desenvolvimentismo tornou-se ideologia oficial no governo de Juscelino Kubitscheck. Seu programa continha duas sequências. Na primeira, a construção de Brasília acompanharia a industrialização para substituir importações. Na segunda, quinhentas aldeias rurais seriam criadas com a continuação da industrialização. A massa de mais-valia produzida pela construção de Brasília mais a produzida pela construção das quinhentas aldeias e sua exploração agrícola forneceria o grosso do capital necessário para a industrialização. A segunda parte do programa foi anulada pelo golpe militar. A ditadura, entretanto, prolongou em outros termos o projeto desenvolvimentista.

No campo da arquitetura, Oscar Niemeyer e Vilanova Artigas, as duas grandes referências de esquerda nos anos 50, ambos do Partido Comunista, eram também desenvolvimentistas, como a maioria da população. Cada um a seu modo defendia a necessidade do desenvolvimento das forças de produção para que houvesse, depois, transformação das relações de produção.

Nós – Rodrigo, Flávio e eu –, como boa parte da juventude de esquerda, desde quase o começo de nossa formação (1957/1961) nos afastamos pouco a pouco dessa perspectiva – o que não era fácil, dado o clima de euforia, entre os arquitetos, provocado pelo espetáculo do nascimento de Brasília. Já adiantei acima algumas de nossas críticas e, portanto, em negativo, nossas propostas.

Vamos resumi-las. Não era possível citar um só exemplo de efetivação e êxito do modelo desenvolvimentista. Poderia haver avanço das forças de produção, mas nunca houve modificação correspondente das relações de produção nem distribuição relativamente homogênea da riqueza produzida. O que podíamos constatar era o contrário: as revoluções de maior repercussão – de União Soviética, China, Cuba etc. – não esperaram as condições previstas para eclodir, assim como as lutas de independência ou de descolonização, numerosas na época, a maioria com perspectivas socialistas. Por outro lado, o desenvolvimento intrínseco do sistema do capital tende a acentuar globalmente a desigualdade e a exploração do operariado e dos assalariados em geral. Fora da situação de guerra fria aguda, nenhum progresso econômico jamais favoreceu efetivamente os de baixo. O capital tem tendências suicidas, como demonstram suas "crises", mas elas independem do patamar da evolução das forças de produção. De qualquer maneira, como ninguém até hoje determinou o grau de incompatibilidade necessário para que o "salto qualitativo" das relações de produção responda à evolução das forças produtivas, o melhor é estarmos preparados.

Concretamente, isso significa o seguinte: como não sabemos a hora da aurora, temos que adotar a hipótese segundo a qual ela pode chegar a qualquer momento. Nosso dever, pensávamos e penso ainda, é estarmos prontos – e mais, é ajudarmos para que a aurora chegue logo. Ora, nessa hipótese, o que deveríamos preparar enquanto arquitetos formados com dinheiro público seria o atendimento imediato possível das necessidades sociais mais urgentes com os meios disponíveis no momento. Provavelmente, a situação material logo depois da revolução não será melhor do que a que a precede – provavelmente será pior, se a transição não for pacífica. Mas as necessidades podem aumentar com o acolhimento de novas necessidades emergentes com a transformação social. Encontraremos os mesmos materiais, a mesma técnica, a mesma manufatura, as mesmas ou maiores necessidades etc. Tudo isso desfigurado pelo uso de toda a técnica construtiva como instrumentos de exploração. Primeira tarefa: a crítica radical dessas condições de produção, separando, tanto quanto possível, a técnica de produção da técnica de exploração, emaranhadas uma com a outra pelo capital. Na direção contrária, unir de novo o que foi separado para reforçar a exploração, ou seja, rejuntar o saber técnico e o desenho com o canteiro, por exemplo. E, sobretudo – condição indispensável para o sucesso de qualquer revolução – iniciar desde já os primeiros passos para transformar radicalmente todas as relações de produção no sentido da liberdade, da fraternidade e da igualdade – e ancorar essas abstrações no miolo de qualquer prática, plantando-as efetivamente. A pesquisa orientada nessas direções deveria ser simultaneamente teórica na universidade e prática nos canteiros que aceitassem experiências de maior ou menor ambição. Minhas preferidas neste último caso foram as residências Bernardo Issler (experiência de rigorosa aplicação do modelo ideal de manufatura serial) e, no mesmo momento, mais ou menos, a Bóris Fausto (aplicação do modelo ideal de manufatura heterogênea) – dentro, evidentemente, das enormes limitações usuais para esse tipo de tentativa. Elas saíram diretamente do XIV° capítulo, da Quarta Seção do 1º Livro (*Division du travail et manufacture*), sob a perspectiva dos capítulos IX° e X° da Primeira Seção do 3º Livro (*Loi de la baisse tendancielle du taux de profit*), todos de *O capital*, de K. Marx, para aterrissar como possível em Cotia e no Butantã, em São Paulo. Quanto às pesquisas teóricas, elas sustentavam todas as nossas atividades pedagógicas, sobretudo no efêmero ensaio da Faculdade de Arquitetura de Santos. Foi tudo isso que levou nossos contraditores a nos chamar "arquitetos de tijolo e areia", pois, em vez de esperarmos por tecnologias messiânicas, preferimos trabalhar com o que já tínhamos. O livro de Miguel Antonio Buzzar é exaustivo e claro a esse respeito.

> G

No mesmo impulso, pensávamos ser necessário também romper com as divisões mais ou menos arbitrárias entre as artes plásticas, que retalharam sua continuidade anterior à sua submissão ao capital. Nós desrespeitávamos as fronteiras entre elas, com maior ou menor amplitude. Teatro, cinema, gravura, design, arquitetura, pintura etc. se cruzavam em nossa prática como nos tempos do começo do modernismo, mas sempre respeitando rigorosamente a especificidade produtiva de cada uma dessas atividades – nossa mania de marxistas atentos às condições concretas de produção. Não se passa do *métier* de pintor ao de arquiteto desconhecendo a relativa autonomia do artista plástico comparada à dependência intrínseca do arquiteto com relação aos interesses do capital. Entretanto, essa diáspora ocultada no classicismo, inexistente antes do período gótico, deveria ser superada com a alteração total das relações específicas de produção. Marx, exagerando, prevê que "depois" poderemos ser esportistas de manhã, assistentes médicos à tarde e críticos à noite. Sob esse ângulo, propúnhamos retornar a práticas do momento românico anterior ao século XII. Mas esses retornos, como em John Ruskin e William Morris, meus heróis, são na verdade restaurações do que somente adquire consistência no futuro anterior. Se, por esse tempo, percebemos o início do que tem ar de ruptura de "alguma coisa" anterior integrada, una e simples, podemos atribuir alguma forma de existência anterior a essa "alguma coisa". Se houver qualquer coisa cindida, terá havido unidade; é o que defende, por exemplo (simplificando), o filósofo F. Fischbach, apoiado numa posição de Marx: o que temos que justificar é a divisão posterior e não o um anterior[7]. A restauração da inteireza (unidade por-si) é volta a si (para-si) do que, por um momento, foi para-o-outro. Portanto, nada tem a ver com atitude reacionária, bem pelo contrário.

[7]. Ver F. Fischbach, *L'Être et l'acte: enquête sur les fondements de l'ontologie moderne de l'agir*, Paris: Vrin, 2002; *Idem, La Production des hommes: Marx avec Spinoza*, Paris: PUF, 2005; *Idem, Sans objet, capitalisme, subjectivité, aliénation*, Paris: Vrin, 2012.

> H

Como se fôssemos militantes ocupados com a *agitprop*, multiplicamos nossas atividades pedagógicas, nossas intervenções em várias instâncias universitárias, em colóquios, debates, conferências, seminários, juris, jornais, livros etc. Ensinamos, pregamos, divulgamos, debatemos... Em cada uma de nossas atividades, arranjávamos um modo de atuar em seu miolo, em que a intervenção tem mais possibilidade de pegar. Mas sem descuidar das periferias, dos cursinhos, das assembleias.

> I

Arrematando o que pode parecer distúrbio de hiperativos, imprimindo no nível do fundamento de todas essas atividades a mesma exigência de máxima coerência e rigor, participamos da luta armada com a intensidade compatível com nossa situação – armada primeiro pela violência dos golpistas e somente depois por nós: desse modo assegurávamos o embasamento radical de nossas proposições. Poucos professores universitários fizeram o mesmo[8].

8. Ver Marcelo Ridenti, *Em busca do povo brasileiro, artistas da revolução, do CPC à era da tv*, Rio de Janeiro: Record, 2000. Para outras formulações complementares sobre essas questões, ver "Reflexões para uma política na arquitetura" (anteprojeto para estruturar um novo programa para a *École d'Architecture de Grenoble*, totalmente desarticulada pelo movimento estudantil de maio de 1968, escrito em 1972); ver ainda "Sobre o canteiro e o desenho" (balanço acadêmico de encerramento de minhas funções na École d'Architecture de Grenoble, escrito entre 2001 e 2003), e também "O desenho hoje e seu contra-desenho", (escrito em 2005), todos em Sérgio Ferro, *Arquitetura e trabalho livro*, São Paulo: Cosac Naify, 2006.

> J

As coisas como descritas até este momento parecem abstratas. As contradições têm ar de "antinomias do entendimento", as disparidades entre setores de produção, de preciosismo acadêmico. Mas elas estão entranhadas na mais profunda e dolorosa efetividade.

Brunelleschi já estava envolvido na construção da cúpula de Santa Maria del Fiori em Florença desde 1404: participou de uma comissão encarregada de seguir os trabalhos decorrentes do projeto de Arnolfo di Cambio. O concurso para o projeto da cúpula ocorreu em 1418: 600 anos em 2018. Ela é considerada o marco inicial da constituição de nosso ofício de arquitetos e a primeira obra da nova era da arquitetura. É considerada também como uma das primeiras obras de importância a ser construída sob o regime da manufatura. Como se fosse ironia da história, essa igreja foi concebida como monumento comemorativo da derrota dos *ciompi* e dos "unhas azuis"[9]. Essa revolta do *popolo minuto* visava principalmente os violentos manufatureiros da Arte dela Lana, sombrios fabricantes de tecidos em Florença. Os "unhas azuis" compunham uma das equipes da fabricação de tecidos: passavam o longo dia de trabalho mergulhados num líquido azul infecto, em condições inimagináveis de trabalho.

Revoltaram-se pedindo melhorias, perderam, voltaram ao mergulho. Ora, é essa mesma Arte dela Lana que financia a construção da cúpula para festejar a derrota dos "unhas azuis", que emprega Brunelleschi e transmite o *know-how* manufatureiro ao canteiro de obras. Santa Maria del Fiori é, portanto, um símbolo anagógico. De baixo para cima significa: festejo pela derrota de trabalhadores e confirmação de sua situação de subordinados; festejo pela vitória dos manufatureiros; festejo pela manutenção da divisão e da hierarquia de classes; confirmação do papel odioso da Igreja; festejo pela vitória simbólica da religião, escolhida como suporte do sistema político restaurado; festejo do Céu, que encobre toda essa vergonha. E festa dos arquitetos, que entraram inteiramente na dança macabra.

De lá para cá, são 600 anos de repetição do mesmo. Algumas repetições literais, como a construção da igreja do Sacré Coeur de Paris, em comemoração da derrota sangrenta da Comuna, a passagem mais vergonhosa da história da França. Ou hoje, a farra dos arquitetos estrelas propondo graciosas fantasias

9. Ver Michel Mollat e Philippe Wolff, *Ongles bleus, Jacques et Ciompi: les révolutions populaires en Europe aux XIVe et XVe siècles*, Paris: Calmann-Lévy, 1970.

Sérgio Ferro

plásticas para serem realizadas por uma das concentrações mais nojentas, humilhantes e violentas de trabalhadores migrantes sem quaisquer direitos, lá nas areias inférteis dos Emirados Árabes. Ou ontem quando, nos canteiros que erguiam o pássaro Brasília, destinado a embarcar nosso sonho de integração fraterna, esmagávamos sem remorsos nossos operários da construção… Marx avisou que a situação nos setores ditos atrasados, pré-industriais da economia do capital, seria ainda pior que a dos setores avançados – se sobrevivessem sob a dominação do capital. É o caso da manufatura: a cavalo entre a subordinação formal ultrapassada e um arremedo de subordinação real, reúne o pior das duas. Mas por isso mesmo, sob o exclusivo ponto de vista das relações de produção, é a forma de produção mais apta a ser recuperada, desembaraçada dos enxertos deformantes da técnica de dominação, por uma sociedade enfim liberada do capital. Os vestígios que carrega de participação integral e coletiva, apesar de toda sua corrosão para servir à exploração dos trabalhadores, podem ser reativados num outro projeto de sociedade.

> **K**

Arremate.

Abril ou maio de 1971 no Presídio Tiradentes. Como ocorria de tempo em tempo, os policiais entraram na cela berrando, desarrumando e quebrando o que estivesse à mão. Nem mais fingiam procurar alguma coisa. O objetivo era amedrontar, desestabilizar e humilhar. Ostentar a arbitrariedade de seu poder. Terminado o espetáculo, partiram para a cela vizinha repetir a mesma vergonha. Ainda ao som da gritaria ao lado, Rodrigo, mudo, começou a catar lascas dos caixotezinhos de madeira que faziam as vezes de nossas mesas de cabeceira nos "mocós", fios e farrapos saídos dos "colchões" e outros vestígios da invasão. Lentamente, como quem se contém, amarrou lascas e farrapos, trançou fios e papéis rasgados: compôs um enorme móbile ao molde de Calder. A cela em silêncio assistiu à aparição amarrada no teto: a dança calma de formas pacíficas num canto mudo de reconstrução. O móbile nos parecia branco, luminoso, festivo, apesar de certamente sujo e desajeitado. Mas, a essa altura, já víamos mal o que víamos, a vista embaçada. Obra de arte perfeita, concubinato entre *happening*, *performance*, *arte povera*, intervenção *in situ* e sei lá mais o quê. E obra efêmera: assim que os policiais souberam da coisa, voltaram e repetiram o espetáculo.

A cada fim de tarde, todas as celas cantavam em coro nosso hino, o "Apesar de você", do autor de *Construção*, o ex-aluno de arquitetura Chico Buarque. Nossa cela desafinou mais que de hábito: cantou alto demais, festejando nossa minúscula vitória ética na briga que um dia ainda talvez ganhemos. Uma briga vinda de longe, do poço dos "unhas azuis", passando por Münzer, pelos *communards*, por Marx, por William Morris, por Braque e Picasso entre 1912 e 1914, por Rosa Luxemburgo, pelo Che, por Marighella e Toledo, por Lamarca e Yara, por Fleurizinho, Benetazzo e tantos outros, pelos índios de Chiapas, pelos Sem Terra, pelos Sem Teto, pelos meninos da Usina, pelo Alípio – e pelo Rodrigo e pelo Flávio. Continuará depois de nós. É nela que inscrevemos o que fizemos.

Um abraço para você, Miguel.

Junho de 2017

INTRODUÇÃO

Lefèvre em 1962, ano em que se formou na FAUUSP e começou a lecionar nessa faculdade.

A dimensão política da arquitetura, a função social dos arquitetos e o lugar dos projetos arquitetônicos no processo de desenvolvimento do país pareciam ocupar todo o espectro de preocupações dos arquitetos nas décadas de 1950 e 1960. Esse período, politicamente denso, é o de formação, início de atuação e desenvolvimento da atividade profissional do arquiteto Rodrigo Brotero Lefèvre. A compreensão dessas questões e do seu posicionamento diante delas, em termos conceituais e arquitetônicos, integram os elementos necessários para a compreensão do conjunto de sua obra. Entretanto, as qualidades da sua produção também escapam dessa rica, mas parcial, relação. A arquitetura de Lefèvre, politicamente situada, também pode ser lida com a autonomia que a arquitetura requer para a análise de suas qualidades específicas, que, no caso de sua obra, não são poucas nem fortuitas. A melhor leitura, certamente, é aquela que busca articular as várias dimensões: as políticas e sociais, que o contexto de época solicitava, às espaciais e construtivas, próprias da arquitetura.

Praticamente, em todo trabalho teórico o ponto de partida assenta-se sobre um conhecimento prévio. Mesmo não sendo capaz de explicitar todas as dimensões do tema em questão, esse conhecimento deveria ser suficiente para garantir caminhos relativamente seguros, a comprovar aquilo que se sabe com alguma profundidade. Nos anos 1960, o projeto como desígnio, como meio de atuação política por parte dos arquitetos, era contraposto à atividade política comum. Lefèvre, no famoso texto "Casa do Juarez", questionou não só o alcance político do projeto, mas o próprio ato de projetar, parecendo romper com o que fazia, e bem – projetos. Entretanto, quando permaneceu preso em função de suas atividades políticas, projetou dentro do cárcere, fazendo-o segundo uma concepção precisa de arquitetura que mostrava envolvimento com o próprio ato de projetar, distante de um fazer que teria sido abandonado. Assim, como conciliar o que um texto crítico defendia – a limitação e a recusa do projeto – com sua atividade na prisão, e com o que as revistas de arquitetura ou decoração publicavam, isto é, seus projetos?

No caso do texto de Lefèvre, como em tantos outros, revelou-se aquilo que sempre se afirma saber, mas nunca é devidamente absorvido: textos, manifestos e escritos em geral possuem a estranha capacidade de se tornarem absolutos e de terem seus conteúdos reduzidos quase de forma caricatural. Ainda mais quando ganham o debate público e, independentemente de páginas e páginas escritas, são trocados por uma conclusão enfática, por vezes, recortadas de uma frase. Poucas vezes correta, por vezes parcial, às vezes dúbia, mas sempre limitada em relação ao esforço de produção intelectual que um trabalho como o de Lefèvre exige.

Lefèvre em seu escritório
na Hidroservice.

Na elaboração deste trabalho, a leitura dos textos buscou ser reflexiva, procurando absorver a integridade do conteúdo, e não o de frases específicas. Os textos dizem algo além da sua primeira camada aparente; devem ser lidos e relidos como peças novas que, de alguma forma, contêm todo o universo de informação de que necessitam para explicitar ideias. Retirar os textos dos contextos culturais que já ofereciam leituras acabadas, perscrutar as questões que os compõem e novamente inseri-los nos contextos – ainda que seja uma operação impossível de ser realizada de forma pura, sem ser influenciada pelas várias leituras – é um procedimento que guarda surpresas, pois os textos crescem em todos os sentidos. Mostram-se brilhantes em algumas passagens, limitados em outras, mas passam a ser compreendidos naquilo que definem e naquilo que, por vezes, propositadamente não definem e tergiversam. Assim, o conhecimento do texto pode se mostrar crítico, pois o que se tentou foi a sua transformação em objeto a ser investigado. O todo não está dado de início, suas partes devem ser analisadas e a conclusão, construída a partir de operações investigativas, tornando frases e palavras novamente um todo, um texto, na esperança de ter-se capturado as ideias que o autor em questão quis expor.

Nesse momento, pode-se descrever o conteúdo do texto, pode-se repeti-lo, tecer considerações e, perigosamente, pode-se recortá-lo para um uso apropriado no trabalho. Portanto, entre a captura das ideias e a sua descrição ocorre a inevitável interpretação. Momento-chave, no qual aquilo que foi "descoberto" pode-se mostrar uma vitória de Pirro ou uma expedição exploratória vitoriosa dos novos caminhos, apta a se relacionar com outros textos e fatos[10].

Mas como proceder com os projetos e, a partir deles, com as obras? Como interpretá-las, quando se sabe que, apesar de estarem presentes, de poderem ser tocadas, todo um revestimento conceitual já foi aplicado, dificultando e dirigindo a leitura? No caso das obras de Lefèvre visitadas, um complicador a mais: mudanças em aspectos programáticos foram introduzidas. Como se pode conhecer um texto se a sua página final, conclusiva, foi arrancada? Como conhecer uma obra arquitetônica, se onde era esperado encontrar materiais aparentes há revestimentos térmicos?

Assim, dois tipos de revestimentos podem afetar as obras. Recorrer ao que se sabia sobre Lefèvre e sua produção, mesmo com o risco de embebedar-se com as leituras já feitas, mostrou-se necessário. Isso porque o revestimento "conceitual" que encobre suas obras é por demais frágil. Muito discutido, criticado, pouco conhecido, mas sempre limitadamente interpretado, Lefèvre e sua produção arquitetônica têm muito a revelar. Esse revestimento cultural não resistiu às visitas às obras e o que informavam quaisquer que fossem o estado de conservação e a preservação dos programas e das espacialidades originais.

O mesmo tratamento dado aos textos foi tentado em relação às obras. Antes de visitá-las, efetuou-se a análise dos projetos, quando possível. Entretanto, as leituras dos

10. Para as dimensões reflexiva, crítica e descritiva do(s) método(s), aqui emprestadas da filosofia, ver Marilena Chauí, *Convite à filosofia*, São Paulo: Ática, 1995, pp.157-60.

seus poucos textos explicativos, ou uma nova leitura deles, foi evitada. Talvez uma medida purista demais, mas que se mostrou muito eficiente. Relativamente "desconhecidas", as obras também surpreenderam e, se houve alguma contaminação, foi das obras em relação aos textos.

Algumas formulações teóricas, de tão frágeis ou genéricas, pairam sobre a realidade das obras sem conseguirem uma aderência efetiva, gerando uma estranha pedagogia do não (re)conhecimento. Nessa ótica reflexiva desigual, na qual se chega a reconhecer pela leitura uma determinada obra, também se conhece a distância, ou melhor, o vazio da interpretação de algumas soluções.

Em que pese a fragilidade, algo da produção teórica evidentemente era conhecido ou não haveria interesse na produção do arquiteto, assim como não haveria as previsões de um caminho seguro. Esse conhecimento prévio foi utilizado nas visitas para se medir o grau de problemas que o outro revestimento, o físico, causou às obras. Na sequência, a leitura das informações existentes, principalmente de época, foi fundamental para o confronto com os objetos realizados, e todo o cuidado com a leitura dos textos mostrou-se recompensador.

Nesse momento de reunião das análises de projetos e obras com as conclusões sobre os textos, a característica particular de uma investigação histórica no campo da arquitetura obriga a um exercício de aproximação, confrontação e construção. Um "jogo" arquitetônico, no qual as formulações derivadas das obras deslocam as interpretações conceituais que, por sua vez, procuram um lugar nos projetos. Nesse movimento de análises, espera-se que uma apreciação do conjunto da produção de Lefèvre tenha alcançado coerência e densidade.

Mas reside aí uma questão delicada. Qual o lugar da discussão política, ou da discussão de conceitos que remetem a uma posição no contexto político, que permeava a atividade dos arquitetos? Ou seja, além dos textos sobre as obras, havia outros que informavam um debate que fazia "parede-meia" com a produção arquitetônica. Como realizá-la sem banalizar a própria discussão arquitetônica? E como evitar a banalização sem efetuar duas discussões distintas, artificialmente tomadas de forma autônoma?

Claro está que não há nesse trabalho o objetivo de estudar apenas a representação política de uma obra ou do conjunto de obras de Lefèvre, mesmo porque tal operação, se levada a cabo, representaria um enfraquecimento muito grande da compreensão do conjunto da produção do arquiteto. Entretanto, um problema maior ainda se apresentava. A discussão travada por arquitetos e intelectuais não era apenas política; ela envolvia as relações cruzadas entre política e cultura que, nesse sentido, interagiam. Além disso, a dimensão de representação política, combinada com uma pedagogia da construção, segundo uma interpretação das condições de produção, era inerente ao trabalho de Lefèvre e de parte significativa da produção arquitetônica moderna brasileira e, por opção, sempre esteve incluída no recorte pensado para este estudo.

A solução procurada, como apontado anteriormente, foi buscar conciliar as duas esferas – a política, e todas as suas derivações, com a arquitetônica, suas questões e os ganchos que lança em direção às questões políticas e culturais mais gerais.

Esse procedimento permitiu, com clareza, verificar como a obra de Lefèvre, que sempre teve realçada seu viés programático, de materialização de uma crítica operativa da sociedade, também é uma produção rica em detalhes e formulações autônomas e específicas da arquitetura, que possui (sobre)vida para além do seu momento e das questões que, ao mesmo tempo, retirava da realidade e articulava de forma criativa. Como já exposto, a produção de Lefèvre propicia e requer uma abordagem que trabalha as duas esferas indicadas.

Esclarecidos os procedimentos aqui adotados, no capítulo 1, para uma primeira aproximação da obra de Lefèvre e as relações culturais maiores que estabeleceu, tomou-se como elemento de partida a "casa" e seus significados na arquitetura moderna brasileira. Como os projetos de residências representam um segmento fundamental da produção inicial do arquiteto, para sua análise buscou-se constituir um quadro teórico abrangente, fundamentado em termos historiográficos (verificando sua genealogia), culturais (os valores que enfatizava) e formais (as referências que os seus projetos mobilizaram). Com esses aportes, analisou-se a obra de Lefèvre buscando-se reconhecer a montagem de cada um dos projetos, atentando para o que de permanente e comum possuem. No período inicial de sua carreira, como poderá ser verificado no capítulo 2, Lefèvre produziu associado a Sérgio Ferro e Flávio Império.

Como a atividade conjunta alimentava-se mutuamente, alguns projetos não realizados por Lefèvre, ou que tiveram apenas uma participação lateral dele, foram analisados porque compõem o universo de respostas que, direta ou indiretamente, influenciaram sua forma de projetar.

Essa análise adquirirá completude nos capítulos 3 e 4, com a interpretação da historiografia da arquitetura brasileira como um todo – e não apenas de um segmento como o da casa – e com a discussão dos significados das obras e propostas de Lefèvre. Inicialmente, a interpretação da historiografia deteve-se particularmente nos valores que vinculavam arquitetura e modernização, pois este último termo expressava o impulso de integrar a arquitetura ao desenvolvimento nacional, traduzido no projeto nacionalista de emancipação econômica e política. A relação da técnica com o desenvolvimento do país e as operações historiográficas (culturais) que legitimizavam esta ou aquela corrente de arquitetura, incluindo seu viés tecnológico, constituiu-se no corpo de referências conceituais que foram adotadas.

Assim, no capítulo 1 verificou-se a formulação espacial da arquitetura de Lefèvre, para em um momento seguinte trabalhar-se a questão da sua construção. Isso não porque a arquitetura é concebida como a somatória de dois momentos, mas para possibilitar um aprofundamento analítico de todas as questões e, desse modo, melhor aclarar como as articulava em termos arquitetônicos.

Portanto, por duas vezes trabalhou-se de forma crítica a historiografia, como um lugar cultural e econômico (relacionado à produção) de uma arquitetura nacional. Um lugar comprometido com concepções que, como vários autores salientam, não se encontra acima e equidistante dos fatos, mas seleciona-os e ordena-os conforme seus objetivos[11].

Em relação aos valores advindos de processos estruturais, como os da modernização, procurou-se discutir as visões distintas que animaram o debate no período, a partir das teorias que justificavam a modernização como parte da construção da nação. Essa questão adquire importância para o desenvolvimento do capítulo 4, pois o próprio Lefèvre definiu para si e para sua arquitetura um conceito crítico de modernização, que estabeleceu uma base para o entendimento de sua arquitetura.

11. Nesse caso, as elaborações de Michel de Certeau foram particularmente importantes. Ver M. Certeau, "A operação histórica", em: J. Le Goff e P. Nora (orgs.), *História: novos problemas*, v. 1, Rio de Janeiro: Francisco Alves, 1988, pp. 17-48.

Lefèvre recebendo seu diploma, em 1962, e, abaixo, em 1979.

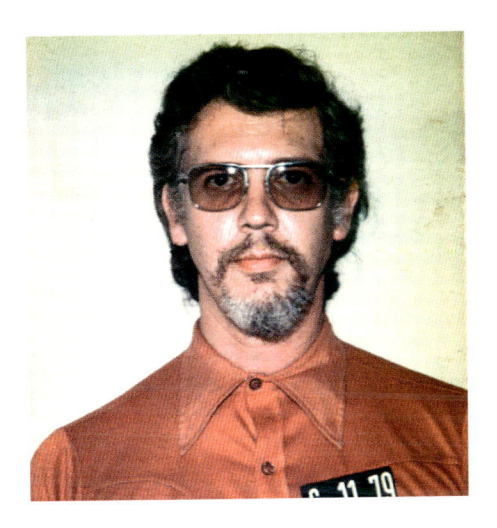

Além disso, há que se considerar que a noção de vanguarda, particularmente no caso de Lefèvre, obriga a relacionar a arquitetura com a sua produção material. Isso traz para o primeiro plano do trabalho as noções de modernização e desenvolvimento – as visões tradicionais e as críticas realizadas na década de 1960 –, que se articulam com as estratégias políticas, inclusive no campo da construção, para a sua realização.

Lefèvre manifestava uma visão diferenciada da produção e da tecnologia em relação às correntes hegemônicas da arquitetura moderna brasileira. Essa visão tornou-se de fato crítica no transcorrer da evolução política dos anos 1960 e, efetivamente, ganhou contornos de ruptura com a posição (até então) majoritária quando assumiu outra visão de como deve ser construída a obra arquitetônica. Ou seja, se o objetivo de toda atividade artística devia ser a construção, como queria Walter Gropius, esta deveria ocorrer de forma distinta – tanto produtiva como socialmente, isto é, enquanto processo que pensa a sociedade e, no local de sua efetivação, o canteiro de obras, enquanto processo de intervenção na sociedade. Nessa concepção, os trabalhadores deveriam ser parceiros, não necessitando aguardar outro momento social para participarem de forma ativa das decisões, ao menos no plano da obra[12]. O entendimento dessa posição passa a ser central, pois ela permite definir se a atividade de Lefèvre era ou não de vanguarda – tese que este trabalho pretende discutir, sendo fundamental para se entender não apenas sua produção, mas seu lugar na história da arquitetura moderna brasileira. Essa discussão completa-se no capítulo 5, com a análise do que pode ser considerado o período inicial de sua carreira.

12. Para essa formulação de Gropius, ver Rainer Wick, *Pedagogia da Bauhaus*, São Paulo: Martins Fontes, 1989, pp. 31-61.

As questões levantadas remetem sem maiores dificuldades à fase mais conhecida de Lefèvre, a da produção de unidades habitacionais unifamiliares durante os anos 1960 e início dos anos 1970. Entretanto, a pesquisa não se limitou a esse período, buscando também verificar, no capítulo 6, como sua preocupação e a forma de apreensão do processo produtivo e das técnicas construtivas podem também ser verificadas na sua fase de trabalho menos divulgada, vinculada à empresa Hidroservice, durante parte dos anos 1970 até meados da década seguinte, quando participou de grandes projetos, dirigindo alguns deles.

A atividade de Lefèvre foi intensa na Hidroservice, onde teve de conceber obras com perfil tecnoconstrutivo diferente daquele que caracterizava suas posições e seus projetos anteriores.

Sendo assim, esse momento torna-se importante para a discussão da arquitetura de Lefèvre e dos valores que incorporava acima das soluções técnicas, pensadas sempre como meios, mesmo que ativas na concepção arquitetônica, e não como um fim em si.

O seu desempenho profissional mostrou-se capaz de manter uma coerência arquitetônica, mesmo não mantendo necessariamente um mesmo partido

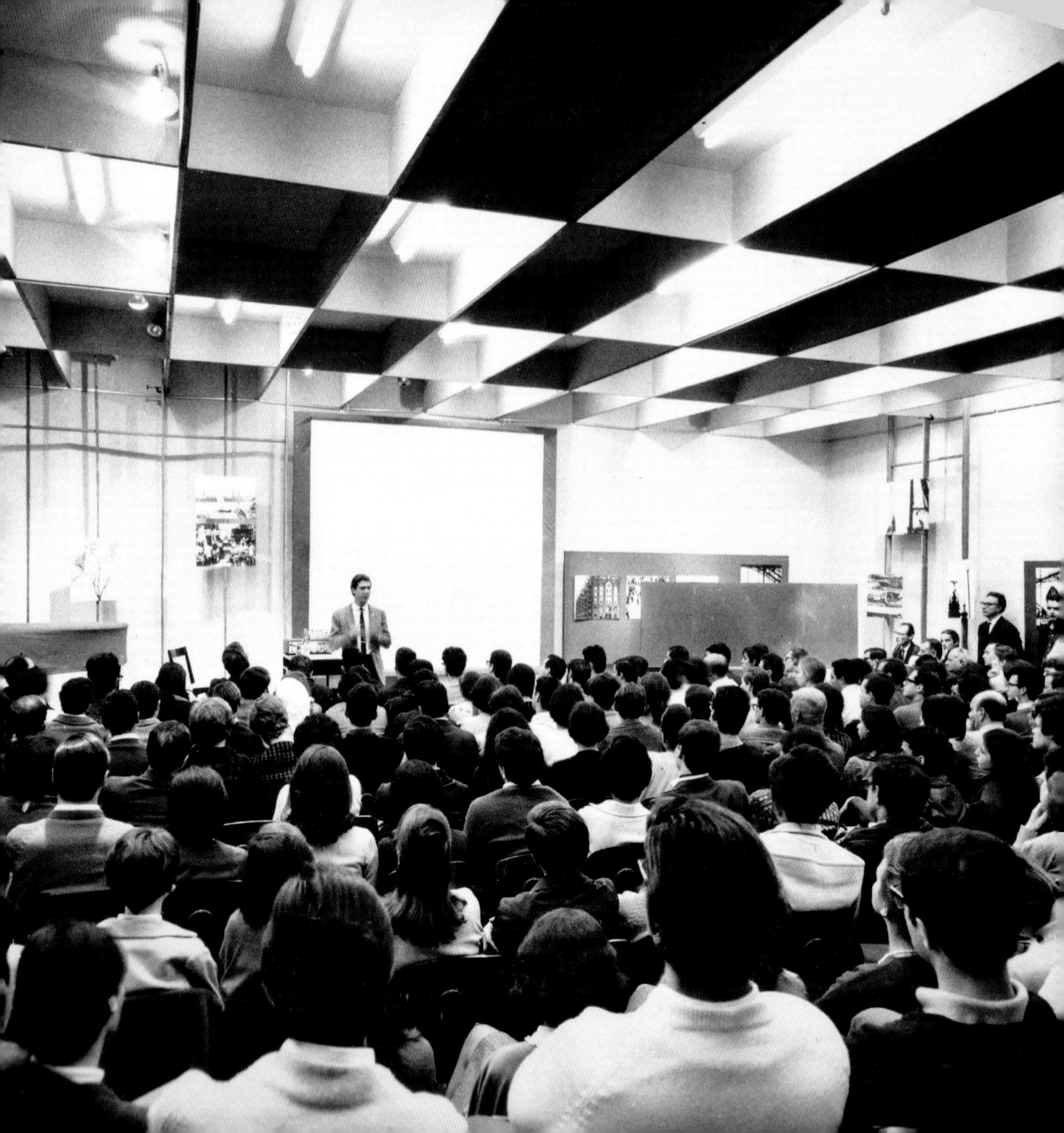

PÁGINA AO LADO
Lefèvre proferindo palestra em 1966.

tecnoconstrutivo. Novamente, não se trata de conceber a arquitetura desvinculada da tecnologia, mas sim de interpretar de que maneira ele dispôs da tecnologia para produzir a sua arquitetura.

Em termos gerais, buscou-se verificar também que decorrências o período de trabalho na Hidroservice trouxe às suas formulações arquitetônicas e à sua postura político-profissional.

Por fim, no capítulo 7 procurou-se verificar quais os sentidos de dois trabalhos significativos do arquiteto: sua dissertação de mestrado e sua participação no projeto da Escola de Formação de Quadros de Enfermagem na Guiné-Bissau.

Comentamos a interface entre arquitetura e política e as dificuldades decorrentes, na medida em que Lefèvre buscava um vínculo orgânico entre arquitetura e ação social, segundo uma visão crítica da modernização que o país conheceu. As manifestações sobre essas questões surgiram em textos e materializaram-se em projetos e nos processos das obras. Identificamos, a partir de um problema real e específico, a migração para os grandes centros, como Lefèvre pretendeu definir um paradigma para se pensar não de forma pontual, mas sistêmica, uma arquitetura que participasse da resolução do problema, permitindo que os envolvidos também participassem da solução do que Lefèvre definiu como um exercício utópico.

Antes de ser um trabalho acadêmico tradicional, a dissertação de Lefèvre foi um projeto de ação que, anos depois, iluminou uma atividade que iniciou na África, também vinculada a Hidroservice. Entretanto, a interrupção ocasionada por seu brusco falecimento não permitiu à pesquisa ir além de tatear intenções, permanecendo o sentido preciso do conjunto do trabalho em aberto.

Um alerta final faz-se necessário. O texto do livro foi apresentado inicialmente como tese de doutoramento, defendida na Faculdade de Arquitetura e Urbanismo da Universidade de São Paulo (FAUUSP), no ano de 2002. Desse modo, quinze anos separam a redação da publicação. Nesse ínterim, algumas questões novas sobre a obra de Lefèvre ganharam corpo, assim como alguns estudos, de outros autores, foram elaborados. Todavia, avaliou-se que as premissas e formulações da pesquisa realizada permanecem atuais, válidas e capazes de auxiliar a interpretar a obra do arquiteto. Dessa forma, o texto ora apresentado, em linhas gerais, é muito fiel ao texto original. A "Conclusão", particularmente, mantém sua concepção inicial, ainda que algumas questões tenham sido agregadas para o melhor entendimento das proposições do trabalho. Certamente há inúmeras pequenas correções, complementações e precisões, mas estas têm como objetivo tornar mais acurado o próprio texto, perseguindo, na escrita, a exatidão que as concepções arquitetônicas de Lefèvre lograram estabelecer[13].

13. As considerações realizadas ao longo da "Introdução" sobre as análises historiográficas, bem como sobre a leitura dos projetos, articulam conceitos formulados por: Paul Veyne, *Como se escreve a história: Foucault revoluciona a história*, Brasília: UnB, 1998; Michel de Certeau, "A operação histórica", em J. Le Goff e P. Nora (orgs.), *op. cit.*; e Giulio Carlo Argan, "História da arte", em: *História da arte como história da cidade*, São Paulo: Martins Fontes, 1992, nesse último, principalmente, as questões elaboradas por Argan ao discutir a "cadeia de juízos que foram pronunciados a respeito" de uma obra que se está trabalhando, e que influencia a leitura que se faz da obra (p. 24).

A CATEDRAL DE LEFÈVRE

Originalmente é o próprio espanto que engendra e difunde a calma, e é devido a essa calma que o abrigo contra todos os ruídos, inclusive o da própria voz, se torna condição indispensável para que, a partir do espanto, um pensar possa se desenvolver. Isso implicitamente significa que tudo que entra no círculo desse pensar sofre uma transformação. Em sua separação essencial em relação ao mundo, o pensar sempre se dedica apenas ao ausente, a questões ou coisas subtraídas à percepção imediata.
— **Hannah Arendt**

Na passagem da utopia popular do expressionismo para o racionalismo alemão, Giulio Carlo Argan procurou identificar semelhanças entre o Novembergruppe expressionista e a escola Bauhaus, a partir da presença comum de Walter Gropius nos dois movimentos.

Menos de um ano separa a "exposição dos arquitetos desconhecidos" do Novembergruppe, presidida por Gropius, e a fundação da Bauhaus, em junho de 1919. O programa da escola, escrito por Gropius, é identificado por Argan como impregnado de elementos que caracterizariam o utopismo do Novembergruppe. O programa afiançava:

Formamos uma nova comunidade de artífices sem a distinção que ergue uma arrogante barreira entre artesão e artista. Juntos concebemos e criamos o novo edifício do futuro, que abraçará arquitetura, escultura e pintura numa só unidade e que será erguido um dia rumo ao céu pelas mãos de milhões de trabalhadores como o símbolo de cristal de uma nova fé[14].

O novo edifício do futuro, que pode ser lido como a "nova sociedade" ou o "novo mundo" (*Neue Welt*), que Gropius definiu como a "grande obra de arte total" e a "catedral do futuro", na transição entre o misticismo expressionista e o racionalismo da escola de Weimar, ganhou representação muito tributária da simbologia fantástica com a xilogravura de Lyonel Feininger, estampada na página de abertura do programa da Bauhaus. O símbolo que refletia os objetivos proclamados no programa era, não por acaso, o de uma "catedral", assim interpretada por Marcello Fagiolo:

[…] as três estrelas situadas acima da catedral aludem às três artes que se interpenetram no edifício, e talvez sejam uma chamada ao sagrado número três: (três portas, três torres, três estrelas): pintura, escultura, arquitetura (esta última em um patamar mais alto) serão as estrelas, ou seja, a guia. As torres, por sua vez, significam o ápice da existência, e as portas, a entrada no seio da verdade[15].

---

14. Giulio Carlo Argan, "A arquitetura do expressionismo", em: *Projeto e destino*, São Paulo: Ática, 2001, p. 196.

15. Giulio Carlo Argan et al., *El pasado en el presente: el revival en las artes plásticas, la arquitectura, el cine y el teatro*, Barcelona: Gustavo Gili, 1977, p. 243. Quando não houver indicação em contrário, as traduções são do autor. [N.E.]

Capa do Manifesto Bauhaus (1919).
Ilustração da catedral © Feininger, Lyonel /
AUTVIS, Brasil, 2018.

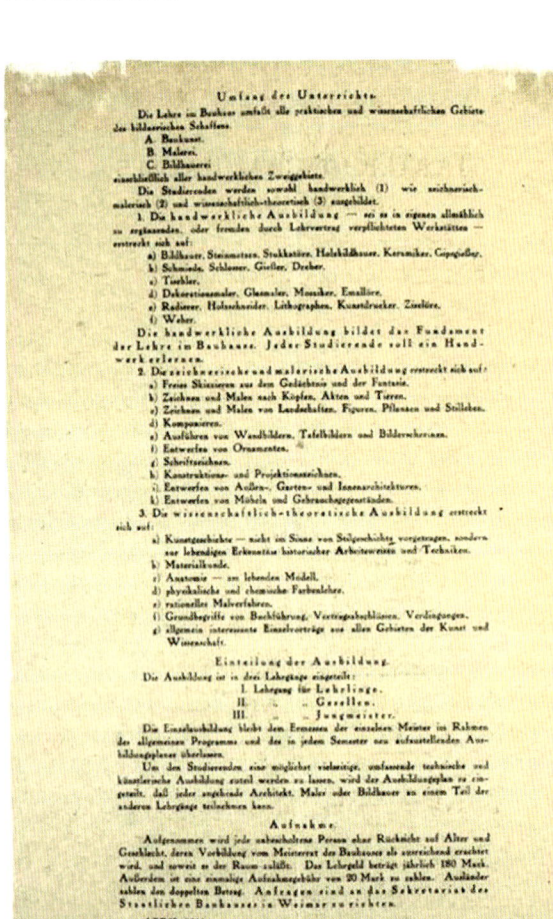

Na conturbada Alemanha pós-Primeira Guerra Mundial, no seio da profusão de grupos culturais militantes que uniam transformação artística com prática política revolucionária, a Bauhaus formava-se como vertente ideológica de operação sociocultural.

Na escola, a projeção da harmonia medieval, de corporações solidariamente trabalhando em prol do coletivo, era combinada e, no limite, foi substituída pelo raciocínio técnico que pragmaticamente "pensava uma sociedade verdadeira", com questões reais a serem enfrentadas, como a da produção de objetos, edifícios e cidades a partir de uma base científica[16].

Nessa trajetória acelerada do expressionismo para o racionalismo, permaneceram alguns temas, conceitos e imagens. A utilização da catedral como representação de uma sociedade que se constrói de maneira coletiva, na qual *o ato de dar forma* é tão ou mais importante que a própria forma, transcendeu esse período. A simbologia da catedral mostrou-se recorrente em vários momentos da história do debate arquitetônico e artístico, trazendo consigo os sentidos utópicos.

16. G. C. Argan, *Projeto e destino*, op. cit., pp. 187-200.

Um desses momentos, quando o fazer arquitetônico no Brasil conheceu, talvez, o ápice da dimensão política e social, teve lugar na Faculdade de Arquitetura da Universidade de São Paulo (FAUUSP), no decorrer da década de 1960. No texto emblemático "O desenho", apresentado na aula inaugural do curso de arquitetura da FAU, em 1º de março de 1967, Artigas, após discorrer sobre técnica, arte e, sobretudo, o desenho como linguagem e pré-figuração ou intenção, afirmou a importância de os arquitetos exprimirem-se por meio de novos símbolos. Significativamente, na conclusão da aula, Artigas trouxe à cena a ideia da nova sociedade, por meio da simbologia da catedral, inquirindo os alunos sobre "que catedrais tendes no pensamento". Continuando e, ainda se referindo aos alunos, postulou que na escola "aprendereis a construí-las [as catedrais] duas vezes: aprendereis da nova técnica e ajudareis na criação de novos símbolos"[17].

Catedral, como símbolo da nova sociedade, e "catedral", ou nova sociedade, como projeto da arquitetura, são formulações que se entrelaçam. Por vezes, a ambiguidade problemática dessa simbologia foi deixada em aberto por Artigas e outros arquitetos modernos brasileiros, quando dos debates sobre a dimensão política da atividade profissional, durante os anos 1950 e 1960. Esses debates, que chegaram até os anos 1970, perderam força a partir da década de 1980.

Retomando as considerações iniciais da Introdução, os caminhos previamente traçados foram, por vezes, alterados, e outros tiverem de ser inscritos na cartografia da investigação. Com a síntese produzida espera-se ter elaborado uma chave para se adentrar a catedral a que Lefèvre deu forma e analisar como pensava construí-la socialmente.

17. João Batista Vilanova Artigas, "O desenho", em: J. B. V. Artigas, Mário de Andrade e Flávio Motta, *Sobre desenho*, São Paulo: CEB-GFAU, 1975, p. 15 e em *Caminhos da arquitetura*, Sao Paulo: Fundação Vilanova Artigas/Pini, 1986, p. 52.

CAPÍTULO **1**
O ESPAÇO DE CONVÍVIO NA ARQUITETURA MODERNA BRASILEIRA:
O CASO DA ESCOLA PAULISTA

HABITAR E SER

A nossa casa se apresenta assim, quase sempre, desataviada e pobre, comparada à opulência dos "palazzi" e "ville" italianos, dos castelos de França e das "mansions" inglesas da mesma época, ou à aparência rica e vaidosa de muito solares hispano-americanos, ou, ainda, ao aspecto apalacetado e faceiro de certas residências nobres portuguesas. Contudo, afirmar-se que ela nenhum valor tem, como obra de arquitetura, é desembaraço de expressão que não corresponde, de forma alguma, à realidade.
— Lúcio Costa

Com efeito, a habitação em cidades é essencialmente antinatural, associa-se a manifestações do espírito e da vontade, na medida em que se opõe à natureza.
— Sérgio Buarque de Holanda

João Batista Vilanova Artigas, no texto "Arquitetura e construção" de 1969, discutiu suas ideias e preocupações relativas à arte de projetar e à apropriação que se deve alcançar da técnica, vale dizer, da racionalidade científica. Arte e técnica deveriam irmanar-se de forma criativa e, portanto, propositiva em relação à realidade na atividade dos arquitetos. Não era a primeira vez que esse tipo de abordagem comparecia no debate da arquitetura moderna brasileira; tampouco era a primeira incursão de Artigas nessa senda analítica.

Entretanto, nesse caso, suas considerações eram introduzidas e discutidas a partir da casa e de seus significados. Dessa forma, oferecia um ângulo fecundo para o entendimento retrospectivo da arquitetura da chamada "escola paulista" e, por extensão, da produção de Rodrigo Lefèvre, mesmo que, naquele momento, estivessem em lados opostos do debate arquitetônico brasileiro e dos rumos da produção moderna. Isso porque, toda uma geração de arquitetos formada pela Faculdade de Arquitetura e Urbanismo da Universidade de São Paulo, incluindo Lefèvre, teve em Artigas um dos referenciais mais consistentes para sua formação profissional.

A ideia de uma "casa brasileira" é um item primordial na arquitetura moderna que se forjou com o chamado "grupo carioca", estando presente nas formulações iniciais de Lúcio Costa. Essa ideia também compareceu no desenvolvimento da chamada "escola paulista". A casa brasileira deveria ter sua composição formal investigada em função de um programa habitacional local e das condições tecnoconstrutivas características da vida na Colônia e também em função das possibilidades construtivas daquele período. Nesse sentido, e pelo que será visto adiante, a casa brasileira pode ser interpretada como um componente arquetípico da arquitetura brasileira e de uma condição nacional e, por isso, unitária.

Lúcio Costa afirmava, já em 1937, que a casa do colono (que pode ser aproximada à habitação popular) apesar do seu aspecto frágil, por ser engenhosamente construída, absolutamente integrada às condições do meio, oferecia uma lição construtiva à atualidade e, por isso, qualificava de forma positiva sua permanência:

Feitas de "pau" do mato próximo e da terra do chão, como casa de bicho, servem de abrigo para toda a família [...] e ninguém liga de tão habituado que está, pois "aquilo" faz mesmo parte da terra como formigueiro, figueira-brava e pé de milho – é o chão que continua. Mas, justamente por isto, por ser coisa legítima da terra, tem para nós, arquitetos, uma significação respeitável e digna; enquanto que o "pseudomissões, normando ou colonial", ao lado, não passa de um arremedo sem compostura[18].

Para Lina Bo Bardi, discutindo a obra de Artigas no início dos anos 1950, que já despontava como uma vertente da arquitetura moderna brasileira, o tema da legitimidade não se restringia ao meio ou à construtibilidade, adquiria tons de programa de vida social e nacional, afirmando valores contrapostos ao *status quo*: "uma casa construída por Artigas não segue as leis ditadas pela vida de rotina do homem, mas lhe impõe uma lei vital, uma moral que é sempre severa, quase puritana. Não é 'vistosa', nem se impõe por uma aparência de modernidade, que já hoje se pode definir num estilismo"[19].

Assim, discutir a casa, ou introduzir a discussão de arquitetura por meio dela, por suas qualidades de abrigo apropriado ao meio (*chão que continua*) ou de núcleo de projeção conceitual de vida (*impõe uma lei vital*), permite uma abordagem muito particular, feita a partir da ótica da formação da nação e do indivíduo, itens caros à historiografia da arquitetura moderna brasileira.

A digressão sobre a casa brasileira permite esclarecer um entendimento acerca da arquitetura moderna brasileira. Ainda que esta se tenha pretendido uniforme nas suas qualidades e aspectos, ou melhor, ainda que haja uma interpretação historiográfica que construa uma arquitetura praticamente unitária, ela é plural. Ou seja, é possível falar-se de grupos, correntes e escolas específicas, embora ideologicamente ligadas em torno da ideia de uma arquitetura moderna brasileira única. Aliás, esse é um ponto "nervoso", como será visto. Pois alguma diferença é reconhecida, mas, independentemente dela, frisa-se a unidade. Não sendo o tema deste livro a questão da unidade moderna brasileira, utiliza-se aqui as terminologias escola paulista, grupo carioca etc., porque esses termos não pretendem resolver o assunto, apenas sinalizam o entendimento de uma pluralidade arquitetônica moderna brasileira, constantemente ignorada.

Artigas inicia o texto "Arquitetura e construção" diferenciando as formas da habitação das outras formas arquitetônicas. Essa diferença era explicada pela leitura do ensaio "Construir, habitar, pensar", de Martin Heidegger, escrito em 1954. Nele, o filósofo alemão expunha, segundo Artigas, que "na língua alemã, o verbo construir, nas suas formas linguísticas mais antigas, exprimia também *habitar* e *ser*" e, dessa forma, ponderava que o que valia para o alemão primitivo também valeria para "o anglo-saxão primitivo". Este "era *porque habitava a sua construção*"[20]. Ou seja, ao construir, existia-se no mundo.

Na sequência, Artigas valoriza a habitação como conquista do homem sobre a natureza, e as relações da casa como "sede" do espaço do homem e, assim, base para novas conquistas, numa ação que humanizava a natureza e ampliava a casa e suas referências. "O espaço da habitação se universaliza", atingindo o ápice com a criação das cidades: "a cidade é uma casa / a casa é uma cidade".

No entanto, voltando à questão anterior, não se pode deixar de retomar o significado da relação biunívoca entre habitar e ser, que, nos termos do desenvolvimento da sociedade moderna, iniciada por volta do século XVI, parece estabelecer uma relação de tensão com o mundo burguês e a invenção (burguesa) da intimidade e da privacidade[21]. A organização da vida estabelecida pela burguesia teria levado a uma alteração na unidade pretérita entre *habitar* e *ser*, e desta com o *pensar*, na medida em que a perda da subjetividade seria uma contrapartida da divisão social do trabalho, que o capitalismo desenvolveu.

Mais intrigante (ou contraditório) seria ainda afirmar a cidade industrial, base da economia capitalista e da divisão do trabalho, como uma extensão da casa e de uma sociabilidade não moderna. Talvez o que Artigas estivesse de fato defendendo fosse uma integridade social que o momento político parecia esfacelar, e que as imagens do texto de Heidegger, mais que o conteúdo preciso desse texto, pareciam valorizar. Isso porque Artigas não deixaria de alinhar essas imagens com um desenvolvimento técnico e com a atividade arquitetônica, buscando um sentido social para ambos, no presente e no futuro:

Encontro com a casa na cidade para construir com ela a casa da nova sociedade que desponta como consequência inevitável do conhecimento cada vez mais profundo que vamos tendo, do mundo e das relações entre os homens. Esta procura de racionalidade não tem fim, e nos mantém em constante experimentação; a experimentação específica das artes é também a que é privativa da ciência e da tecnologia, aplicadas à arte de construir[22].

Excedendo o sentido do texto, para Artigas, as formulações e imagens de Heidegger permitiam seu uso como base da racionalidade, que seria, ainda segundo Artigas, o instrumento de uma nova sociabilidade, de novas relações entre os homens. Progresso científico aliado a progresso social, binômio indissociável do projeto iluminista que à sua maneira defendia.

Nesse sentido, como não poderia deixar de ser, a casa moderna é interpretada como consequência e projeto da modernidade. Assim, uma rápida investigação de como a sociedade moderna alinhou organização social e espacial mostra-se interessante, principalmente para análise do rebatimento dessas questões em termos locais.

18. Lúcio Costa, "Documentação necessária", em: *Sobre arquitetura*, Porto Alegre: Centro dos Estudantes Universitários da Arquitetura, 1962, p. 89.
19. Lina Bo Bardi, "Casas de Vilanova Artigas", *Habitat*, out.-dez. 1950, n.1, p. 2.
20. Artigas completava a afirmação expondo que "*construir*, em alemão, é *bauen*, que tem a mesma origem de *ser*, revelada na forma *bin* (sou). As formas linguísticas para habitar, habitação, perderam-se para a definição atual de casa, mas permanecem algumas formas linguísticas que servem para a prova, como, por exemplo, a palavra *vizinho* – *nachbar* (a construção ao lado, o ser que habita perto, a construção do outro)". J. B. V. Artigas, "Arquitetura e construção", em *Caminhos da arquitetura*, São Paulo: Fundação Vilanova Artigas/Pini, 1986, p. 103 (grifos no original).
21. Ainda que as questões apresentadas no texto de Artigas estivessem parcialmente presentes na língua alemã e, portanto, pretendidamente (ou enquanto projeto) nas relações sociais, as formas políticas nas quais se situa o texto de Heidegger e a sociedade moderna são distintas.
22. J. B. V. Artigas, "Arquitetura e construção", *op. cit.*, p.104.

Citamos sociedade moderna, assim como o termo mais abrangente – modernidade –, mas também seria possível citar a formação do Estado moderno (ou nacional). A precisão dos significados e as diferenças dos termos (aos quais se deve agregar as definições de modernismo e modernização) escapam do âmbito deste livro. Todavia, para discussão das relações da modernidade com a arquitetura e os seus espaços, que se constituem no objetivo presente, o entendimento defendido por Philippe Ariès e Georges Duby, dentre outros autores, esclarece o percurso teórico adotado.

Para ambos, a sociedade moderna e a modernidade iniciam o seu desenvolvimento no século XVI, atingindo sua plenitude (ou suas formas "clássicas", pelas quais são plenamente reconhecidas) nos séculos XIX e XX. A interação desse processo histórico com o cotidiano das relações humanas e o seu produto se baseia, como expõe Roger Chartier,

numa afirmação comum, qual seja, que os limites móveis da esfera do privado – quer abranja a quase totalidade da vida social, quer, ao contrário, se restrinja ao foro íntimo, doméstico e familiar – dependem antes de tudo da maneira como se constitui, em doutrina e em poder, a autoridade pública e, em primeira instância, aquela reivindicada e exercida pelo Estado. É, pois, a progressiva construção do Estado moderno [...] que se revela condição necessária para se poder definir, pensar como tal ou apenas vivenciar de um fato privado doravante distinto de um público claramente identificável[23].

O texto de Chartier obviamente refere-se aos Estados europeus e, em particular, ao francês, o que representa para o caso brasileiro uma dificuldade, pois os desenvolvimentos das colônias e das metrópoles centrais não se explicam de forma sincrônica e simétrica, ainda que combinados e fortemente imbricados. As descontinuidades entre o desenvolvimento do Estado brasileiro – que só pode ser discutido depois de 1822 – e o dos Estados europeus ficam sob a forma de registro, porém não se avançará, além disso, neste trabalho. O que nos interessa aqui são os reflexos das relações públicas e privadas na arquitetura e os momentos em que ocorreram mudanças nos hábitos cotidianos e, portanto, no agenciamento da planta residencial. Guardadas as diferenças, pode-se buscar interpretar as mudanças locais atentando às precedentes europeias.

Voltando ao início das considerações sobre os ideais arquitetônicos de Artigas, o entendimento apresentado pode parecer estranho aos conhecedores de sua obra e de suas convicções ideológicas. A inclusão de uma forma de sensibilidade não moderna, pelo próprio Artigas, no seu programa arquitetônico, pode ser explicada em função da defesa da própria sociabilidade que a investigação interessada e criativa transferia ao fazer arquitetônico. Mas em que poderia auxiliar a discussão do programa da residência burguesa típica, caracterizada pela especialização das atividades e compartimentação dos espaços? Isso porque, em princípio, esse agenciamento espacial seria o oposto do programa moderno e também do programa de Artigas, inclusive para a discussão e a qualificação da sociabilidade – ainda que suas residências estabeleçam, aparentemente, uma nítida separação da rua (portanto, da cidade e de uma sociabilidade maior), por meio de suas formas e soluções construtivas autocentradas.

Na verdade, a discussão que interessa integra a da moradia burguesa tradicional, mas a perpassa e sobrepassa, pois o programa de suas residências e concepções espaciais podem ser interpretados à luz de uma perspectiva histórica: a da formação da casa brasileira, que agrega vários momentos pré-burgueses e burgueses (nestes incluídas as propostas modernas). Essa perspectiva é relevante porque, como visto, a arquitetura moderna brasileira buscou na casa um momento de sua elaboração – particularmente a arquitetura da "escola paulista", que teve na casa um elemento de sua formação enquanto um núcleo dinâmico da arquitetura moderna brasileira. Isso quer dizer que, além de uma concepção espacial, formal e construtiva, uma concepção histórica foi construída, inscrevendo a casa moderna numa linha de programas domésticos locais, interpretados como nacionais, fruto de condições específicas.

Dessa forma, a história alcançava o presente, de uma forma peculiar, ajustando o passado às discussões culturais da época, utilizando-se, para tanto, das próprias transformações que a sociedade moderna possibilitava.

Assim, vamos discutir o programa das residências de Artigas e o programa da "escola paulista", para a qual ele contribuiu de forma decisiva, até chegarmos, retrospectivamente, ao programa burguês, que se relaciona dinamicamente com a citação de Chartier. Para tanto, a interpretação do morar na Colônia será examinada de forma breve, assim como suas transformações no século XIX, após a independência, e também no período republicano, atingindo-se dessa forma o século XX[24]. Esse roteiro historiográfico terá como base inicial a leitura de alguns trabalhos de Carlos Lemos, que podem ser tomados como formuladores da construção histórica acima referida.

As concepções espaciais pré-burguesas e burguesas, e suas visões críticas, serão verificadas e utilizadas em dois sentidos: num primeiro, que se alimenta das próprias conceituações que as formulações historiográficas, como a de Lemos, realizaram como suporte teórico para as obras modernas da "escola paulista", e num segundo, que busca outras leituras para marcar a particularidade das formulações historiográficas e o seu comprometimento ideológico com a ideia de uma arquitetura moderna brasileira de raiz, como será visto adiante.

23. Roger Chartier, "Figuras da modernidade", em: *História da vida privada, v. 3: Da Renascença ao Século das Luzes*, São Paulo: Companhia das Letras, 1991, p. 22. De forma complementar, Habermas afirma que "na sociedade feudal da alta Idade Média, a esfera pública como um setor próprio, separada de uma esfera privada, não pode ser comprovada sociologicamente, ou seja, usando os critérios institucionais". Ver Jürgen Habermas, *Mudança estrutural da esfera pública*, Rio de Janeiro: Tempo Brasileiro, 1984, p. 19.

24. Para a noção de Colônia, o trabalho toma partido da compreensão expressa por Novais, que busca "evitar o anacronismo subjacente a expressões como 'Brasil Colônia', 'período colonial da história do Brasil' etc. Pois não podemos fazer a história desse período como se os protagonistas que a viveram soubessem que a Colônia iria se constituir, no século XIX, num Estado nacional". Fernando A. Novais, "Condições da privacidade na Colônia", em: Laura de Mello e Souza (org.), *História da vida privada no Brasil, v. 1: Cotidiano e vida privada na América portuguesa*, São Paulo: Companhia das Letras, 1999, p. 17.

Uma leitura da moradia brasileira

A leitura das formulações historiográficas pretende subsidiar a compreensão de algumas análises já realizadas, e verificar a natureza da insistência sobre determinados aspectos nos programas das casas aqui produzidas. Na verdade, o que se pretende demonstrar é que o tipo de qualificação de determinados aspectos torna as análises construtos historiográficos de ligação entre o passado e o presente.

De forma específica, o foco será direcionado em um aspecto de dupla resolução, que diz muito sobre a história da casa: sua organização espacial, identificada a partir da permanência da sobreposição espacial das funções, articulada ao uso dos ambientes, e seu inverso, a especialização dos espaços domésticos e suas consequências nas relações familiares. A escolha não é fortuita, uma vez que abarca a relação entre as esferas "do público e do privado" no desenho das plantas da moradia local. Esferas que, com frequência, foram precocemente identificadas no período colonial.

Ainda que possa ser desnecessário repetir, cabe realçar que toda leitura histórica guarda pontos de vista específicos, e que mesmo objetivos convergentes podem guardar desenvolvimentos distintos[25]. Dessa forma, o que se procura analisar não é tanto a veracidade de algumas elaborações, mas sim a interpretação da casa brasileira, ou melhor, a construção de um programa doméstico brasileiro e o alcance que a casa teve na arquitetura nacional.

A construção de um programa unitário para a casa brasileira, ou passível de uma redução a elementos comuns, é um projeto ambicioso e, acima de tudo, ideológico. Ainda mais se for considerado que a organização espacial na colônia portuguesa parece não ter sido única, tampouco uma sequência acumulativa e progressiva, mas sim diversificada e desconexa. A análise de Leila Mezan Algranti indica a impropriedade de fixar-se uma mesma organização espacial:

o próprio caráter de uma sociedade estratificada, na qual a condição legal e racial dividia os indivíduos entre brancos e negros, livres e escravos, dificulta a tentativa de buscarmos de norte a sul do país, no mundo urbano e rural e ao longo de quase quatro séculos, padrões semelhantes de vida e de organização familiar, até mesmo no interior de uma determinada camada da população[26].

Essa proposição, por demais objetiva, obriga a uma leitura mais profunda do significado das formulações do próprio Lemos, para quem "a casa é o palco permanente das atividades condicionadas à cultura de seus usuários"[27]. Ou seja, a cultura derivada não apenas de uma herança portuguesa, mas principalmente de um cotidiano de atividades, levaria a programas habitacionais diversificados, em função das diferenciações das atividades pelo território ao longo do tempo, alcançando uma diversidade ainda maior se for considerado o período posterior ao da Independência.

Assim, para melhor compreensão da discussão de um programa da casa brasileira, ou dos programas da casa brasileira, são necessárias algumas breves observações sobre o período colonial. A administração portuguesa local e seus organismos políticos estavam muito distantes de um Estado moderno e mesmo de sua gênese,

25. Como mostram algumas questões que Lemos aborda de forma crítica no livro *Casa paulista* em relação ao trabalho de Luís Saia no livro *Morada paulista*, apesar de em linhas genéricas trabalharem os mesmos objetivos.
26. Leila Mezan Algranti, "Família e vida doméstica", em: Laura de Mello e Souza (org.), *op. cit.*, p. 85.
27. Carlos Lemos, *História da casa brasileira*, São Paulo: Contexto, 1989, p. 9.

ainda que considerado o estágio de sua configuração na Europa (e em Portugal, de forma específica) entre os séculos XVI e XVIII. Portanto, na ausência de um Estado, não seria muito distante da realidade supor que a esfera do domínio doméstico (*grosso modo*, privado) abarcasse, de modo elástico, boa parte da vida social na América portuguesa, em todas as suas dimensões, incluindo a política e a econômica. Entretanto, como também afirmou Algranti, não se pode falar de vida pública e vida privada na América portuguesa com o entendimento hoje atribuído a esses conceitos[28] e, acompanhando Chartier, se não existe esfera pública, tampouco pode existir esfera privada como experimentada pela sociedade moderna.

Um entendimento claro dessa questão é fornecido por Laura de Mello e Souza ao formular que, "se o público e o privado são conceitos polares [...] os espaços próprios a um e a outro âmbito tornam-se interdependentes; afastada da sede do Estado português pela extensão de um oceano, a América portuguesa foi, nesse sentido, o reino da indiferenciação"[29].

Ainda que os espaços descritos em várias situações possam ser abstratos, referentes às instituições e instâncias sociais, a mesma interpretação da indiferenciação pode, ou melhor, deve ser investigada em termos de sua concretização física e, por extensão, para o agenciamento espacial doméstico.

Assim, adquire um significado "especial" a faixa social que Lemos denomina "pública", presente nas habitações de várias regiões da América portuguesa (Brasil Colônia, para o autor) e dos primeiros tempos da independência, destacando-se a da casa bandeirista, composta, como sabido, por alpendre reentrante, capela e quarto de hóspedes, sendo os dois últimos dispostos em extremidades opostas do alpendre. A faixa social era distinta da área privada, que compreendia o repouso familiar e o estar[30].

Note-se que esse esquema espacial seria, de certa maneira, até avançado para o período entre os séculos XVI e XVIII, pois não faltam relatos de exemplos de moradias europeias desse período, nas quais a sobreposição de funções num único espaço interno (ou em poucos espaços), interpretada como a permanência do salão medieval, era plena.

Ou seja, mesmo na Europa ocorria uma fase de transição entre o feudalismo e o capitalismo industrial, a do mercantilismo e, portanto, uma "zona incerta" e "de transição" na qual as esferas do público e do privado, ainda não claramente definidas, ocorriam e se materializavam de forma entrelaçada[31].

28. Segundo Algranti, "a distinção clássica entre público e privado não se aplica à vida colonial antes do final do século XVIII e início do XIX e, ainda assim, só de forma muito tênue, pois o privado assume conotações distintas daquelas adequadas à nossa sociedade atual". Ver Leila Mezan Algranti, "Família e vida doméstica", em: Laura de Mello e Souza (org.), *op. cit.*, p. 89.
29. Laura de Mello e Souza, "Conclusão", *op. cit.*, p. 441.
30. A cozinha da antiga casa paulista, como analisou, dentre outros, Carlos Lemos, organizou-se, majoritariamente, fora do bloco principal, em telheiros e puxados nos fundos. Para essa questão, ver C. A. C. Lemos, *Cozinhas, etc.*, São Paulo: Perspectiva, 1978.
31. Segundo Novais, "entre a Idade Média Feudal [...] e o mundo contemporâneo burguês e racionalista [...] estende-se essa zona incerta e por isso mesmo fascinante, já não é feudal, ainda não é capitalista, não por acaso denominada de 'transição'. Encarado em conjunto, esse período da nossa história – a história do Ocidente – revela sempre essa posição intermediária; em todas as instâncias, de todos os ângulos, é sempre essa a sua característica definidora". Ver Fernando A. Novais, "Condições da privacidade na Colônia", em Laura de Mello e Souza (org.), *op. cit.*, p. 15.

Essa ambiguidade das esferas manifestava-se no cotidiano das residências e na sua organização espacial. Portanto, ainda que espaços de intimidade pudessem estar também presentes no *reino da indiferenciação*, a formulação de um esquema espacial fixo, com amplo alcance territorial e com essas características, é por demais imprecisa[32].

Essa organização espacial, que separaria a intimidade – para não usar a expressão "vida privada" – da sociabilidade – para não usar a contrapartida "vida pública" –, parece ser utilizada para demarcar um processo cultural próprio, cujo passo seguinte seria dado pela fusão dos dois espaços. Independentemente do que pudesse motivar os reordenamentos espaciais das moradias, ou de relações econômicas mais gerais, o processo de expansão paulista e o enfrentamento com o meio agreste indicariam a melhor resolução espacial, a da sobreposição.

Seria nas regiões de influência paulista que se anteciparia uma sobreposição espacial que agregava ao interior da casa, além de espaços familiares e de sociabilidade, o espaço de trabalho – a cozinha. A partir de um relato de Saint-Hilaire referente a uma propriedade mato-grossense, Lemos explicou o processo, reproduzindo trechos do relato: "na casa assobradada de dona Antônia do Buriti, o escritor francês foi recebido "'numa vasta sala ao rés do chão' que servia 'de sala de recepção e de jantar, além de cozinha'. Contíguo a esta sala ficava o engenho de fazer pinga e açúcar bruto"[33].

Como afirmado, a moradia descrita remetia à raiz bandeirista, excluindo diretamente outras influências. Dessa forma, para a historiografia, tudo se passa como se a fonte portuguesa adaptada às condições econômica e social, ao clima e as possibilidades técnicas locais, tivesse encontrado nas construções civis paulistas a resposta adequada e não a acomodação de modelos outros. Encontrada a resposta, a "montagem" da evolução da moradia brasileira continua, pois a resposta é transformada em "modelo do morar local". Aqui, portanto, vale novamente uma maior precisão no recorte e do seu limite, pois, como já alertado, não se trata de uma leitura ampla e genérica da moradia brasileira, mas sim do tipo de moradia presente em São Paulo e irradiada a partir desse estado. Parte da historiografia toma esse tipo de moradia como modelo, que é aqui adotado não porque seja interpretado como verdadeiro, ainda que não lhe faltem qualidades de dados, mas justamente para inquirir a própria historiografia e suas motivações. Cabe salientar que o trabalho de Lemos é extenso, sendo que suas últimas publicações possuem algumas características diferenciadas. No livro *Casa paulista*, a fixação do modelo da moradia paulista para todo o Brasil é relativizada pela referência efetiva à região paulista e de influência dos paulistas. Todavia, certo ir e vir está sempre presente nas formulações de Lemos, pois a definição de um modelo afirma-se pelo seu alcance territorial, mas

32. Para Lemos, a explicação dessa tipologia espacial da arquitetura local era consequência da herança árabe, advinda dos sete séculos de dominação da Península Ibérica, cuja cultura impunha (e ainda impõe) restrições ao convívio da mulher nos ambientes "sociais" e/ou marcados pela presença masculina, o que necessariamente gerava nas moradias uma área restrita, não permeável à sociabilidade (essa explicação, Lemos forneceu nas aulas da disciplina Programa da Casa Brasileira, do programa de pós-graduação da FAUUSP, no segundo semestre de 1996).

33. C. A. C. Lemos, *Cozinhas, etc., op. cit.*, p. 85.

sobretudo pelas qualidades que lhes são atribuídas e que assimila[34].

Prosseguindo esse entendimento, em suas elaborações Lemos estabelece que foi o ciclo canavieiro ituano que, dando mostra de um desenvolvimento econômico mais perene, acabou por dar consistência e continuidade às experiências paulistas, conseguindo assim fixar o modelo do morar na sua própria terra de origem: "[o ciclo] transformou o alpendre posterior da casa bandeirista na varanda, local de estar, de comer, de trabalhar"[35].

A unificação da "vida privada" com a "vida pública" seria assim a marca do programa da casa paulista, a essa altura já tornada casa brasileira. A construção da união entre público e privado, que a casa histórica brasileira conteria, passa a ser entendida e difundida pela historiografia como prova de um espírito social avançado, traço marcante da vida nacional. O arranjo arquitetônico da moradia, qualificado pela sobreposição espacial, torna-se um elemento característico da casa brasileira que transcende um período.

Na fixação dessa sobreposição espacial há outro dado importante, o duplo marco que as residências do ciclo canavieiro representavam, quer em termos formais, quer em termos temporais. Como exemplo, seria destacada a casa de Antônio Ferraz de Arruda, inaugurada em 28 de março de 1850[36], que se constituiu numa matriz tipológica de casas "não mais ortodoxas no seu planejamento original, mas ainda demonstrando vínculos com as gerações anteriores e compromissos com os novos modos de vida roceira"[37]. Longe de uma resolução meramente provinciana, a casa nascida do ciclo ituano seria consistente a ponto de manter-se como modelo, mesmo compartilhando da renovação social que a vida no Império trazia.

A menção ao ano de 1850 decerto não é aleatória. É uma referência simbólica às transformações ocorridas e por ocorrer na sociedade brasileira, quase a meio caminho entre a independência e a proclamação da República. Em pleno Império, podia-se dizer que existia um Estado nacional que, ao promulgar a Lei de Terras, alteraria drasticamente o estatuto da propriedade, o que não deixaria de ter reflexos na requalificação da esfera privada[38]. Apesar de todos os problemas, de sua precariedade e da escravidão, as classes sociais conheciam algumas renovações, estando-

34. Nesse sentido, a obra de Luís Saia poderia ter sido outra referência, quer porque toma São Paulo como protótipo de uma cultura autônoma, em função do abandono da metrópole e dos reveses de uma economia colonial, quer porque de fato também apresenta uma configuração da morada local, ideologicamente comprometida com um projeto nacional. Ver L. Saia, *Morada paulista*, São Paulo: Perspectiva, 1978, p. 24.

35. C. A. C. Lemos, *Cozinhas, etc.*, *op. cit.*, p. 91.

36. Apresentado por Lemos como desbravador, "homem da roça, abridor de fazendas e de pastagens para o seu gado", que depois se dedicou ao plantio da cana. *Ibidem*, p. 87.

37. *Ibidem*, p. 91.

38. A Lei de Terras, de 18 de setembro de 1850, não apenas proibia, no seu artigo 1º, "as aquisições de terras devolutas por outro título que não seja o de compra", como também, no artigo 18, possibilitava os primeiros passos para a substituição do trabalho escravo, ao fixar que "o Governo fica autorizado a mandar vir anualmente à custa do Tesouro, certo número de colonos livres para serem empregados, pelo tempo que for marcado, em estabelecimentos agrícolas, ou nos trabalhos dirigidos pela administração pública, ou na formação de colônias nos lugares em que estas mais convierem [...]".

se por ocorrer as mudanças que o café iria operar na economia e, portanto, na sociedade.

Em relação às classes dominantes, vale verificar seu comportamento, pois, conforme constatou Maria Isaura Pereira de Queiroz, no período imediatamente posterior ao da Independência, a elite brasileira, dando continuidade à vida social do período em que a corte portuguesa cá esteve, adotou padrões de vida europeus que, se por um lado eram inovadores, por outro assumiam primordialmente a característica de distinção e diferenciação social em relação às classes menos favorecidas[39].

Como visto, os padrões europeus correspondiam à emergência de um Estado delimitador de um espaço político, social e jurídico público, contraponto necessário às alterações na vida privada. Evidentemente, a ausência de simetria entre os principais Estados europeus e o brasileiro, de pronto, expõe problemas nos modelos aqui adotados, na linha da clássica concepção de ideias fora do lugar, proposta por Roberto Schwarz acerca das contradições experimentadas no Brasil com a presença das concepções liberais diante da realidade escravocrata[40].

Com a chegada dos padrões europeus ao Brasil e sua consequente absorção, começou a acontecer uma renovação na sociedade. Isso está claro, mas também deve ser compreendido que a absorção podia acarretar tanto resultados negativos como positivos, em função da realidade política, econômica e social. Os padrões inovadores conheceriam adaptações locais de toda ordem. Nesse sentido, é interessante observar que, na mesma residência de Antônio F. Arruda, num período posterior ao da inauguração da casa, um dos cômodos inferiores serviu como sala de aula[41]. Na ausência de uma escola próxima – pública, comunitária ou religiosa –, a sede da fazenda incorporou essa função. Porém, isso é um detalhe; o mais importante era que o estudo passava a ser incorporado às atividades familiares, ou seja, a educação e o seu controle traziam, como afirmou Ariès, uma nova infância. Independentemente do tempo gasto na sala de aula, na sua periodicidade, regularidade e sequência anual, essa educação "formalizada" ditava que num período os filhos não iriam para o trabalho, mas seriam educados. Junto com a educação surge a infância tutelada pelos pais ou por pessoas contratadas e, com isso, a necessidade de ambientes e mobiliários para o estudo, para a confecção das tarefas, para a leitura e, por derivação, para o aprendizado da música e de outras artes.

Uma vida doméstica desvinculada do trabalho começava a tomar forma, com toda a precariedade que os padrões europeus recém-assumidos geravam. Lemos expõe, não seguindo exatamente o mesmo raciocínio, que esse momento ainda não seria o das transformações efetivas mais nítidas, mas o de "ajustamentos acomodatícios". De qualquer forma, expõe a particularidade das novas situações criadas pelos novos padrões ao citar as baronesas analfabetas "segurando o missal de cabeça para baixo" ou especulando sobre "quanta fazendeira rica não ficava de chinelas perambulando pelos casarões enormes sem jamais ter feito uma viagem maior"[42].

39. M. I. Pereira de Queiroz *apud* Ruben George Oliven, "A relação Estado e cultura no Brasil: cortes ou continuidades?", em: Sérgio Miceli (org.), *Estado e cultura no Brasil*, São Paulo: Difel, 1984, pp. 44-5.
40. Para essa discussão, ver do próprio Roberto Schwarz, *Ao vencedor as batatas*, São Paulo: Duas Cidades, 1981.
41. Conforme o relato, colhido por Lemos, de Antônio Ferraz de Arruda Pinto, descendente do patriarca e morador da antiga fazenda.
42. C. A. C. Lemos, *Cozinhas, etc., op. cit.*, pp.103-4.

Independentemente da verdadeira natureza do modelo espacial adotado por Lemos, e das interpretações possíveis sobre a renovação da sociedade imperial e depois republicana, a continuidade das alterações nas plantas domésticas seria ininterrupta e acompanharia as alterações que a economia cafeeira possibilitava e ia introduzindo na sociedade e nas cidades em particular.

O café e suas residências

Durante a segunda metade do século XIX, a riqueza propiciada pelo café penetrou na província de São Paulo pelo Vale do Paraíba, atingindo depois Campinas, sem afetar, inicialmente, a região da capital, gerando as primeiras residências urbanas dos proprietários rurais, dotadas de refinamento e fausto, até então desconhecidos na província.

A nobreza instantaneamente constituída demonstrava a articulação do arcaísmo com a ânsia de novos hábitos e costumes sofisticados. Comentando a vida nas cidades ao longo da estrada de ferro inaugurada em 1875, que ligava o Rio de Janeiro a São Paulo, Lemos relata sobre as elites:

[começaram a] esbanjar elegância numa demonstração sem par. Foi a época dos barões do café, em que o dinheiro, chegado antes da instrução, comprava dignidades e poder, tornando a classe dominante um conglomerado heterogêneo de pessoas. Enquanto vemos nos maços de recenseamento de Mococa a baronesa de Monte Santo figurando como analfabeta e sabemos que o barão, Figueiredo típico [...] passava os dias de sol a sol nos seus cafezais; vemos em Pindamonhangaba os Moura Romeiro, os Lessa e os Salgado, todos barões também, comendo com talheres de vermeil e bebendo champanha em cristais de Saint Louis ou Baccarat[43].

Na arquitetura, correspondendo aos novos hábitos, surgiam inovações mescladas à tradicional técnica construtiva de taipa. Arquitetos estrangeiros tratavam de decorar as residências com adornos e acabamentos de influência neoclássica (a moda na capital do Império, pós-missão francesa), que já apontavam na direção de uma predisposição ao ecletismo.

Em termos espaciais, Lemos indica a manifestação da permanência da planta do ciclo ituano: nas casas do café predominava uma circulação que caracterizava "a varanda como o centro de interesse do lar", local das refeições e do convívio, quer nas residências de um pavimento, quer nos sobrados, trazendo para a cidade o modelo da concepção espacial da residência rural.

Entretanto, também segundo Lemos, outro aspecto dessas construções pode ser observado, como ocorre em relação a uma casa urbana de Cunha, da segunda metade do século XIX. Nela nota-se a circulação independente possibilitada pela ligação entre a porta de entrada e a varanda, por meio de um corredor central para o qual se abriam as portas dos quartos e salas, com exceção das duas câmaras de hóspedes, cujo acesso dava-se por meio de uma das salas (provavelmente a de visitas). Ou seja, os quartos apresentavam-se como aposentos íntimos, provendo, além de um ambiente próprio do casal, provavelmente a separação dos filhos por sexo[44].

Claro que a eleição de um modelo espacial é sempre parcial, que, em um período híbrido e complexo, restringe soluções também híbridas, variadas e de durabilidade razoável, como a da fazenda d. Pedro II, de 1890, como o próprio

43. *Ibidem*, p.118.
44. *Ibidem*, p.122. Notar a similaridade com a citação de Ariès sobre os aposentos e a circulação interna.

Lemos admite[45]. Nela, a sala de jantar e uma sala posterior, provavelmente, satisfaziam as funções da varanda (comer e convívio) e os quartos possuíam acessos tanto restritos como por outros cômodos (quartos e salas), convivendo numa mesma planta cômodos segregados (íntimos) com devassáveis – ainda que em muitos casos apenas pelos próprios membros da família.

O desenvolvimento das cidades cafeeiras rodeou a cidade de São Paulo, que veio a conhecer um desenvolvimento significativo somente a partir do último quartel do século XIX, quando passou a receber residências dos fazendeiros ricos, habitações de classe média e as casas mais simples – populares –, denominadas operárias.

Nas residências do primeiro segmento social, partindo-se do neoclássico, foram produzidos exemplares *art nouveau*, ecléticos e neocoloniais, em uma continuidade e sobreposição de estilos que dobrou o século, alcançando a época da Primeira Guerra Mundial e o período entreguerras. As residências da elite econômica foram conhecidas como palacetes, e suas plantas reforçaram a compartimentação das atividades e as consequentes especialização e proliferação de cômodos. Note-se que essas soluções eram solicitadas e desejadas pela elite que queria "morar à francesa", entendendo isso como uma atualização necessária à sua própria condição social. Esse morar à francesa é definido por Lemos com muita ressalva, pois, se por um lado significa a adoção de padrões "civilizatórios", por outro representa uma ruptura com o modelo local que havia articulado "as sociabilidades pública e privada" sob o mesmo teto[46].

Como todo processo, o desenvolvimento da arquitetura das residências conteria situações variadas. O sentido que Lemos, como articulador da historiografia desse tipo arquitetônico, busca informar é o da presença do elemento característico da casa brasileira ao longo desse processo, quer como resistência frente às soluções impróprias, quer como recuperação que anuncia resoluções arquitetônicas mais adequadas. Nessa busca, faz-se necessário registrar o destaque que é dado à obra de Victor Dubugras, cujo agenciamento dos cômodos, segundo Lemos, apesar dos vários estilos a que o arquiteto recorreu, tendia a uma fruição espacial, à continuidade dos espaços gerados a partir de uma grande "sala--praça", prenunciando futuras concepções arquitetônicas modernas, que romperiam com o esquema espacial que vinha sendo afirmado, revertendo a compartimentação da casa[47]. A obra de Dubugras é apresentada como um elo entre a arquitetura do passado e a arquitetura moderna de fruição espacial, um legítimo desenvolvimento da sobreposição espacial, com sua planta livre de uso potencialmente variado e flexível, afeita à sociabilidade – como visto, um traço nacional.

45. *Ibidem*, pp. 123-4.
46. Para a questão do "morar à francesa" e, também, de novos programas habitacionais, ver C. A. C. Lemos, *Alvenaria burguesa*, São Paulo: Nobel, 1989, particularmente da p. 51 em diante.
47. Para a obra de Dubugras, ver *ibidem*, pp.145-159; e Nestor Goulart Reis Filho, *Racionalismo e proto-modernismo na obra de Victor Dubugras*, São Paulo: FBSP, 1997, no qual a noção de "sala--praça", que centraliza a planta da habitação, também é apresentada. Reis Filho, em *Quadro da arquitetura no Brasil*, (São Paulo: Perspectiva, 1970, p. 76), já apresenta Dubugras como desenvolvendo características importantes, pois seriam poucos que, como ele, apesar "da técnica construtiva em uso, de paredes estruturais", que favorecia a compartimentação em pequenos ambientes, "encontrariam formas mais flexíveis de abordar o problema, insinuando o caminho que iria percorrer nossa arquitetura, quando o concreto viesse a ser empregado comumente nas residências individuais desse gênero".

Por sua vez, nas residências da classe média, a presença do modelo que a "sala-praça" propiciava dava-se por meio de uma tipologia particular, a sala de jantar e (novamente) varanda. Esse ambiente seria o centro de interesse das habitações, pois nele ocorria a sobreposição de funções, base para a sociabilidade familiar e de amigos. Nele era servido o café da manhã, o almoço e até o jantar, mas também várias atividades domésticas de serviço podiam se desenvolver nesse ambiente. A sala de jantar e varanda (e sua correspondente "sala-praça") era "um lugar de estar, de reunião, de comer, de tertúlias à volta da mesa, de trabalho comunitário, mas, também, área de distribuição das circulações"[48].

No desenvolvimento da residência da variada classe média no ambiente urbano, após a Segunda Guerra Mundial, um elemento inicialmente subtraído do palacete, a copa, capturaria as funções da antiga sala de jantar e varanda. Ao fazê-lo, recriava e mantinha a sobreposição do espaço das refeições, do convívio e de atividades múltiplas que a varanda da casa tradicional possuía e que fora abolida, nas residências da elite, pela especialização dos ambientes e pela transposição de plantas do estrangeiro por arquitetos e construtores alemães e, principalmente, italianos, no início do século.

Fora a reconfiguração da copa, a arquitetura da classe média em muito copiava o esquema do palacete urbano. Novas transformações da planta estariam vinculadas ao surgimento da televisão, a partir da década de 1950, quando já se faziam presentes as propostas e obras modernas, independentemente dos vetores de mercado ou dos benefícios advindos da popularização dos eletrodomésticos. Uma diferenciação maior, com a permanência da sobreposição de funções, persistiria (e ainda persiste) na casa operária, muito em função da falta de recursos, de qualquer forma preservando (numa visão mais tradicional das relações sociais, sempre dedutíveis de padrões locais) ou gerando (numa visão mais crítica das relações sociais) uma sociabilidade diferenciada da propiciada pela divisão acentuada dos ambientes.

Sobre essa questão, vale uma observação de ordem conceitual. A historiografia da arquitetura, particularmente a que se atém ao desenvolvimento da planta doméstica e da tipologia habitacional, poucas vezes discutiu as formas e tipologias espaciais que as classes populares produziram para sua moradia, talvez porque excessivamente comprometida em defender uma posição referenciada na arquitetura e no urbanismo eruditos. O cortiço, não necessariamente produzido por essas classes, mas qualificado por elas no uso cotidiano, foi, durante muito tempo, interpretado pela ótica sanitarista, que o considera como patologia a ser curada. Na historiografia,

48. C. A. C. Lemos, *A República ensina a morar (melhor)*, São Paulo: Hucitec, 1999, p. 24. Segundo o autor, a "sala-praça" não desempenharia apenas nos palacetes o papel de distribuição da circulação, simbolizando a fruição espacial, pois "nas casas de classe média para cima tal corredor (que garantia as aberturas dos ambientes para fora, como passava a exigir a legislação municipal) terminava na porta de acesso à sala de jantar, que possuía comprimento equivalente à largura do lote. Atrás dessa sala ficava sempre o puxado da cozinha. O engraçado é que os imigrantes, em geral, em suas casas próprias, também adotaram esse tipo de sala de jantar e, também, a denominação varanda, como podemos ver em dezenas de plantas conservadas desde o final do século XX no Arquivo Histórico Washington Luís" (p. 28).

com algumas exceções, as soluções higienistas (sanitaristas) são abordadas quase sem nenhuma restrição ou crítica, não alcançando as dimensões sociais de segregação que a elite lhes emprestava. Evidentemente, não se objetiva questionar, do ponto de vista técnico, as melhorias em termos de conforto ambiental que as diretrizes sanitaristas perseguiam, ainda que algumas possam ser tecnicamente contestadas. Trata-se, isso sim, de perceber que em um país autoritário, onde a esfera pública e do poder público não encaram de forma igualitária os cidadãos, um instrumento técnico qualquer pode ser utilizado politicamente, de forma discriminatória. Isso, afora a discussão de hábitos e sociabilidades culturais, e de identidades de grupos, que podem ser absolutamente desconsiderados em nome de processos civilizatórios que as legislações, como a sanitarista, incorporam. Nessa linha, a única solução possível de moradia das classes populares parece ser a casa operária pensada como unidade reduzida dos padrões hegemônicos. Cortiços, favelas e mocambos surgem como metástases a serem extirpadas[49].

Estado: publicidade e privacidade

Como visto, a contrapartida de uma vida privada e de um espaço íntimo, distinto do espaço e da vida pública, foi possibilitada pelo Estado moderno, que trouxe para a esfera pública a autoridade, a justiça, a economia, a política e tudo mais que significasse uma organização política-institucional calcada em ideais abstratos e universalizantes acima de relações arcaicas, servis e experimentadas no dia a dia.

Entretanto, a casa burguesa em cujo interior protegido floresceu o sujeito moderno, que diferenciava uma esfera privada de uma pública, transposta para o Brasil, ainda que também espacialmente "retalhada", não produzia o mesmo sujeito moderno europeu, visto que o Estado (inclusive o da República Velha), antes de moderno e universal, era arcaico, autoritário e ao mesmo tempo fraco, por conta da manutenção da dimensão patrimonialista, permanecendo submetido às oligarquias que faziam dele (e de sua inoperância) um instrumento dos interesses privados.

A introdução de inovações europeias na arquitetura muitas vezes resultava apenas em uma preconceituosa distinção social, e não num modelo de vida que uma classe, no limite, deveria propagandear para o conjunto da sociedade. Em certo sentido, pode-se dizer que era da casa, cada vez mais especializadamente privada, que se comandavam as ações de um Estado a serviço das oligarquias, e não de ações públicas legítimas e universais.

A citada noção de "ideias fora de lugar", de Schwarz, pensada em relação à produção de Machado de Assis, pode ser transposta à arquitetura[50]. A sociedade europeia que a planta da moradia doméstica refletia não tinha uma correspondente exata na sociedade brasileira, apesar de a elite local adotar a planta e um estilo de morar europeu – francês. Simbolicamente representava mais um desejo de distanciamento social das camadas populares do que uma esfera privada distinta da pública, visto que esta mal se formara no Brasil. Ou seja, a adoção de modelos europeus, antes de carrear avanços sociais, combinava-se com o arcaísmo político das elites.

O movimento moderno possibilitou, depois da Primeira Guerra Mundial (e principalmente depois da Segunda Guerra), uma renovação da arquitetura. Em meio às renovadoras concepções arquitetônicas e sociais, parte da intelectualidade desenvolveu o entendimento de que, mais importante que a utilização de formas e materiais modernos, seria a criação de um lugar onde pudessem florescer o sujeito moderno brasileiro e as ideias modernas. Um lugar que vinculasse um partido arquitetônico moderno ao projeto social de uma nova nação, e que não se reduzisse, novamente, a simples transposições automáticas e epidérmicas de ideias. Esse lugar foi diverso: os grandes edifícios públicos (como o Ministério da Educação e Saúde Pública – Mesp, atual Edifício ou Palácio Gustavo Capanema)[51], equipamentos públicos (escolas e institutos), edifícios de negócios e, no limite, até uma cidade, Brasília. Mas esse lugar de florescimento também foi, significativamente, a casa.

A casa, em particular, é muito emblemática, pois, se a atualização discriminatória e autoritária que a elite realizou teve como emblema espacial o *morar à francesa*, o novo programa de formação desse sujeito não autoritário e democrático devia se servir do "modelo" da casa brasileira – modelo este desde sempre comprometido com um verdadeiro avanço social, pois comportava a unificação da esfera pública com a esfera privada, além, obviamente, de ser uma matriz cultural local.

Fundamentando a produção moderna, em especial a da escola paulista, para tanto, redesenhando o passado a partir de um objetivo do presente, é a casa, como dispositivo-chave de "formação do homem brasileiro", que a historiografia, particularmente a obra de Lemos, auxiliou a criar, "idealizando" um local de sociabilidade própria, brasileira, o alpendre reentrante, depois o estar interno, formando a emblemática varanda, sucedida pela "sala-praça", a copa, e o local de convívio e formação, a grande sala moderna, que nas palavras de Lina Bo Bardi integrava a nova moral de vida.

Aqui se retoma o início do trabalho, pois se Artigas buscou dar forma a esse dispositivo-chave da arquitetura moderna, trabalhando o cruzamento entre a tensão e as transformações qualificadas e imperfeitas da vida privada e da vida pública, Rodrigo Lefèvre, operando continuidades com a arquitetura moderna brasileira e a escola paulista, acabou por produzir rupturas, extravasando a atitude de formar o cidadão brasileiro, acentuando a estratégia de chocar o morar burguês (ou a moral social burguesa) por meio da arquitetura, que o levaram criticamente para além da própria arquitetura.

49. Uma visão crítica da moradia da elite e das camadas populares, da cidade que elas produzem e consomem, e das relações de privacidade geradas pelas soluções, é apresentada por Paulo César G. Marins, "Habitação e vizinhança: limites da privacidade no surgimento das metrópoles brasileiras", em: Nicolau Sevcenko (org.), *História da vida privada no Brasil*, v. 3: *República - da belle époque à era do rádio*, São Paulo: Companhia das Letras, 1998. pp. 131-214; e por Nabil G. Bonduki, "A produção rentista de habitação e o autoritarismo da ordem sanitária", em: *Origens da habitação social no Brasil: arquitetura moderna, Lei do Inquilinato e difusão da casa própria*, São Paulo: Estação Liberdade, 1998, pp. 16-56. Do ponto de vista do uso dos espaços, Bonduki apresenta fotos do complexo de cortiços Vila Barros, demolidos nos anos 1940, nos quais verificamos a permanência do sentido que Lemos atribui à varanda, só que no âmbito coletivo, em espaços que tiveram o termo "varanda" transposto para denominá-los: "nestes cortiços, as varandas – espaços de transição entre o público e o privado – desempenhavam várias funções: circulação, área de cozinhar nos fogareiros a carvão e cuidar da roupa, lugar de conversas e brincadeiras. Eram territórios de sociabilidade coletiva" (p .69).

50. Ver Roberto Schwarz, "As ideias fora do lugar", em: *Ao vencedor as batatas*, São Paulo: Duas Cidades, 1981, pp. 9-31.

51. Ministério da Educação e Saúde Pública – MESP, no Rio de Janeiro, depois Ministério da Educação e Cultura – MEC.

AS IDEIAS DE ARTIGAS, A ESCOLA PAULISTA, O CONVÍVIO, O LAZER E A FORMAÇÃO: UMA INTERPRETAÇÃO

A arquitetura serve a fins práticos, está submetida a um uso; mas também é feita de ideias e fantasias, e elas podem ser classificadas, cristalizadas, tornar-se visíveis.
— Colin Rowe

Artigas criou um tipo arquitetônico traduzido genericamente como a "caixa brutalista", de concreto aparente, sem qualquer revestimento na sua última versão. Essa grande peça arquitetônica – delimitadora de um espaço fruto da ação humana, um grande abrigo, o lugar para o homem e para as ideias modernas – podia ser, não por acaso, escola, ginásio, clube, faculdade, um equipamento de serviços ou uma casa. Alguns programas são mais característicos, como locais de formação, do que outros. Certamente, a casa e a escola fazem parte desse recorte. Na dimensão coletiva da escola, a formação adquire seu melhor ambiente, e a questão social é imediatamente referenciada, como o foi, de fato, pela escola paulista. Todavia, enquanto elemento primordial, a casa também permite que as melhores qualidades da "caixa brutalista" sejam expressas, inclusive como base para outras conquistas, para outros projetos (para outros lugares e programas, como o das escolas).

Ainda que as soluções pudessem variar, a ideia de uma caixa estruturada como um grande ambiente de convívio, estar, recepção e refeições, precedido pelos serviços, com os quartos localizados em outro pavimento, constituiu-se numa solução não apenas vinculada à sua personalidade, mas aos ideais que compartilhava com outros intelectuais e companheiros.

A segregação em relação à rua dava forma à outra rua, interna, delimitada pelo pórtico imaginário, ou efetivo, que marcava a boca da caixa estruturada. Rua interna, como logradouro que remete à transitividade desejada entre público e privado (mesmo que de difícil concretização), dava forma ao que explicitaria em 1969: a cidade é uma casa; a casa é uma cidade.

A privacidade das casas projetadas por Artigas não pretende se apresentar como um troféu ao individualismo; pelo contrário, é um elogio do convívio, da vida coletiva ativa, um "protótipo" de uma esfera pública que deveria atingir, no limite, a autoridade institucional e sua concretização: o Estado moderno nacional, que deveria ser verdadeiramente democrático. Por isso que afirmava a "casa como a cidade, a cidade como a casa". O indivíduo de que falava no texto "Arquitetura e construção" não era apenas um ser primitivo; era um indivíduo que necessitava de uma experiência coletiva para conquistar a cidade, entendida como a sociedade, ou a vida pública, sua expressão máxima. A "sala-praça" e o convívio que ela impunha eram a contraforma "concreta e ideológica" de um Estado e de uma sociedade nos quais não havia espaço para o interesse público. Era, portanto, um lugar para ideias e ideais, mas, sobretudo, para a prática e formação da sociabilidade. Num certo sentido, era o caminho inverso do pensamento e da sensibilidade da burguesia forjados na Europa. Mas a prática que a casa encerrava tencionava expandir-se e conquistar uma configuração social que superava a distinção entre público e privado que o Estado moderno europeu criou.

Seria essa conceituação que informaria a intenção plástica de Artigas e de grande parte dos arquitetos modernos da escola paulista. Assim, a partir de um domínio técnico do concreto armado, do seu aproveitamento estrutural e do seu uso, primeiro revestido e depois aparente, chegou-se à concepção básica da "escola" e do seu partido arquitetônico, ou seja, à complementação de uma concepção construtiva com um programa crivado por uma pedagogia social (historicamente construída) e uma intenção plástica moderna.

Nessa intenção, a continuidade espacial – a varanda, a "sala-praça", a rua ou o logradouro interior – era fundamental, pois, se por um lado ela foi fruto dos postulados modernos (estrutura independente, planta livre etc.), que rompiam com o parcelamento e a especialização excessiva dos cômodos da casa burguesa, por outro lado podia ser interpretada como a releitura de sua própria organização espacial passada. Principalmente, como visto, depois da contribuição da historiografia da casa brasileira (sobretudo paulista), que inscrevia o alpendre e a varanda em dois polos da vida familiar na moradia. A releitura acontece na medida em que tendia a eliminar (em alguns casos, eliminando de fato) a separação entre as tradicionais "faixas de organização das antigas moradias, a pública e a privada". A continuidade espacial moderna, que a escola paulista aprofundou, criou um ambiente que priorizava o convívio familiar sem segregá-lo do convívio social, estabelecendo, no seu oposto, o "quarto--gaveta", com a diminuição absoluta da área íntima.

Talvez a releitura fosse mais profunda, pois o novo ambiente, aparentemente despojado, apresentava-se como um palimpsesto espacialmente denso; dele podiam ser retiradas as camadas idealizadas dos vários agenciamentos do morar brasileiro. Mas era um palimpsesto ativo, propositivo. Não se tratava de uma postura saudosista, limitada a se situar culturalmente, ainda que isso fosse imprescindível, mas que objetivava criar uma nova forma de morar, condizente com a sociedade contemporânea, que o Brasil dos anos 1950 e 1960 parecia estar construindo em oposição ao arcaísmo (tanto econômico como social). De qualquer modo, a arquitetura da escola paulista e o desenvolvimento que a possibilitava não eram entendidos como rupturas, mas como a consequência necessária de um processo inevitável e evolutivo: a continuidade espacial tinha uma relação com a continuidade temporal, com a história. No caso, a história brasileira interpretada como testemunha de uma identidade cultural.

O escopo cultural da arquitetura da escola paulista integra a construção da identidade nacional, como condição para uma nova sociabilidade que instituísse as esferas pública e privada, com a supremacia da primeira sobre a segunda, invertendo assim a história política, na qual os interesses privados das elites sobrepunham-se aos públicos ou eram travestidos de interesses comuns. A intenção plástica da arquitetura da escola paulista tem um conteúdo alargado, uma causa, parafraseando Anatole Kopp, que faz do moderno mais que um estilo, criando um partido e um "programa" arquitetônico próprio, cultural e social[52]. Dessa forma, temos a casa como protótipo da nação urbana, civilizada, e é por isso que Artigas falava, no texto "Arquitetura e construção", que "habitar era ser". "Ser", na cidade industrial, "a casa da nova sociedade" moderna.

---

52. Segundo Anatole Kopp, mais do que um estilo, a arquitetura moderna era uma causa. Ver A. Kopp, *Quando o moderno não era um estilo e sim uma causa*, São Paulo: Nobel/Edusp, 1990.

CAPÍTULO **2**
**A ASSOCIAÇÃO DE RODRIGO BROTERO LEFÈVRE
COM SÉRGIO FERRO E FLÁVIO IMPÉRIO**

Residência Marietta Vampré, vista frontal.

RESIDÊNCIA MARIETTA VAMPRÉ

Em 1962, Lefèvre e Ferro projetaram duas casas para Marietta Vampré na cidade de São Paulo[53]. A citação é conjunta porque as duas residências localizavam-se em lotes lindeiros, opostos na quadra, com frente em ruas paralelas, formando um conjunto caracterizado por um jardim comum nos fundos, que subvertia a lógica da propriedade da terra e suas consequências nas concepções arquitetônicas. Para os arquitetos:

O lote urbano, absurda consequência da propriedade privada da terra e do

A obra realizada de arquitetura esconde e revela um projeto: como qualquer realização, deforma-o atenuando, ampliando ou alterando, na prática, suas propostas iniciais. Mas guarda, mesmo assim, sua orientação básica. E, por isso, a obra permite reconstruir, com razoável segurança, os traços mais significativos da estrutura do projeto.
— **Sérgio Ferro**

Como professor da FAUUSP, Artigas teve papel destacado na formação dos arquitetos daquele período. Suas propostas e concepções arquitetônicas serviram como referência para mais de uma geração de profissionais, entre eles Rodrigo Lefèvre, Sérgio Ferro e Flávio Império.

No final dos anos 1950, ainda como estudantes, Lefèvre e Ferro iniciaram uma parceria à qual Império vinculou-se. De modo geral, a associação profissional dos três arquitetos prolongou-se até a década seguinte, mas as ideias que formularam sobre a arquitetura e a cultura, de forma mais ampla, marcariam suas atividades para além dos trabalhos realizados nesse período.

53. As duas casas localizadas às ruas João Moura e João Alberto Moreira (demolidas em 2017) foram feitas por iniciativa de Marietta Vampré, avó de Gilda Franco Vampré, então esposa de Rodrigo Lefèvre (como incentivo ao jovem arquiteto recém-formado), sendo logo depois compradas pelo próprio Rodrigo (João Moura) e por Sidney (João Moreira) do conjunto musical Os 3 Morais. Essas duas residências aparecem em várias publicações como Residências Marietta e Ruth Vampré. Ruth Vampré é irmã mais nova de Gilda e, conforme Ana Lefèvre (filha de Rodrigo e Gilda), nunca teve relação com essas casas, nem propriedade nem moradia. Ainda segundo Ana, talvez a confusão tenha acontecido porque seu avô materno, Paulo Vampré, filho de Marietta, construiu uma casa, muitos anos depois (1977), na rua Marcos Mélega, também projetada por Rodrigo, e sua tia Ruth nela morou por muitos anos. Para a residência Paulo Vampré, ver nota 262.

Corte

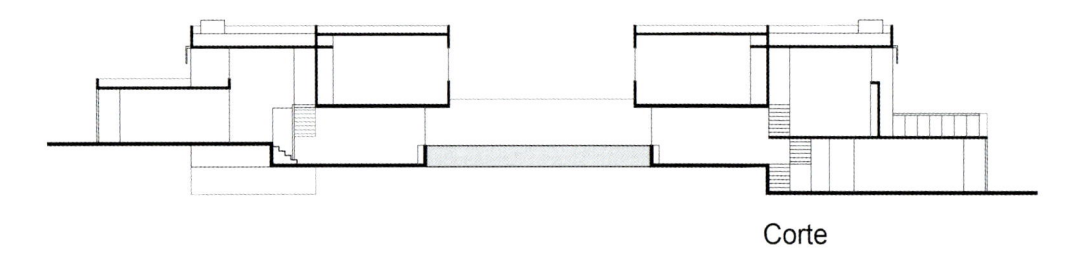

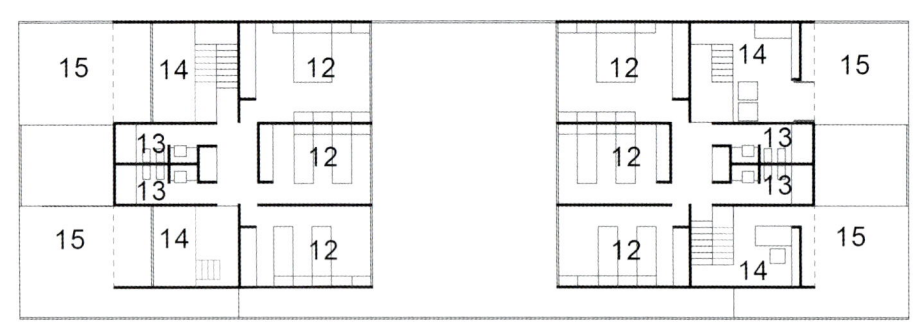

Planta pavimento superior

Planta pavimento térreo

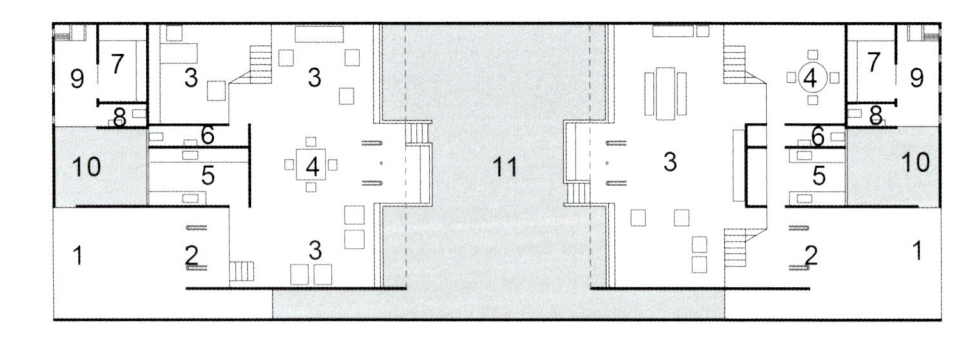

1. Carro
2. Acesso
3. Sala de estar
4. Sala de jantar
5. Cozinha
6. Despensa
7. Quarto de empregada
8. Banheiro de empregada
9. Lavanderia
10. Quintal
11. Jardim comum
12. Quarto
13. Banheiro
14. Escritório
15. Varanda (Laje)

Residência Marietta Vampré

atomismo absoluto das condições de vida que orientam nossas estruturas, frequentemente exige artifícios arquitetônicos para a implantação de um espaço que ofereça condições mínimas de conforto e salubridade.

[...]

No caso, o problema só oferecia solução fora das estreitas e vazias restrições da propriedade individual; um jardim comum às duas residências permitiria o grau de abertura e insolação necessário a articulações vivenciais mais ricas que uma simples relação mecânica[54].

Definida a postura crítica, ainda que as plantas das duas residências fossem distintas, suas concepções volumétricas e de organização espacial possuíam o mesmo partido. Favorecia a diferenciação das plantas o modelado diferenciado do terreno nos dois lotes, em função da situação na quadra. A volumetria citada é muito interessante. Aliada à organização espacial, resultou em quatro planos

[54]. Ver "Residência no Sumaré", *Acrópole*, São Paulo: jul. 1965, n. 319, p. 28. O texto não é assinado, mas o tom de manifesto só é condizente com a autoria do projeto. Além disso, o índice da revista traz como referência Rodrigo Lefèvre e Sérgio Ferro. Assim, nada mais lógico do que considerar o artigo como de autoria de ambos os arquitetos.

Vista da entrada da residência Marietta Vampré a partir do interior. Detalhe da escada e piso do escritório.

Abaixo, sala e detalhes da escada e da porta pivotante de acesso ao pátio posterior.

(níveis) em uma das residências, e três na residência oposta[55]. O jardim de convívio, conforme manifestado pelos autores, era um espaço qualificado compartilhado pelas duas residências, pois as amplas salas de cada uma abriam-se diretamente a ele. Panos de vidro (e uma caixilharia metálica) permitiam uma continuidade entre as salas e o "quintal-jardim", com uma pequena sutileza: a cota da sala era a mesma da parte cimentada do jardim, que se tornava uma extensão a céu aberto da sala, propiciando uma passagem generosa entre a sala e o exterior através de uma porta pivotante. Como a parte vegetada do jardim encontrava-se num nível um pouco acima desse piso integrado, aos moradores era permitida uma vista da área comum numa posição confortável para o olhar, mas que sobretudo atribuía uma hierarquia "relativamente superior" ao jardim vegetado, porque alocado em um plano "mais elevado".

Essas residências já demonstravam, no início da atividade projetual, o alinhamento de ambos os arquitetos à corrente paulista da arquitetura moderna que vinha se formando ao redor de Artigas. O convívio já desenhava o partido arquitetônico. Além disso, outra característica forte apresentava-se: a volumetria comentada não é uma resultante lógica de um terreno em aclive ou declive, como o entendimento corriqueiro "trabalhar o modelado do terreno" pode induzir a pensar. É, antes, uma clara intenção arquitetônica de construir um edifício ao mesmo tempo que se constrói a cidade, não por meio de um gesto técnico, na maioria das vezes impróprio, como a terraplenagem, mas transferindo o engenho construtivo para a construção do lote urbano, a essa altura distinto de um perfil natural, ou do seu resquício, como os loteamentos podem permitir após a implantação.

As duas residências articulavam volumetria, programa doméstico e continuidade espacial de forma extremamente dinâmica, como observado na residência de quatro níveis. Acompanhando a entrada social,

55. Quatro níveis na residência da r. João Moura e três na da r. João Moreira.

Vista a partir da sala; detalhe do acesso entre os quartos.

ao nível da rua, internamente um *hall* de distribuição inusitado, porque todo aberto, dá acesso à cozinha, à sala de almoço (depois à cozinha), aos serviços, à dependência de empregada, ao sanitário e ao pátio descoberto. Existe um acesso independente ao pátio e às dependências de serviço a partir da garagem, junto à entrada, prescindindo entrar-se na casa, como a funcionalidade moderna concebia a solução dos espaços de serviço, isto é, diretamente ligados pela rua. Através do *hall*, subindo-se meio piso, por uma escada de concreto aberta aos ambientes, alcança-se a grande sala e, daí, através de mais meio lance, chega-se ao piso dos escritórios, também aberto para a sala, mas não devassado, pois o "zigue-zague" da escada, que se prolonga por mais um lance até os dormitórios, "cria", ainda que de forma tênue, um "limite" entre os ambientes, ao cortar o espaço com a diagonal dos degraus. Antes dos quartos, ainda por meio do piso do escritório, chega-se a uma varanda-sacada sobre a garagem. A grande sala dita o ritmo do olhar e convida à percepção mais refletida dos ambientes: no lado oposto em relação à entrada, subindo-se mais meio piso, atinge-se outro escritório, também aberto para a sala, e apenas a diferenciação de cotas sem paredes os separa. Daí pode-se

Residência Marietta Vampré. (1) Detalhe do jardim posterior já seccionado. Inicialmente, o jardim era um espaço comum e único das duas residências. (2) Vista interior a partir da sala; lareira, escada, piso do escritório e acesso à varanda. Abaixo, (1) sala de jantar com iluminação vertical e (2) na parte de baixo da foto, domus de iluminação da sala de jantar.

acessar outra varanda-sacada localizada sobre as dependências de serviço e parte da sala de almoço, iluminada por aberturas na laje protegidas por pequenos domos circulares. Essa varanda-sacada é separada da anterior pelo pátio de serviços (que cumpre a função do quintal tradicional), alocado na parte frontal da residência. Ambas as varandas intrigam, pois ao se abrirem para a rua contrapõem-se à lógica maior do projeto, que é a de voltar-se para o interior do lote, criando um segundo foco de interesse e compensando as empenas quase cegas junto ao alinhamento.

Voltando à primeira escada, esta leva a três aposentos e dois banheiros. Arquitetonicamente, os quartos acompanham a valorização do jardim comum voltando-se a ele, mas destoam do dimensionamento desse tipo de ambiente nos projetos posteriores, sendo generosamente amplos.

Vários procedimentos e detalhes construtivos, que iriam caracterizar a obra de Lefèvre e Ferro, já comparecem nessas residências: o uso seletivo da cor, articulada à permanência do tratamento aparente dos materiais (no caso, o concreto), assim como a manutenção aparente das instalações. Mais especificamente, a racionalidade construtiva, patente na modulação do projeto por meio das dimensões do bloco de concreto, já é indicativa de outra preocupação, a de racionalizar a construção controlando suas etapas e os serviços executados por equipes diferentes, de forma a evitar a sobreposição de tarefas e o consequente desperdício de homens-horas no canteiro.

A modulação é um pensamento diretor que governou a concepção construtiva e a construção propriamente dita. Dessa forma, vários serviços, que teriam de aguardar empiricamente o desenvolvimento da obra para serem realizados, foram definidos e realizados em paralelo à construção, como a confecção da caixilharia de madeira[56]. É evidente que esse raciocínio não era exclusivo dos dois arquitetos. Vários profissionais, até por assumirem projetos mais complexos, tiveram de realizar procedimentos semelhantes. De qualquer forma, Lefèvre e Ferro encontravam-se entre os arquitetos que buscavam desenvolver o projeto como antecipação precisa da construção, e não como uma peça de intenções, boas

56. Para a questão da racionalização e da padronização, ver Ana Paula Koury, *Grupo Arquitetura Nova*, s.f., dissertação (mestrado em arquitetura e urbanismo), Escola de Engenharia de São Carlos (USP), São Carlos, 1999, pp. 68-9.

Vista frontal da residência
Helládio Capisano

ou não, cujos resultados parciais deviam ser verificados e "mensurados" a cada etapa da obra. Além disso, a execução de parte do mobiliário na obra, e os detalhes "brutalistas", como o piso de cimento queimado, também estavam presentes, sinalizando posturas que viriam a ser desenvolvidas durante aquele período[57].

Indicada, vale destacar que a continuidade espacial ascendente, possibilitada pelos planos sequenciais, é um convite ao movimento, ao olhar cinematográfico, que valoriza o ponto de vista do observador, ainda que um foco de interesse espacial – a sala-jardim – seja evidente. A clareza da linguagem permitia ao usuário, seja morador, visitante ou indivíduo em uma construção, que sua visão fosse sempre a principal, em qualquer local da casa. Assim, a possibilidade de apreensão espacial é devolvida ao usuário mais enriquecida, como a dignificar o indivíduo[58].

[57]. Havia um detalhe construtivo que compareceria em outras obras. Na caixilharia, os vidros permitiam frestas superiores, rente à laje. Essa solução possibilitava uma ventilação constante e cruzada que melhorava o desempenho térmico da casa, particularmente da sala.

[58]. Quanto da elaboração da Tese, parte da experiência espacial havia sido subtraída, pois o jardim comum havia sido seccionado e os lotes, divididos em dois.

RESIDÊNCIA HELLÁDIO CAPISANO

No mesmo ano, Sérgio Ferro e Rodrigo Lefèvre concluíram um projeto que haviam iniciado quando estudantes, o da residência Helládio Capisano. Esta, conforme o proprietário, foi estruturada e conduzida segundo os preceitos da racionalização do canteiro e da manufatura seriada, cuja concepção será analisada a seguir[59].

A edificação ocupa o lote praticamente em toda a sua largura e não possui recuo frontal. Uma "viga-pórtico" marca a separação do alinhamento da calçada com a residência, dando início ao abrigo de automóveis, coberto por uma laje. A parte superior desta é um terraço que pode ser acessado de dentro da casa, como será visto, e também por uma escada a partir do próprio abrigo de veículos. Essa área ocupa aproximadamente 3/5 da frente da construção; no restante, do lado direito, localizam-se as dependências de serviço e o quarto de empregada. Com o abrigo coberto para automóveis, o núcleo de serviço e as dependências de empregada ocupando quase toda a largura do lote, e apesar de a maior parte do programa residencial ainda estar por ser acessado, já é possível ter a compreensão da espacialidade arquitetônica da obra.

Para se entrar na casa, sobe-se outra escada na extremidade esquerda da construção, atingindo-se um espaço de distribuição, propositalmente muito devassado para um *hall*. Este permite o acesso, físico e visual, tanto à sala, por meio de uma nova escada que cruza um jardim interno, como à sala de refeições, e à direita no mesmo plano, à cozinha e a uma sala/escritório.

[59]. A informação da autoria do projeto foi fornecida pelo próprio Sérgio Ferro, corroborando informação presente na revista *Acrópole* n. 319, de junho de 1965, dedicada ao trabalho de Ferro, Lefèvre e Império, na qual o projeto é registrado como de autoria dos dois primeiros.

Ao lado, (1) detalhe do arrimo junto à sala e (2) detalhe das janelas. Abaixo, quebra-sol articulado nas posições (1) aberta (obra em execução) e (2) fechada (obra concluída)

Nessa residência, o jogo de planos, a construção do terreno junto com a construção arquitetônica, repete-se como no projeto anterior. Do jardim parte a escada de dois lances para os pisos superiores dos dormitórios, e cada lance da escada leva a dois patamares com níveis distintos, salientando a dinâmica espacial. A sala de convívio, ocupando toda a largura da construção, encontra-se na sequência do jardim interno e é toda aberta ao jardim dos fundos. O pano de vidro entre a sala e esse jardim externo encontra-se recuado em relação à laje do pavimento superior, sombreando a sala e possibilitando uma faixa espacial intermediária, que salienta a fluidez entre exterior e interior.

O jardim interno é um espaço único. Seu pé-direito duplo e sua vegetação criam no interior a impressão ambígua de exterior, reforçada pela vista do jardim dos fundos. Os quartos desenvolvem-se em duas porções de níveis diferentes. Uma sobre a sala e a outra sobre a cozinha e a sala/escritório, ligadas por uma passarela sobre a sala de refeições. Os banheiros junto aos quartos são caixas, contêineres "funcionalmente" depositados, que não atingem a cobertura, reforçando a ideia de módulos de serviços, passíveis de serem cambiados. Assim, chega-se à cobertura, que concorre para a qualidade excepcional da casa. A cobertura é composta por uma pele de vidro, antecedida por um grande painel – um quebra-sol horizontal articulado, composto por trinta placas movimentadas por meio de uma manivela, roldanas dentadas e correntes de bicicletas.

O mecanismo do quebra-sol guarda uma potência de significados, possui a fragilidade de uma traquitana ou de uma geringonça calderiana, a ousadia de uma máquina voadora davinciana e a precisão de um relógio de corda[60]. Brincadeira e

[60]. A ideia de traquitana e geringonça, associada aos trabalhos de Calder, vem de uma formulação de Agnaldo A. C. Farias, comentada em conversa sobre a obra do engenheiro e artista americano.

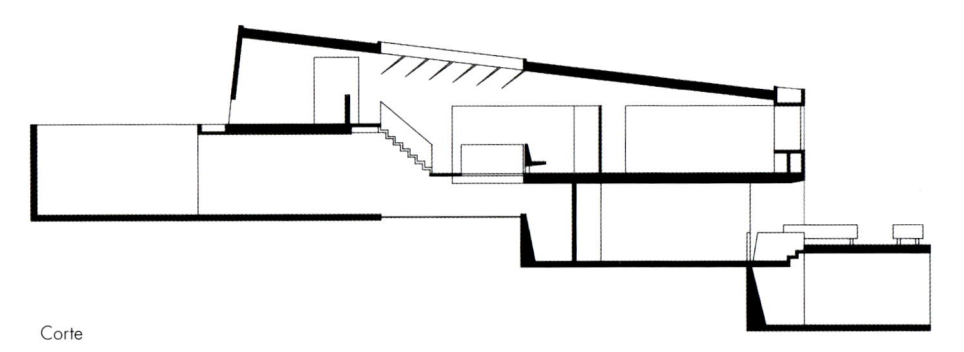

Corte

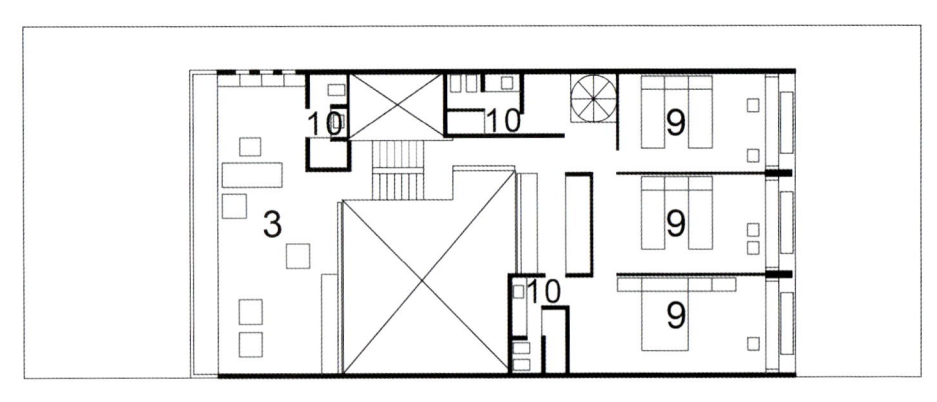

Planta pavimento superior

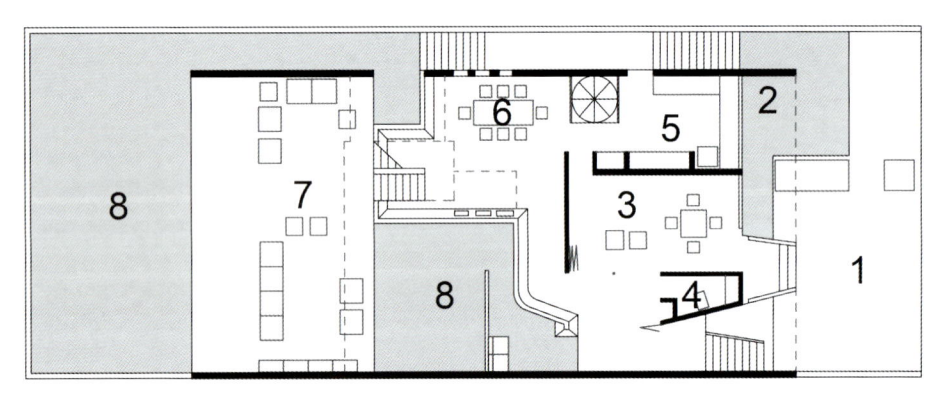

Planta pavimento térreo

1. Carro
2. Área de serviço
3. Sala
4. Lavabo
5. Cozinha
6. Sala de jantar
7. Sala de estar
8. Jardim
9. Quarto
10. Banheiro

PÁGINA AO LADO
(1) Jardim interno, (2) detalhe da manivela de acionamento do quebra-sol da cobertura e (3) a residência durante a obra. Abaixo, interior a partir do jardim interno; escada, mezanino e volumes dos sanitários.

máquina. Movimento e luz. Bicicletas imaginárias. Um mecanismo que reverte as expectativas habituais quanto ao austero mundo maquínico, introduzindo uma dimensão lúdica nos "tempos modernos".

Uma obra de invenção, o quebra-sol horizontal une e separa céu e terra (simbolicamente representada pelo jardim interno). Indica o controle humano sobre a natureza por meio do seu engenho[61].

Esse projeto revela uma faceta importante do raciocínio arquitetônico e da postura política de Ferro e Lefèvre: a solução construtiva correta de uma obra deveria resultar de um pensamento refinado, que englobasse ideais sociais renovadores e raciocínio projetual compatível com esses ideais, e também indissociado dos elementos "puros" da arquitetura, principalmente os que permitem uma composição espacial dinâmica e conhecimento técnico, sejam quais forem os meios disponíveis, convencionais ou avançados. O perfil

61. Segundo Helládio Capisano, depois do contato e das tratativas iniciais, Sérgio Ferro demorou um ano para retornar com o projeto, apresentado sob a forma de maquete – como se dissesse que a compreensão desse projeto só seria possível se visto em funcionamento.

que assumem é o construtivo, no sentido de criar – menos um método e mais uma estratégia de como abordar a questão da construção e da arquitetura num país com as possibilidades tecnológicas como as do Brasil[62].

Voltando à residência, o jardim interno, a luminosidade controlada, a garagem, a cobertura delimitada pelo pórtico, o espaço entre a sala e o jardim dos fundos criam também uma situação de ambiguidade entre interior e exterior, que por vezes esmaece a diferenciação exterior-interior, por vezes a registra de forma absoluta. Vedos e vãos, fechamentos e aberturas, as possibilidades de combinação dessas situações são absolutamente controladas pelo projeto. Todas as soluções reforçam uma relação ativa entre o morador e a residência, a começar pela tatilidade necessária na aplicação da força motriz para fazer funcionar o mecanismo do quebra-sol.

62. Um paralelo pode ser feito, em parte, com a atitude dos participantes da corrente cinematográfica do Cinema Novo, particularmente Glauber Rocha, cuja frase emblemática "uma câmera na mão e uma ideia na cabeça" sintetiza a estratégia de criar contando com a precariedade de meios, vista não como problema ou limitação, mas como vantagem.

(1) Escada de acesso à sala e (2) residência Helládio Capisano em construção.

A fluidez espacial do projeto articula o jardim interno, a sala de estar, a sala de refeições e o jardim dos fundos, integrando-os como um grande espaço de convívio, isso sem falar nas "sacadas" internas do piso superior. A diferença de nível entre o jardim, a sala de estar e a sala de refeições, em vez de limitar a fluidez, estimula-a, pois, como no projeto anterior, o movimento ascendente reforça a integração visual e física, convidando a vivenciar as qualidades dos espaços.

Além disso, alguns elementos merecem destaque, como os pequenos nichos de concreto na meia parede de "pedra" que arrima o jardim interno. Mas, sem dúvida, a escada que liga o ambiente de convívio aos dois pisos de dormitórios, de todos, é o mais significativo. Cada um dos seus dois lances finda em um dos pisos de dormitórios, funcionando também como passarela entre os planos de dormitórios. Engastados numa empena de concreto central, quase um monólito, os dois patamares não tocam os pisos dos dormitórios, permanecendo em balanço por uma pequena fresta. Movimento em suspensão e bloco sem movimento – as ambiguidades permeiam toda a obra.

Edifícios comerciais São Paulo e Goiáz, vista externa. Rodrigo Brotero Lefèvre e Sérgio Ferro. Brasília, 1961.

EDIFÍCIOS SÃO PAULO E GOIÁZ

A atividade dos arquitetos não se restringia aos projetos residenciais, ainda que estes constituam o foco dessa etapa do trabalho. Assim, outros programas arquitetônicos permitem a intelecção de sua arquitetura em formação. Um ano antes das duas obras analisadas, em 1961, Lefèvre e Ferro projetaram dois edifícios no Setor Comercial Sul de Brasília. Esses edifícios têm sua volumetria básica decorrente da concepção do Plano Piloto de Brasília, que previa na área comercial grandes blocos ou um conjunto de edifícios geminados. Nesse caso, a implantação, ou projeção, como trata a legislação urbanística da cidade, e o gabarito dos edifícios são definidos pelo Plano, acarretando que o conjunto no qual os dois edifícios estão inseridos seja muito parecido com um grande bloco, não fossem as diferenciações nas soluções de fachada.

A implantação do conjunto assume a forma de um "u" alongado, com uma rua interna de serviços situada três pisos abaixo do nível da circulação de pedestres, de um lado e, do outro, quatro pisos abaixo. O nível da circulação constitui uma grande área de pedestres, que circunda todo o conjunto, exceto na ligação da rua interna com o viário da cidade. Os dois edifícios, São Paulo e Goiáz, possuem uma situação de destaque na implantação. Ambos estão dispostos mais ou menos no centro das duas alças (pernas) do "u", e os térreos dos edifícios são vazados e ligados por uma passarela fechada, que passa sobre a rua de serviços, de forma que constituem também o núcleo de interesse do conjunto, por onde flui toda a circulação de pedestres.

Os edifícios projetados por Lefèvre e Ferro destacam-se por qualidades básicas: a racionalidade construtiva que a fachada sugere com a malha quadriculada da estrutura do piso ao teto, fechada por panos geométricos da caixilharia de vidro, e o último andar de cada bloco, no qual foi alocado um mirante, de convívio coletivo, de onde se descortinava a paisagem do Plano Piloto. Mas as plantas dos escritórios avançaram sobre os espaços de uso comum, e os mirantes tiveram suas áreas reduzidas, o que acarretou uma frequência de uso limitada.

O Setor Comercial Sul é uma das áreas de comércio popular mais movimentadas de Brasília, com uma grande quantidade de vendedores ambulantes. O conjunto e, particularmente, os edifícios São Paulo e Goiáz, em função do térreo livre e da passarela de circulação, conformam o trecho de maior concentração de comércio ambulante. A rua de serviços encontra-se relativamente abandonada, sendo que alguns edifícios não fazem mais uso dela. Mesmo o lixo parece ser retirado pela portaria de alguns prédios (e daí levado até o início da rua de serviços, junto ao viário principal), pois vários acessos encontram-se trancados e sem indícios de uso frequente. Outros edifícios utilizam a rua para o insubstituível acesso de veículos às garagens, quando estas existem, sendo que a própria rua é uma alternativa de estacionamento para automóveis.

Para Reis Filho, a solução prevista para os setores comerciais, no Plano de Brasília, foi "uma forma realmente nova e objetiva de implantação" para áreas dessa natureza, que libertava o urbanismo de soluções passadas e impróprias para as novas exigências. Ao mesmo tempo, contribuía para que desaparecesse "a ideia de quintal", na medida em que as soluções passavam a ter em vista "exclusivamente a funcionalidade" – no caso, a dos escritórios e lojas[63].

(1) Rua de serviço e ligação entre os edifícios, e (2) passagem no piso térreo entre os edifícios São Paulo e Goiáz.

A incorporação das diretrizes urbanas do Plano no desenvolvimento dos projetos desses edifícios representou a possibilidade de os arquitetos travarem conhecimento com uma solução arquitetônica inserida numa problemática maior, a construção da capital segundo um plano moderno. Isso possibilitou também que eles tomassem contato direto, por meio de atividade profissional, com uma determinada concepção de funcionalidade urbana e propriedade (pública) do solo que completava a que idealizavam nos projetos residenciais[64]. Essa concepção, por um lado, hierarquizava os espaços segundo suas funções específicas, distinguindo áreas de serviços de áreas de uso principal ou de áreas que motivam e qualificam a obra. Por outro lado, em decorrência, facultava a renovação de espaços ou a disposição tradicional de qualquer espaço, como, por exemplo, o quintal e sua disposição, como salientou Reis Filho. A experimentação dessa concepção urbana acabou por reforçar a renovação das plantas domésticas que viriam a realizar e o reconhecimento dos trabalhos de outros arquitetos de São Paulo e do país[65].

63. A composição do conjunto é assim explicada por Nestor Goulart Reis Filho: "os setores comerciais foram dotados de formas especiais de implantação, capazes de atender com eficiência as suas finalidades. Os edifícios são dispostos segundo dois sistemas básicos de circulação: as ruas de serviço e as passagens de pedestres. As primeiras são desenvolvidas parte em valas a céu aberto, parte em subterrâneos, que facilitam o transporte de cargas e a circulação de serviços, cujo volume é normalmente grande, pois sua interferência é sempre suficiente para perturbar as outras circulações. As passagens dos pedestres são facilitadas por cobertas que cortam ou acompanham os blocos, ligando-os às ruas próximas e garantindo um máximo de aproveitamento dos térreos para lojas e galerias. Com essa nova disposição o setor comercial consegue resolver alguns dos problemas básicos desse tipo de edificação. Por um lado, garante iluminação e arejamento em abundância para os escritórios e facilidades de circulação de serviço para o comércio. De outro, garante a limitação de perspectiva, a quase intimidade necessária, nas ruas de comércio, que facilita o contato entre o público e as lojas. Essa ambientação é facilitada pelas galerias de proteção para os pedestres, inclusive como elementos de controle de iluminação [...]". Ver Nestor Goulart Reis Filho, *Quadro da arquitetura no Brasil*, São Paulo: Perspectiva, 1970, p. 102.

64. Ainda que a projeção (dada pela planta) da edificação possa ser de propriedade privada, ela existe a partir de um plano, que garantiu a propriedade pública de toda a área ao redor das edificações, como no caso das superquadras habitacionais, nas quais todos os terrenos de uso coletivo são públicos, não havendo, portanto, a figura do lote urbano privado, criticado pelos arquitetos.

65. Lefèvre e Ferro tiveram a oportunidade de desenvolver um anteprojeto para a superquadra sul 402 no mesmo período, em 1962. Entretanto, as plantas de conservação da quadra, localizadas na administração de Brasília, datadas de 1972, não trazem nenhuma referência aos arquitetos.

PÁGINA AO LADO
Residência Bernardo Issler.
Primeira experiência com
cobertura em abóbada.
Sérgio Ferro, Cotia.

RESIDÊNCIA BERNARDO ISSLER

O campo de experimentações e verificação de hipóteses arquitetônicas, no início da década de 1960, estava em contínua ampliação. O mais marcante experimento arquitetônico de Lefèvre e Ferro foi o desenvolvimento do tipo construtivo com abóbadas para programas habitacionais. A primeira experiência com esse tipo foi desenvolvida por Ferro, no projeto da residência Bernardo Issler, em Cotia, no ano de 1963.

As intrigantes abóbadas, iniciadas por Sérgio Ferro, depois renovadas e difundidas por Rodrigo Lefèvre, além de serem fruto de um pensamento baseado na otimização de vários aspectos do processo construtivo (como será visto adiante), sugerem uma interlocução com a obra da Igreja da Pampulha, de Oscar Niemeyer que, segundo algumas interpretações, estabeleceria, de fato, junto com outros edifícios do local – Cassino, Casa do Baile –, a poética da arquitetura brasileira[66]. Por suas referências telúricas, pelo predomínio das linhas, planos e volumes curvos, distintos do racionalismo mais ortodoxo, a igreja seria a primeira síntese e, ao mesmo tempo, um vértice de uma cultura arquitetônica própria, pois, se o edifício do Ministério da Educação e Saúde Pública era um marco moderno por excelência, a sua concepção inicial não escondia a contribuição de Le Corbusier, que, mesmo decisiva para a articulação vitoriosa do grupo moderno capitaneado por Lúcio

[66]. Para uma leitura dessa visão, ver Abelardo de Souza, *Arquitetura no Brasil*, São Paulo: Diadorim/Edusp, 1978.

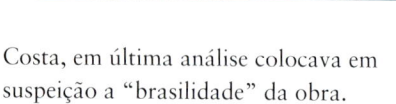

Costa, em última análise colocava em suspeição a "brasilidade" da obra.

A incorporação das abóbadas, ou dos arcos abobadados, que já havia acontecido em outros episódios, também representava um alinhamento com a corrente do grupo carioca de arquitetura moderna brasileira. Esta se tornaria hegemônica por um bom período. De forma significativa, Artigas utilizou, em 1952, os arcos e coberturas abobadados na emblemática rodoviária de Londrina, reafirmando seu rompimento com a influência wrightiana e sua adesão à arquitetura moderna brasileira, como vinha sendo estabelecida por Niemeyer e Costa, a "escola carioca".

Nesse sentido, a concepção da abóbada, adotada por Ferro e Lefèvre, é bifronte, pois aliava a busca de uma racionalidade construtiva, que gerava uma economia na produção habitacional, a uma forma primordial da arquitetura moderna brasileira, juntando rigor construtivo e expressividade plástica.

A curvatura da abóbada da residência Bernardo Issler é circular, diferente da curvatura que depois Lefèvre viria a desenvolver, a da parábola hiperbólica. Nessa casa, o arco é abatido, de tijolo furado[67] e estrutura aparente, com vigotas de concreto acompanhando o sentido longitudinal do "canhão" da abóbada, que parece ter sido superdimensionada. A lateral da abóbada, na sua atual porção frontal, não atinge diretamente o piso externo, sendo a cobertura descarregada

67. Hoje não mais visível, em função da aplicação de uma manta para tratamento térmico.

PÁGINA AO LADO
(1) Interior da abóbada a partir da sala. (2) Vista da sala a partir do mezanino. (3) Vista da sala a partir do ambiente de refeições. (4) Cozinha.

ESTA PÁGINA
Vista do interior da abóbada e do mezanino a partir da cozinha.

em apoios espaçados, o que permite a abertura de janelas. Esses apoios são blocos de alvenaria de tijolos que envolvem as "pernas" da casca, mantendo a curvatura. O terreno possui um aclive com um rebatimento interno. Há duas cotas de piso no interior da abóbada, o que resulta em dois pés-direitos: um na sala e no quarto de casal; outro, menor, na cozinha, nos serviços e demais quartos. Em função desse aclive, a cota da cozinha e dos serviços é inferior à do piso externo do atual fundo do terreno. Isso faz com que, vista pela lateral, a continuidade do volume da abóbada pareça ter uma altura menor, com exceção da parte próxima à entrada atual. As janelas em tira – que permitem vistas externas não habituais, por estarem "arrematando" a curvatura da "casca" – e os arrimos laterais soltam a abóbada, propiciando leveza à obra.

A abóbada funciona como uma grande cobertura, um volume compacto com o interior fluido. Dentro, os vários ambientes são distribuídos no espaço que ela delimita, não necessariamente recortando-o – pelo contrário, evitando ao máximo essa situação, de forma a permitir uma apreensão de toda a construção. Encravados no desnível entre os pisos, a lareira e o tubo da chaminé marcam visualmente a distribuição espacial sob a abóbada: em um nível o estar, sala de refeições e quarto de casal; no outro, a cozinha, serviços e dois quartos. Entretanto, tal situação não elimina a continuidade espacial ao longo do eixo longitudinal da abóbada, que vai do estar até os serviços; os quartos, segregados por paredes e dispostos em uma das laterais, não interrompem tal continuidade.

Livres, as coberturas dos quartos e banheiros não têm necessidade de atingir a face interna da cobertura (salvo quando isso se torna inevitável, em função da curvatura). Isso levou os atuais proprietários a otimizar o uso da laje de cobertura do quarto de casal, transformando-a numa sala de TV, acessada por uma escada não prevista no projeto e construída para esse fim.

Pensada como um protótipo de casa popular, as soluções de piso e caixilharia, repetindo os outros projetos, têm por objetivo o baixo custo. A funcionalidade prevista na implantação incluía também, como nos projetos anteriores, a instalação dos serviços na frente do lote, e a sala de convívio familiar, voltada para o jardim nos fundos. Nessa residência, o quarto do casal, ao lado da sala, também teria um acesso direto ao jardim, e o volume cilíndrico do boxe do banheiro da suíte se destacaria para além da cobertura. Esse procedimento é repetido no outro lado, no banheiro que serve os outros três dormitórios. Essa implantação não corresponde à situação atual, daí os alertas sobre os atuais fundos e entrada – pois logo após a conclusão da obra houve uma alteração no traçado geométrico do loteamento, acarretando uma mudança de significados: o que era o fundo do lote tornou-se frente, invertendo a implantação prevista para a situação convencional da disposição de residências no lote urbano. A garagem, antes um corpo destacado da abóbada, na parte frontal do lote, teve o seu acesso ao viário impossibilitado, sendo

Vista do volume de serviço após reforma na década de 1990 e, abaixo, vista frontal após alteração do traçado do loteamento.

ampliada e transformada em salão de jogos, quartos de hóspedes e apoio para a piscina, criando uma área de convívio não prevista, desligada do corpo da abóbada[68].

Essa situação não esconde algumas questões importantes do projeto. Talvez a principal seja a da compactação do espaço íntimo, os quartos. Estes são exíguos, praticamente comportando apenas a cama e o armário. O contraponto é fornecido pelo aproveitamento espacial otimizado dos espaços de convívio, demonstrando a filiação do projeto, que traz o desenvolvimento de alguns elementos reconhecidos na atividade dos arquitetos.

A solução de mobiliário construído em alvenaria é intensificada. Além dos "bancos"[69], camas, armários, mesas e pias são de alvenaria. Essas e outras soluções deram base a um texto explicativo que, aliado à legenda da foto – a qual "sucintamente informa que apenas um homem ergueu a casa toda em poucos dias" –, conforma uma definição da poética arquitetônica de Ferro, Lefèvre e, também, de Império:

A melhor solução técnica, em determinados casos, nem sempre é a mais adequada. Há mesmo situações em que a modernidade construtiva é fator secundário. Enquanto não for possível a industrialização em larga escala, o déficit habitacional exige o aproveitamento de técnicas populares e tradicionais. Sua racionalização, despreocupada com sutilezas formais e requintes de acabamento, associada a uma interpretação quase correta de nossas necessidades, favorece não só o aparecimento de uma arquitetura sóbria e rude, mas também estimula a atividade criadora viva e contemporânea que substitui, muitas vezes com base no improviso, o rebuscado desenho de prancheta[70].

Esse "manifesto", publicado em 1965 na revista *Acrópole* n. 319, dedicado ao trabalho de Flávio Império, Rodrigo Lefèvre e Sérgio Ferro, acompanhado de textos que apresentavam outros trabalhos e obras desses arquitetos, tornou-se marcante graças às ideias acima defendidas, ao entendimento de suas concepções que, como será visto, por vezes foram interpretadas de forma imprecisa.

68. Nessa reforma, dirigida por Lefèvre, em parte compulsória em função da alteração do traçado do loteamento, a área de serviços junto à cozinha foi ampliada para além do corpo da abóbada. Os proprietários atuais também delimitaram o ambiente da cozinha com uma caixilharia de madeira, segregando os odores e o som da cozinha do restante da casa.

69. Caracteristicamente, nunca é utilizado o termo "sofá".

70. "Residência em Cotia", *Acrópole*, São Paulo: jul. 1965, n. 319, p. 38. O texto não é assinado, mas, conforme explicado anteriormente, a autoria é de Sérgio Ferro.

Residência Cleômenes Dias Batista. Ao lado, detalhes da (1) iluminação zenital e dos (2) caixilhos. Abaixo, vista frontal.

RESIDÊNCIA CLEÔMENES DIAS BATISTA

Em 1964, aos 26 anos de idade, Lefèvre projetou a residência Cleômenes Dias Batista, localizada no bairro de Alto de Pinheiros, na capital paulista. A obra, que não foi apresentada no n. 319 de *Acrópole*, traz alguns dos procedimentos anteriores. O volume da casa em concreto ganha destaque pelo balanço do piso superior que, projetado à frente, possibilita um abrigo de automóveis. Dessa forma, uma massa compacta destaca-se no lote, em relação às outras construções da rua. Essa presença impõe uma distinção entre o ambiente público e o privado. Entretanto, também como em outros projetos, tal distinção é questionada imediatamente. A porta-painel de entrada é um grande elemento de madeira, significativamente mais frágil do que o concreto da construção. Essa diferença, depois de percebida, solicita uma reflexão mais demorada sobre a separação entre público e privado. A apreensão atual, entretanto, prejudica a compreensão da obra, pois se deve levar em conta que, inicialmente, não havia grades e portões altos com mecanismos eletrônicos e impessoais de controle da abertura separando o recuo frontal da calçada. Esses controles transferem a separação entre a residência e a rua para o limite do alinhamento do lote, repetindo o que praticamente existe na relação de todas as residências unifamiliares com o espaço público, o que já viciou o olhar. Isso dificulta a percepção de procedimentos arquitetônicos diferenciados, como é o caso dessa obra, cujo "fechamento" com o vedo de madeira no térreo sugere uma solução provisória que "dribla" a verdadeira, que seria dada pela continuidade total entre a rua e a "sala-praça" do interior da residência.

Ao lado, pavimento superior, circulação, escritório e painel de Flávio de Carvalho. Abaixo, sala e acesso principal ao fundo.

De todo modo, essa solução não impede outras apreensões do espaço. Com a configuração estabelecida, ao entrar-se na residência essas questões ficam em suspenso, substituídas pela experiência real de fruição da arquitetura. A planta do piso térreo é organizada de forma a proceder a um rito de passagem. Estando a porta localizada mais ou menos na metade do volume superior dos aposentos, adentra-se no interior da residência sob o mesmo "teto" do abrigo de automóveis[71]. No entanto, o volume superior logo é interrompido e propicia à grande sala que se abre no piso térreo um pé-direito duplo, o que lança todo o interesse do projeto nesse ambiente e nas relações que estabelece com o conjunto da residência.

Por meio da sala, a residência transforma-se em um espaço que funde a "sobriedade" própria de uma grande nave com uma manufatura artística, transformando-se num moderno jardim de esculturas-protótipos, composto por gemas talhadas, por vezes tecnicamente concebidas, e outras resgatadas na sua beleza bruta. Todos os elementos e detalhes vibram em seus lugares. Vazio e cheio mesclam significados. A presença

71. O que também reforça a continuidade espacial exterior-interior.

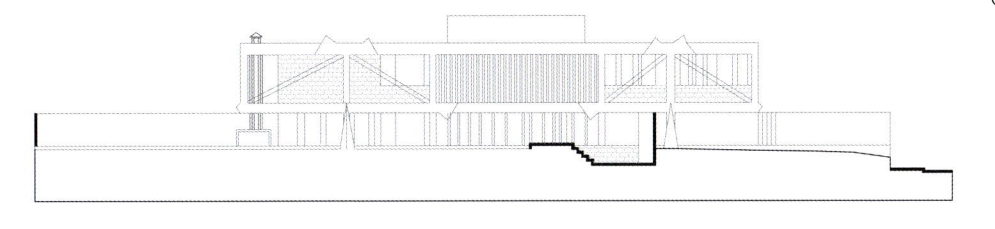

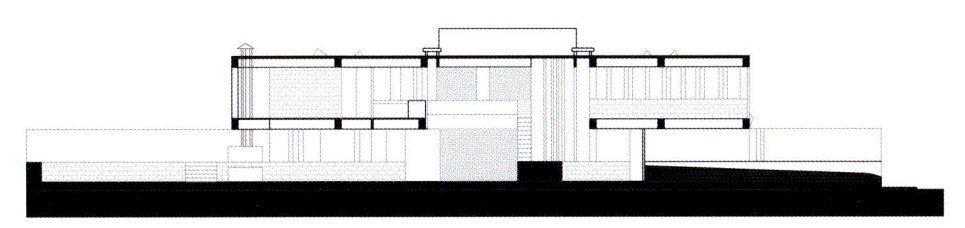

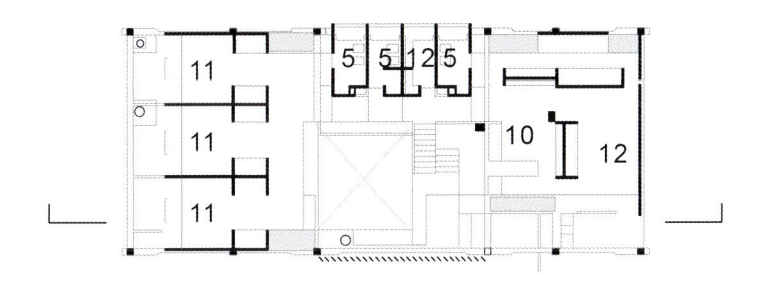

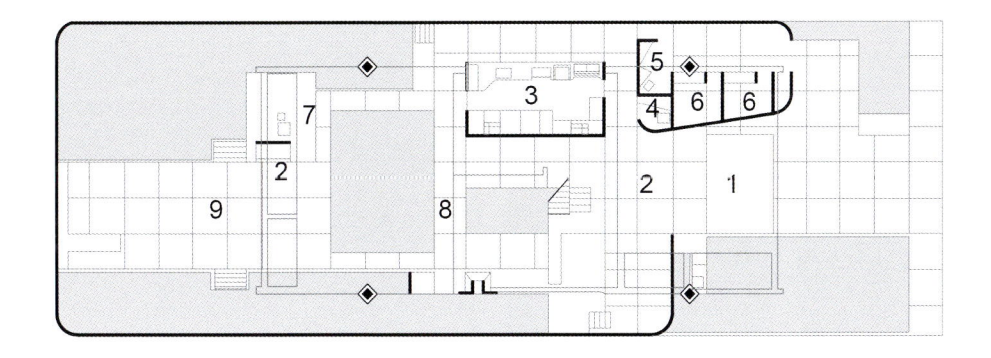

Cortes e planta da residência Cleômenes Dias Batista.

1. Carro
2. Acesso
3. Cozinha / Área de serviço
4. Lavabo
5. Banheiro
6. Quarto de empregada
7. Sala de jantar
8. Sala
9. Jardim
10. Escritório
11. Quarto
12. Armários

do concreto torna o ar denso, monolítico, transferindo-lhe a sua materialidade. A luminosidade lateral, dos fundos e zenital, "recortada" na laje de cobertura, penetra lentamente pelo ambiente e faz perceber a escada com o guarda-corpo apenas depositado, um robusto "esqueleto" de vergalhões de obra e chapa de ferro, "preso" pela gravidade, um elemento de proteção ostentando um duplo registro da obra: sua fatura e sua natureza. A presença da obra que precede a construção em uso é "revelada" por meio da peça nua, do ferro sem tratamento que, quando arma o concreto internamente, nunca é percebido. Revelado, é perpetuado didaticamente com a sua utilização no guarda-corpo. Por outro lado, marca contraditoriamente a natureza da obra; trata-se de um guarda-corpo que invoca a presença de um dos momentos de maior insegurança e imprevidência do trabalho no país: o canteiro de obras. Note-se que o guarda-corpo não estava previsto no projeto, mas sua exigência, por parte do cliente, tornou-se um tema de exploração conceitual, que complementa a resolução da própria escada, pois o "peso" do guarda-corpo contrasta com a leveza da escada, de laje dobrada, leve e em balanço ao não estar engastada no piso superior. A luz dirigida traz ao olhar outros elementos: o piso gravado por

Vista da sala a partir do pavimento superior.

outra qualidade do cimento, a rugosidade; o painel concretista de Flávio Império, à direita, busca a integração das artes e o faz trazendo a história; o azulejo, para as abstrações da geometria, revestindo a parede atrás da qual se localiza a cozinha, não mais arcaica, mas em linha, industrial[72]; à esquerda, a caixilharia que, alçando-se sobre os armários moldados na obra e acompanhando todo o pé-direito, traz à memória os caixilhos de La Tourette, de Le Corbusier, revelando referências. O corte e o aproveitamento da madeira das portas dos armários, bem como das portas da cozinha e do sanitário, além dos caixilhos, demonstram as preocupações de racionalização e de barateamento da obra. Como em outros trabalhos, a confecção dessas peças não aguarda a conclusão dos vãos na obra. Além disso, seu projeto tira partido do desdobro convencional da madeira, não necessitando a aplicação de mais trabalho (como o de carpintaria), a não ser o de montagem dos elementos.

72. De certa forma, os degraus da escada "formam" um painel tridimensional à frente do painel de Império, acentuando as relações construtivas que a geometria permite. Além disso, o painel "cresce" em dinamismo, pois se reproduz no piso superior e também envolve a cozinha, ressurgindo na parede lateral externa desta (e da casa).

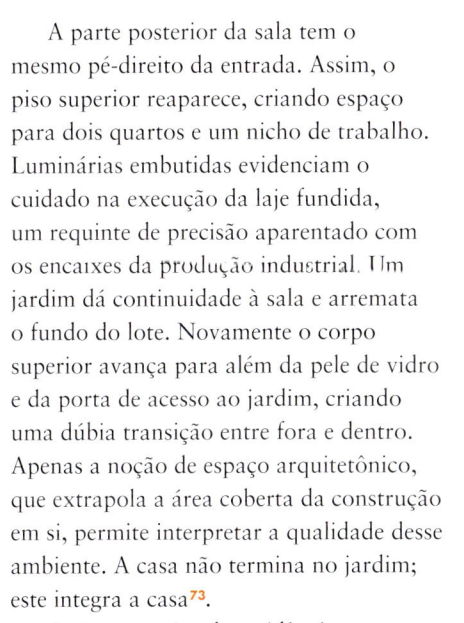

Detalhe da escada e pé-direito duplo da sala.
Abaixo, (1) detalhe das luminárias e (2) vista do jardim posterior a partir da sala.

A parte posterior da sala tem o mesmo pé-direito da entrada. Assim, o piso superior reaparece, criando espaço para dois quartos e um nicho de trabalho. Luminárias embutidas evidenciam o cuidado na execução da laje fundida, um requinte de precisão aparentado com os encaixes da produção industrial. Um jardim dá continuidade à sala e arremata o fundo do lote. Novamente o corpo superior avança para além da pele de vidro e da porta de acesso ao jardim, criando uma dúbia transição entre fora e dentro. Apenas a noção de espaço arquitetônico, que extrapola a área coberta da construção em si, permite interpretar a qualidade desse ambiente. A casa não termina no jardim; este integra a casa[73].

O piso superior da residência, como antecipado, é composto de duas alas de quartos nas extremidades longitudinais da casa, unidas por uma passarela – mistura de circulação com ambiente de estar –, na qual chega a escada da sala. Guarda-corpos, que são bancos, definem balcões que inserem o piso superior no ambiente da grande sala. Os nichos de trabalho antecedem os quartos e são enquadrados

73. Foi introduzida pelos moradores uma cobertura no jardim que alterou um pouco a percepção dessas relações, apesar de não a anular.

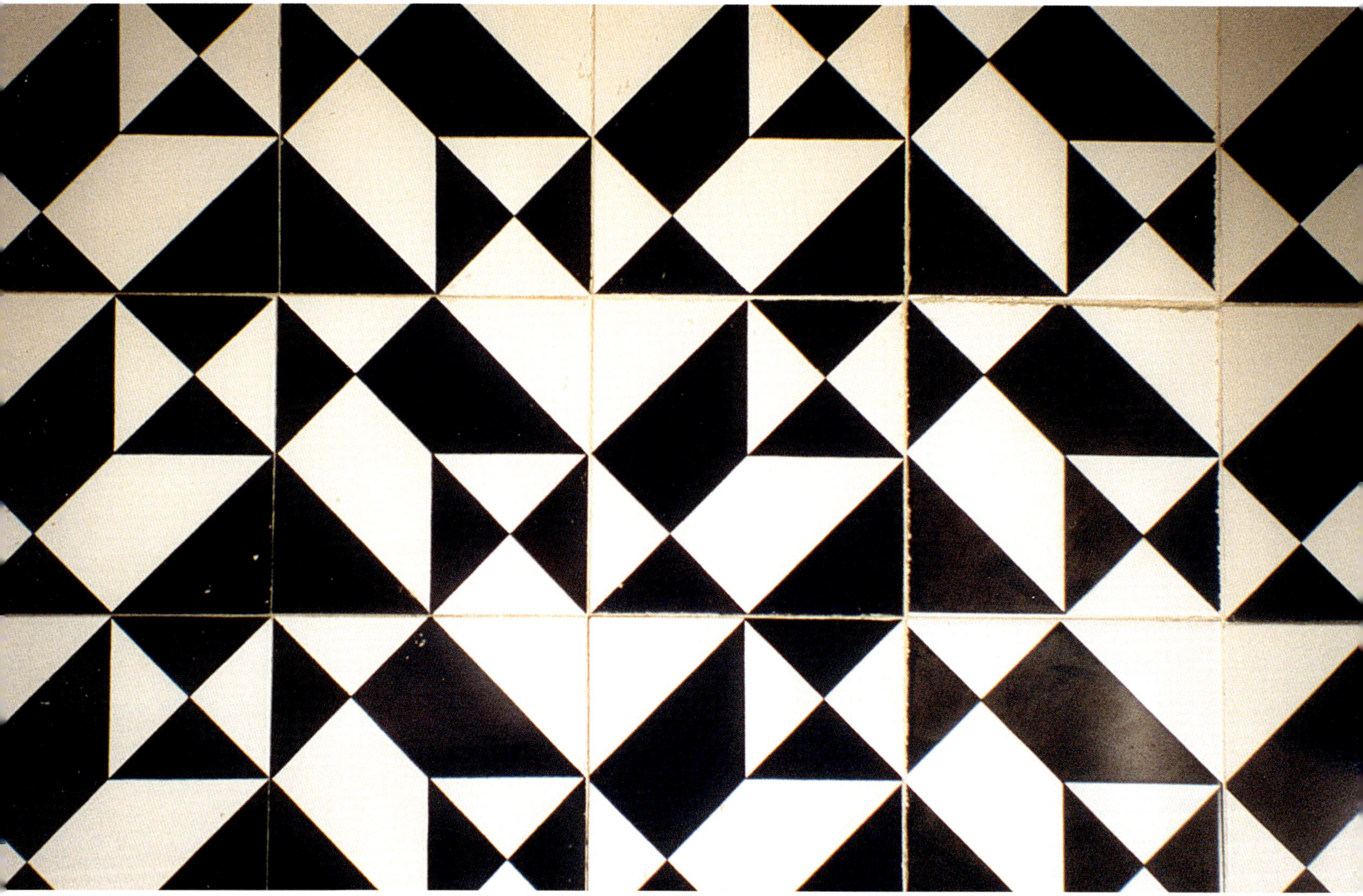

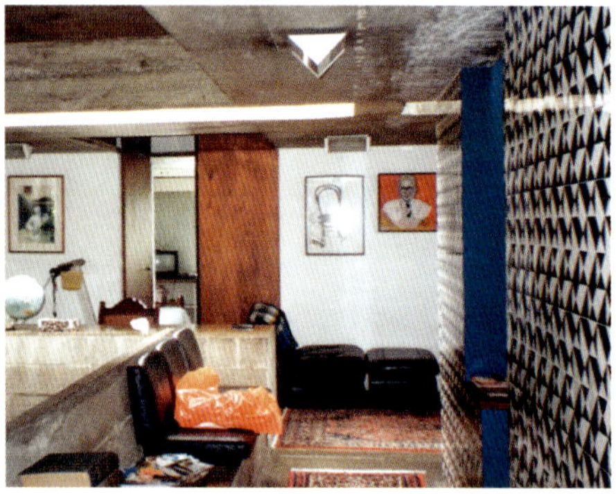

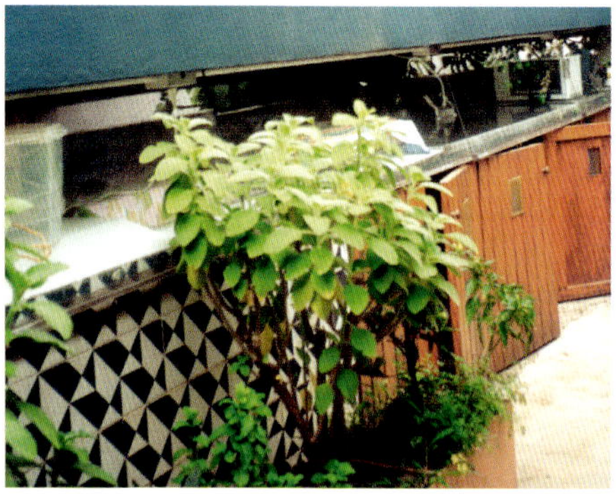

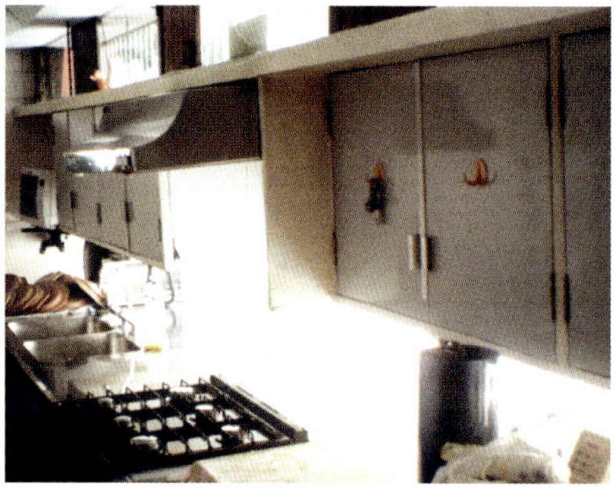

ESTA PÁGINA
(1) Detalhe do pilar externo,
(2) detalhe da estrutura, (3) caixilhos e
(4) detalhe da prumada e receptáculo
de águas pluviais.

PÁGINA AO LADO
(1) Detalhe do painel de Flávio de
Carvalho. Abaixo, (2) circulação no
pavimento superior, (3) vista externa e
detalhe do painel e (4) cozinha.

por janelas que trazem luz à atividade. Os quartos são três: o de casal na parte frontal do lote e os outros dois na parte posterior, como já observado.

Os banheiros localizam-se junto à passarela e com ela formam um bloco específico da residência; na sua parte inferior, no piso térreo, encontram-se a cozinha e os serviços. Esse bloco de dois pisos está estruturalmente solto em relação à casa, nele encontram-se as áreas molhadas, segregadas do restante da residência, em uma hierarquia funcional que faz com que essas áreas sirvam os espaços de estar, trabalho e descanso (dormitórios).

A tipologia essencial da residência é a da grande cobertura (laje), que abriga uma série de atividades, cuja natureza já foi analisada. A filiação arquitetônica é cristalina. Entretanto, existe na obra uma vontade de ir além, de romper fronteiras, de promover experimentações. Nesse sentido, a concepção estrutural alia referências e inventividade: a grande cobertura é sustentada por quatro grandes pilares que, dois a dois, são tracionados por cabos de aço. A ousadia construtiva apenas é emparelhada pela ousadia de incorporar a pureza e, sobretudo, a brutalidade dessa solução construtiva em uma residência, indicando que a ideia de construção, de uma linguagem que faz uso de raciocínio construtivo e materiais modernos, inscrevia-se no quadro de experimentações que Lefèvre realizava[74].

A densidade dessa obra vem da confluência de materiais, soluções técnicas, valorização do convívio aliado ao domínio das sensações. A inventividade construtiva não tem por objetivo rever a "solenidade" inicialmente apresentada. A densidade descrita mistura-se com a luminosidade que as aberturas propiciam, moderando-a, gerando fluidez e retardo, velocidade e atenção, fora e dentro, mas também dentro e fora. A continuidade da obra de Lefèvre vai explorar as ambiguidades contidas nas "equações" polares – moderno e arcaico, avançado e convencional, refinado e popular –, acentuando ora um, ora outro dos termos dessas "equações", mas nunca subtraindo um deles.

---

74. Artigas, na residência Mendes André, de 1966, desenvolveu uma solução semelhante, que inscreviu a casa numa grande "treliça espacial de concreto armado". Ver Miguel Antonio Buzzar, *João Batista Vilanova Artigas: elementos para a compreensão de um caminho da arquitetura moderna no Brasil*, São Paulo: Unesp/Senac, 2014, p. 417; e A. P. Koury, *Grupo Arquitetura Nova, op. cit.*, p. 72.

RESIDÊNCIA SYLVIO BRESSER PEREIRA

No ano de 1964, Ferro realizou o projeto da residência Sylvio Bresser Pereira, no bairro do Morumbi, em São Paulo. Ainda que os outros projetos tivessem espaços generosos, este foi, em função de um programa mais extenso, o trabalho residencial de maior dimensão que realizaram até então. Diferentemente da residência Bernardo Issler, o projeto foi estruturado a partir de uma composição de oito abóbadas, divididas em duas faixas de quatro cada. Com essa solução, formalmente a residência ganhou muito em dinamismo, acentuado com o tipo de implantação realizada.

Sendo o terreno em aclive, verifica-se nesse trabalho o mesmo tipo de abordagem efetuada na residência Marietta Vampré em relação ao lote, de forma a valorizar a volumetria arquitetônica. A residência é projetada em três níveis, que podem ser percebidos de forma progressiva a partir da vista exterior: o térreo, acima dele a primeira faixa de quatro abóbadas e, em seguida, um pouco deslocada lateralmente, e um pouco acima da primeira faixa, sugerindo meio piso de diferença, visualiza-se a segunda faixa de quatro abóbadas.

No primeiro nível – piso térreo – encontram-se a entrada social, a garagem, a entrada de serviço e os serviços propriamente ditos. A porta de entrada, acentuadamente recuada em relação ao volume superior, dá acesso a uma "antecâmara" e à escada que conduz ao piso superior. Em função do recuo, a entrada na residência ocorre praticamente no seu meio, sendo o patamar intermediário da escada (descanso) iluminado por quatro pequenas aberturas com domos circulares (do mesmo tipo daqueles da residência Vampré).

Pela forma como se adentra na residência, já se percebe que todos os vetores domésticos tradicionais de orientação não são aplicáveis ao caso. Dessa forma, a primeira faixa de abóbadas, mais próxima à rua, abriga os cinco dormitórios, três voltados para a rua e dois para uma das laterais do terreno. O quarto do casal possui dois *closets* (trocadores) e um sanitário com iluminação zenital. Junto a eles há outros dois sanitários. Assim, os sanitários (como os *closets*) estão situados no interior da residência, e sua ventilação se faz por dutos que irrompem das abóbadas[75].

[75]. Um dos sanitários que servem os quartos não aparecia definido nas plantas iniciais. O atual proprietário não tinha informações precisas sobre quando ele foi implantado, se durante as obras de construção, o que pode ter acontecido, em função da semelhança muito grande com o outro sanitário, ou se posteriormente.

Residência Sylvia Bresser Pereira.

PÁGINA AO LADO
(1) Vista frontal e (2) sala de estar.

ESTA PÁGINA
Elevação frontal e plantas dos pavimentos

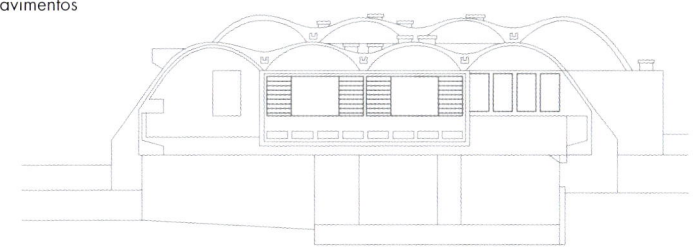

1. Carro
2. Área de serviço
3. Quarto de empregada
4. Quintal
5. Acesso interno
6. Passagem
7. Sala íntima
8. Quarto
9. Banheiro
10. Vestiário
11. Escritório
12. Copa/cozinha
13. Lavabo
14. Sala de jantar
15. Sala de estar
16. Jardim

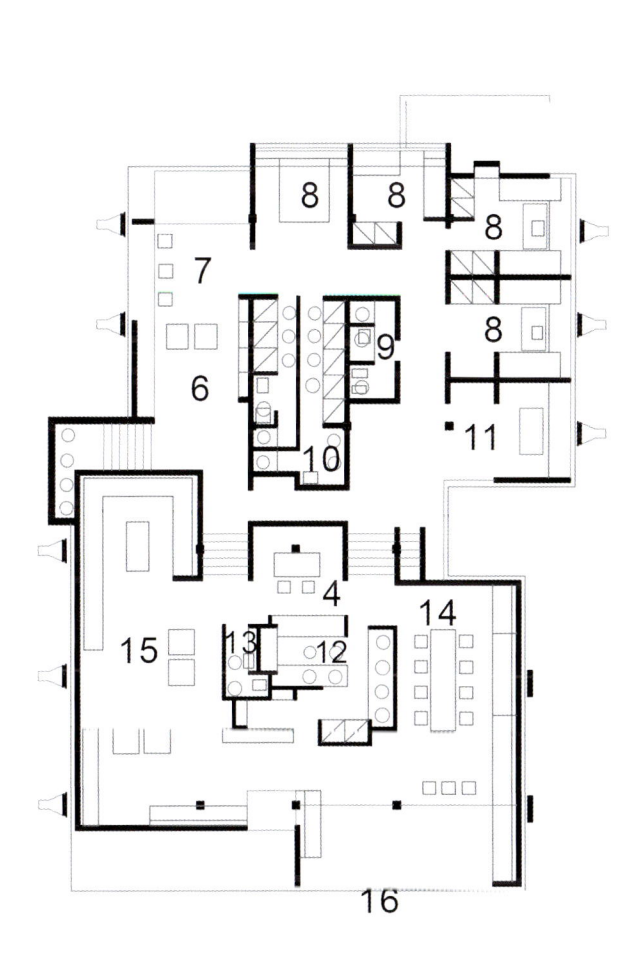

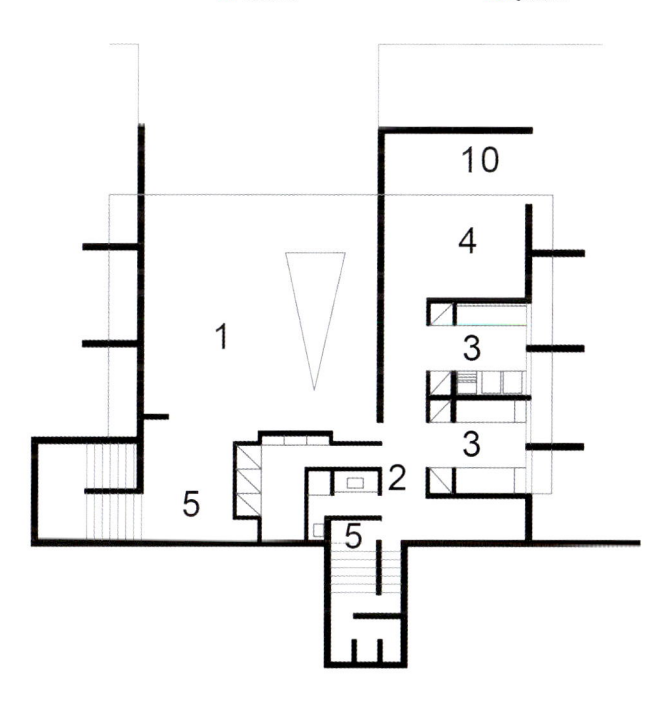

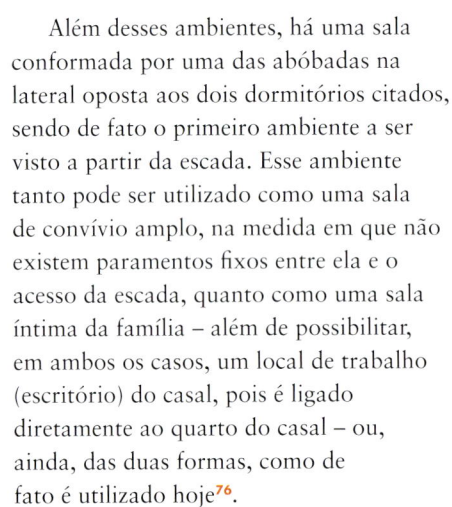

Além desses ambientes, há uma sala conformada por uma das abóbadas na lateral oposta aos dois dormitórios citados, sendo de fato o primeiro ambiente a ser visto a partir da escada. Esse ambiente tanto pode ser utilizado como uma sala de convívio amplo, na medida em que não existem paramentos fixos entre ela e o acesso da escada, quanto como uma sala íntima da família – além de possibilitar, em ambos os casos, um local de trabalho (escritório) do casal, pois é ligado diretamente ao quarto do casal – ou, ainda, das duas formas, como de fato é utilizado hoje[76].

O acesso ao quarto do casal se faz por essa sala, enquanto, no caso dos demais dormitórios, o acesso ocorre de forma mais reservada. Do piso de chegada da escada estende-se uma circulação por trás do conjunto de *closets* e sanitários. Ao contorná-la, ganha-se o acesso aos dormitórios laterais e aos dois dormitórios frontais. Continuando, e novamente contornando o conjunto, chega-se também ao quarto do casal, só que pelo lado oposto do acesso anteriormente informado.

[76]. O que há, atualmente, é uma porta dupla de vidro, que tanto permite um uso mais restrito como um uso voltado para o restante da residência, para a segunda faixa de abóbadas.

Do nível de chegada, voltado para os fundos do lote, a meio piso e sob a segunda faixa de abóbadas, encontram-se um grande estar, a cozinha, um pequeno bar, a sala de refeições e, não menos importante, fora das abóbadas, o jardim de lazer familiar com piscina, salão e sauna.

Os planos internos, as circulações íntimas distintas das áreas de convívio, a penetração destas na área íntima, por meio da sala de uso misto, enriquecem concepções da arquitetura moderna e o seu partido específico que dinamiza o convívio. Além disso, vários detalhes, como o da janela baixa, em tira, na sala, correndo pouco acima da base da abóbada, os assentos (bancos) corridos de alvenaria, bem como a mesa de trabalho do escritório e o "mobiliário" da cozinha, tudo construído na obra, renovando os procedimentos anteriores, acrescentam soluções ao repertório arquitetônico.

Intrigante, em termos de solução, é a localização da cozinha. Diferente de outras residências, ela não está diretamente voltada para a rua. Alocada no interior da casa, a cozinha cria um centro arquitetônico inusitado; chega-se a ela praticamente de qualquer ambiente e, portanto, por ela também se pode chegar ao conjunto dos ambientes, inclusive aos quartos, no caminho da ligação com os outros serviços (e com a rua). Com ventilação e iluminação praticamente feitas pela cobertura, a cozinha, incrustada na residência, de ambiente funcional transforma-se num articulador espacial, num tipo único de "cozinha-praça".

Por fora, as ondas de abóbadas; por dentro, os contornos, os passeios pelos planos visuais longos, que se estendem para fora, alcançando o jardim de convívio. Nesse jogo de formas e espacialidades, a residência foi concebida e é percebida como uma grande construção, distinguida pelo movimento que a composição "em relevo" propicia.

PÁGINA AO LADO
(1) Piscina e vista a partir do jardim posterior, (2) sala de estar (lado oposto), (3) passagem da sala para os quartos e (4) copa e cozinha.

ESTA PÁGINA
(1) Vista frontal com detalhe da abóbada da sala íntima, (2) vista lateral e janela da sala íntima e (3) sala de estar e jardim posterior.

CAPÍTULO 2

OUTRAS RESIDÊNCIAS PROJETADAS NOS ANOS 1960

Nos anos 1960, Lefèvre e Ferro projetaram outras residências, como a de Milton Simone Pereira (Ferro), a de Albertina Pederneiras (Ferro e Lefèvre) e a de Boris Fausto (Ferro) – cuja funcionalidade, pensada com o recurso de divisórias móveis, incrementa a noção de continuidade espacial. A essas casas deve-se juntar, como contribuição às ideias de ambos, a residência Simão Fausto, que Flávio Império projetou em Ubatuba, no ano de 1961. Nessa obra, a alvenaria portante de tijolos, aproveitando a produção local de materiais (bem como a mão de obra, também local), esteia oito abóbadas catalãs em sequência e no seu interior; os espaços de uso comum e convívio determinavam a organização espacial dos ambientes e de toda a residência.

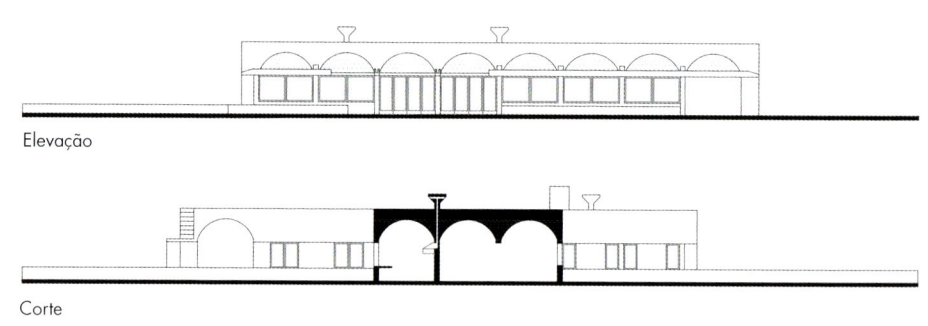

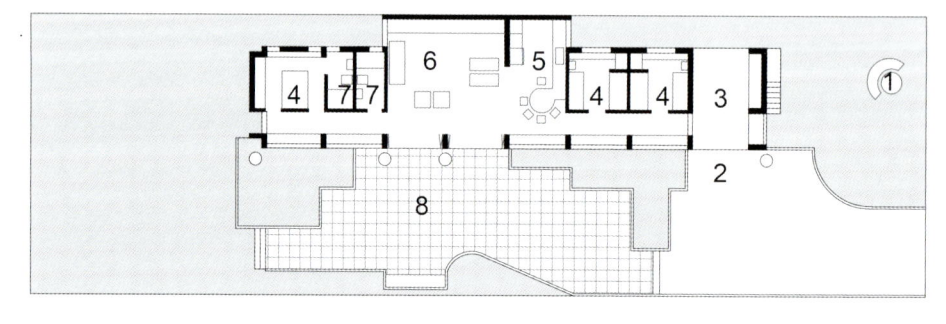

Elevação

Corte

1. Jardim
2. Acesso
3. Carro
4. Quarto
5. Cozinha e copa
6. Sala de estar
7. Banheiro
8. Jardim e pátio

PÁGINA AO LADO
Residência Simão Fausto; (1) sala de estar; (2) vista a partir do jardim. Abaixo, elevação, corte e planta.

ESTA PÁGINA
Residência Bóris Fausto. Elevação, corte e planta.

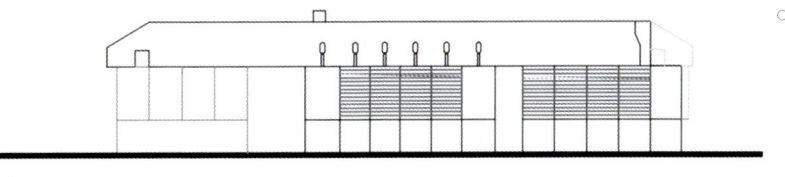

Elevação

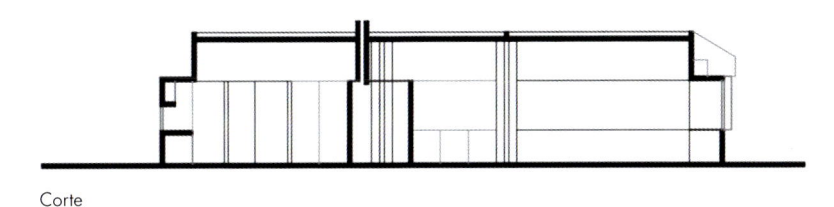

Corte

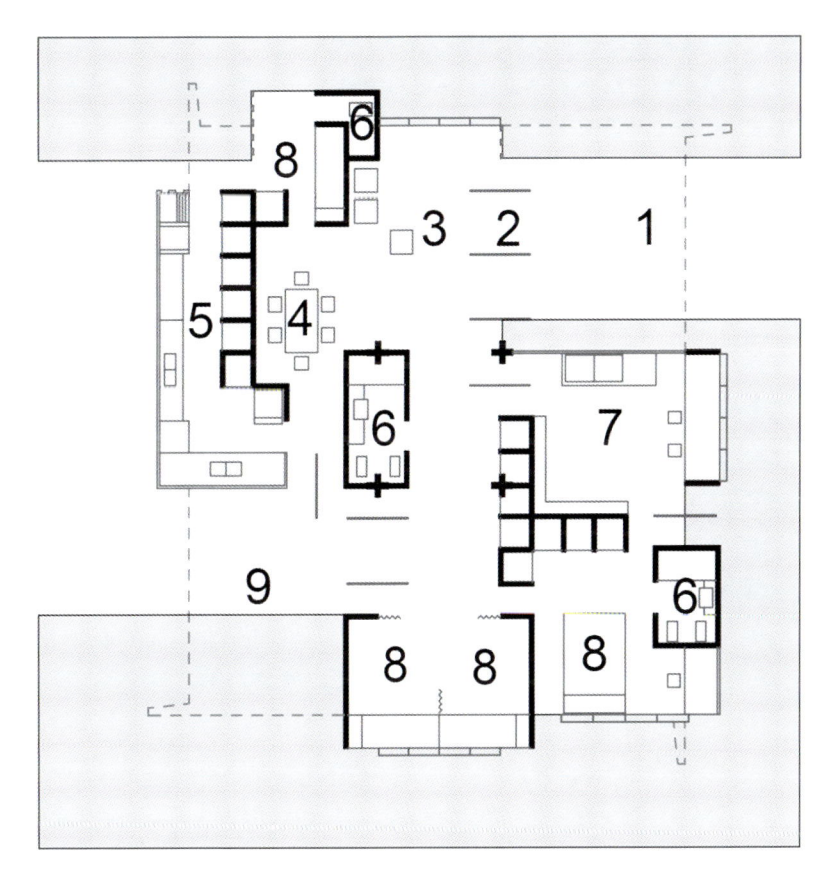

A residência Boris Fausto, projetada em 1963, também foi publicada no n. 319 de *Acrópole*. Na matéria, Ferro faz uma crítica à industrialização, "cujo produto não correspondeu às amostras". Nesse caso específico, fala de um painel que não resolveu o isolamento acústico. O escrito registra de forma direta e clara a desconfiança para com a indústria, dado que, na obra, foram necessárias medidas corretivas, não previstas, para sanar os defeitos dos elementos fabricados. Nas legendas das fotos que ilustram o artigo, Ferro formula de modo simples e objetivo a noção de ambiente arquitetônico que pretendeu expressar: "o interior e o exterior se comunicam continuamente. A casa é o fechamento de uma área de jardim"[77].

A residência Albertina Pederneiras, projetada em 1964, impacta pela sua volumetria e utilização sintética de elementos e materiais. A composição resume-se à estrutura de concreto, blocos de concreto, caixilhos de madeira, vidro e à geometria básica, de ângulos retos, que remete ao ideário mais ortodoxo da arquitetura moderna centro-europeia. Frente à obra e seu projeto, impossível não pensar em Adolph Loos e seu purismo

[77]. *Acrópole*, São Paulo: jul. 1965, n. 319, pp. 34-5.

1. Carro
2. Acesso
3. Sala de estar
4. Sala de jantar
5. Cozinha/Área de serviço
6. Banheiro
7. Biblioteca
8. Quarto
9. Jardim

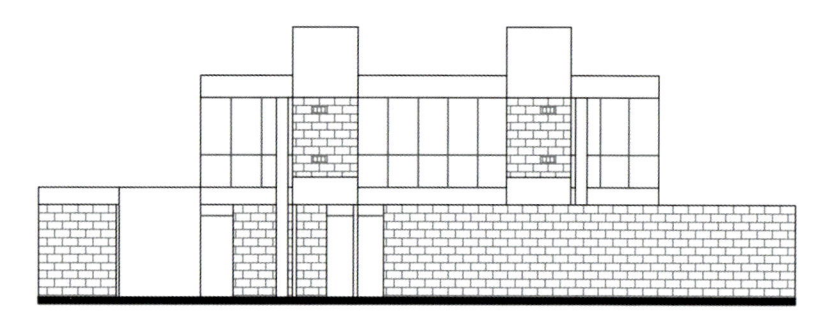

Elevação

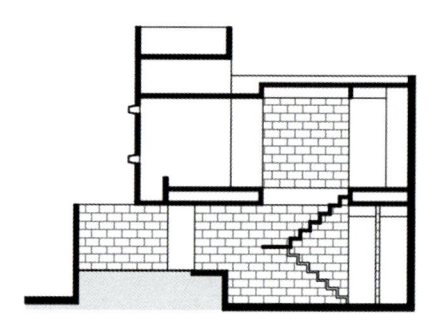

Corte

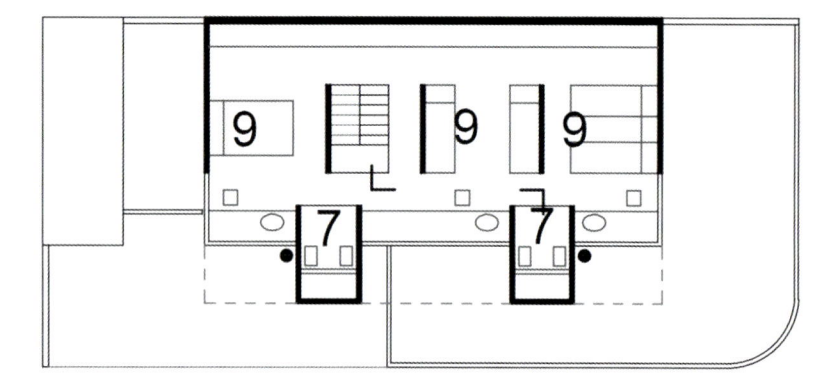

Planta pavimento superior

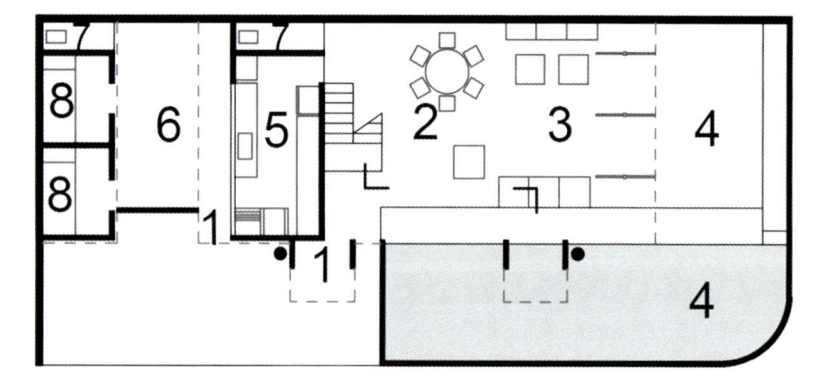

Planta pavimento térreo

1. Acesso
2. Sala de jantar
3. Sala de estar
4. Jardim
5. Cozinha/Área de serviço
6. Pátio
7. Banheiro
8. Quarto de empregada
9. Quarto

antiornamental. A forma e a composição arquitetônica são apresentadas, por Lefèvre, sobretudo como fruto da racionalidade construtiva.

Como todos os projetos daquele período, essa casa é um exercício de suas ideias, mas não um exercício descomprometido, descartável diante de um processo maior. Pelo contrário, trata-se de um exercício que afirma o percurso arquitetônico, um projeto sem o qual o processo não existe. No mesmo número da revista *Acrópole* sobre suas obras, os dois arquitetos utilizaram-se do resultado construtivo-arquitetônico da residência para, no texto de apresentação, repassarem tanto a visão do processo de racionalização como a dos elementos e soluções de projeto que concorreram para sua melhor efetivação. Assim, afirmaram:

A racionalização da construção em todos os setores é fundamental para uma arquitetura residencial econômica. A supressão de todos os elementos dispensáveis na obra não é suficiente.

De maior significado é a organização do construir. A separação dos serviços, por exemplo, em tempos diferentes, evitando superposição de trabalho e as interferências possíveis, é fator de redução considerável dos custos.

PÁGINA AO LADO
Residência Albertina Pederneiras.
Elevação, corte e plantas.
Rodrigo Brotero Lefèvre e
Sérgio Ferro.

ESTA PÁGINA
Vista frontal da residência
Albertina Pederneiras.

Dependem do projeto muitas simplificações possíveis: o uso de módulos que facilitam as medições, o emprego de materiais de construção de dimensões constantes (o bloco de concreto), a padronização dos caixilhos que auxilia a produção, as instalações elétricas e hidráulicas aparentes e centralizadas, a sistematização de detalhes de acabamento etc.

Todos esses procedimentos têm consequências favoráveis.

Estas preocupações em nada prejudicam a caracterização arquitetônica mais expressiva. Ao contrário fazem surgir oportunidades formais inteiramente novas[78].

Uma dessas oportunidades, digna de registro, são os dois volumes dos banheiros no piso superior, destacados da ordenação volumétrica. Ainda que tenha parentesco com os cilindros da abóbada da residência Bernardo Issler, essa ordenação espacial será revisitada, em outra chave, nas edificações que Lefèvre irá projetar na década seguinte, ampliando a qualificação dos espaços para além da noção de funcionalidade dos ambientes.

A residência projetada por Império revelava sintonia com alterações profundas ocorridas na obra de Le Corbusier, que também tiveram ressonância na produção de Artigas, a partir da residência Olga Baeta. As transformações na obra de Le Corbusier, com as quais Império dialogava, são consensuais na historiografia. Entretanto, o início e significados precisos dessas transformações guardam diferenciações entre os historiadores. De todo modo, uma segunda vertente na obra do arquiteto franco-suíço revelou-se de forma clara com os projetos Roq e Rob (1949) e da Maison Fuerter (1950), com a obra da Unidade de Habitação de Marseille (1947-1952) – e as outras Unidades – e depois com as Maisons Jaoul e a capela de Ronchamps, concluídas em 1955 e, mais tarde, com La Tourette (1957-1969). Para Tafuri, essa fase de Le Corbusier seria interpretada como "matérica". Entretanto, segundo Frampton, várias questões dessa fase já estariam anteriormente presentes na trajetória de Le Corbusier, a partir da década de 1930. A desilusão com as possibilidades de regeneração social baseada na indústria informou uma linguagem:

Paralela à mais reconhecida – a purista – de Le Corbusier, que tematizou uma monumentalização do vernáculo, estando presente na sua obra desde 1930 quando do projeto da Casa Errazuryz, no Chile, e da casa de fim de semana, construída nos subúrbios de Paris, em 1935. Estes dois exemplos seriam significativos, porque, se no primeiro caso o uso de materiais

78. Rodrigo Lefèvre e Sérgio Ferro, "Residência no Itaim", Acrópole, São Paulo: jul. 1965, n. 319, p. 30. Essa residência não foi localizada. Na verdade, houve uma remodelação do viário no local, restando duas hipóteses para sua não identificação: 1. a obra foi demolida com a remodelação; 2. foi desfigurada por uma sequência de usos comerciais.

e técnicas vernaculares podia vir como consequência do atraso tecnológico e da impossibilidade do arquiteto acompanhar a obra, no segundo, isto já não se aplicava, configurando, portanto, uma alternativa conceitual ao purismo racionalista que lhe seria atribuído[79].

Essas alterações indicavam que a arquitetura moderna podia ser pensada não apenas sob a ótica dos novos materiais, mas também se utilizando abertamente de materiais convencionais, articulados com materiais modernos, como o concreto, e apropriando-se de técnicas construtivas correntes e tradicionais. No caso, como em algumas obras de Le Corbusier na década anterior, Império valeu-se do sistema de abóbadas catalãs de tijolo na construção da cobertura. Sobretudo, é interessante registrar que a residência Simão Fausto é de 1961, anterior à residência Bernardo Issler, de 1963. Ou seja, Império já iniciava experiências e variações arquitetônicas que se combinariam com as preocupações de Lefèvre e Ferro, e que ampliavam o repertório arquitetônico de todos, confirmando a elaboração articulada que realizavam no período.

79. M. A. Buzzar, *João Batista Vilanova Artigas: elementos para a compreensão de um caminho da arquitetura brasileira, 1938-1967*, São Paulo: Unesp/Senac, 2014, p. 186. Para essa questão, ver também K. Frampton, "Le Corbusier e a monumentalização do vernáculo, 1930-60", *História crítica da arquitetura moderna*, São Paulo: Martins Fontes, 1997, pp. 271-9 e Manfredo Tafuri e Francesco Dal Co, "L'attività dei 'maestri' nel dopoguerra" e "Le Corbusier", *Architettura contemporanea*, Milano: Electa, 1976, pp. 310-16. O casal Smithson (como será visto), a corrente a que deram vida (batizada por Reyner Banham de O Novo Brutalismo) e seus membros, particularmente James Stirling, com o projeto do Conjunto Habitacional Ham Common, também foram influenciados por essa fase ou seguimento da obra de Le Corbusier. Para essa questão, ver R. Banham, *El brutalismo en arquitectura: ¿ética o estética?*, Barcelona: Gustavo Gili, 1967 e K. Frampton, "O novo brutalismo e a arquitetura do Estado do Bem-estar: Inglaterra, 1949-59", *op. cit.*, pp. 319-26.

PROJETOS ESCOLARES

Embora o interesse, neste livro, esteja dirigido para as construções residenciais, antes de expor a análise do projeto da residência Juarez Brandão Lopes vale registrar que nos anos 1960 os três arquitetos trabalharam efetivamente juntos em projetos escolares, o que proporcionou a ampliação de sua experiência projetual. No total, foram sete projetos de escolas, todas no interior paulista: cinco em Piracicaba, uma em Brotas e uma em São José do Rio Preto.

Três desses projetos são importantes porque representaram a busca por ampliar o repertório de aplicação da solução de coberturas feitas a partir da parábola hiperbólica. São eles: o da Escola Normal e Ginásio Estadual de Brotas, em 1966; o do Instituto de Educação Sud Menucci e o do Ginásio Estadual Jorge Cury, em Piracicaba, no ano de 1967. Todos esses projetos foram executados para o Fundo Estadual de Construções Escolares – Fece. Dentre eles, apenas o Ginásio de Brotas foi efetivamente construído com a cobertura em abóbadas. O Instituto Sud Menucci não foi concluído, pois durante a obra houve um descimbramento prematuro que acarretou o desabamento da cobertura. Esse fato deve ter colaborado

Instituto Sud Menucci. Elevação e corte.

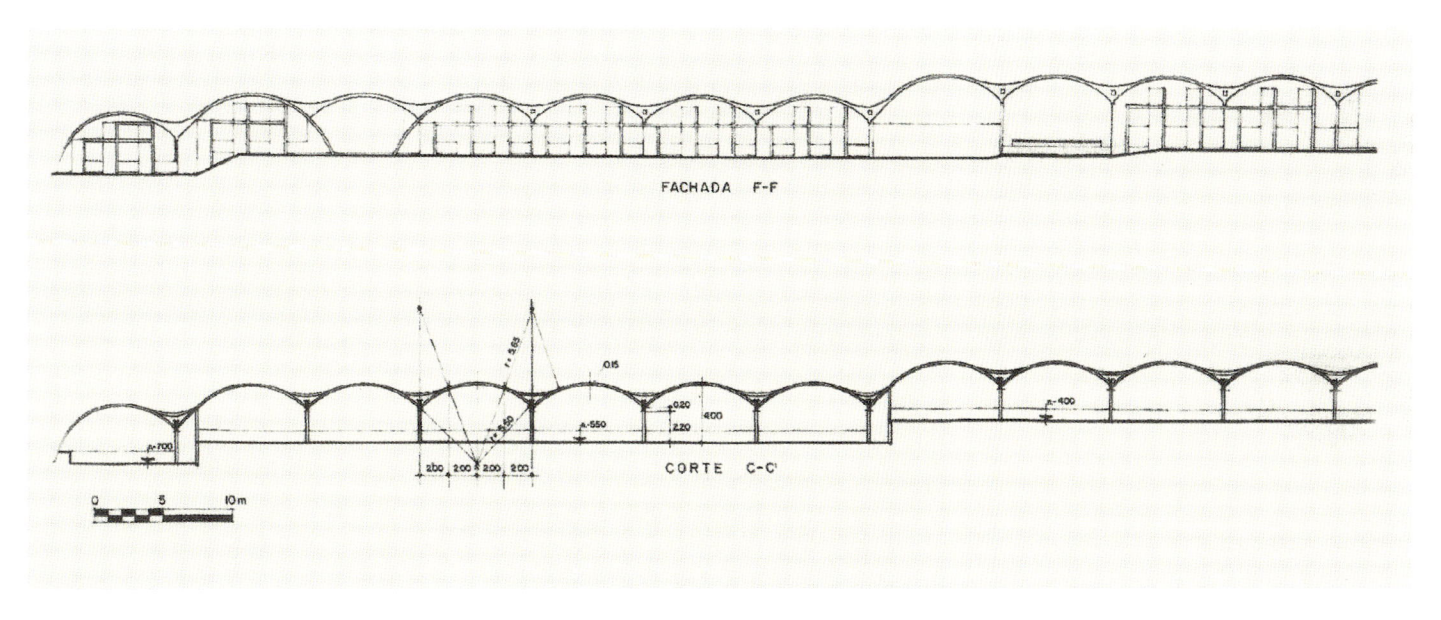

para que o Ginásio Estadual Jorge Cury fosse construído sem a solução inicial de cobertura em abóbadas[80].

De certo modo, a solução da residência Sylvio Bresser já era indicativa da intenção de expansão do uso da tipologia de abóbadas. Nas escolas, os edifícios das salas de aulas, da administração e das salas de apoio tinham plantas retangulares, cujas coberturas eram de "ondas" de abóbadas sequenciais – a exemplo da residência Bresser, ainda que houvesse um número maior de abóbadas em função da extensão dos edifícios, fruto da amplitude do programa escolar. De forma diferenciada, a abóbada inicial dos edifícios das escolas desenvolvia-se a partir do piso. A obra interrompida – Instituto Sud Menucci – e o outro projeto executado sem a cobertura de abóbadas – Ginásio Jorge Cury – tinham dimensões maiores que a Escola de Brotas e foram mais representativos da organização espacial escolar que os arquitetos desenvolveram.

Apesar da utilização em abóbadas criar uma sensação de ambientes absolutamente diferenciados, tirante a ausência de uma entrada convencional, as soluções da planta mostram-se, por sua vez, relativamente convencionais.

80. O Instituto Sud Menucci não foi retomado pelos arquitetos, nem mesmo com outra solução, como efetuado no caso do Ginásio Estadual Jorge Cury.

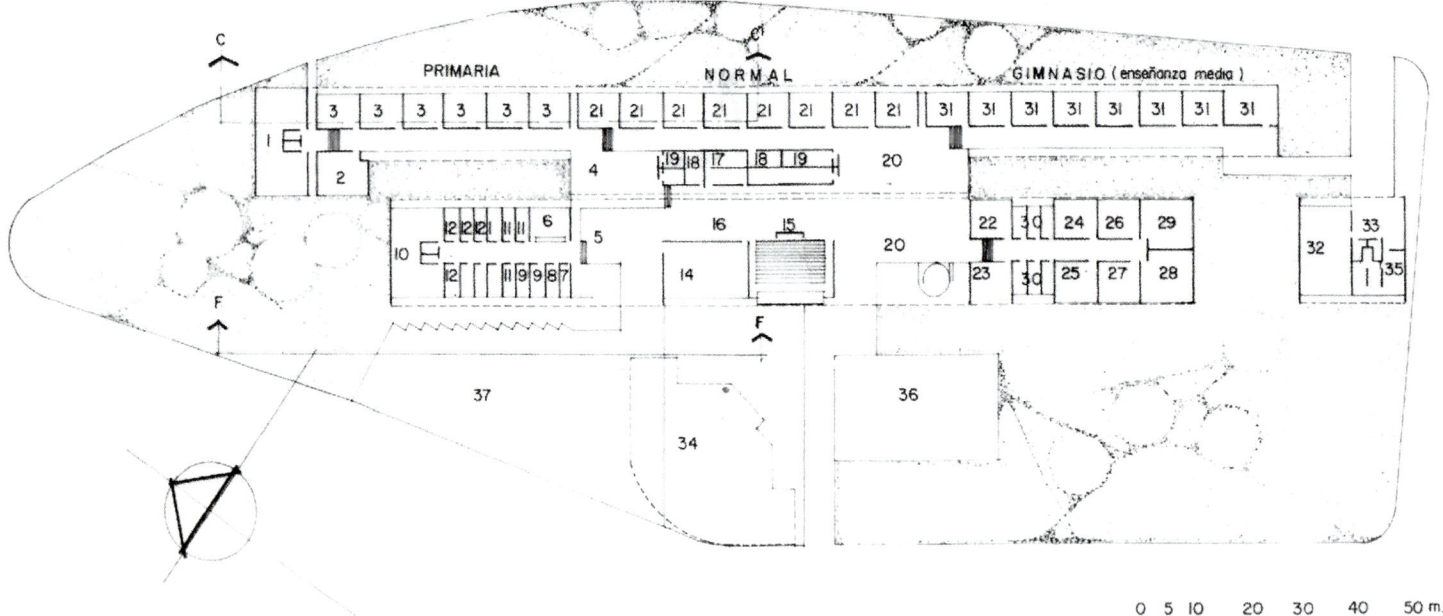

1. Sala de aula do pré-primário
2. Biblioteca do primário
3. Sala de aula do fundamental
4. Pátio do primário
5. Vestíbulo
6. Secretaria
7. Médico
8. Dentista
9. Orientador educacional
10. Sala de reuniões
11. Direção
12. Administração
13. Anfiteatro
14. Biblioteca
15. Cabine de projeção
16. Bebedouro
17. Cozinha e despensa
18. Depósito
19. Banheiro
20. Pátio do ginásio
21. Sala de aula do normal
22. Laboratório de ciências
23. Sala de música
24. Laboratório de química
25. Laboratório de física
26. Sala de artes
27. Laboratório de pedagogia
28. Sala de economia doméstica
29. Laboratório de higiene
30. Sala de preparação
31. Sala de aula do ensino médio
32. Escritório
33. Cobertura
34. Futuro auditório
35. Casa do zelador
36. Esportes
37. Estacionamento

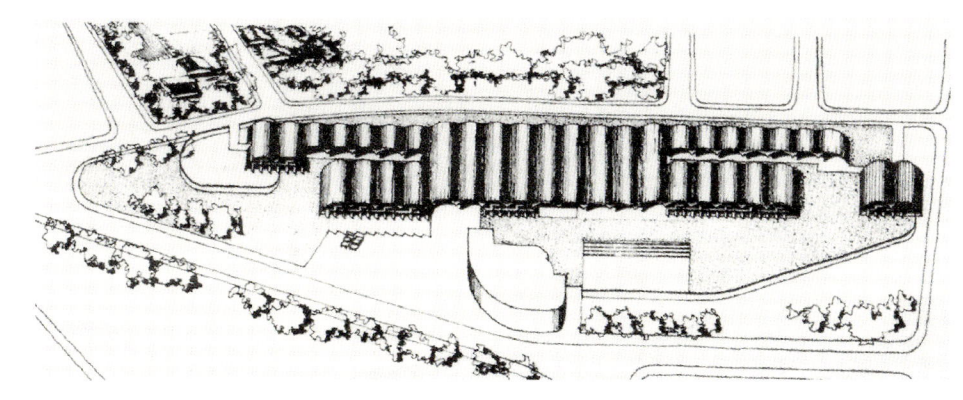

PÁGINA AO LADO
Instituto Sud Mennuci.
Acima, maquete do instituto, e,
abaixo, planta geral.

ESTA PÁGINA
Perspectiva isométrica da implantação
do Instituto Sud Menucci.

Nos três casos, com alguma diferenciação na Escola de Brotas, a organização da disposição dos edifícios administrativo, de apoio e das salas de aula guardou o mesmo partido, que pode ser analisado por meio do Ginásio Jorge Cury. Nela, um pátio articula dois blocos opostos de salas de aulas, distribuídas ao longo de um corredor central em cada bloco. O pátio de convívio e para o lanche abriga cantina, bebedouros, um depósito (um bloco irregular sob a cobertura, originalmente um espaço dos estudantes) e os acessos aos sanitários. O bloco da administração, de planta retangular, desenvolve-se numa faixa paralela à formada pelo pátio de convívio e pelos blocos das salas de aula, abrigando salas sequenciais que dão para um corredor de circulação, meio piso acima e aberto para o pátio de convívio e o edifício das salas de aula.

Ainda que a intenção do projeto pudesse ser a de celebrar o convívio, com a disposição do pátio no centro do conjunto edificado e a relação deste com o bloco administrativo, sobressai outro sentido a essa organização espacial: o do controle. A localização da sala da direção permite o monitoramento direto dos alunos. Situada à frente e acima do pátio, controla o eixo de circulação obrigatório de dentro para fora dos dois blocos das salas de aula e vice-versa[81].

Além das escolas já citadas, os três arquitetos projetaram também o Grupo Escolar Vila Sabreiro[82], o Grupo Escolar Sertãozinho[83], o Grupo Escolar de Vila Progresso[84], o Grupo Escolar Piscamirim[85] – em Piracicaba – e o Ginásio Estadual de Vila Ercília, em São José do Rio Preto. Com algumas variações, apenas dois desses projetos escapam ao esquema espacial que permite um controle direto dos alunos. Em particular, a disposição espacial do Grupo Escolar Piscamirim, com blocos separados no terreno, permite uma sensação de ausência de controle. Claro está que, atualmente, as escolas encontram-se muradas a tal ponto que, necessariamente, os olhares se voltam para o seu interior. Assim, na medida em que a vista do exterior tornou-se praticamente inviável, limitando a fluidez visual, acabou-se por reforçar o que aqui está sendo chamado de controle.

Os grupos escolares Vila Sabreiro e Vila Progresso possuem a mesma planta, porém mais compacta. Nesses grupos, a ala administrativa também fica em frente ao pátio, mas não se constitui num edifício à parte. A diferenciação entre ambos se dá em relação à cota do bloco de administração, mais alta no caso do Vila Sabreiro. O Grupo Escolar Piscamirim também possui o bloco administrativo separado do bloco das salas de aula e do pátio, mas numa solução intermediária entre os grupos acima comentados e a da Escola João Guidotti.

Além dos muros, várias intervenções foram feitas nas escolas, como era de se esperar: reformas em sanitários, mudanças na cantina, alteração das coberturas dos pátios, instalação e profusão de grades, divisão de salas, implantação de palcos com pilares no seu centro. Talvez a mais crítica das intervenções tenha sido a realizada na Escola de Brotas, que teve as suas abóbadas cobertas com telhas metálicas onduladas

81. Essa sensação de controle foi manifestada por uma das diretoras das escolas visitadas. Mesmo afirmando, por um lado, a comodidade do domínio espacial, por outro questionava se em escolas, apesar de todo o problema com segurança, devo se permitir um controle tão direto sobre os alunos, principalmente na área de convívio.
82. Atual Escola Estadual Professor Augusto Saes.
83. Atual Escola Estadual Professor Jaçanã Guerrine.
84. Atual Escola Estadual Honorato Faustino.
85. Atual Escola Estadual João Guidotti.

Planta e corte originais do Ginásio Estadual Jorge Cury, Piracicaba, 1961, e, abaixo, planta redesenhada do que foi de fato construído.

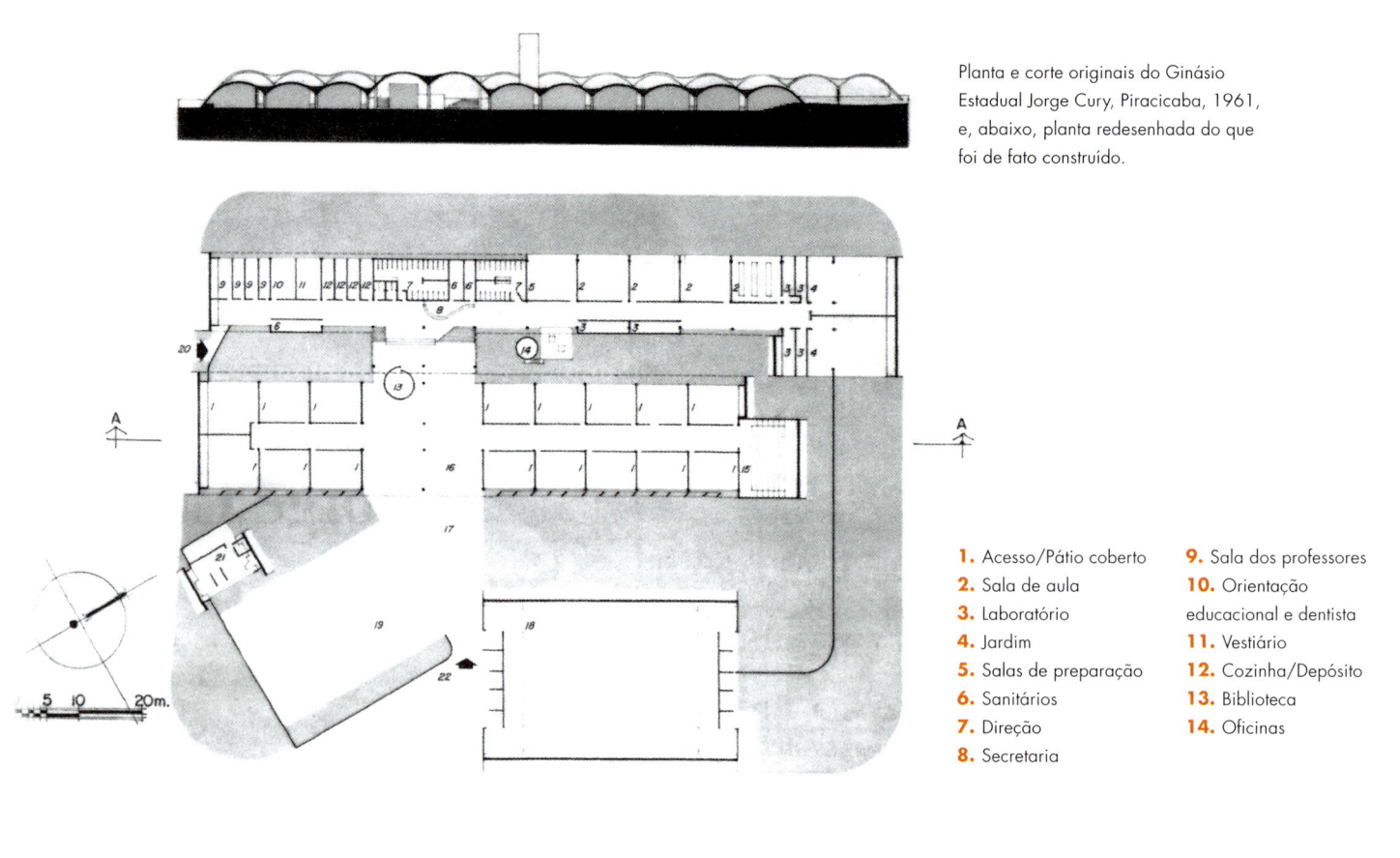

1. Acesso/Pátio coberto
2. Sala de aula
3. Laboratório
4. Jardim
5. Salas de preparação
6. Sanitários
7. Direção
8. Secretaria
9. Sala dos professores
10. Orientação educacional e dentista
11. Vestiário
12. Cozinha/Depósito
13. Biblioteca
14. Oficinas

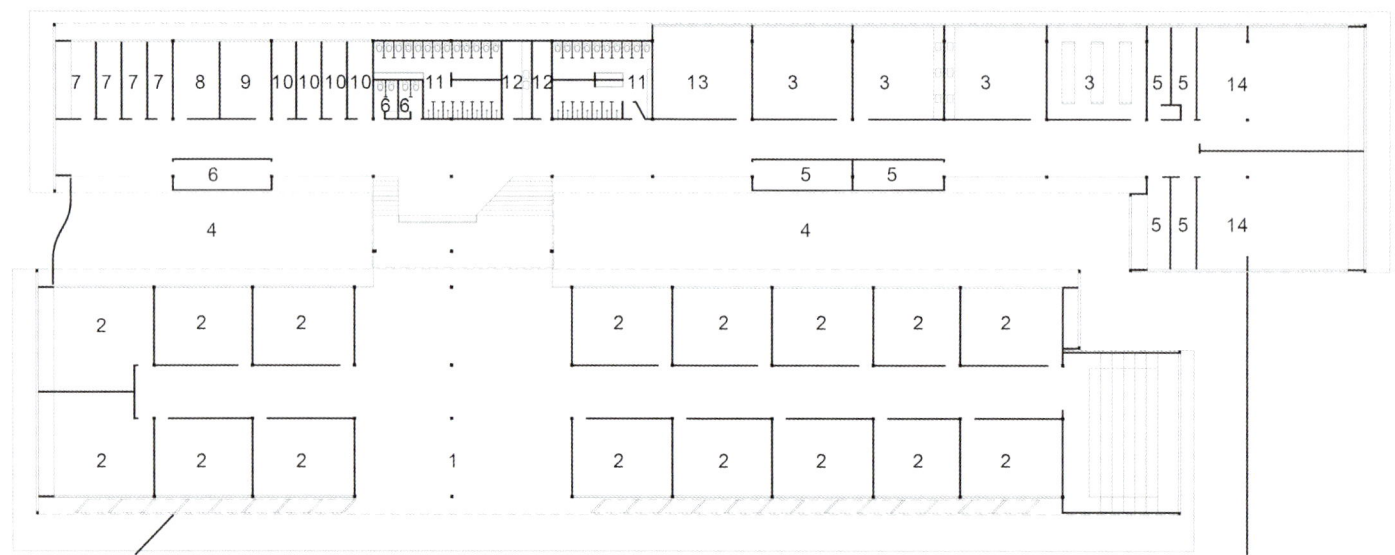

Ao lado,
Ginásio estadual Jorge Cury.
(1) Pátio interno, detalhe do bebedouro,
(2) pátio interno, bloco da cantina
e (3) entrada do ginásio.

Abaixo, Escola Estadual Honorato Faustino.
(1) Acesso principal,
(2) vista externa das salas de aula e
(3) pátio interno.

para evitar, segundo os funcionários, as infiltrações constantes. Apesar de todas as "pequenas" intervenções, alguns detalhes ainda revelam as preocupações dos arquitetos – semelhantes às manifestadas nas residências –, além daquela de tentar celebrar o convívio. Um desses detalhes é relativo aos pequenos orifícios circulares presentes na parte superior de várias paredes das salas de aula e de outros ambientes, de forma a permitir a circulação constante de ar; outro,

bastante elementar, é dado pela execução, na obra, da calha do giz e apagador em alvenaria abaixo da lousa, de forma a tornar perene e barato o dispositivo.

Ainda com relação às escolas, no caso da Jorge Cury há uma quadra com cobertura em abóbada que não constava do projeto original, publicado na revista *Conescal*. Segundo informações do vice-diretor, a quadra foi construída cerca de um ano após a escola. Corroborando a informação, na FDE[86] foi localizada a planta da cobertura da quadra, de autoria dos três arquitetos. Infelizmente, a ausência de detalhamento do projeto não permitiu concluir se a cobertura construída é a mesma que nele consta, uma vez que a abóbada verificada no local possui arcos de madeira laminada colada e o projeto, ainda que incompleto, não parece indicar essa solução estrutural. De qualquer forma, ao menos enquanto concepção formal, a solução da cobertura da quadra em abóbada é devida aos três arquitetos, o que se enquadra na iniciativa de expansão desse tipo de solução para além do programa residencial.

86. FDE: Fundação para o Desenvolvimento da Educação do governo de São Paulo, que, como órgão responsável pelas escolas estaduais, conserva o material do Fundo Estadual de Construções Escolares – FECE.

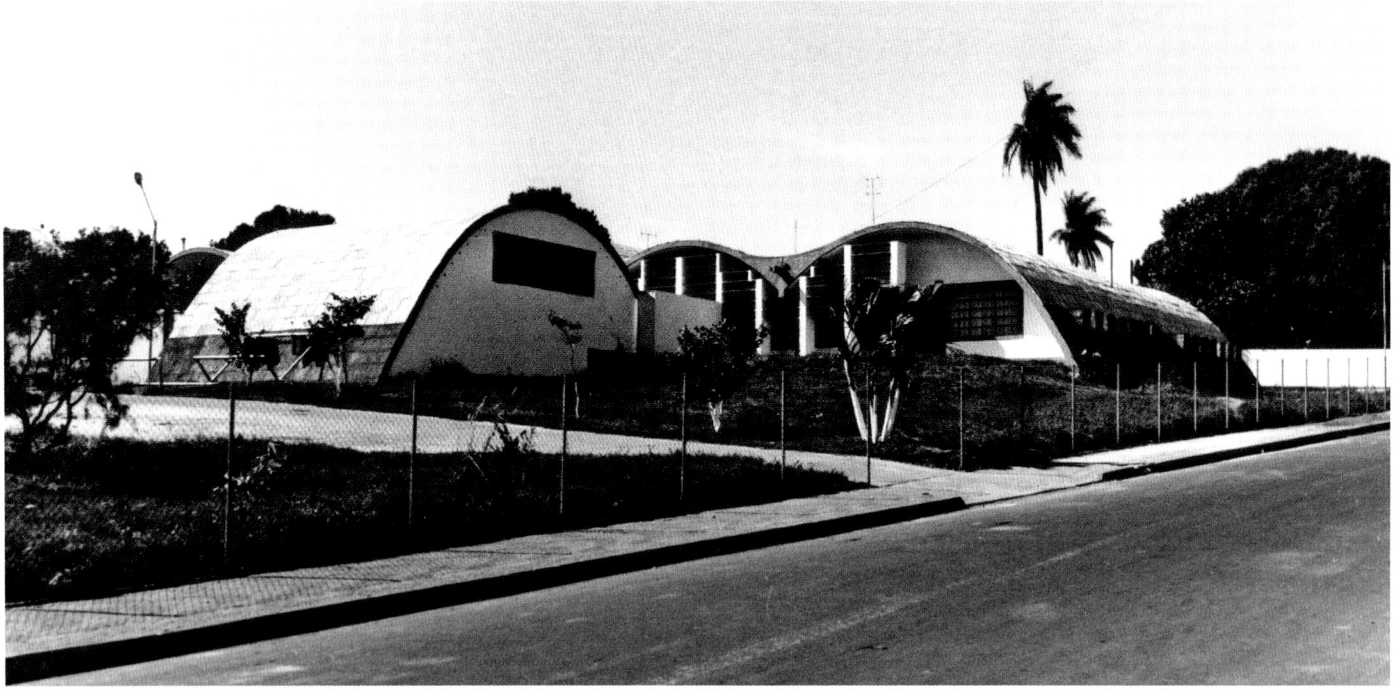

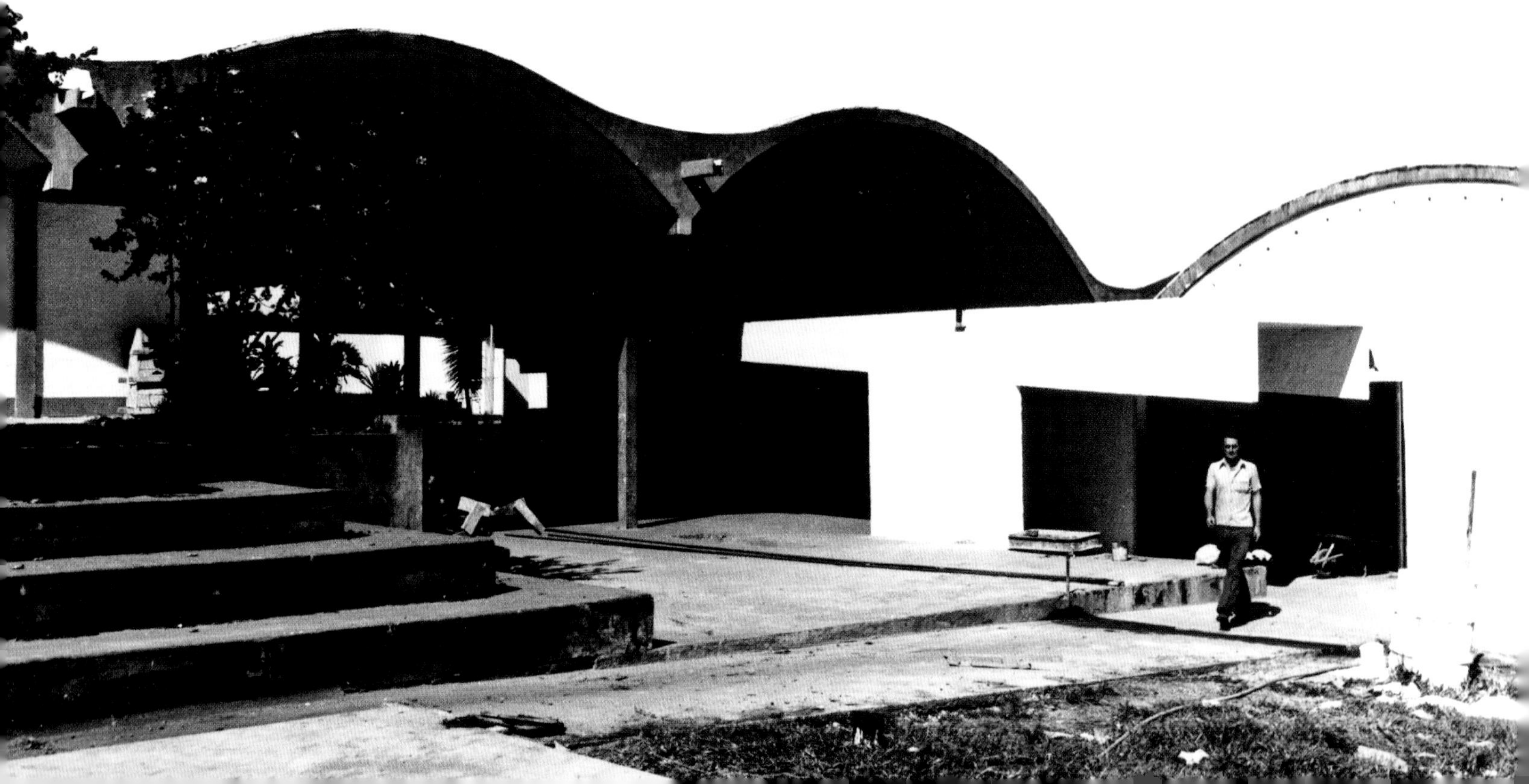

Ginásio Estadual de Brotas.
Flávio Império, Rodrigo B. Lefrève e Sérgio Ferro.

PÁGINA AO LADO
(1) Vista geral e (2) vista externa em obras.

ESTA PÁGINA
(1) Pátio interno, (2) vista posterior das abóbodas e (3) em obras a partir do interior de uma das abóbodas.

Acima, Escola Estadual Augusto Saes. (1) Entrada, (2) lateral das salas de aula e (3) vista geral posterior.

Ao lado, EE João Guidotti, vista externa e detalhe da caixa de estada.

Abaixo, EE João Guidotti: (1) Pátio com balcão original da cantina, (2) sala de aula tipo, (3) maquete da escola, (4) mesas e bancos em alvenaria do pátio e (5) detalhe da circulação coberta entre os blocos.

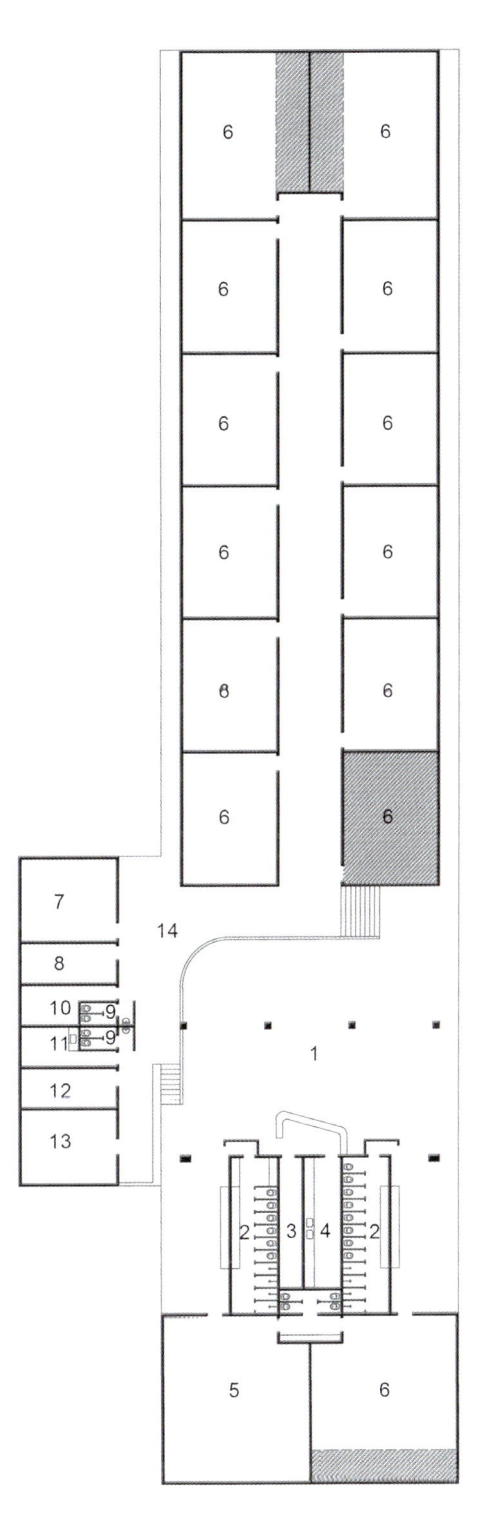

Escola Estadual Jaçanã Guerrini.
Fotos à esquerda: (1) vista lateral das salas de aula, (2) pátio externo e acesso ao pátio coberto, (3) caixilharia da sala de aula e (4) detalhe do suporte do apagador executado na obra, presente em todas as escolas projetadas por Lefèvre.
Ao lado, plantas do bloco principal e da zeladoria.

1. Acesso/Pátio coberto
2. Vestiário
3. Depósito
4. Cozinha
5. Sala de pré (1º grau)
6. Sala de aula
7. Secretaria
8. Coordenadora
9. Sanitários
10. Dentista
11. Sala dos professores
12. Biblioteca
13. Diretor
14. Circulação
15. Cantina
16. Área de serviço
17. Zelador

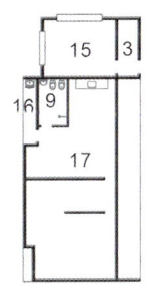

Bloco 2
1º Pavimento

Bloco 1
1º Pavimento

À direita, estudo de abóbada por Lefèvre. Abaixo, a residência Juarez Brandão Lopes em construção e, na foto maior, vista em ângulo da casa a partir da rua.

RESIDÊNCIA JUAREZ BRANDÃO LOPES

Retomando a discussão sobre residências, um projeto mostrou-se decisivo para o rumo das intenções arquitetônicas de Lefèvre e para toda a repercussão cultural e política que uma obra de arquitetura e as ideias do seu autor podem atingir. Trata-se da residência Juarez Brandão Lopes. Projetada inicialmente em conjunto com Flávio Império, em 1968, e construída no ano seguinte, alia o tipo formal da caixa brutalista à solução em abóbada. Assim, nesse projeto o posicionamento da parábola não é frontal em relação ao lote. O arco encontra-se paralelo à lateral do terreno. Na verdade, são duas abóbadas consecutivas, que conformam a cobertura da construção. Esse projeto possui características muito semelhantes às da residência Cleômenes Batista: as elevações frontal e posterior, o fechamento do térreo com madeira na frente, uma generosa janela envidraçada no fundo do lote e, sobretudo, as janelas em tira – frontal e posterior – no pavimento superior. Entretanto, as soluções construtivas das duas casas guardam distinções.

Antes de discutir essas soluções e seus significados, vale fazer uma análise da organização espacial da casa Juarez B. Lopes. No projeto, tirando partido dos dois pavimentos que, também a exemplo da residência Cleômenes Batista, permitem na sala um pé-direito duplo, criou-se um amplo espaço tridimensional que organiza e modela a casa e o morar. A grande sala é um espaço transitivo, pois, além de dominar todo o pavimento térreo, abre-se para o pátio dos fundos, gerando uma continuidade espacial que, programaticamente, torna o exterior e o interior únicos. Dito de outra forma, cria espaços para o exercício da vida. A continuidade não cessa na relação com o pátio dos fundos. O pé-direito duplo transforma o pavimento superior num balcão teatral, que chama a intimidade dos quartos para participar da vida social da sala.

Residência Juarez Brandão Lopes; corte e plantas.

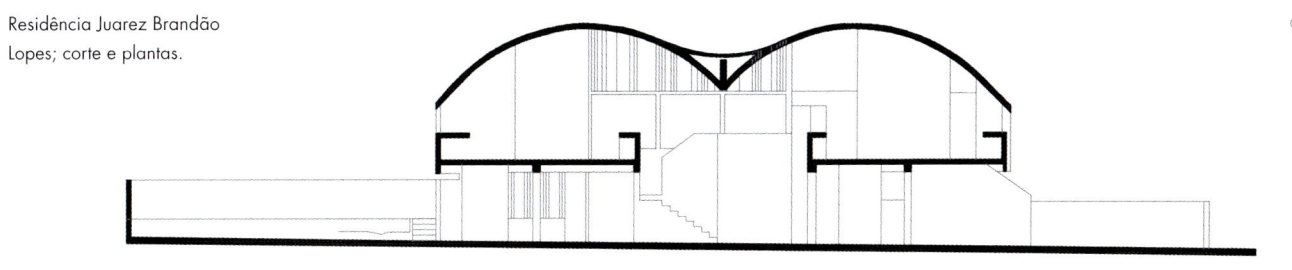

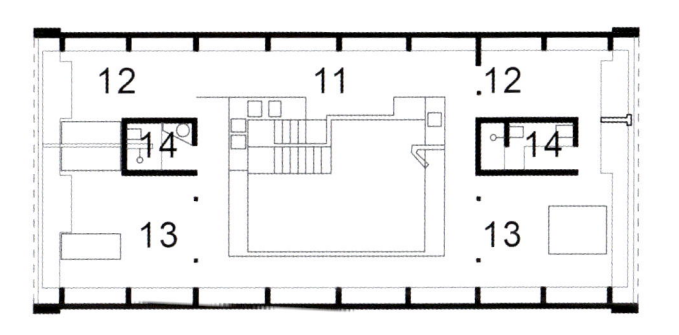

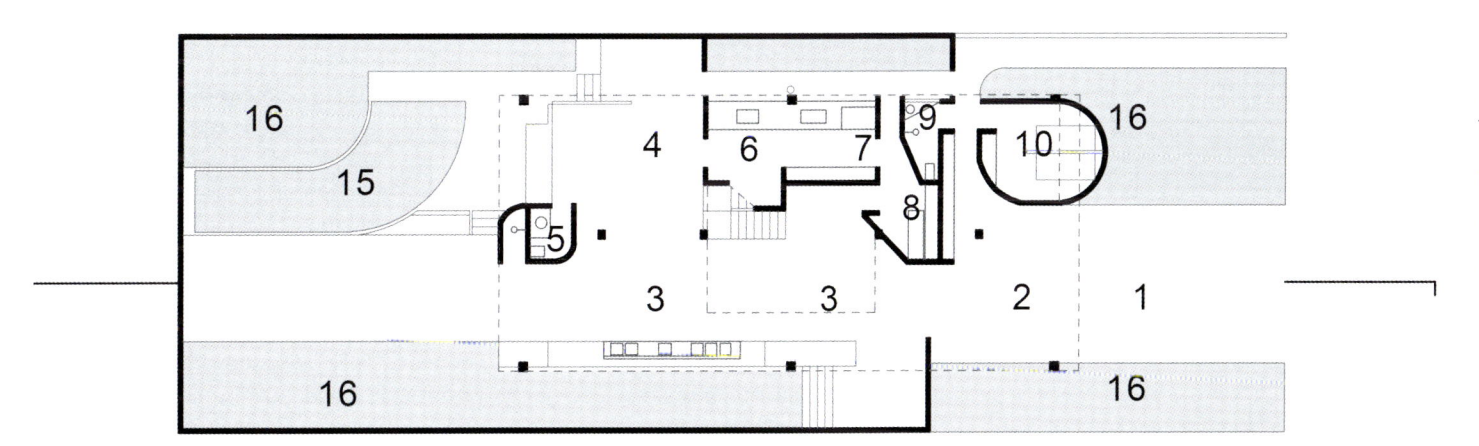

1. Acesso
2. Carro
3. Sala de estar
4. Sala de jantar
5. Lavabo
6. Cozinha
7. Área de serviço
8. Serviços
9. Banheiro de empregada
10. Quarto de empregada
11. Passagem/Biblioteca
12. Escritório
13. Quarto
14. Banheiro
15. Piscina
16. Jardim

Ao lado, (1) sala de estar com escada e (2) lavabo (parede azul), acesso ao jardim posterior e à piscina. Abaixo, vista frontal.

Nesse particular, podem-se perceber os limites e a coesão entre a obra como um manifesto de ideias e a obra, como um ambiente de uso cotidiano. Segundo o proprietário, o sociólogo Juarez Brandão Lopes, o projeto foi inicialmente elaborado por Império, a quem se associou Lefèvre. No seu desenvolvimento, houve divergências entre ambos, decididas a favor de Lefèvre por Lopes, que, afinal de contas, iria morar na edificação [87].

87. O depoimento de Juarez Brandão Lopes foi colhido pelo autor quando da visita à residência, em agosto de 2001.

Os desacordos giravam em torno de duas questões. Em relação à primeira, Império pretendia que o fechamento das laterais externas do piso superior fosse em madeira. Nessas laterais, desenvolvem-se os balcões de circulação ao redor do espaço da sala do pé-direito duplo, que abrigam estantes de livros em uma circulação-balcão e um grande armário, no outro balcão. Segundo Lopes, Império pretendia que os fundos das estantes e armário de madeira fossem os fechamentos externos, ou o contrário, que os fechamentos externos laterais do segundo piso, abaixo das abóbadas, fossem de madeira (do tipo compensado), funcionando também como fundos das estantes e do armário. Lefèvre, por sua vez, defendia o fechamento com alvenaria de tijolos, independente dos móveis de madeira. Já a segunda questão diz respeito aos quartos. A solução que Império queria implantar acentuava a comunicabilidade entre os quartos e os demais ambientes, pois uma cortina deveria servir de divisória entre os quartos e o balcão de circulação – e, portanto, também entre os quartos e a sala e o conjunto da residência. Lefèvre propôs uma solução com portas pivotantes de madeira (tipo compensado naval), que, abertas, podiam propiciar uma continuidade espacial e, fechadas, permitiam uma privacidade maior.

A opção a favor das soluções de Lefèvre levaria ao afastamento de Império do projeto e da obra. Ainda houve mais um ponto de divergência, novamente segundo Lopes. Estranhamente, Império não concordava com os conduítes aparentes das instalações, talvez por razão mais plástica do que funcional. Além disso, contrapunha as soluções de Lefèvre às elaboradas por ele para a residência Simão Fausto, pois nela, ainda conforme Lopes, reproduzindo as palavras de Império, o musgo crescia tomando o concreto, realçando a organicidade da construção – a relação com o meio que as soluções de Lefèvre pareciam coibir.

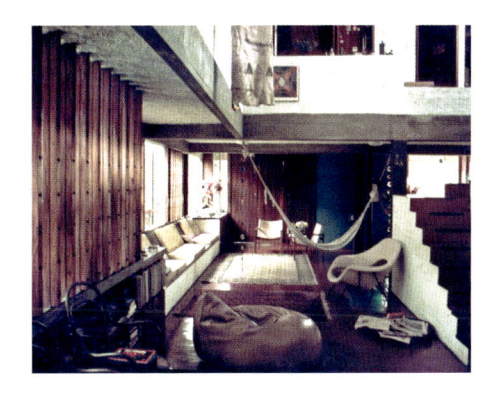

PÁGINA AO LADO
Corte e plantas da residência Juarez Brandão Lopes.

ESTA PÁGINA
(1) Sala de estar com escada (sem corrimão), (2) vista posterior com piscina e (3) vista lateral.

Como será visto adiante, essa residência marcou politicamente o debate entre os arquitetos no final da década de 1960, além de balizar também a trajetória de Lefèvre e, talvez, a de Império, pois este, como se sabe, praticamente não mais realizou projetos arquitetônicos a partir de então[88]. Embora sem querer forçar por demais as características desse evento, é possível afirmar que um pouco das discussões da vanguarda histórica estão aí concentradas. Pois, por um lado, vê-se Lefèvre salientando o lado construtivo da obra, o programa aliado à perenidade e à habitabilidade, à semelhança do proposto pelas vanguardas construtivas, enquanto Império, talvez retomando as pesquisas de Le Corbusier, salientava a plasticidade e a sensorialidade, secundarizando a perenidade construtiva e a habitabilidade, num procedimento que, se não associado às vanguardas negativas, acentuava o lado experimental.

A divisão entre vanguardas construtivas (ou positivas) e vanguardas negativas, como toda interpretação elementar, ressente-se da rigidez classificatória que, em regra, encolhe a densidade conceitual que pretende revelar e torna estanques procedimentos que, embora distintos, apresentam uma interação muito grande entre si. Esse é, sem dúvida, o caso das duas vertentes da vanguarda histórica. Transposta essa questão para o universo das relações entre Lefèvre, Império e Ferro, fica a ressalva quanto à similaridade, mas não quanto à resolução das semelhanças e distanciamentos dos procedimentos estéticos verificados entre eles. Cabe ainda ressaltar que o trabalho de Lefèvre não pode ser definido apenas pelos conceitos da vanguarda construtiva, como será discutido e, por extensão, tampouco o trabalho de Império pode ser definido pelos conceitos das vanguardas negativas. Mesmo porque, a proposta de Império no projeto da casa pode revelar em parte sua aproximação com Le Corbusier, pois as Maisons Jaoul apresentam alguns fechamentos de aberturas com painéis de tipo compensado.

88. Salvo engano, com exceção de um estudo para um teatro em São Paulo (1978), uma reforma residencial (1984) e a participação em uma equipe para um projeto de intervenção urbana na Avenida Sumaré (1984), em São Paulo.

Sala vista a partir do pavimento superior.

O viés construtivo de Lefèvre não limitava as experimentações, mas dirigia o seu desenvolvimento para uma arquitetura que se destinava à apropriação massiva, e não para uma arquitetura cuja "aura artística" parecesse querer dominar o projeto. Na sequência, seu trabalho iria se aprofundar, em que pese a recorrência de algumas dificuldades que as soluções em abóbada, que permaneceria desenvolvendo, continuariam a apresentar, como a do conforto térmico. Não era propiciando o desconforto que ele pretendia afrontar o modo de morar burguês. Seus passos futuros demonstrariam como a interação entre concepções espaciais e soluções construtivas seriam importantes para a sua arquitetura.

Retomando a questão construtiva, ainda sobre a residência, vale comentar uma questão de fundo. Na residência Cleômenes Batista, Lefèvre utilizou pilares de concreto e tirantes metálicos, salientando a expressividade estrutural que esse conjunto comunica. Na residência Juarez B. Lopes, ele optou por uma solução mista, na qual os pilares de concreto permaneceram, mas sem a expressividade plástico-estrutural anterior. As lajes mistas e as alvenarias de tijolos de barro, além das abóbadas, tendem a comunicar uma abordagem construtiva diferenciada. Um registro sempre lembrado

Ao lado, pavimento superior; circulação e armários.
Abaixo, biblioteca, acesso ao escritório e ao quarto do casal no pavimento superior.

quando da análise dessa casa auxilia no entendimento da questão. Diz respeito à solução que Lefèvre elaborou para a escada de alvenaria maciça, "rude, que não exige grandes recursos técnicos para sua execução"[89], que contrasta com a escada da residência Cleômenes Batista (de concreto, solta e leve). Ainda que correta, a constatação da opção por materiais mais convencionais, que se estende para toda a obra, acarretando um resultado plástico distinto, não elimina a inventividade construtiva, presente nas próprias abóbadas. Ao construí-las, Lefèvre "redesenhou" a solução de laje mista do pavimento superior (absolutamente difundida nas construções), projetando as abóbadas com vigotas curvas de concreto e lajotas cerâmicas. Essa solução, além de representar um refinamento estrutural em relação à abóbada da residência Bernardo Issler[90], agregava elementos pré-fabricados à obra (ainda que de pré-fabricação elementar ou em função dessa condição). De forma suplementar, há na residência uma série de detalhes funcionais, como o duto pelo qual são "lançadas" as roupas do piso superior para a lavanderia. Ainda que, na equação arcaico-moderno, acentuasse técnica e materiais convencionais, estes não existiam de forma "bruta". O que Lefèvre desenvolvia na residência Juarez B. Lopes era a convivência "projetada" de dualidades, que marcou a riqueza de sua obra.

Além desse registro, outro importante, girando em torno da equação arcaico-moderno, por vezes também é lembrado em relação a essa residência e ao seu quarto de empregada, principalmente em função de um texto do proprietário – sociólogo e, à época, professor da FAUUSP – publicado na revista *Ou...*:

Não posso deixar de pensar que aqui a arquitetura projetou as tendências da casa para o futuro. A casa não foi feita para ter empregadas. Ou, no mínimo, a relação com elas deveria ter-se reduzido, para completa coerência com a arquitetura, à pura relação contratual de trabalho: as empregadas domésticas com função definida, horário certo e que, claro, não moram no emprego... Nesse sentido o quarto de empregada choca, parece-me propositalmente e talvez em mais de um sentido: simplesmente não deveria existir, é concessão irrecusável ao presente, que demora a se transformar num futuro próximo, já claramente percebido[91].

89. Angela Maria Rocha, "No horizonte do possível", *Arquitetura e Urbanismo*, São Paulo: jun.-jul. 1988, n. 18, p. 86.
90. Essa questão será retomada no capítulo seguinte.
91. Juarez Brandão Lopes, "O consumo da arquitetura nova", *Ou...*, São Paulo: GFAU-USP, 1971, n. 4, s.p.

(1) Lateral da cozinha e detalhe das instalações aparentes. (2) Quarto do casal.

Alguns comentários, como o do arquiteto Antonio Carlos Sant'Anna, acentuam o choque a que se refere Lopes, pois Lefèvre, segundo Sant'Anna, teria posicionado o quarto de empregada num cilindro, com o fechamento superior chanfrado, de alvenaria tosca de tijolo, geminado, mas fora do corpo da casa e pintado de vermelho, como a denunciar sua existência socialmente errada e, ao mesmo tempo, anunciar sua condição provisória.

Assim, a casa apresentaria duas formas de lidar com a dimensão arcaica. A primeira como estratégia de aproximação com os trabalhadores, por meio da absorção de uma prática construtiva corrente (como visto, não de forma exclusiva), popular, como por vezes é chamada. Outra como forma de protesto e ação. A arquitetura denunciava o arcaísmo social e ilustrava a solução. As relações sociais retrógradas, que a figura da empregada doméstica simboliza e o cilindro materializa, deveriam ser extintas da "casa de formação da nação". Assim, no futuro percebido que Lopes previa, o cilindro em alvenaria de tijolos seria facilmente removido, pois havia sido alocado fora do corpo principal, sem nenhuma relação estrutural ou espacial determinante com o resto da construção. Dessa forma, a casa perscrutava uma nação na qual a questão social não seria subjugada pela questão nacional[92].

As duas interpretações não são necessariamente excludentes, mas uma consideração aprofundada, bem como o significado que estabelecem com a obra de Lefèvre terá de aguardar outras análises, que serão desenvolvidas mais adiante neste livro.

Cabe aqui um comentário sobre as elaborações de Lefèvre e Ferro, ainda que restritas à produção de casas, e mesmo levando-se em consideração a colaboração entre ambos. Há, nas obras de Ferro, um ato moleque, uma malandragem da subversão. Seus ambientes são programáticos e profanos. A ousadia, ainda que pensada, corre solta pelos planos das construções. Os projetos de Lefèvre, embora compartilhando dos mesmos ideais arquitetônicos e políticos, provocando e chocando o morar burguês, apropriando-se do experimentalismo, possuem, de forma contraditória, mas explícita, a contenção que o cálculo obstinado impõe. Onde

[92]. Nesse caso, vale lembrar que um volume, destacando-se do corpo principal, já havia sido utilizado por Ferro e Lefèvre na residência Bernardo Issler, sem nenhuma conotação semelhante a esta, o que, como será visto, também pode indicar outra interpretação, mais ligada à arquitetura mesmo, distanciada de um simbolismo histórico-social.

em Ferro localiza-se a luz da paródia e, também em Império, o jorro criativo, em Lefèvre encontra-se a meia-luz da seleção, a reflexão, o domínio do pensamento que se pretende objetivo.

Nas residências analisadas, existe compromisso com a arquitetura no sentido de concebê-la de forma unitária: as soluções construtivas são pensadas como apropriadas para o tipo de espaço concebido, e este não é fortuito, vincula-se às ideias em curso no meio dos arquitetos. Os elementos e as soluções que circunscrevem a tipologia espacial da arquitetura moderna desenvolvida pela escola paulista, conceitualmente formulados pela historiografia da casa brasileira, estão presentes na obra de Lefèvre e Ferro (e, por extensão, na obra de Império, ainda que não analisada detidamente). Sem dúvida, eles não se limitavam a reproduzir soluções, como a análise das residências procurou mostrar. Foram continuadores críticos e, portanto, formularam um repertório inovador no interior de uma corrente dinâmica. Em especial, vale destacar como trabalharam finamente nesses projetos o ponto "nervoso" do espaço de convívio e sua situação no conjunto da residência.

Escritório do quarto do casal.

As elaborações dos arquitetos não escaparam a Nestor Goulart Reis Filho, que, sem dar o sentido aqui atribuído ao espaço de convívio, ressaltou sua importância na obra de vários arquitetos paulistas e de Lefèvre e Ferro:

A possibilidade de controlar essa paisagem interior, de modo a conquistar uma perspectiva de repouso, em contraposição à exterior, incontrolável e de modo crescente opressiva, vem sendo manipulada de formas diversas pelos arquitetos. [...] Artigas, dentro da linha de evolução da sua obra, constrói essa perspectiva interior como um jardim cercado por dois blocos, ligados por rampas. Os jovens Rodrigo Lefèvre e Sérgio Ferro constroem-na como um jardim dentro do próprio espaço arquitetônico, protegido por cobertura de plástico e controle de insolação. Em casos como esses obtém-se uma abertura total dos compartimentos para o espaço interior; naqueles, quando se impõem, aparecem os vidros de separação[93].

Há, portanto, um alinhamento arquitetônico de Lefèvre e Ferro (além de Império) com Artigas e as soluções que formulou, como na residência Taques Bittencourt 2, explícito, como visto tanto na solução da residência Vampré, como na residência Helládio Capisano e na primeira casa abobadada, a residência Bernardo Issler. Nelas, os grandes espaços de convívio – "sala-praça"/varanda interior – organizam e caracterizam o interior da residência e sua fluidez, impondo aos quartos uma dimensão restrita à da cama e armários.

Essa mesma organização pode ser verificada nos projetos de Paulo Mendes da Rocha, Ruy Othake e vários outros arquitetos modernos da chamada escola paulista. A análise das casas, longe de revelar algo ideologicamente regressivo, demonstrou como as soluções espaciais estavam comprometidas com o dinamismo, o movimento, a inventividade; qualidades que devem ser interpretadas de forma transitiva entre arquitetura, indivíduos e sociedade. Para eles, a unidade "habitar e ser" não deveria ser apenas traduzida por uma pedagogia outorgada pelo projeto moderno. Todas as soluções chamam a um envolvimento do indivíduo com a obra. Esse envolvimento é o habitar, que, como práxis dinâmica, estabelece uma relação nova do morador com o espaço, o que desnaturaliza as situações convencionais e constrói o ser.

Entretanto, como conhecido, as ideias de Lefèvre, Ferro e Império, na segunda metade dos anos 1960, também acarretaram uma ruptura no meio

93. Nestor Goulart Reis Filho, *Quadro da arquitetura no Brasil*, São Paulo: Perspectiva, 1970, pp. 93-4. Além de Artigas, Lefèvre e Ferro, o autor incluiu Rino Levi como um dos arquitetos que "voltam" as casas para o interior, revelando a amplitude desse agenciamento espacial.

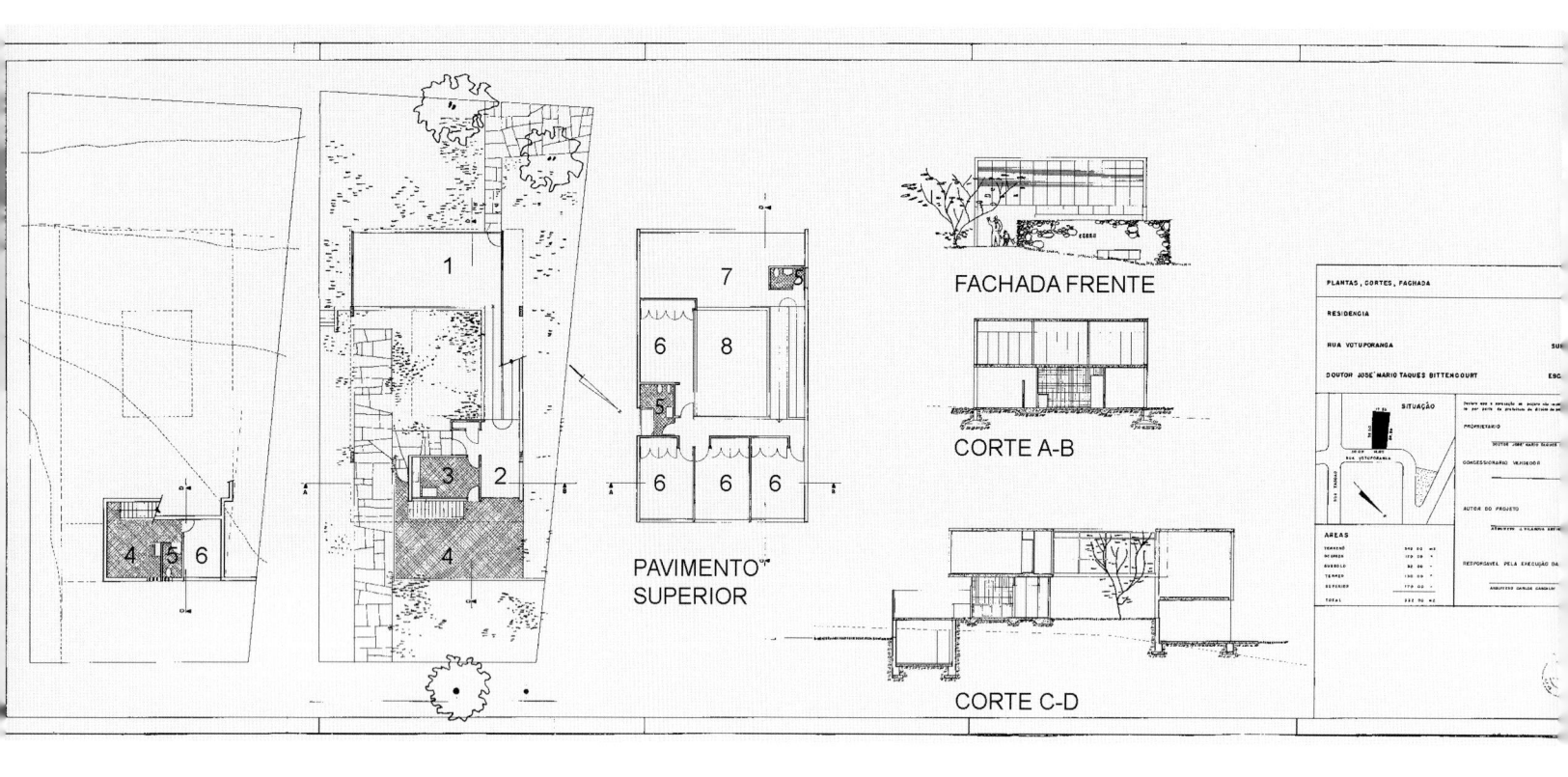

arquitetônico. Se as diferenças não se encontravam no âmbito do agenciamento espacial, o caminho que este trabalho segue busca verificar as divergências entre grupos de arquitetos, partindo de um caso particular, a operação histórica da casa brasileira, como meio para atingir a articulação ideológica maior, que a contém.

A articulação que envolvia a casa fazia parte de um processo maior, o da historiografia da arquitetura brasileira. Esta não se limitava a servir à formação do cidadão brasileiro, ou mesmo da nação brasileira, mas sim labutava no âmbito da formação da *nação brasileira moderna*, que deveria articular modernismo e modernização da sociedade, cultura e estrutura produtiva, acedendo todas as demais formações.

Nesse sentido, a modernização é outro ponto-chave. Sobre ela, comentamos as questões que Lefèvre, Ferro e mesmo Império levantaram, em tom de manifesto, sobre as possibilidades técnicas, a racionalização possível e o uso de formas construtivas tradicionais, que não se inscreviam num ideário moderno ortodoxo. Particularmente na residência Juarez Brandão Lopes, verificou-se um procedimento diferenciado de Lefèvre, se comparada à residência Batista. Isso, entretanto, será mais bem revisto a partir da análise da historiografia da arquitetura moderna brasileira, dos valores que ela incorporou desde o início e da natureza deles. Dessa forma, as obras de Lefèvre e de seus companheiros, as concepções que contêm, poderão ser relacionadas com os valores da historiografia, seu universo cultural, econômico e social, objetivando o reconhecimento completo de sua produção.

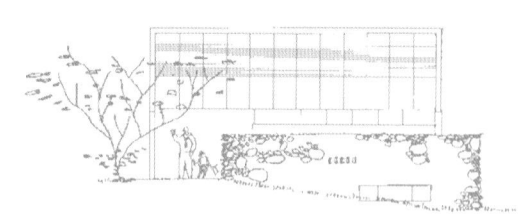

CAPÍTULO **2**

PÁGINA AO LADO
Residência Taques Bittencourt 2. Plantas, elevação e cortes. Vilanova Artigas e Carlos Cascaldi.

ESTA PÁGINA
Residência Taques Bittencourt 2. Ao lado, perspectiva frontal. Abaixo, elevação e cortes.

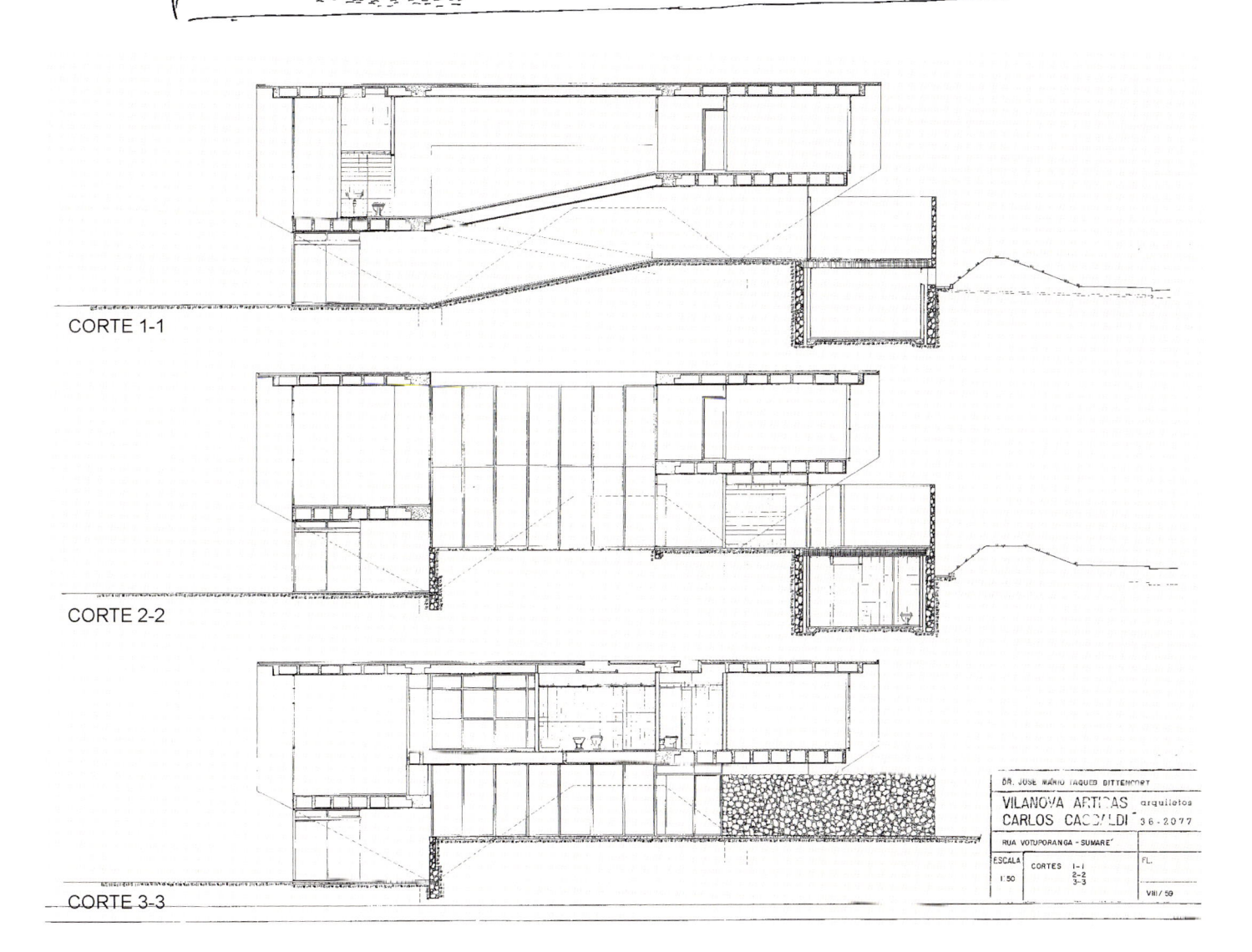

CORTE 1-1

CORTE 2-2

CORTE 3-3

CAPÍTULO **3**
**ORIGEM E FORMAÇÃO. ARQUITETURA BRASILEIRA
E SUA HISTORIOGRAFIA**

REENCONTRO, HISTORIOGRAFIA E PROJETO NACIONAL

O genealogista evita qualquer causalidade linear, a fim de evitar a quimera da origem. Sem ela está exposta a um risco causado por choques, acidentes, fraquezas ou a resistência apresentada pela própria história. Não há registro de qualquer tipo, nesta genealogia. Mas acima de tudo, não há "reencontro".
— **Manfredo Tafuri**

A ideia de reencontro é central na formação da arquitetura moderna brasileira nas décadas de 1930 e 1940. A produção moderna efetuada nesse período explicava-se por meio de uma fina sintonia com a produção do passado, ao mesmo tempo que a revelava na riqueza de suas qualidades.

A linguagem arquitetônica moderna, ao valorizar a pureza formal, mostrou-se uma chave mais apropriada do que outras formulações para descomplexar a herança cultural colonial, vista por vezes como um fardo, origem dos atrasos que caracterizavam o país. A noção de herança acionava um curto-circuito histórico de continuidades, que tornava a arquitetura da Colônia, e sua tectônica elementar, uma fonte original e apropriada da produção arquitetônica moderna brasileira que se iniciara nos anos 1930 e 1940[94].

O reencontro qualificado do presente com o passado compunha uma narrativa maior, que deveria revelar uma coerência e uma identidade cultural, que facultava inferir a unidade do povo (brasileiro) e de seu território (Brasil), que trazia como resultante a nação, que, por sua vez, legitimava o Estado nacional brasileiro. Identificados os artefatos arquitetônicos do presente e do passado como produções correlatas, seu produtor (o povo brasileiro) e o seu território (o Brasil), tornavam-se evidências responsáveis pelos mesmos artefatos.

A modernidade, que para Baudelaire explicava-se por meio de um conceito bifronte, dividida entre o *eterno e imutável* e a mudança vertiginosa, o *transitório, fugidio e contingente*[95], conheceria uma interpretação local e relativamente inusual. O imutável era a condição nacional expressa nas construções da Colônia e, agora, corretamente "recuperada" nas obras modernas. Por sua vez, o transitório e o fugidio expressavam-se na projeção futura das mudanças que a modernização industrial impulsionava, a qual o modernismo arquitetônico dava forma apropriada e que, de maneira combinada, a condição nacional aguardava para a superação do arcaísmo social.

---

94. A invenção do dispositivo conceitual de recuperação do passado, sob a ótica do modernismo, subverteu as ações anteriores de afirmação de uma arquitetura brasileira "moldada diretamente" a partir da arquitetura colonial, que caracterizava as propostas de uma arquitetura neocolonial.

95. Charles Baudelaire, *Sobre a modernidade*, São Paulo: Paz e Terra, 1997, p. 25.

O passado colonial, por meio da produção arquitetônica, não sendo mais visto apenas como um peso, alimentava uma visão evolutiva da história, que absorvia a cultura pretérita plena de densidade, inscrevendo-a numa linha progressiva até o presente.

No interior dessa operação historiográfica maior, estruturou-se um ramo não menos importante, o da historiografia da casa brasileira e de um programa histórico da casa brasileira, segmento importante para garantir a visualização da evolução e para demonstrar, no objeto arquitetônico mais vivenciado por todos, que existia uma arquitetura brasileira. A casa brasileira estava ali, onde sempre esteve, como na casa do colono, e se, por acaso, as suas características haviam sido desfiguradas, era necessário beber de sua fonte para retomar o caminho da cultura arquitetônica local.

A ideia de reencontro, ligada à de linearidade nacional, extrapolando o campo da disciplina arquitetônica e também o da cultura, inscrevia-se numa interpretação que buscava assegurar um consenso político, um projeto nacional, que minimizava as contradições sociais anteriores, bem como as novas, que o desenvolvimento posto em marcha alimentava. A industrialização já conhecida era aquela que desnudava as novas classes sociais e definia claramente interesses classistas diferenciados, como os movimentos operários das décadas de 1910 e 1920 na cidade de São Paulo já haviam demonstrado.

Por outro lado, a ideia de reencontro alinhava o engajamento cultural e político dos arquitetos com setores da intelectualidade e com os artistas, empenhados na formulação de uma cultura nacional como parte integrante do projeto nacional, representados pelos grupos modernistas da Semana de 1922, bem como por outros grupos com interesses relacionados ao evento e seus desdobramentos. O entendimento que se passava a ter da arquitetura moderna, que não havia sido contemplada na Semana de 1922, reposicionava os arquitetos no meio cultural, servindo-se, a partir do início da década de 1930, das transformações políticas ocorridas, caracterizando uma nova fase de construção do projeto nacional aliada às transformações modernas – sociais e econômicas – pretendidas.

Evidentemente, não foi a arquitetura, nem foram os arquitetos modernos quem primeiro postularam a criação de uma arte e de uma cultura nacionais, nem foram os arquitetos os primeiros a vislumbrarem operações ideológicas que confirmassem a medida de "nacionalidade" de uma ou outra obra.

A questão nacional, para além da cultura, é complexa e permanente na vida intelectual e no discurso político brasileiro. A sua relação com o passado por vezes se confundiu, e ainda se confunde, com a identificação de uma cultura popular, matriz de uma verdadeira cultura nacional, porque intocada. As combinações entre as esferas das produções coloniais e populares geraram variações de nacionalismos culturais, bem como recepções políticas diferenciadas, mas, no geral, responderam a uma mesma preocupação de cunho político. Para Marilena Chauí, "um fantasma ronda as classes dominantes e a intelectualidade brasileira desde meados do século XIX: a busca de uma identidade nacional. O caráter brasileiro. Encontraram"[96].

De forma perene, mas especificamente no período analisado, a sociedade brasileira, autoritária, não indicava, por meio de sua elite, a vontade política de alterar profundamente os rumos sociais, mesmo com as mudanças econômicas que ocorriam nos anos 1930 e 1940. Pelo

[96]. Marilena Chauí, *Conformismo e resistência: aspectos da cultura popular no Brasil*, São Paulo: Brasiliense, 1986, p. 94.

contrário, o nacionalismo, conforme Chauí, foi articulado sob a forma de uma mitologia verde-amarela, cujo objetivo, como já assinalado, era garantir que a elaboração de "uma história sem rupturas" fosse plausível e, portanto, percebida como correta[97].

Essas questões, com implicações políticas, econômicas, sociais e culturais, inauguraram um período relativamente longo, que, com intensidades diferenciadas nos seus vários aspectos, abrangeu os anos do desenvolvimentismo posterior à Segunda Guerra Mundial, estendendo-se até o final dos anos 1960, conhecendo marchas e contramarchas. Especificamente, a noção de criação de uma cultura brasileira manteve-se integrada à atividade de boa parte dos artistas e intelectuais, quer por meio da adesão ao projeto nacional (e, com isso, de uma "funcionalidade" específica da produção artística em relação a esse projeto, o da construção de uma cultura nacional), quer por meio da reivindicação de um campo autônomo da produção artística (rejeitando a instrumentalização funcional da atividade artística), comportando uma grande gama de posturas intermediárias.

Como parte desse projeto, a noção de uma arquitetura moderna que se funda, e se fundamenta, no passado colonial conquistou a adesão majoritária dos arquitetos modernos. O reencontro nacional esteve, não por acaso, presente no primeiro manifesto de Lúcio Costa em prol da arquitetura moderna. O caminho para nacionalizar o modernismo absorveu vários estratagemas. Um dos mais elásticos e abrangentes consistiu em incorporar o "nosso passado" colonial ao mundo mediterrâneo e aos seus feitos universais e "civilizatórios" e, portanto, em tornar o passado, ainda que colonial, um elemento positivo, e não um baú-herança indesejado:

Filia-se a nova arquitetura, isto sim, nos seus exemplos mais característicos – cuja clareza e objetividade nada têm do misticismo nórdico – às mais puras tradições mediterrâneas, àquela mesma razão dos gregos e latinos, que procurou renascer no Quatrocentos, para logo depois afundar sob os artifícios da maquilagem acadêmica – só agora ressurgindo, com imprevisto e renovado vigor[98].

Mas talvez a operação mais significativa de Costa tenha se dado quando da sua atuação no Serviço do Patrimônio Histórico e Artístico Nacional – SPHAN –, por meio da sua contribuição na montagem do patrimônio cultural, particularmente o arquitetônico, selecionando as obras que deviam informar as características nacionais. Sua ação foi fundamental, pois forjou um sincronismo cultural entre a arquitetura colonial e a própria arquitetura moderna, ao tornar o edifício do Mesp, projeto moderno, de sua autoria, o primeiro edifício tombado pelo SPHAN, logo após sua inauguração.

Analisando o papel da atuação de Costa na "formação" da arquitetura moderna brasileira e sua interface com a "formação" da própria nação, para Otília Arantes:

Quis o destino, tornando definitivamente convincente a coerência lógica da passagem, que o demiurgo do Movimento Moderno no Brasil, desde 1937 ligado ao SPHAN, fosse também um perito renomado em matéria de arquitetura tradicional. Tornava-se assim possível recontar a história da arquitetura brasileira à luz do enxerto bem-sucedido da Nova Construção, fazendo-o, por assim

97. Para a questão da relação entre arte, arquitetura moderna brasileira e o nacionalismo, ver Carlos A. Martins Ferreira, *Arquitetura e Estado no Brasil: elementos para uma investigação sobre a constituição do discurso moderno no Brasil; a obra de Lúcio Costa (1924/1952)*, s.f., dissertação (mestrado em história), Universidade de São Paulo. São Paulo, 1987.
98. Lúcio Costa, "Razões da nova arquitetura", em: *Sobre arquitetura*, Porto Alegre: Centro dos Estudantes Universitários da Arquitetura, 1962, p. 41.

dizer, como que irromper miraculosamente do chão brasileiro, dando, no entanto, a entender, com mão leve, que tudo poderia ser também fruto de uma feliz coincidência[99].

Ainda para a autora, Costa havia sido tão feliz em sua elaboração, "que até hoje devemos [a ele] igualmente a definição do caminho por onde deveria correr a historiografia brasileira da arquitetura"[100]. Para tanto, a sua elaboração, necessariamente, foi incorporada por arquitetos e historiadores, adquirindo força e definindo, independentemente de realizações arquitetônicas anteriores, a origem da arquitetura moderna brasileira.

Essa historiografia que "tradicionalizou o nosso passado arquitetônico mais remoto" garantia "mais uma descoberta do Brasil [...] uma história exemplar de formação"[101].

As formulações de Costa combinaram-se com ações de parte da intelectualidade e reinscreveram a arquitetura brasileira na perspectiva de criação de uma cultura nacional como parte do projeto de nação.

99. Otília B. F. Arantes e Paulo E. Arantes, *Sentido da formação: três estudos sobre Antonio Candido, Gilda de Mello e Souza e Lúcio Costa*, São Paulo: Paz e Terra, 1997, p. 124.
100. *Ibidem*, p.124.
101. *Ibidem*, pp. 125-6.

PROJETO NACIONAL E POLÍTICA NACIONAL

Sumariamente, era o seguinte: o aliado principal do imperialismo, e portanto o inimigo principal da esquerda, seriam os aspectos arcaicos da sociedade brasileira, basicamente o latifúndio, contra o qual deveria erguer-se o povo, composto por todos aqueles interessados no progresso do país. Resultou no plano econômico-político uma problemática explosiva mas burguesa de modernização e democratização; mais precisamente, tratava-se da ampliação do mercado interno através da reforma agrária, nos quadros de uma política externa independente. No plano ideológico resultava uma noção de "povo" apologética e sentimentalizável, que abraçava indistintamente as massas trabalhadoras, o lumpesinato, a intelligentzia, os magnatas nacionais e o exército. O símbolo desta salada está nas grandes festas de então, registradas por Glauber Rocha em Terra em Transe, *onde fraternizavam as mulheres do grande capital, o samba, o grande capital ele mesmo, a diplomacia dos países socialistas, os militares progressistas, católicos e padres de esquerda, intelectuais do partido, poetas torrenciais, patriotas em geral, uns em traje de rigor, outros em blue jeans. Noutras palavras, posta de lado a luta de classes e a expropriação do capital, restava do marxismo uma tintura rósea que aproveitava ao interesse de setores (burguesia industrial? burocracia estatal?) das classes dominantes. E de fato, nesta forma, foi parte em grau maior ou menor do arsenal ideológico de Vargas, Kubitschek, Quadros e Goulart.*
— Roberto Schwarz

O projeto nacional não foi apenas cultural. Combinando e agregando formulações que animaram a vida brasileira em momentos diferenciados – nacionalismo, populismo, desenvolvimentismo, anti-imperialismo etc. –, resultou em uma "composição" que articulava várias esferas. Na economia, a formulação de uma estratégia nacional de desenvolvimento baseou-se não só na reforma agrária, mas também na concepção de inversão das exportações, formulada por meio das teses cepalinas, na década de 1950. A imagem veiculada era a da superação do Brasil arcaico, rural e agrícola, pelo Brasil moderno, urbano e industrial, que reformaria o abismo das contradições sociais. Na política, a formulação correspondente concebia que o desenvolvimento econômico tinha um equivalente na democracia. Isto é, a exemplo dos países europeus que realizaram as suas revoluções nacionais democráticas e implantaram o capitalismo, o Brasil só conheceria uma etapa democrática caso também fizesse a sua revolução nacional e burguesa, derrotando as oligarquias, ligadas ao imperialismo, e que mantinham o arcaísmo econômico e o autoritarismo político-social. Essa formulação de etapas de desenvolvimento econômico, correspondendo a etapas políticas – capitalismo com democracia –, teve da esquerda, particularmente do Partido Comunista Brasileiro, uma contribuição decisiva para sua formulação. Na arte e na cultura, como visto, a formulação, que já havia ganhado corpo com a intelectualidade modernista, alimentou uma forma nacional de produção artística em oposição à produção ora acadêmica, ora internacional, ou cosmopolita, mas que, sobretudo, era analisada como desconectada da realidade social da qual a arte deveria se alimentar. A vinculação com a realidade local era necessária, fosse qual fosse a forma que esse vínculo assumisse, dependendo da modalidade artística ou cultural, pois a arte deveria servir para superar (ou para representar a superação) a um só tempo o arcaísmo e a dominação imperialista, tornando possível conquistar o verdadeiro novo (moderno), porque articulado à soberania da nação[102].

Na arquitetura, a forma nacional por vezes expandia o campo específico da disciplina, fazendo realçar o sistema de produção das edificações, a contribuição ou o comprometimento da arquitetura e dos arquitetos com o desenvolvimento da indústria da construção, de forma a superar o arcaísmo pré-industrial que caracterizava o processo de edificação. Dessa maneira, o produtor artístico e cultural brasileiro, particularmente o arquiteto, imbuído de uma concepção evolutiva da história, trabalhando para a superação da imaginada dualidade entre o moderno e o arcaico, haveria de produzir uma arte e uma arquitetura comprometidas com o desenvolvimento.

A arquitetura deveria responder em termos culturais (forma) e técnico-produtivos (estimulando a evolução da construção civil) às condições e necessidades nacionais, se possível unificando essas duas vertentes em uma mesma poética, o que situava a arquitetura brasileira em uma posição privilegiada e também muito sensível no interior do projeto nacional-desenvolvimentista.

102. Para uma análise geral da formação de uma política econômica brasileira, por meio da leitura crítica de vários clássicos da economia brasileira, ver Guido Mantega, *A economia política brasileira*, São Paulo/Rio de Janeiro: Polis/Vozes, 1984. Para uma análise da concepção de etapas no desenvolvimento, ver Nelson Werneck Sodré, *História da burguesia brasileira*, Petrópolis: Vozes, 1983 (ainda que muito comprometido com a ideia de etapas, esse livro é esclarecedor da concepção). Uma visão contrária à etapista é formulada por Francisco de Oliveira, *A economia brasileira: crítica à razão dualista*, Petrópolis: Vozes, 1988. Quanto à formulação, pelo Partido Comunista Brasileiro, de uma revolução por etapas, ver Paulo Sérgio Pinheiro, *Estratégias da ilusão: a revolução mundial e o Brasil, 1922-1935*, São Paulo: Companhia das Letras, 1992; e Jacob Gorender, *Combate nas trevas*, São Paulo: Ática, 1987. Para a questão da elaboração de um projeto de cultura nacional, ver Marilena Chauí, *Conformismo e resistência: aspectos da cultura popular no Brasil*, op. cit., e *Brasil: mito fundador e sociedade autoritária*, São Paulo: Fundação Perseu Abramo, 2000; além de Carlos A. M. Ferreira, *Arquitetura e Estado no Brasil: elementos para uma investigação sobre a constituição do discurso moderno no Brasil; a obra de Lúcio Costa (1924/1952)*, op. cit.

FORMAÇÃO E HISTORIOGRAFIA: A OPERAÇÃO DE SELEÇÃO

Toda pesquisa historiográfica é articulada a partir de um lugar de produção socioeconômico, político e cultural. Implica um meio de elaboração circunscrito por determinações próprias: uma profissão liberal, um posto de ensino, uma categoria de letrados etc. Encontra--se, portanto, submetida a opressões, ligada a privilégios, enraizada em uma particularidade. É em função desse lugar que se instauram os métodos, que se precisa uma topografia de interesses, que se organizam os dossiês e as indagações relativas aos documentos.
— **Michel de Certeau**

A história não é feita por um frio estudo dos fatos, mas também – muito mais importante ainda – por uma seleção feita por nós desses acontecimentos, como abelhas que esvoaçam por cima dos campos e sugam com mais avidez as flores preferidas para fabricarem o seu mel.
— **Ernesto Rogers**

A historiografia corrente da arquitetura brasileira pautou uma leitura da arquitetura moderna brasileira como um concurso sintético e harmônico de personagens trabalhando em prol da construção cultural da nação e da modernização do campo da construção, visando o desenvolvimento pleno do país. Essa historiografia, como identificou Otília Arantes, elegeu um dos projetos da arquitetura moderna brasileira como a vertente dominante. Esse projeto é o de Lúcio Costa e do "grupo" carioca de arquitetos constituído a partir da obra do Mesp[103].

Os planos desenvolvimentistas da década de 1950 e da primeira metade da década de 1960 emprestaram uma dimensão realista até então desconhecida ao projeto de construção da nação, consubstanciado na fórmula do projeto nacional-desenvolvimentista. A nação, portanto, deveria surgir da resolução do nosso caráter gravado pela dualidade arcaico *versus* moderno, a favor do segundo sobre o primeiro termo.

Os aspectos constituintes da arquitetura moderna brasileira, identificados em uma sequência de livros e desenvolvidos no âmbito estatal, também conquistaram a esfera do ensino de arquitetura (em grande parte vinculado ao próprio Estado, por meio das escolas públicas), das entidades de classe, das entidades culturais e de suas exposições e eventos. A historiografia, vista a partir de um "lugar", de um campo ativo de investigação e de elaboração de interesses específicos, teve seu tempo de elaboração coetâneo com os acontecimentos culturais, econômicos e sociais que marcaram a história do país e com os quais se articulava e impulsionava. Se a nação pode ser interpretada como uma narrativa, a expansão da arquitetura como campo ativo pode ser vista como uma das vozes da narrativa que estruturava a construção ideológica da nação. Nesse sentido, a historiografia da arquitetura moderna brasileira pode ser interpretada como uma peça importante na elaboração de uma narrativa específica: a da arquitetura brasileira no interior da narrativa da nação. A esse respeito, afirma Octavio Ianni:

A nação, em seus diferentes e múltiplos aspectos, pode ser vista como uma longa narrativa. Uma narrativa a muitas vozes, harmônicas e dissonantes, dialogando e polemizando, em diferentes entonações. São narrativas empenhadas em taquigrafar as diferenças e múltiplas características da formação e transformação da sociedade nacional. Umas empenham-se em taquigrafar história, geografia, economia, política, demografia; outras, a dinâmica sociocultural e psicossocial; e há as que se debruçam sobre as criações artísticas, compreendendo a literatura e as artes plásticas; sem esquecer a música, que também participa desta metanarrativa. Todas, em diferentes gradações e entonações, contribuem para o entendimento de como a nação se pensa e repensa, buscando constituir-se, explicar-se e imaginar-se[104].

Essa narrativa não alinhavava toda a produção de arquitetura, ainda que tivesse como perspectiva confundir-se e mostrar-se como representativa de toda ela; mas, por meio da seleção de autores e obras, organizou uma linha mestra. A articulação entre um impulso cultural, estabelecido pela historiografia, as escolas, instituições, revistas e os eventos de arquitetura, somados à recepção, fábricas de materiais e formação de um público de "consumidores" da produção moderna, que de forma incisiva incorporou o aparelho de Estado, configurou um sistema de arquitetura brasileira, do qual a arquitetura moderna, particularmente a corrente que a historiografia tornou hegemônica, apareceu como a sua resultante mais legítima.

Não sendo a historiografia isenta de objetivos, os valores que ela enfatiza, citados anteriormente, são estruturados e desenvolvidos como pontos ideológicos, cuja matriz mais apropriada é a de um programa político: a obra arquitetônica devia, pela forma e pelo agenciamento espacial, exprimir a condição e a singularidade nacionais. A obra também necessitava expandir os limites da técnica construtiva, o que significava experimentar ou propor materiais novos e formas de produção norteadas pela industrialização

103. Para essa questão, ver também Carlos A. M. Ferreira, *op. cit.*; e Agnaldo A. C. Farias, *Arquitetura eclipsada: notas sobre história e arquitetura a propósito da obra de Gregori Warchavchik, introdutor da arquitetura moderna no Brasil*, 316f., dissertação (mestrado em história), Universidade Estadual de Campinas, Campinas: 1990; esses autores analisam a constituição de uma trama historiográfica que, a partir do livro de Philip L. Goodwin, *Brazil Builds: Architecture New and Old, 1652–1942*, elegeu o projeto de Lúcio Costa e do grupo carioca como a vertente dominante. Completam a trama Henrique Mindlin, *Brazilian Architecture*, London: Royal College of Art, 1961; Geraldo Ferraz, *Warchavchik e a introdução da nova arquitetura no Brasil: 1925-1940*, São Paulo: Museu de Arte, 1965; Carlos A.C. Lemos, *Arquitetura brasileira*, São Paulo: Melhoramentos/Edusp, 1974; e Yves Bruand, *Arquitetura contemporânea no Brasil*, São Paulo: Perspectiva, 1981. Cabe notar que o livro de Ferraz surge na trama para questioná-la, mas sem conseguir alterar o seu curso. Mesmo não comparecendo nas formulações desses autores, há um texto fundamental de Mário de Andrade, "Brazil Builds", *Folha da Manhã*, São Paulo: 23 mar. 1944, que integra e municia a trama ao denominar como "escola" o trabalho de Costa e dos demais arquitetos que trabalhavam no Rio de Janeiro.

104. Octavio Ianni, "Nação e narração", em: Flávio Aguiar (org.), *Antonio Candido: pensamento e militância*, São Paulo: Fundação Perseu Abramo/Humanitas, 1999.

dos componentes construtivos ou de racionalização de construção, que marcassem o compromisso com o desenvolvimento do país no campo específico da materialização da profissão.

O projeto arquitetônico surgia como um enlace de arrojo estrutural – prova do domínio de um saber técnico – com ousadia formal e demonstração de riqueza cultural do povo, que o arquiteto/intelectual expressava.

O modernismo trabalhou as artes em geral como forma de conhecimento específico e ativo, em oposição à utilização da arte como representação descompromissada. A narrativa da arquitetura moderna brasileira dava expressão à arquitetura como uma forma de cultura brasileira. Nesse sentido, usava e tencionava a formulação moderna, porque a arquitetura passava a ser uma forma de conhecimento da cultura brasileira. Como esse objetivo encontrava dificuldade para se relacionar com a ideia de autonomia da arte (como campo específico de conhecimento), entre conhecer e pensar a nação, ou o seu desenvolvimento, por vezes verificou-se uma visão mais restrita e mais utilitária da ideologia nacionalista, ligada à exaltação da nação.

Assim, a resultante utilitária explica a identificação com um programa cultural, algo que pudesse arregimentar profissionais a partir de pontos sintéticos. Dessa forma, a historiografia da arquitetura moderna brasileira, e sua narrativa, atribuíam um significado militante à atividade profissional dos arquitetos: a história da arquitetura, construída dia a dia como uma ação política contínua, condensava os valores propostos nas obras arquitetônicas, visando à consecução dos seus objetivos.

Desviar-se desse caminho podia ser interpretado segundo duas hipóteses: na melhor delas, significava realizar uma atividade marginal, pouco contribuindo com a arquitetura moderna brasileira; e, na pior das hipóteses, consistia em abandonar a história, sua linha evolutiva, assumindo uma posição retrógrada ou reacionária.

Com isso, uma segunda construção operava-se sobre a construção física: a de objetos ideológicos componentes de uma estrutura de significados culturais. Ter e trabalhar valores significa trazer à luz da divulgação e da correção de propósitos determinados projetos, construções e arquitetos, ao mesmo tempo que se procede ao esmaecimento e esquecimento de *outras* obras e arquitetos, inscrevendo de forma assimétrica, na história da arquitetura, projetos, edificações e autores.

Alguns arquitetos foram deslembrados pela historiografia, outros foram confinados a um segmento ou aspecto da atividade profissional, em geral, tido como menor. Sob a influência desse mesmo mecanismo ideológico produtor de luz e sombra, alguns desenvolvimentos significativos da arquitetura moderna brasileira foram minimizados e, estranhamente, reconhecem-se como modernos, atualmente, edifícios que paradoxalmente permaneceram "invisíveis" durante muitos anos aos olhos da maioria dos profissionais arquitetos, que tiveram seu juízo crítico moldado pela "máquina" historiográfica. Esse é, por exemplo, o caso dos conjuntos habitacionais construídos pelos Institutos de Aposentadoria e Pensão – IAPs, a partir dos anos 1930[105].

Mas, apesar da injustiça – ou em função dela – para com parte dos arquitetos e de suas produções, um papel fundamental da historiografia foi o de apresentar a arquitetura moderna brasileira como uma totalidade. Isso se mostrou fundamental na formação de um sistema de arquitetura brasileira, na medida em que este, a exemplo da ideia de nação, também era marcado pela unicidade.

Na verdade, o caráter de totalidade com que se revestiu o sistema de arquitetura moderna brasileira é uma prova da força da própria historiografia, pois os seus "verdadeiros inimigos" haviam sido derrotados anteriormente, no início do processo que levou à sua consolidação. Os debates entre modernos e neocoloniais (e também os ecléticos) haviam ficado perdidos nos anos 1930 e 1940. Com exceção de considerações antimodernas, que indicavam uma arquitetura de tipo realista, contrária ao "abstracionismo" moderno e alienado, mas que não prosperaram ou adquiriram uma concepção material e formal arquitetônica, na primeira metade dos anos 1950, ou da permanência de poucos segmentos organizados de uma produção não moderna, como no caso das obras públicas produzidas pelo Estado de São Paulo, e ainda de alertas contra a perda de sentido do modernismo[106], críticas profundas à arquitetura moderna brasileira nesse período foram formuladas por personalidades do exterior, sendo interpretadas como afrontas à cultura e à nação brasileiras – sendo, talvez, o caso mais paradigmático a reação às críticas que alguns arquitetos estrangeiros, particularmente Max Bill, fizeram à arquitetura brasileira, quando da II Bienal Internacional de São Paulo, em 1953-1954[107].

Passado o período áureo e mesmo superados, de certa forma, os seus parâmetros, a força da historiografia ainda é tal que, apesar de questionada e criticada no presente, é em relação a ela que arquitetos e segmentos da produção arquitetônica são recuperados, tornando-se reconhecidos os seus valores.

Como corolário das questões apresentadas, pode-se intuir que a historiografia da arquitetura moderna brasileira e seus valores confundiu-se com a experiência social e profissional da própria categoria dos arquitetos – o que não é pouca coisa –, reunindo arquitetos e valores num rito social, amalgamando historiografia e categoria para colocá-los, todos, em comunhão com a nação, objetivo último de todas as ações.

105. Sobre a produção dos Institutos de Aposentadoria e Pensão (IAPs) e a identificação dos seus arquitetos com o ideário moderno, ver de Nabil G. Bonduki, *Origens da habitação social no Brasil: arquitetura moderna, Lei do Inquilinato e difusão da casa própria*, op. cit. e *Os pioneiros da habitação social no Brasil, V. 1: Cem anos de política pública no Brasil*, São Paulo: Unesp/Sesc, 2014 e Paulo J. V. Bruna, *Os primeiros arquitetos modernos: habitação social no Brasil 1930-1950*, São Paulo: Edusp, 2010.

106. Para o primeiro caso, ver J. B. V. Artigas, "Le Corbusier e o imperialismo", *Fundamentos*, São Paulo: maio 1951, n. 18, pp. 8-9 e 27; idem, "Os caminhos da arquitetura moderna", *Fundamentos*, São Paulo: jan. 1952, n. 24, pp. 20-5. Ver também Demétrio Ribeiro, "Sobre arquitetura brasileira", *Horizonte*, Porto Alegre: maio 1951, n. 5, p. 145; e Demétrio Ribeiro, Nelson Souza e Enilda Ribeiro, "Situação da arquitetura brasileira", *Anais do IV Congresso Brasileiro de Arquitetos*, São Paulo: IAB, 1954, pp. 185-7. Para o segundo caso, ver Miguel Antonio Buzzar, "Difusão da arquitetura moderna brasileira: o caso do Plano de Ação do Governo do Estado de São Paulo (1959-1963)", em: VII Seminário Docomomo Brasil, 2007. Finalmente, para o terceiro caso, ver Luís Saia, "A fase heroica da arquitetura contemporânea brasileira já foi esgotada há alguns anos", *Arte em Revista 4: Arquitetura Nova*, São Paulo: Kairós, p. 51.

107. Para o debate entre Lúcio Costa e Max Bill, em 1953, ver Aracy Amaral, *Arte para quê?*, São Paulo: Nobel, 1987, p. 302; e Lúcio Costa, *Sobre arquitetura*, op. cit., pp. 252-8. Para a crítica de Bill, ver "Max Bill censura os arquitetos brasileiros", em: *Arte em Revista Arquitetura Nova*, São Paulo: Kairós, 1980, pp. 49-50.

Entretanto, a historiografia e a narrativa da arquitetura brasileira, enquanto construções ideológicas circunscritas por "uma topografia de interesses", podiam ter de se defrontar não apenas com críticas do exterior e produções marginais que, sem se encaixarem exatamente nos seus interesses ou valores, não apresentavam um projeto alternativo estruturado, mas, sim – e isso seria diferenciado –, com arquitetos e produções que questionavam seus valores e objetivos.

Pelas ligações da narrativa com o projeto nacional-desenvolvimentista, o significado de um questionamento e, no limite, de um rompimento com os pontos "do programa político" da historiografia, tendia a extrapolar as fronteiras específicas da arquitetura porque também inquiria o programa do projeto desenvolvimentista.

Esse parece ser o caso da atuação profissional, teórica e também política dos arquitetos Rodrigo Brotero Lefèvre, Sérgio Ferro e Flávio Império. Ainda que os seus projetos residenciais, como analisado, não fossem contraditórios com a formulação do "programa de uma casa brasileira" – pelo contrário, ligavam-se a ele, valorizando a espacialidade da casa e a forma de convívio que propicia –, e que sua tipologia inicialmente fosse derivada da desenvolvida pela escola paulista, a visão que tinham do processo de desenvolvimento, que englobava soluções distintas da "melhor técnica" e do papel político do arquiteto na atividade profissional, aliado a uma nova postura no canteiro, levaram-nos a entendimentos e soluções desalinhadas dos valores citados.

No segundo capítulo, foram examinadas várias obras de Lefèvre e Ferro, além de feita rápida referência à residência Simão Fausto, de Flávio Império. Em termos de desenvolvimento das concepções, o conjunto dos projetos sobrepõe-se a uma obra em particular e os textos citados foram demonstrando a organicidade desse mesmo conjunto. O que sobressai na atividade dos arquitetos é a coerência, ainda que existam, como também se verificou, acentuações diferenciadas que eles imprimiam nos aspectos constitutivos dos projetos. Os postulados teóricos dessa coerência foram inicialmente apresentados num texto de Lefèvre e Ferro, datado de 1963, em que, após considerarem a situação conflituosa na qual os arquitetos trabalhavam, afirmaram a necessidade de assumir uma atuação "no conflito." Isso não significava abrir mão da racionalidade na concepção artística e arquitetônica, mas os levaram a questionar "as previsões antecipadoras do futuro", porque "não passam de meras hipóteses" e, dessa forma, definiam as bases da poética dos trabalhos que foram analisados:

Assim é que do mínimo útil, do mínimo construtivo e do mínimo didático necessários tiramos quase as bases de uma nova estética que poderíamos chamar "a poética da economia" do absolutamente indispensável, de eliminação de todo o supérfluo, da "economia" de meios para a formulação da nova linguagem, para nós inteiramente estabelecida nas bases de nossa realidade histórica[108].

---

108. R. B. Lefèvre e S. Ferro, "Proposta inicial para um debate: possibilidades de atuação", *Encontros GFAU 63*, São Paulo: GFAU, 1963, p. 14.

Ainda que várias das questões que informam a "poética da economia" pudessem estar presentes no trabalho de outros arquitetos brasileiros – e, em particular, paulistas –, o desenvolvimento dessa poética, no decorrer dos anos 1960, tal como realizaram Lefèvre, Ferro e Império, acabou por criticar objetivamente os valores e os pontos do programa da historiografia, a propriedade dos mesmos para o contexto nacional e, na continuidade, acarretou o rompimento com eles, de forma combinada com o programa do projeto de desenvolvimento nacional. Em função da situação política, as posições intelectuais eram tingidas pelos tons da urgência, e pareciam solicitar a completude de cada entendimento específico. A unidade política da intelectualidade era confundida com unicidade artística e, no caso, arquitetônica. Abalada ou rompida uma, a outra também seguiria o mesmo caminho. Dessa forma, foi estabelecida uma dicotomia entre o trio Lefèvre, Ferro e Império e a corrente hegemônica da arquitetura.

Embora os processos locais fossem ricos e particulares, porque relacionados à ideia de formação da nação brasileira, a arquitetura moderna e os preceitos da industrialização eram questionados, também, e sobretudo, fora do país. Apesar das distinções entre as discussões locais e internacionais, algumas semelhanças sao interessantes, ainda mais se for notado que todos os participantes do debate brasileiro frisam, para o bem ou para o mal, o pouco conhecimento que tinham das discussões que ocorriam principalmente na Europa, fixando e limitando o conhecimento do debate arquitetônico e o posicionamento estético, em regra, nas históricas diferenças entre os mestres modernos.

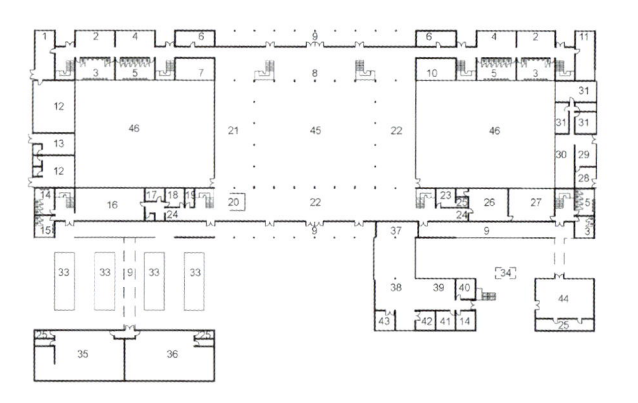

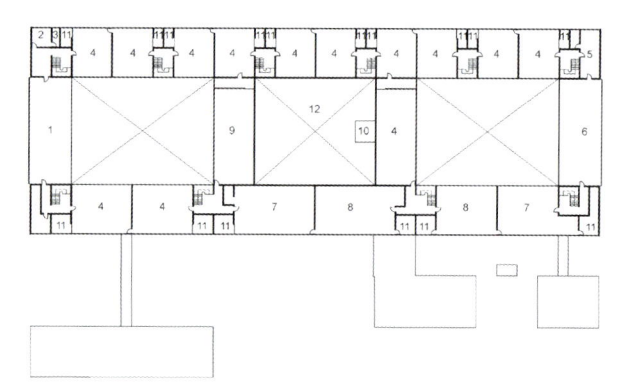

ARQUITETURA MODERNA BRASILEIRA: NACIONAL POR SUBTRAÇÃO. TÉCNICA E PARTICIPAÇÃO

A ideia de cópia aqui discutida opõe o nacional ao estrangeiro e o original ao imitado, oposições que são irreais e não permitem ver a parte do estrangeiro no próprio, a parte do imitado no original, e também a parte original no imitado (Paulo Emílio Salles Gomes fala de nossa "incompetência criativa em copiar"). Salvo engano, o quadro pressupõe o seguinte arranjo de três elementos: um sujeito brasileiro, a realidade do país, a civilização das nações adiantadas – sendo que a última ajuda o primeiro a esquecer a segunda. Também este esquema é irreal e impede de notar o que importa, a saber, a dimensão organizada e cumulativa do processo, a força potenciadora da tradição, mesmo ruim, as relações de poder em jogo, internacionais inclusive. Sem prejuízo de seus aspectos inaceitáveis – para quem? – a vida cultural tem dinamismos próprios, de que a eventual originalidade, bem como a falta dela, são elementos entre outros. A questão da cópia não é falsa, desde que tratada pragmaticamente, de um ponto de vista estético e político, e liberta da mitológica exigência da criação a partir do nada.
— **Roberto Schwarz**

O projeto nacionalista, traduzido para as artes e a arquitetura, valia-se de uma visão autocentrada, que não deixava de ser possível em função das qualidades da arquitetura moderna brasileira e do seu reconhecimento internacional. Tal visão findou por inscrever essa arquitetura num limbo conceitual, pelo menos aparentemente, pois as discussões ocorridas no exterior nunca foram devidamente analisadas nem efetivamente reconhecidas. E mais, como já antecipado, as conexões entre as críticas ao modernismo no Brasil e no exterior não foram internamente reconhecidas.

Se, em um primeiro momento, isso teve um resultado positivo, servindo para reforçar a cultura local, sendo, também, inegável a contribuição brasileira para a cultura arquitetônica no século XX, num segundo momento tendeu a enfatizar um isolamento cultural que projetava, no exterior, uma arquitetura brasileira monolítica, "autóctone", longe de refletir sua verdadeira riqueza, suas diferenças e as aproximações e interlocuções distintas, de forma substantiva ou não, que arquitetos brasileiros realizavam com as discussões internacionais. A arquitetura brasileira serviu, em parte, para retratar a imagem de um país viável, alegre, exótico e promissor, mas sobretudo unitário.

Fugindo dessa construção isolacionista, vale a pena investigar algumas das possíveis conexões (bem como seus limites) e semelhanças que ocorreram entre a arquitetura brasileira e as críticas realizadas pelas produções internacionais. Para tanto, inicialmente será necessário reconhecer parte do debate que se realizou fora e, principalmente, aquele que ocorreu nos marcos do próprio movimento moderno.

A análise privilegiará as discussões que tenderam a colocar no centro do problema arquitetônico a questão da tecnologia e da relação com o usuário e seus valores. Entretanto, como essas questões surgem mescladas com outros elementos do pensamento arquitetônico, o arco de questões extrapolará a técnica, a tecnologia e a relação com o usuário.

No início dos anos 1960, pode-se identificar dois movimentos distintos no debate arquitetônico. De um lado, renascia uma fé absoluta na crença das possibilidades tecnológicas resolverem os problemas da arquitetura, da cidade e do próprio homem. Crença essa que teve no grupo inglês Archigram, com seus projetos-imagens de grandes e inusitados mecanismos urbanos, sua expressão mais avançada. As concepções maquínicas dos arquitetos ingleses não eram isoladas,

PÁGINA AO LADO
Plantas da Escola Secundária Hunstanton.
Pavimento térreo e primeiro pavimento.
Alisson e Peter Smithson.

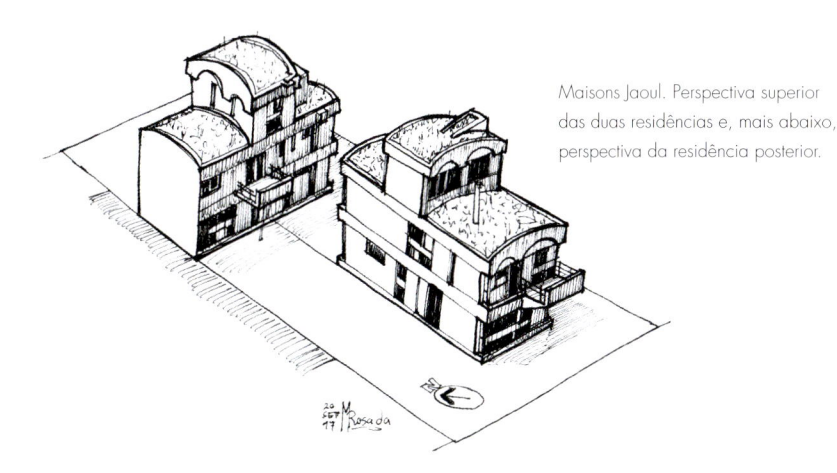

Maisons Jaoul. Perspectiva superior das duas residências e, mais abaixo, perspectiva da residência posterior.

pois os metabolistas japoneses e parte considerável dos megaestruturalistas também compartilhavam da crença nesse tipo de arquitetura[109]. E, por outro lado, surgiam críticas generalizadas às possibilidades da industrialização ortodoxa ser capaz de resolver os problemas que o movimento moderno havia se proposto. Essas críticas eram, em parte, fruto das primeiras dissonâncias ocorridas no interior do movimento moderno, na segunda metade dos anos 1940 e nos anos 1950, em várias edições do Congresso Internacional de Arquitetura Moderna (CIAM) – Bridgewater (1947), Bérgamo (1949), Hoddesdon (1951), Aix-en-Provence (1953), Dubrovnick (1956) – culminando no congresso realizado pelo TEAM X, em 1959, em Otterlo, nos Países Baixos, já não mais caracterizado como uma atividade do CIAM.[110]

109. Para essas tendências, ver Josep Maria Montaner, *Después del movimiento moderno: arquitectura de la segunda mitad del siglo XX*, Barcelona: Gustavo Gili, 1993, pp. 112-7; e Reyner Banham, *Megaestructuras: futuro urbano del pasado reciente*, Barcelona: Gustavo Gili, 1978.

110. Para essa questão, ver K. Frampton, "As vicissitudes da ideologia: os CIAM e o TEAM X, crítica e contracrítica, 1928-68", em: *História crítica da arquitetura moderna*, São Paulo: Martins Fontes, 1997, pp. 327-39.

O casal Smithson, principal protagonista do grupo inglês TEAM X e da tendência arquitetônica denominada Novo Brutalismo, assumiu, por vezes, posturas ambíguas em relação aos ideais do movimento moderno. Ora eram críticos, ora tributários de suas propostas; ora vinham com sugestões que pareciam opostas ao movimento moderno, ora propunham a renovação do seu ideário. Em relação ao desenvolvimento tecnológico, em particular, tinham uma postura ambígua e, em certo sentido, inovadora.

No paradigmático projeto da Escola Secundária de Hunstanton (1949-1954), ao mesmo tempo que os perfis metálicos dominam estruturalmente o edifício e a grande caixa d'água metálica remete, diretamente, ao imaginário maquínico da industrialização, ao recordar um grande vagão de trem de carga na vertical, os panos de alvenaria emudecem, parcialmente, o discurso modernista. A exacerbação da visibilidade dos subsistemas (elétrico, hidráulico e de aquecimento) coloca em dúvida, ou secundariza, uma harmonia e uma exatidão técnicas em função de propósitos didáticos precisos na resolução aparente dos subsistemas, que remetem à sensibilização dos usuários em relação à edificação. Reconhecendo e conhecendo a construção e seu funcionamento, o usuário se tornaria capaz de apropriar-se da edificação e de recriá-la cotidianamente, rompendo a distância que o separaria de uma obra projetada sem a sua participação. O importante é que, apesar de visualizar-se técnica construtiva, elementos pré-fabricados e funcionalidade na manutenção das instalações, nesse caso o centro de interesse não são esses aspectos construtivos, mas sim a sua apropriação, e a do conjunto da obra, pelos usuários.

Nessa mesma linha, havia a intenção de tornar a escola um grande logradouro público. Os Smithson admiravam a sociabilidade que acontecia nos bairros populares londrinos. O paradigma de apropriação de espaços urbanos e convivência nas ruas era o bairro de Bethnal Green, do qual Nigel Henderson, um fotógrafo morador do bairro, amigo dos Smithson, havia feito vários registros de convívio popular que impressionaram o casal. Os pátios da escola eram pensados como locais de circulação e, sobretudo, de encontros e atividades, como os que ocorriam nas ruas. A arquitetura não deveria idealizar um sujeito hipotético, nem projetar situações inovadoras, distintas da vida existente. Ela deveria permitir que no seu interior ocorressem as atividades populares – dito de outra forma, a cultura popular, do homem comum, própria das ruas *estreitas e tortuosas*, não planejadas. Mas não era apenas de forma crítica ao modernismo que o casal trabalhava as relações com a cultura popular. Na Inglaterra dos anos 1950, havia a intenção de se criar um estilo nacional, tendo como paradigma a arquitetura do século XIX, denominado People's Detailing ou William Morris Revival. Essa proposta partia, basicamente, dos arquitetos de esquerda, vinculados aos órgãos públicos. Assim, ao recorrerem às práticas *existentes de manifestações populares*, os Smithson também estavam, conceitualmente, posicionando-se contrários a um estilo nacional e popular *inventado* – indicando, assim, que a cultura popular, tal como se manifestava, deveria informar a arquitetura. Para Frampton, estavam se referindo "diretamente às raízes socioantropológicas da cultura popular"[111]. Isso podia ter ressonância em termos construtivos, induzindo a trabalhar formas e materiais vernaculares a partir dos procedimentos do Le Corbusier "matérico" das Maisons Jaoul, como realizaram no projeto da Casa Sudgen (1956), em Watford, em termos de elaborar uma arquitetura apta a capturar as "qualidades" das construções populares e de recriá-las com uma linguagem contemporânea, como pretenderam em vários outros projetos.

Reconhecer as manifestações populares significa atribuir-lhes, ou nelas identificar, valores pertinentes e, de certa forma, equipará-los aos valores da cultura arquitetônica erudita. Essa propensão a qualificar a cultura popular levou o casal a aprofundar o "rompimento" da distância entre obra e usuário no projeto do Conjunto Habitacional Robin Hood Gardens (1969-1975), deixando que as "entradas" dos apartamentos fossem "projetadas" pelos moradores. Ainda que essa posição implique alguns questionamentos quanto às possibilidades efetivas de manifestações autônomas dos moradores, indica que uma obra arquitetônica, para ser apropriada, devia permitir a participação dos usuários na sua elaboração – com o repertório, mesmo que não totalmente autônomo, dos próprios usuários.

O casal Smithson admirava as "festas" populares nas ruas e também o design dos eletrodomésticos americanos, assim como os filmes "B" de Hollywood. Há, no conjunto das ações e ideias do casal, certa complacência que iguala a cultura popular à cultura de massas, o que enfraquece substantivamente suas propostas. Ainda que críticos da racionalização sem "alma" e de passados inventados, suas propostas mostraram-se limitadas, como observou Frampton: "divididos entre uma simpatia pela antiga solidariedade da classe operária e a promessa do consumismo, os Smithson estavam enredados na ambivalência intrínseca de um populismo assumido"[112].

---

111. K. Frampton, "As vicissitudes da ideologia: os CIAM e o TEAM X, crítica e contracrítica, 1928-68", *op. cit.*, p. 321.

112. *Ibidem*, p. 323.

Do interior do próprio TEAM X surgiram posições críticas a essa ambivalência. Como afirma Frampton, isso exigiu, de parte dos seus membros, um esforço no sentido de uma interpretação política da atividade dos arquitetos, o que, em princípio, não fazia parte de suas intenções, e a retomada das críticas aos postulados e alicerces do modernismo. Assumindo essa nova perspectiva, Shadrach Woods, na Trienal de Milão de 1968, afirmou:

O que estamos esperando? Ler as notícias sobre um novo ataque armado com armas ainda mais abstrusas, notícias que nos chegam através do ar, captadas por nossos maravilhosos instrumentos transistorizados, de algum ponto das profundezas de nossas moradias cada vez mais cruelmente criticadas? Nossas armas estão mais sofisticadas, e nossas casas brutalizam-se cada vez mais. Será esse o balancete da mais rica civilização desde o início dos tempos?[113].

A crítica à dualidade do desenvolvimento técnico e do seu equivalente no pensamento científico fica evidente na acidez da citação bélica e nas ironias aos aparelhos transistorizados. Mesmo falando a partir dos países onde o capitalismo possibilitou o desenvolvimento tecnológico mais profundo, vislumbrava--se e afirmava-se uma irracionalidade nesse desenvolvimento que não servia ao homem, mas sim à sua brutalização ou, pior, à sua destruição: em vez de casas com qualidade, armas destrutivamente "eficientes"; em vez de arquitetura ou canhões, canhões *e* arquitetura sem qualidade. O que Woods questionava era se valeria a pena continuar produzindo arquitetura nesse circuito antissocial.

A crítica é ainda mais profunda se for lembrada a declaração de La Sarraz, do primeiro CIAM, em 1928, que pregava o vínculo da arquitetura moderna com o sistema econômico geral, em prol da eficiência econômica, na medida em que, pós-Primeira Guerra, havia um empobrecimento geral da sociedade. A esse respeito, o texto da declaração afirmava:

4. O método mais eficiente de produção é o que decorre da racionalização e da padronização. A racionalização e a padronização agem diretamente sobre os métodos de trabalho, tanto na arquitetura moderna (concepção) quanto na indústria da construção (realização).

5. A racionalização e a padronização agem de três modos diversos:

a) exigem da arquitetura concepções que levem à simplificação dos métodos de trabalho no lugar da fábrica;

b) significam para as construtoras uma redução da mão de obra especializada; levam ao uso de uma mão de obra menos especializada que trabalhe sob a direção de técnicos da mais alta habilitação;

c) esperam do consumidor (ou seja, do consumidor que encomenda a casa na qual vai viver) uma revisão de suas exigências em termos de uma readaptação às novas condições da vida social. Essa revisão irá manifestar-se na redução de certas necessidades individuais, doravante desprovidas de uma verdadeira justificativa; as vantagens dessa redução irão estimular a máxima satisfação das

113. *Apud* K. Frampton, "As vicissitudes da ideologia: os CIAM e o TEAM X, crítica e contracrítica, 1928-68", *op. cit.*, p. 337.

necessidades da maioria, as quais se acham no momento restringidas[114].

As implicações dos pontos dessa resolução lançavam todas as concepções não produtivistas da arquitetura no limbo do arcaísmo tecnológico, que seria caracterizado pela recusa em não se enfrentar o atendimento da demanda por moradia, que era real depois da Primeira Guerra Mundial, e pela persistência de uma arquitetura que não dialogava nem representava o seu tempo e seu espírito da época, o *Zeitgeist* fabril. Apenas o vínculo da arquitetura com a produção industrial, universalizável e economicamente viável, poderia tornar solvente a questão do déficit habitacional na Europa e, por extensão, em todo o mundo.

As considerações sobre a redução de certas necessidades, feitas por Giancarlo de Carlo, outro membro do TEAM X, também em 1968, constituíram um ponto de aprofundamento da crítica ao credo moderno, ao salientarem a conformação problemática da sociedade que esse credo auxiliou a construir:

Hoje, quarenta anos depois do Congresso, constatamos que aquelas propostas transformaram-se em casas, bairros e subúrbios, e depois em cidades inteiras, manifestações palpáveis de um abuso perpetrado de início com os pobres e em seguida com os nem tão pobres assim: álibis culturais para a especulação econômica mais feroz e a incapacidade política mais obtusa. E, no entanto, os "porquês" tão esquecidos com tanta displicência em Frankfurt ainda têm dificuldades para assomar abertamente à superfície. Ao mesmo tempo, temos o direito de perguntar "por que" a moradia deve ser o mais barata possível, e não, por exemplo, relativamente cara; "por que", em vez de fazer todo o esforço possível para reduzi-la a níveis mínimos de superfície, de espessura, de materiais, não deveríamos torná-la espaçosa, protegida, isolada, confortável, bem equipada, rica em oportunidades de privacidade, comunicação, intercâmbio, criatividade pessoal. Ninguém, na verdade, pode dar-se por satisfeito com uma resposta que apela para a escassez de recursos disponíveis, quando todos sabemos o quanto se gasta nas guerras, na construção de mísseis e sistemas antibalísticos, nos projetos de exploração da Lua, nas pesquisas voltadas para o desfolhamento das florestas habitadas por guerrilheiros e na imobilização dos manifestantes saídos dos guetos, na persuasão secreta, na invenção de necessidades artificiais etc.[115]

Tornando irracional, equivocado e integrado ao sistema capitalista aquilo que anteriormente era apresentado como racional, correto e voltado para as necessidades fundamentais do homem, essas críticas ao funcionalismo, à sociedade industrial (mas também à sociedade afluente, marcada pelo consumo de massa), à correção absoluta, socialmente justa e progressista dos ideais modernos e de seus vínculos com o capital, tornaram a cultura moderna não apenas permeável, mas alvo das críticas das noções de relativismo cultural e tecnológico, o que iria acarretar questionamentos profundos ao modernismo como um todo, ao longo das décadas de 1960 e 1970.

114. *Ibidem*, p. 231.
115. *Ibidem*, p. 338.

Um dos marcos dessa postura teve vez com a exposição Architecture Without Architects, acompanhada do catálogo homônimo no Museu de Arte Moderna de Nova York (MoMA), em 1964, organizada por Bernard Rudofsky. Nela, fotos em preto e branco valorizavam uma produção de construtores anônimos, não catalogada, que ele mesmo não definia de forma precisa, referindo-se a ela ora como vernacular, ora como espontânea e, ainda, como anônima, rural e indígena. No catálogo, Rudofsky defendia a variada produção que expunha como uma "arte comunitária produzida não por alguns intelectuais ou especialistas, mas pela atividade espontânea e contínua de todo um povo, integrada em uma herança comum e obedecendo as lições de uma experiência comunal"[116].

As ideias e concepções que advogavam o respeito para com o usuário, independente de sua origem ou cultura, concepções arquitetônicas vernaculares e recursos tecnoconstrutivos convencionais, articulados às soluções que buscassem caminhos diferenciados para a produção arquitetônica, estiveram presentes nos trabalhos e preocupações de alguns arquitetos durante as décadas de 1960 e 1970, reverberando por muitos anos além desse período. As propostas eram inúmeras, desde as que estimulavam a participação dos usuários na concepção dos projetos até aquelas que procuravam alimentar a flexibilidade das soluções arquitetônicas, permitindo a eleição de "soluções" por parte dos usuários. Entre os arquitetos proponentes dessas concepções não há necessariamente uma convergência absoluta, mas o pressuposto de que o ideário arquitetônico moderno não era suficiente para atender nem as necessidades materiais, nem as necessidades culturais. Destacam-se como adeptos dessa linha de raciocínio Aldo van Eick, que participou ativamente do TEAM X e que, dentre outras questões, postulava a criação de espaços neutros, capazes de permitir a apropriação pelos usuários; Nicolaas John Habraken, cujas concepções foram evidenciadas no livro *Supports: an Alternate to Mass Housing* (Edifícios básicos: uma alternativa a moradias populares), de 1962, e, mais tarde, consolidadas em *Variations, the Systematic Design of Supports* (Variações: o design sistemático de edifícios básicos), lançado em 1976, escrito em conjunto com J. T. Boekholt, A. P. Thyssen e P. J. M. Dinjens[117]. Para Habraken, a moradia coletiva podia ser concebida a partir de partes fixas – estruturas, instalações etc. – e de outras que permitissem escolhas, como as divisões e subdivisões da moradia.

O conjunto dessas concepções era variado. Para Josep Maria Montaner, elas manifestam a preocupação de interpretar em termos antropológicos, construtivos e materiais, culturas não totalmente integradas ao processo de industrialização[118]. Ainda nesse espectro, inscreve-se a obra de John F. Turner, cujo livro, *Housing by People* (Habitação pelos usuários) – publicado em 1977, mas refletindo uma série de experiências iniciadas no final dos anos 1950, no

---

116. Bernard Rudofsky, *Architecture Without Architects*, catálogo, New York: Moma, 1964.
117. Esse livro foi originalmente lançado na Holanda, em 1974, com o título *Denken in Varianten*.
118. Ver J. M. Montaner, *op. cit.*, p. 130.

Peru –, teve impacto muito grande para a defesa de um modelo autogestionário de produção habitacional. A questão da integração da arquitetura e da construção à industrialização é complexa, pois abarca desde a ideia de resistência de culturas não ocidentais estruturadas, como a de povos do norte da África e de toda Ásia, até a situação de vulnerabilidade social em que vivem as populações nas periferias das grandes cidades, como as da América Latina. Essa imprecisão constituiu a base para críticas a trabalhos como o de Turner, mas também dos demais, tidos como ingênuos, por não levarem em consideração as relações econômicas que o capitalismo ia impondo em qualquer lugar do planeta – e sua dimensão devastadora para as culturas estruturadas e para a vida nas periferias –, de certa forma subtraindo as dimensões críticas presentes nas considerações de Woods e de De Carlo, como já visto.

O mais influente dos arquitetos que desenvolveu propostas no âmbito das concepções citadas foi, talvez, Cristopher Alexander, arquiteto e matemático de origem austríaca. Em *Uma linguagem de padrões* (escrito com Sara Ishikawa e Murray Silverstein, em 1977), consolidou uma proposta elaborada durante anos, na qual previa "uma linguagem do tipo exortado pelo modo intemporal"[119], vale dizer reconhecível, em que seus elementos "são entidades denominadas de padrões". Como toda linguagem, os elementos (os padrões) constituem uma rede que pode conformar soluções (diagramas) diferenciadas, a partir das articulações e combinações executadas. Para Montaner, mesmo reconhecendo o intento de Alexander de se opor a soluções artificiosas, o resultado formal de sua concepção guarda uma nostalgia vernacular excessiva[120]. Todavia, sem menosprezar a sua importância, as mesmas considerações feitas em relação ao trabalho de Turner e ao dos demais arquitetos, ao não considerarem as relações de produção e de reprodução do capital no campo da construção, delimitam, em grande parte, as elaborações de Alexander a uma dimensão formal.

119. Cristopher Alexander, Sara Ishikawa e Murray Silverstein, *Uma linguagem de padrões*, Porto Alegre: Bookmann, 2013, p. XIV.
120. Ver J. M. Montaner, *op. cit.*, p. 135.
121. Sobre o colóquio, ver Frei Otto et al., *Arquitectura adaptable: seminario organizado por el Instituto de Estructuras Ligeras*, Barcelona: Gustavo Gili, 1979.

O conteúdo dos questionamentos não era unânime – não havia apenas correntes que objetivassem a superação da arquitetura moderna e o questionamento da sua teleologia, valorizando a participação do usuário com sua cultura, suas soluções e técnicas construtivas –, mas pode-se afirmar que sua difusão era ampla. Como dito anteriormente, algumas manifestações arquitetônicas pretendiam, em parte, renovar os ideais modernos e os vínculos com o desenvolvimento tecnológico, como foi o caso do Archigram e dos megaestruturalistas, mas, estranhamente, mesmo quando vindas de arquitetos ligados a algumas dessas manifestações, incorporavam críticas à positividade da tecnologia industrial.

Como no caso de Yona Friedman e de outros arquitetos que, em junho de 1974, participaram do Colóquio Internacional de Arquitetura Adaptável, organizado pelo Instituto de Estruturas Leves da Universidade de Stuttgart, no qual foram apresentados vários documentos que podem ser lidos como um balanço das críticas da década de 1960 e réquiens (precipitados) para as concepções produtivistas da arquitetura moderna[121].

No Colóquio estavam presentes, informando seu caráter, além da expressão "arquitetura adaptável", outras não menos sintomáticas de ideais alternativos, como "tecnologia apropriada" e "tecnologia (industrialização) leve", bem como imagens de conjuntos arquitetônicos árabes, ou com elementos da cultura árabe, como tendas dos povos nômades do deserto. Exemplo desses ideais é o texto de Friedman, "Autoplanificação do usuário", que informava que, segundo dados das agências da ONU, 50% da população mundial necessitava de moradia, e que, segundo as mesmas agências, "nenhuma indústria do tipo clássico que se possa imaginar tem condições de satisfazer essa demanda", ou seja, "a industrialização da edificação não oferece muita esperança de progresso"[122].

Constatada a incapacidade da indústria convencional em suprir o déficit habitacional por um organismo como a ONU, para Friedman uma solução viável do problema estaria em:

utilizar as técnicas locais de construção em vez de inventar novas, não porque as existentes sejam melhores que as inventadas, mas porque as pessoas já as dominam. Se nós insistirmos em inventar técnicas novas, baratas e factíveis, não vejo como poderíamos propagá-las e ensiná-las a dois bilhões de pessoas espalhadas pelo mundo, em grande parte analfabetas[123].

Das críticas ao ideário moderno, ou à sua livre extensão, passando tanto pela apreciação do vernáculo – já em Le Corbusier, com as Maisons Jaoul – como por interpretações não passivas dos usuários e chegando-se à politização do debate arquitetônico e à constatação da incapacidade da indústria convencional de atender às necessidades habitacionais, um longo caminho de formulações alternativas parecia estar se consolidando ou, pelo menos, contribuindo decisivamente para estabelecer os limites da hegemonia moderna no plano do debate arquitetônico internacional.

Algumas questões, principalmente referentes à crítica à positividade da apropriação e do uso da tecnologia, ao entendimento do lugar da arquitetura no mundo e a uma visão diferente em relação ao usuário da arquitetura (e também do construtor), presentes no debate internacional, são também verificadas no debate brasileiro dos anos 1960 – isso para não se falar da questão política, que em termos locais é uma constante. Entretanto, a identificação de uma relação precisa é problemática, pois mesmo que haja conexões aparentemente visíveis, faltam elementos e dados que explicitem as relações.

No caso de Lefèvre, o arquiteto afirmou que, quando iniciou a carreira didática, em 1962, como professor de arquitetura contemporânea na FAUUSP, realizou um esforço pessoal para compreender a arquitetura contemporânea. Isso pode levar à conclusão de que Lefèvre aprofundou seu conhecimento do debate internacional, e que, de alguma forma estabeleceu vínculos com as questões desse debate[124]. Sérgio Ferro, questionado sobre o conhecimento das discussões acerca das variações tecnológicas, afirmou que esse debate

122. Yona Friedman, *op.cit.*, pp. 115-9.
123. *Ibidem*, p.116.
124. Entrevista de Rodrigo B. Lefèvre a Renato de Andrade Maia. Disponível em: <http://www.vitruvius.com.br/revistas/read/entrevista/01.001/3352> Acesso em: fev. 2017.

"era incorporado, mas, também, de uma maneira crítica", como, por exemplo, no caso do brutalismo de Le Corbusier "no convento de La Tourette", um dos edifícios emblemáticos da guinada da obra do arquiteto franco-suíço. Para Ferro, essa obra seria "um brutalismo de fachada", pois "não é a exaltação, não é uma valorização, quase um exagero ao fazer a produção simples, mas ao contrário, é uma espécie de maquiagem de uma construção que é totalmente diferente"[125]. O conhecimento do debate internacional existia, de forma parcial ou ampla, e acompanhava a renovação das concepções arquitetônicas que ocorria na década de 1960 e na anterior. Mas, sobretudo, esse conhecimento era objeto de uma reflexão crítica, que moldava o posicionamento cultural de Ferro e de Lefèvre.

O que teria sido mais importante, talvez, para a formação de Lefèvre e Ferro, segundo este, e que os levou a questionar a arquitetura brasileira e os processos construtivos locais, não seria inicialmente, ou prioritariamente, o reconhecimento crítico do debate internacional, que viria depois, mas sim a politização da produção arquitetônica, lastreada na leitura de O *capital*[126]. Esta permitiu entender e interpretar a realidade local, os processos econômicos e sociais, renovando a crítica ao capitalismo e a permanência de um ideal de transformação social, que várias tendências críticas do modernismo abandonavam[127].

O engajamento na solução dos problemas do país e a "obrigação" de os intelectuais colocarem o conhecimento e a investigação dos problemas locais num plano absoluto, mesmo que esse engajamento fosse crítico das formulações ortodoxas (ou em função disso), eram tão fortes que impunham e viciavam uma referência ao contexto local, sobrepondo-se a qualquer outra discussão, inclusive para aqueles que buscavam novos caminhos. A força da identificação com esse processo é também particular. Pois, ao mesmo tempo que se percebia e incorporava referências das questões do debate internacional, somente as reconhecia como válidas, e tornava explícito esse reconhecimento, se essas questões fossem passíveis de transposição para a realidade local e, dependendo do caso, criticadas ("brutalismo de fachada").

Sendo a produção da arquitetura uma atividade material, a discussão se daria, então, em torno de qual seria a verdadeira natureza da realidade do capitalismo local – daí a necessária leitura de Marx (e também de Engels). Dessa forma, o modelo desenvolvimentista, em tese superador da dualidade arcaico *versus* moderno, pôde deixar de ser interpretado como um dogma inquestionável. O problema estaria na concepção do modelo, alheia à verdadeira realidade brasileira. A rediscussão da natureza do capitalismo no Brasil implicava não só rever o modelo de desenvolvimento, mas também a arquitetura que o desenvolvimentismo alimentou, e as relações dessa arquitetura com as técnicas construtivas. A partir dessa operação, e somente após ela, algumas questões do debate internacional tornaram-se plausíveis e puderam ser aceitas e desenvolvidas. Em entrevista, Sérgio Ferro recompôs o recorte do interesse principal pelo debate internacional, que seria dado pelas questões políticas e sociais, e não diretamente arquitetônicas. Ao comentar o universo em que se moviam ele, Lefèvre, Império e outros críticos do modelo desenvolvimentista, afirmou:

"não éramos sozinhos: existia todo o ambiente de maio de 1968, na França; da Revolução Cultural, na China; e trabalhos importantes da crítica da divisão de trabalho". Ou seja, para Ferro, Lefèvre e outros, aqui no Brasil, assim como para Woods e De Carlo, na Europa, a crítica à arquitetura, nos anos 1960, passava pela crítica à sociedade[128].

125. Entrevista de Sérgio Ferro ao autor em março de 2001.
126. Conforme Ferro, em entrevista ao autor. Quanto à discussão da natureza do capitalismo brasileiro, a clareza teórica em relação à questão dual da economia, as formulações da Cepal, o desenvolvimentismo e a "solução do subdesenvolvimento" não estavam esclarecidas no início dos anos 1960, ainda que pudessem ser vislumbradas. Ou seja, prevalecia a visão de que o Brasil iria superar o atraso e "ingressar" numa fase nova, baseada numa economia moderna e industrial. Uma formulação adequada dessas questões foi apresentada por meio da teoria da dependência. Ver Fernando Henrique Cardoso e Enzo Falleto, *Dependência e desenvolvimento na América Latina: ensaio de interpretação sociológica*, Rio de Janeiro: Zahar, 1970; e também, de forma mais influente, Francisco de Oliveira, *A economia brasileira: crítica à razão dualista*, Petrópolis: Vozes, 1988, como será abordado adiante.
127. A respeito dessa questão, ver J. M. Montaner, "La figura ideológica del arquitecto liberal", em: *Después del movimiento moderno: arquitectura de la segunda mitad del siglo XX*, op.cit., p. 35.
128. Sérgio Ferro, em entrevista a Carlos Castelo Branco, "O pintor que viveu os anos de chumbo", *Caros Amigos*, São Paulo: 2001, n. 49, p. 44.

CAPÍTULO **4**
**ARQUITETURA BRASILEIRA, DESENVOLVIMENTO
E TÉCNICA CONSTRUTIVA**

VANGUARDA DO NOVO E DO ARCAICO

Vamos desenvolver as forças produtivas e então o proletariado será salvo. O Artigas acreditava nisso com convicção. Nós, de uma outra geração, começamos a desconfiar. Dada a posição dele (liderança no Partido), tinha que acreditar nisso. Nossa função, à margem do Partido, era não acreditar obrigatoriamente. Mas o respeito que tínhamos (e tenho) por ele era (e é) total.
— **Sérgio Ferro**[129]

Lefèvre, Império e Ferro se formaram em meio ao otimismo das transformações políticas do final da década de 1950 e início dos anos 1960, e sob a visão de serventia da arquitetura nesse processo. Acompanharam também, em primeira mão, as particularidades das formulações de Artigas, e vivenciaram as críticas à insuficiência do programa do curso de arquitetura e urbanismo em relação às necessidades do país, as quais fomentaram a reforma de sua grade curricular durante o Fórum de 1962 na FAUUSP. Assim, os três arquitetos encontraram seu campo de atuação em modificação, o que os levou ao questionamento do projeto desenvolvimentista. De forma descritiva, Lefèvre informou:

O ano de minha formação foi 1961, corresponde ao quinto e último ano da escola. Em janeiro de 1962 eu me formei e recebi o diploma. Isso significa que eu entrei na escola em 1957 e a cursei até 1961. É importante destacar isso, pois foi exatamente o fim do governo de Juscelino Kubitschek e o início do governo de Jânio Quadros. Propriamente durante o governo de Jânio Quadros. Em setembro, Jânio Quadros renunciou e, em janeiro, quatro meses depois, eu me formei[130].

De forma crítica, Ferro completaria essa descrição:

Rodrigo e eu entramos para a faculdade em 1957. Assistimos à politização rápida dos debates sobre arquitetura sob a liderança do Artigas. Discutia-se a dimensão política da arquitetura, a responsabilidade social do arquiteto etc. Foi um período de transição entre a relativa calma do governo Juscelino Kubitschek e a emergência de uma forte tensão na política brasileira[131].

Essa situação de politização da atividade arquitetônica, com a decorrente inserção social do arquiteto, trouxe novos elementos para a reflexão sobre os projetos. Cada estudo, ou cada trabalho efetivo, acionava um universo de considerações, no qual posturas iam sendo construídas. Como afirmado, partindo de uma matriz comum, a problematização do debate operou primeiro uma diferenciação e, depois, uma ruptura na arquitetura da chamada escola paulista. Flávio Império, Rodrigo

129. Entrevista de Sérgio Ferro ao autor em março de 2001.

130. Entrevista de Rodrigo B. Lefèvre a Renato de Andrade Maia, *op. cit.*.

131. Entrevista de Sérgio Ferro ao autor em março de 2001.

Lefèvre e Sérgio Ferro, que eram fiéis seguidores de Artigas, no início dos anos 1960, passaram a interpretar de forma bem mais restrita o alcance de sua arquitetura e, principalmente, as bases políticas e conceituais da estratégia do programa nacional desenvolvimentista, transpostas para o plano da construção.

Tendo sido adotados como esquemas universais de evolução histórica das sociedades, os processos das revoluções burguesas clássicas foram reproduzidos indistintamente pelo modelo nacional-desenvolvimentista e, para os jovens arquitetos, acabaram sendo progressivamente analisados como redutores. Isso porque, mesmo reconhecendo a especificidade do caso brasileiro, esta não tinha um valor a ser considerado na elaboração de soluções. Para o modelo, a especificidade negada era a do atraso, que estava ali para ser eliminado. Evidentemente, não se tratava de defender o atraso, mas de interpretá-lo na sua essência, e de não postular a sua superação de forma ideal, quase como um ato de vontade (de um grupo profissional, político ou social). Sobre as consequências disso, Lefèvre escreveu:

Temos sido impedidos de agir porque qualquer proposta de solução em nossos termos, em termos da arquitetura, só pode contar com atitude modificadora no processo de desenvolvimento e atitude de não aceitação da infiltração de métodos e análises e de técnicas características de países superdesenvolvidos, que para nós assumem cunho de irracionalidade, por mais racionais que se apresentem em sua origem[132].

Nesse trecho, Lefèvre condensa posturas. Quando afirma a impossibilidade de ação, deve-se atentar para o ano do texto, 1965, posterior ao golpe militar, que impediria qualquer ação modificadora, porque, submetido ao imperialismo, o regime instaurado sustava o processo de desenvolvimento. Além disso, e de forma mais significativa, como a arquitetura não podia mais contar com o processo de desenvolvimento anterior, deveria ser formulado um novo processo. E como as técnicas características de países superdesenvolvidos seriam irracionais para o processo de desenvolvimento brasileiro – os projetos-imagem do Archigram, por exemplo –, a conclusão possível seria que o processo de desenvolvimento político, econômico e social brasileiro deveria ser distinto daquele do projeto desenvolvimentista. Sendo assim, a arquitetura e as técnicas construtivas que lhe davam materialidade também deveriam superar, ou reinterpretar, a arquitetura desenvolvimentista, vale dizer, o sistema de arquitetura moderna que a historiografia auxiliou a formular.

Nesse sentido, as formulações políticas e culturais de Lefèvre e Ferro alinhavam--se com a renovação do pensamento econômico brasileiro, que anos mais tarde, com Francisco de Oliveira, conheceria uma formulação absolutamente distinta da apregoada pelas análises cepalinas, pela teoria do subdesenvolvimento e pelo desenvolvimentismo, este último identificado com o populismo na política. Oliveira, em *Crítica à razão dualista*, procurou identificar o que é relativamente comum na economia brasileira, e qual é a sua verdadeira especificidade:

[...] a ruptura com o que se poderia chamar o conceito do "modo de produção subdesenvolvido" ou é completa ou apenas se lhe acrescentarão detalhes. No plano teórico, o conceito do subdesenvolvimento como uma formação histórico-econômica singular, constituída polarmente em torno da oposição formal de um setor "atrasado" e de um setor "moderno", não se sustenta como singularidade: esse tipo de dualidade é encontrável não apenas em quase todos os sistemas, como em quase todos os períodos. Por outro lado, a oposição na maioria dos casos é tão somente formal: de fato, o processo real mostra uma simbiose e uma organicidade, uma unidade de contrários, em que o chamado "moderno" cresce e se alimenta da existência do "atrasado", se se quer manter a terminologia. [...] No plano da prática, a ruptura com a teoria do subdesenvolvimento também não pode deixar de ser radical [...] Com seus estereótipos [...], a teoria do subdesenvolvimento sentou as bases do "desenvolvimentismo" que desviou a atenção teórica e a ação política do problema da luta de classes, justamente no período em que, com a transformação da economia de base agrária para industrial-urbana, as condições objetivas se agravaram. A teoria do subdesenvolvimento foi, assim, a ideologia própria do chamado período populista [...][133].

Em termos políticos, essa relação implicava que: "a mudança das classes proprietárias rurais pelas novas classes burguesas industriais não exigirá, no Brasil, uma ruptura total do sistema, não apenas por razões genéticas, mas por razões estruturais"[134]. Completando a análise, Oliveira não deixaria dúvidas quanto às ações da classe dominante para controlar as crises desse outro modelo. Havia um "pacto estrutural" para conter políticas e orientações aparentemente contraditórias, que "preservará modos de acumulação distintos entre setores da economia, mas de nenhum modo antagônicos, como pensa o modelo cepalino"[135].

Para Oliveira e Lefèvre, os países avançados não eram o futuro dos países subdesenvolvidos[136]. O futuro do Brasil, fosse qual fosse, tendia a ser distinto, ainda que estivesse ligado ao restante do mundo de forma inextricável, e ainda que o desenvolvimento fosse um objetivo[137].

132. Rodrigo B. Lefèvre, "Notas sobre a arquitetura", *Acrópole*, São Paulo: jul. 1965, n. 319, p. 23.
133. Francisco de Oliveira, *A economia brasileira: crítica à razão dualista*, Petrópolis: Vozes, 1988, pp. 12-3.
134. *Ibidem*, p. 39.
135. *Ibidem*, p. 40.
136. Essa visão, que imaginava os países desenvolvidos como o futuro certo do Brasil, é expressa por Ferreira Gullar: "a grosso modo, somos o passado dos países desenvolvidos e eles são o 'espelho do nosso futuro'. Sua ciência, sua técnica, suas máquinas e mesmo seus hábitos, aparecem-nos como a demonstração objetiva de nosso atraso e de sua superioridade. Por mais que os acusemos e vejamos nessa superioridade o sinal de uma injustiça, não nos iludamos quanto ao fato de que não podemos permanecer como estamos, e estamos condenados à civilização". Ferreira Gullar, *Vanguarda e subdesenvolvimento: ensaios sobre arte*, Rio de Janeiro: Civilização Brasileira, 1969, p. 8. A pena civilizatória a que estávamos condenados introjetava o esquema evolutivo de etapas político-econômicas, que não conseguia entender a especificidade do desenvolvimento do capitalismo brasileiro.

Os significados do questionamento da arquitetura moderna brasileira, expressa no trecho citado de Lefèvre, combinado ao excerto de Oliveira, são substantivos. Para dimensioná-los com alguma precisão, deve-se retomar a discussão da arquitetura, principalmente pela ótica da técnica e da tecnologia, e de seus vínculos com a transformação da sociedade.

Arquitetura e modernização

Os arquitetos, intelectuais e militantes, sendo Artigas um formulador emblemático da questão desenvolvimentista, não eram ingênuos. Artigas não acreditava na neutralidade da técnica, ainda que essa postura estivesse presente no debate da época. A partir da sua concepção materialista de história e sociedade, o domínio da técnica seria fundamental e, não sendo neutra, ela interferiria de forma decisiva na conformação da produção e, consequentemente, na estruturação da sociedade (ou seja, para Artigas a infraestrutura material é determinante da superestrutura política e cultural da sociedade). Essa mesma visão confiava plenamente na equivalência entre desenvolvimento tecnológico e desenvolvimento socioeconômico – e nos avanços políticos que propiciava –, secundarizando e refutando qualquer interpretação negativa dessa articulação.

Para o arquiteto, diferentemente do início dos anos 1950, quando atacava a possibilidade de uma extensão harmônica do desenvolvimento técnico do Brasil a partir da matriz dos países capitalistas avançados, a forma como a técnica e a tecnologia (modernas) interfeririam no processo de formação da nação brasileira era analisada como positiva[138].

Como a técnica não era interpretada de forma neutra, seu entendimento fixava-se na questão do domínio, não avançando nenhuma crítica social ao mundo tecnológico e à relação do trabalho com a técnica, particularmente na construção. O domínio da técnica e da tecnologia era fundamental para o desenvolvimento nacional, e o modelo de desenvolvimento tecnológico acompanhava o modelo clássico da evolução dos sistemas produtivos – e, portanto, o modelo desenvolvimentista. Essa formulação era rígida, não se abrindo a uma crítica interior.

137. Existe, nas formulações de Oliveira, mais do que uma feliz coincidência com as propostas de Lefèvre. Numa entrevista a Cibele Saliba Rizek, Oliveira afirma que foi a partir do contato com Lefèvre e Ferro, quando participou do Curso de Arquitetura da FAU-Santos, em 1971, que teve a oportunidade de relacionar a questão do mutirão com o rebaixamento do custo de reprodução da mão de obra, que fundamenta o tipo de acumulação que ocorre no Brasil, base para sua crítica ao dualismo. Respondendo a Rizek, Oliveira informou: "e eles tinham feito uma pesquisa, Sérgio Ferro e Rodrigo Lefèvre coordenaram uma pesquisa sobre mutirões na Baixada Santista. [...] Quando aquilo [questionários] caiu na minha mão, aí eu tive um estalo de Vieira. Estava lá. Tinha uma pesquisa de orçamento familiar [...] e para enorme surpresa deles todos, e minha também, aparecia que a maioria tinha casa própria. A maioria tinha casa, respondia no quesito 'casa própria'. Pela qual, evidentemente, não pagavam nada. [...] Eles tinham no questionário questões referentes a como tinha sido feita a casa: se contratada, se comprada, se Caixa Econômica, todas as formas... e a forma de mutirão aparecera, aparecia e ganhava de lavada [...]. Eu disse aqui está a chave dessa, isso aqui é o custo de reprodução da força de trabalho. A chave desse monstrengo tem uma peça que está aqui, foi dada assim, de graça, e eu recebi nas mãos e isso está incluído na *Crítica à razão dualista* como um dos exemplos de rebaixamento do custo de reprodução". Entrevista com Francisco de Oliveira, realizada por Cibele S. Rizek, s.p.

O projeto desenvolvimentista alinhava o projeto iluminista, de emancipação do homem, com os projetos moderno e de modernização, recriando-os na esfera da matriz nacional, privilegiando a modernização. O modernismo desenvolvimentista aceitava, sem restrições, que o desenvolvimento permanente da tecnologia era a única alternativa que oferecia possibilidades reais de progresso humano[139]. Além disso, "o desenvolvimento tecnológico [era interpretado] como indicador de progresso geral do desenvolvimento social [...]"[140].

Sobre esse desenvolvimento tecnológico debruçavam-se os arquitetos modernos brasileiros, buscando superar o atraso técnico. A ênfase no virtuosismo das estruturas das grandes edificações nacionais, mais do que expressar o vigor plástico da arquitetura e a inventividade dos arquitetos, expressava a potência de uma tecnologia em parte experimentada, mas, sobretudo desejada, a ser plenamente alcançada e estendida para o conjunto da sociedade.

A visão positiva do desenvolvimento pressupunha colocar as formas produtivas numa linha crescente. O capitalismo industrial, sua organização da produção e as formas tecnológicas que agenciou e tornou clássicas eram superiores às anteriores, vistas como arcaicas.

Esse modelo, que assentava a industrialização como objetivo e condição da nação desenvolvida, definia o que seria modernização e seu processo. A formulação de Milton Vargas, Julio R. Katinsky e Marilda Nagamini para modernização oferce um entendimento das concepções do período em questão. Assim:

por modernização, entenda-se a adoção de procedimentos e instrumentos que perseguem objetivos em parte já atingidos pelas unidades produtivas sediadas nos países europeus ao norte dos Alpes e dos Pirineus, pelo menos até a Segunda Guerra Mundial. Essa modernização sempre busca alcançar, por um lado, menor custo por elemento produzido e uma ampliação do número de elementos produzidos na unidade de tempo, e, por outro, controle racional das unidades produzidas, com o intuito de obter-se a maior homogeneidade possível entre essas unidades[141].

Ainda segundo os autores, o processo de modernização requereria profundas mudanças nas relações de produção em todos os seus segmentos, para então se atingir a *indústria moderna*.

Artigas e outros intelectuais, até 1964, não acreditavam, e, principalmente, não demandavam que a arquitetura e os próprios arquitetos fossem capazes de transformar o conjunto das relações de produção e, assim, modernizar o país por meio dos projetos arquitetônicos e da tecnologia que agregavam. Para Artigas, como para Niemeyer, ainda que os dois não procedessem da mesma forma em termos de projetos arquitetônicos, a arquitetura *deveria representar a nação que buscava se transformar*, como criticamente

138. Para as posições de Artigas no início dos anos 1950, ver J. B. V. Artigas, "Le Corbusier e o imperialismo", *Fundamentos*, São Paulo: maio 1951, n. 18, pp. 8-9 e 27; e "Caminhos da arquitetura moderna", em: *Caminhos da arquitetura*, São Paulo: Fundação Vilanova Artigas/Pini, 1986.
139. Lucia Mascaró (org.), *Tecnologia e arquitetura*, São Paulo: Nobel, 1989, p. 7.
140. *Ibidem*.
141. Milton Vargas, Julio Roberto Katinsky e Marilda Nagamini, "Indústria da construção e a tecnologia no Brasil", em: Shozo Motoyama (org.), *Tecnologia e Industrialização no Brasil: uma perspectiva histórica*, São Paulo: Unesp, 1994, p. 29.

indicou Ferro[142]. A arquitetura podia e devia contribuir diretamente para o desenvolvimento do seu campo específico, da construção, o que não seria pouco.

Para ambos, o elemento transformador era um plano econômico que industrializasse o país (como o Plano de Metas do governo de Juscelino Kubitschek), superando as formas arcaicas de produção, que perpetuavam no poder uma elite vinculada ao imperialismo. Tal plano só poderia ser obra de um governo comprometido com o desenvolvimento nacional, e estava sendo implementado pelos governos desenvolvimentistas até o golpe de 1964[143]. O desenvolvimento técnico era interpretado como consequência – "certo efeito" – de um "desenvolvimento social"[144] que o Plano de Metas coordenava.

[142]. Ver Sérgio Ferro, "Arquitetura nova", *Arte em Revista 4: Arquitetura Nova*, São Paulo: Kairós, pp. 89-94.
[143]. Para a genealogia de um plano de desenvolvimento nacional durante os anos 1950, que tem no Plano de Metas do governo J. K. a sua primeira grande expressão, ver Guido Mantega, *A economia política brasileira, op. cit.*
[144]. Milton Vargas, Julio Roberto Katinsky e Marilda Nagamini, "Indústria da construção e a tecnologia no Brasil", em: Shozo Motoyama (org.), *op. cit.*, p. 35.

ARQUITETURA E IDEOLOGIA

A utopia reside na sua obstinação em esconder que a ideologia da planificação só pode realizar-se na construção predial se indicar que é fora dela que o verdadeiro plano pode tomar forma; ou, que uma vez entrado no horizonte da reorganização da produção em geral, a arquitetura e a urbanística serão objeto, e não sujeitos, do Plano.
— **Manfredo Tafuri**

A discussão sobre o alcance do trabalho do arquiteto, suas relações com as estratégias de desenvolvimento, sua posição na sociedade, o lugar da arquitetura no mundo, e o que deveria representar, é uma das questões centrais da crise do movimento moderno – e, em certo sentido, ainda está em aberto. Ela estava no centro das discussões que opunham construtivistas e adeptos do *proletkult* no início da Revolução Russa. Os primeiros propunham a construção do *Neue Welt* por meio da arquitetura construtivista, o que implicava atribuir à arte um papel social e político dirigente. Já os segundos remetiam à direção do Partido Comunista (PCURSS), por meio de seus planos quinquenais, a responsabilidade pela tarefa de construção do socialismo, cabendo aos arquitetos e artistas representarem o sistema por meio de suas obras. No caso específico dos arquitetos, estes deveriam contribuir em seu campo delimitado, o da construção, para o desenvolvimento tecnológico.

Esse embate conheceu com Manfredo Tafuri uma análise dura, mas sobretudo precisa: com a burocratização do socialismo na antiga URSS e, principalmente, com as reformas econômicas operadas no capitalismo depois da crise de 1929, o arquiteto deixou de assumir um papel dirigente nos rumos políticos da sociedade. Ou seja, essa pretensão ideológica – Tafuri a denomina "ideologia arquitetônica" – não estava mais em sintonia com a realidade, não restando outro caminho, aos arquitetos, senão o de recolher-se à função de "técnico da forma", pois o planejamento da sociedade escapava, a partir de então, ao controle da vanguarda moderna:

É significativo que quase todos os objetivos formulados no campo econômico pela Teoria Geral de Keynes possam ser encontrados, como pura ideologia, na base das poéticas da arquitetura moderna. "Livrar-se do medo do futuro fixando-o como presente": o fundamento do intervencionismo keynesiano e das poéticas da arte moderna é o mesmo [...].

A arquitetura como ideologia do Plano é ferida pela realidade do Plano, uma vez que este, superado o nível de utopia, se converteu em mecanismo operacional.

A crise da arquitetura moderna se inicia no momento exato em que seu destinatário natural – o grande capital industrial – torna sua a ideologia de fundo, deixando de lado a superestrutura. A partir desse momento, a ideologia arquitetônica terá esgotado seu papel[145].

Por fim, ainda segundo Tafuri, como consequência dessa nova situação imposta à arquitetura moderna, e das contradições do desenvolvimento do capitalismo, "a ideologia arquitetônica renuncia a desempenhar um papel propulsor nos enfrentamentos entre cidade e estruturas de produção"[146].

Esse lugar, ou papel, da arquitetura, e por extensão do arquiteto, que Tafuri discute, guardadas as singularidades locais, é equivalente ao lugar que Artigas reconhecia enquanto arquiteto e militante de esquerda. Lefèvre, Ferro e Império questionavam o papel que, na equação política do PCB, previa o arquiteto como idealizador das formas que deveriam representar a nação e prefigurar o desenvolvimento industrial, que ia sendo implementado pelo governo nacionalista (no caso brasileiro, não seria o grande capital diretamente), munido de um plano e com o apoio de uma frente política ampla, que incluía o setor progressista da burguesia nacional.

Com o golpe de 1964, o questionamento quanto ao equívoco do projeto desenvolvimentista tornou-se certeza. Essa certeza indicou um caminho na arquitetura: o de negar o papel de técnico da forma, negar o papel de representar um desenvolvimento que parecia artificial para o Brasil e também o de negar as relações de trabalho tradicionais, que reproduziam as estruturas produtivas autoritárias. Quanto a estas, os adeptos do projeto nacional consideravam que o "sucesso" do desenvolvimentismo secundarizava qualquer pleito social imediato. O esquema era rígido. A primeira etapa de desenvolvimento, que deveria eliminar a dualidade entre arcaico e moderno, era necessariamente democrático-burguesa. A revolta e os anseios populares por transformação deviam ser canalizados para o apoio ao governo nacionalista e à fração

145. M. Tafuri, M. Cacciari e F. Dal Co, *De la vanguardia a la metropoli: crítica radical a la arquitectura*, Barcelona: Gustavo Gili, 1972, p. 70.
146. *Ibidem*, p. 70.

da burguesia nacional que, segundo esse esquema, tinha como destino romper com o imperialismo[147].

Quanto à tecnologia, a matriz da leitura de sua importância e do seu papel podia ser comum entre as duas posições. Tanto para os adeptos como para os críticos do processo desenvolvimentista, a tecnologia é analisada como "um processo histórico inextricavelmente ligado ao desenvolvimento, porém, igualmente possuidor de uma dinâmica interna". Além disso, para ambos os grupos "essa conexão entre dinâmica dos fenômenos tecnológicos e a estrutura do desenvolvimento industrial é essencial para a qualificação das análises da industrialização"[148]. Entretanto, justamente a dinâmica e a estrutura do desenvolvimento eram interpretadas de formas distintas, o que acarretava que fossem diferentes as considerações e conclusões do processo.

Para Lefèvre, como visto anteriormente, o projeto desenvolvimentista era irracional, do ponto de vista tecnológico. Num depoimento de 1974, em que analisava, retrospectivamente, as questões da década anterior e a evolução de suas ideias, bem como as de Ferro e Império, Lefèvre fez a distinção entre o processo de modernização do período, que ainda se mantinha em linhas gerais, e um processo apropriado às necessidades do país. Na sequência, depois de afirmar que "não foi somente com a saída de Jânio Quadros que nós percebemos que havia algumas coisas 'furadas'" no processo desenvolvimentista, relatou a tradução da incorporação do ideal da industrialização na linguagem dos projetos e obras, e os preconceitos que gerava:

Usava-se muito concreto e colocava-se a alvenaria como um processo arcaico de construção, um processo não voltado para o processo de industrialização, que era o que se buscava. Falava-se em pré--fabricação, em placas pré-moldadas, em divisórias. Teve quem chegasse a fazer placas divisórias internas de casa com todas as características de uma placa móvel, mas que era fundida no local, de concreto. Eram coisas feitas tendo em vista modelos de arquitetura voltados para a industrialização da construção.

Então, nessa altura, a utilização de qualquer elemento material que estivesse vinculado historicamente ao processo artesanal de produção era rebaixado. Nessa época, fazer telhado era coisa proibida para nós, para a academia, e usar alvenaria também. Nós tínhamos que usar a laje como cobertura, as placas divisórias de concreto, elementos pré-moldados etc., apesar de não haver nenhuma normalização dos materiais de construção, e de não haver condição de realmente se adotar esse tipo de coisa em grande escala. Basicamente, todos os arquitetos estavam produzindo experiências de laboratório tendo em vista uma industrialização que não aconteceu[149].

Além de uma arquitetura deslocada do perfil da indústria da construção, ou do perfil mais corrente da indústria, e de suas condições de aperfeiçoamento generalizado, as preocupações dessas experiências de laboratório indicavam que o arquiteto desenhado pelo esquema desenvolvimentista (ou de modernização, segundo a interpretação de Lefèvre) não deveria ter como objeto de sua atuação as mudanças nas relações sociais de produção, o que não teria nenhuma repercussão positiva no esquema descrito.

Ainda que o enfrentamento com o universo das relações sociais na construção fosse cotidiano, a resposta à melhoria das condições de trabalho viria por meio do avanço tecnológico, do desenvolvimento da indústria da construção como um dos resultados da revolução burguesa e nacional e, por conseguinte, do progresso geral da sociedade. Do ponto de vista político, a resultante final era que os arquitetos, no dia a dia, não deveriam se confrontar com o processo de trabalho do qual participavam, fundamentado na superexploração do trabalho e que, evidentemente, excluía os trabalhadores do diálogo sobre a obra que produziam.

A crítica à dinâmica dos fenômenos tecnológicos e seus vínculos com o desenvolvimento industrial e econômico abriram caminhos para uma percepção mais aguda das relações de trabalho na construção, e da dominação social ali reinante.

Ao não se confrontarem com o processo de produção, os arquitetos, ou pelo menos a maioria deles, por um lado escamoteavam o processo construtivo com o aspecto final da obra, e, por outro, negligenciavam o trabalho no canteiro, menosprezando e desrespeitando a atividade do trabalhador. Segundo Lefèvre:

[no Congresso Nacional] se nós tentarmos imaginar um operário colocando aqueles ferros, um ao lado do outro, um dentro do outro, tentando amarrar um ferrinho no outro, pegando aqueles vergalhões de uma polegada, de uma polegada e meia, tentando encaixar dentro de outros ferros que já estavam montados [...] e depois de toda a ferragem montada, o pedreiro tem que trazer o concreto para cima, e começar a jogar o concreto ali, dentro daquela trama de ferro, mais fechada que uma peneira dessas de cozinha, e tendo que jogar o concreto lá dentro e socar o concreto [...] se você olha isso pensando no processo de produção, em como realmente o operário vai trabalhar para conseguir fazer aquilo, você começa a pensar que talvez existam algumas coisas na nossa arquitetura que são "fogo"[150].

As interpretações críticas da dominação por meio do trabalho vinham em consonância com outras, formuladas em vários países, fruto do debate intelectual e político dos anos 1960, que introduzia questionamentos a respeito dos vínculos do projeto moderno com o capitalismo em todos os campos e, em particular, nas visões harmoniosas dos processos tecnológicos e de produção.

Uma posição de síntese desse debate pode ser encontrada em André Gorz, autor que teve suas ideias reconhecidas por Lefèvre e Ferro:

147. Uma consideração de Nelson W. Sodré é ilustrativa dessa visão: "é a compreensão de que, só passando a um segundo plano, sem negá-la ou obscurecê-la, a contradição entre a classe que fornece o trabalho, e que ganha em consciência cada dia que passa, e a classe que necessita realizar-se pela capitalização com recursos nacionais e seu adequado aproveitamento, poderemos subsistir como nação que apresenta o nacionalismo como solução natural e lhe dá essa força, essa penetração e esse poder catalisador que a simples observação registra". Ver Nelson W. Sodré, "Introdução à revolução brasileira", em: G. Mantega, *A economia política brasileira, op. cit.*, p. 175.
148. M. Vargas, J. R. Katinsky e M. Nagamini, *op. cit.*, p. 21.
149. Entrevista de Rodrigo B. Lefèvre a Renato de Andrade Maia, *op. cit.*
150. *Ibidem.*

Até princípios da última década, a maior parte dos marxistas considerava ainda as forças produtivas – particularmente as ciências e as técnicas – como ideologicamente neutras e o seu desenvolvimento como intrinsecamente positivo. Sustentavam com frequência que a maturação do capitalismo produzia uma base material sobre a qual o socialismo poderia edificar-se tanto mais facilmente quanto mais desenvolvidas estivessem as forças produtivas do capitalismo[151].

Note-se que, se trocado o sinal, de utopia social para o de projeto nacional, a leitura da positividade do desenvolvimento tecnológico se mostrava equivalente, tanto entre os intelectuais progressistas e de esquerda daqui como para os comunistas da Europa.

Prosseguindo sua análise:

a divisão capitalista do trabalho, com a sua separação entre o trabalho manual e o intelectual, entre o trabalho de execução e o de decisão, entre o de produção e o de gestão, é tanto uma técnica de dominação quanto uma técnica de produção.

[...]

Ensino e produção, formação e trabalho, foram separados porque a teoria e o conhecimento estavam separados da prática – e o operário separado dos meios de produção da cultura e da sociedade civil. Eis porque, numa perspectiva revolucionária, a reunificação da educação e da produção, do trabalho e da cultura, é exigência essencial[152].

Para Lefèvre, a concordância com as formulações de Gorz ditava a mudança no papel dos arquitetos na construção, na medida em que as análises alteravam a compreensão sobre a natureza do processo de trabalho no canteiro. Não sendo a técnica neutra, nem abstrata, realizando-se na produção e podendo a todo o momento ser aperfeiçoada, acarretaria em aperfeiçoamento da dominação social, caso esse processo não fosse objeto de crítica e intervenção. A fé cega nos benefícios da técnica, e mesmo nos benefícios do domínio técnico, não conseguia escamotear o acirramento da dominação. Contra isso, a arquitetura deveria ser um lugar de prática "revolucionária" do trabalho.

Em anotações para o curso da FAUUSP (1969), Lefèvre registrou e caracterizou algumas categorias de racionalidade, dentre elas a substantiva e a funcional, entendidas como opostas. O seu registro é claro quanto às consequências de uma racionalidade voltada para o aperfeiçoamento produtivo:

Racionalidade substantiva – ato de pensamento que revele percepção inteligente das inter-relações dos acontecimentos de uma determinada situação.

Racionalidade funcional – ato dentro de uma série de medidas organizadas de forma a levar a um objetivo previamente definido, recebendo todos os atos dessa série uma posição e um papel funcionais.

O objetivo previamente definido pode ou não ser racionalmente substancial[153].

Há nessas formulações um esforço de adensar a questão racional para além da arquitetura. As referências iniciais parecem oriundas de Max Weber e Max Horkheimer. Entretanto, a utilização da expressão "racionalidade funcional" em vez de "racionalidade instrumental", como em Horkheimer, remete à recepção das formulações de Karl Mannheim que, como será visto, fornece algumas outras noções que Lefèvre trabalharia[154]. De todo modo, há um empenho de elaboração, atinente às questões que lhe são próprias. Mais adiante, no texto manuscrito, ele explicitaria sua compreensão dessas categorias, que não negava a racionalidade como um todo, mas não deixava de perceber os sinais trocados da instrumentalização da razão. Poderia existir algo negativo na racionalidade. Assim:

A racionalização funcional está destinada a privar o indivíduo de reflexão, percepção e responsabilidade, e a transferir essa capacidade aos que dirigem o processo de racionalização. Isso se deu no momento em que o indivíduo permitiu que as decisões fossem tomadas por outros indivíduos e acatou essas decisões sem discuti-las, sem compreendê-las[155].

Nessa última passagem, Lefèvre deixava transparecer, sem enunciar, o caminho da reação à *racionalização funcional*, pois, de certa forma, parecia concordar com o que Herbert Marcuse já havia formulado, ou seja, que "um sistema hierárquico de trabalho social não só racionaliza a dominação, mas também 'contém' a rebelião contra a dominação"[156]. Dessa forma, para Lefèvre e Ferro a reação se daria no próprio local de trabalho, no canteiro de obra, por meio do compartilhamento das decisões, do reconhecimento de parceiros no trabalho, da discussão aberta que geraria a compreensão do fazer. Apenas mudando a forma de fazer, de trabalhar, seria conquistado um envolvimento social necessário para habitar, pensar e ser.

Uma nova relação no canteiro podia-se dar em qualquer obra, mas, como os objetivos eram múltiplos e interligados, também era pretendido que uma organização diferenciada do trabalho correspondesse à melhor forma de racionalizá-lo – a qual teria uma expressão material, construtiva e arquitetônica apropriada. De certa forma, no âmbito de uma racionalidade positiva, buscava-se adequar meios e fins. Assim, o projeto e a obra da residência Bernardo Issler podem ser revistos, pois surgem como a melhor formalização desses objetivos e constituem-se em um protótipo arquitetônico-social a ser desenvolvido. A chave era o entendimento do trabalho no canteiro como uma manufatura serial, na qual cada ofício comparecia em seguida a outro, de forma planejada.

A forma abobadada da residência seria deslocada, com essa obra, da poética da arquitetura moderna brasileira anteriormente indicada. Seu significado seria distinto e duplo, segundo Ferro:

A manufatura serial: o que é? São quatorze ou quinze equipes de métiers distintos e alinhadas, uma seguindo outra sem superposição e todas autônomas em seu trabalho especializado. Em geral, a primeira equipe a aparecer no canteiro é a dos pedreiros encarregados da fundação. Ela logo construirá também o esqueleto, a estrutura do prédio. O correto nesse momento é isolar essa equipe das outras para pensar somente nela. Qual a melhor proposta para seu trabalho? Qual a melhor utilização dos materiais disponíveis? Qual a sugestão mais racional, elegante e econômica empregando menos trabalho, mas do modo mais justo possível em dada

151. André Gorz, "Técnica, técnicos e luta de classes", em: André Gorz (org.), *A divisão social do trabalho*, São Paulo: Martins Fontes, 1989, p. 239.
152. *Ibidem*, p. 276.
153. Anotações manuscritas de Lefèvre, s.p. Ver Anexo: Manuscritos.
154. Ver Max Weber, *A ética protestante e o espírito do capitalismo*, São Paulo: Companhia das Letras, 2014; Max Horkheimer, *Eclipse da razão*, São Paulo, Unesp, 2016; e Karl Mannheim, *Diagnóstico de nosso tempo*, Rio de Janeiro: Zahar, 1961.
155. Anotações manuscritas de Lefèvre, *op. cit.*
156. Herbert Marcuse, *Eros e civilização: uma crítica filosófica ao pensamento do Freud*, Rio de Janeiro: Zahar, 1968, p. 92.

situação concreta? Frequentemente, esse tipo de procedimento conduz a soluções simples e genéricas. Por exemplo, estruturas em catenárias, paraboloides hiperbólicos, domos regulares etc. Ou seja, estruturas exemplarmente corretas, econômicas em material, fáceis de construir e convenientes tendo em vista a evolução do canteiro.[157]

Racionalidade construtiva posta a serviço de um menor volume de trabalho, que pensa a elegância do fazer, e não, como de hábito, exclusivamente o rendimento maior, que viria também, mas como consequência. A explicação de Ferro e o entendimento que, em conjunto com Lefèvre, tinha do processo, é extremamente orgânico. A forma da abóbada nasce não de uma ideia abstrata, não de uma vontade de leveza, ou da referência à paisagem. Ela é matemática e material. Vem do cálculo e da (melhor forma de) produção. Se a superestrutura devia surgir da infraestrutura, a abóbada era a sua expressão incontestável. A utilização da tipologia da abóbada, mas a partir de um referencial distinto, por eles formulado, é simbólica do posicionamento que vão assumindo na arquitetura moderna brasileira, dentro e fora dos seus valores – mesmo tipo formal, outros valores –, dentro e fora da trilha estreita da narrativa e da historiografia.

A discussão sobre a arquitetura, sempre com lastro no materialismo histórico, a filiação a Marx e ao socialismo, marcavam as posições de Ferro, Lefèvre, Império e outros arquitetos influenciados por eles, o que era um complicador para seus críticos (mesmo que hegemônicos no meio arquitetônico). Pois não se tratava de posições politicamente retrógradas ou coisa equivalente, mas, de uma posição que interpretava de forma diferenciada as possibilidades de desenvolvimento, e que, ao fazê-lo, abria-se para outras questões, como as relações de produção e trabalho no canteiro. Ferro descreve esse percurso a partir da leitura de O *capital*, que se dava, segundo o arquiteto:

Individualmente (ou, mais tarde, em seminários sobretudo com professores da Faculdade de Filosofia e Letras da USP). Essa leitura nos afastou cada vez mais do discurso bastante ideológico do Juscelino. Avançando no estudo das engrenagens da produção capitalista, de suas contradições e misérias, da crítica da extração da mais-valia etc, começamos a distinguir uma outra perspectiva da realidade que estava sendo apagada pelo discurso do Partidão, pelo refrão "desenvolver, desenvolver, desenvolver". A simples evolução das forças produtivas raramente ajudou o operariado. Pouco a pouco passamos da crítica da evolução das forças de produção capitalistas à crítica das relações de produção capitalistas, duas coisas bem diferentes. Foi o que nos diferenciou do Artigas. Uma evolução lenta somente completada lá pelo meio dos anos 1960, se bem me lembro. Antes tateamos, procuramos, suspeitamos, duvidamos [...][158].

Essa diferença guarda a chave da relação de Lefèvre, Ferro e Império não apenas com as vertentes hegemônicas da arquitetura moderna brasileira, mas com a sua historiografia também. Nos livros de arquitetura, geralmente se discutem a atuação, os objetivos e as propostas dos arquitetos brasileiros, classificados como modernos ou modernistas. Não se costuma utilizar a expressão vanguarda arquitetônica para os arquitetos modernos locais. Em parte, isso pode significar o entendimento de que a verdadeira vanguarda definiu-se fora daqui, sendo historicamente vinculada ao contexto europeu do pós-Primeira Guerra Mundial; mas também pode significar a dificuldade em definir como vanguarda não apenas os arquitetos e artistas, mas a intelectualidade, ou uma fração significativa dela, que teve como lócus de atuação o Estado e que, mesmo não estando lotada nos organismos executivos do Estado (podendo estar alocada nas universidades públicas), teve como objetivo participar do projeto de construção do Estado nacional, como a arquitetura moderna e o modernismo fizeram[159].

Emblemáticas dessa situação, que pode limitar o exercício crítico da realidade, colocando em xeque a existência de uma vanguarda, porque situada nem à frente nem atrás do Estado e dos governos, mas subordinada a eles, são as recordações de Niemeyer sobre o período da construção de Brasília. Segundo Niemeyer, quando convidado por JK, ia ao Alvorada, com outros envolvidos no projeto, para "ouvir suas aventuras":

E a conversa era sempre a mesma. Os obstáculos que surgiam, as mentiras espalhadas aos quatro ventos, os problemas econômicos e políticos que tinha de enfrentar, sua determinação de tudo concluir no prazo fixado. E entrava em detalhes desconhecidos, lembrando os que tentavam paralisar Brasília.

Atentos, escutávamos sua dissertação apaixonada, satisfeitos de vê-lo tão confiante e otimista. E se a ele faziam bem aqueles momentos de reafirmação e confidências, a nós, mais ainda, preocupados igualmente com o bom êxito do empreendimento[160].

157. Entrevista de Sérgio Ferro ao autor, em março de 2001.
158. Anotações manuscritas de Lefèvre, s/p. Ver "Anexo. Manuscritos". Os manuscritos não têm data, mas o ano do documento datilografado para formalização da disciplina é 1968.
159. Para a presença da intelectualidade moderna no Estado varguista, ver Lauro Cavalcanti (org.), *Modernistas na repartição*, Rio de Janeiro: URFJ, 1993; para a questão de fundo, a construção da nação via Estado e não o contrário, como genericamente é veiculado, ver Eric J. Hobsbawn, *Nações e nacionalismo desde 1780*, São Paulo: Paz e Terra, 1991.
160. Oscar Niemeyer, *Meu sósia e eu*, Rio de Janeiro: Revan, 1992, p. 67.

Ainda que esse relato não fosse da época, esse clima de harmonia no Planalto Central era difundido por parte da intelectualidade comprometida com o projeto desenvolvimentista. Era difícil, portanto, conceber uma vanguarda tão bem acomodada diante do poder do Estado. O tipo de relação que os arquitetos vinculados ao "partidão" (mas também fora dele) estavam propensos a aceitar era permeada por um discurso pronto a visualizar frouxidão nas relações sociais entre as classes, a procurar o eterno arranjo das diferenças, que pareciam estar sempre à espera de serem solucionadas no alpendre da casa de fazenda ou na mesa do botequim de esquina, porque a intelectualidade e o governo progressista tinham objetivos comuns (os inimigos comuns eram sempre os outros; os que, por exemplo, tentavam paralisar Brasília). Essa perspectiva brejeira contrastava com a realidade das relações sociais autoritárias – com a *atuação no conflito* – e não dissipava a consciência da violência do canteiro de obras, fosse em São Paulo, Brasília ou em outra cidade qualquer. Conforme essa visão, aos arquitetos restava projetar as obras de representação da nação e torcer pelo bom *êxito* dos empreendimentos.

A redução do perfil de atuação que sofreram os arquitetos da vanguarda histórica, levados à condição de técnicos da forma, foi, em parte, a condição dos arquitetos modernos brasileiros, reconhecíveis como técnicos da forma nacional em função dos vínculos com o projeto nacional e (em alguns casos diretamente) com o Estado nacional, objeto último de todas as ações. Essa "moldura real" excedia e enquadrava a compreensão que Artigas, e qualquer outro intelectual atuante, tinha como militante comunista do caminho das transformações políticas.

Ao avançarem sua perspectiva de atuação, incluindo nesta a crítica às relações de produção – crítica que se materializava em relação aos protótipos que tinham como objetivo a industrialização do país, isto é, a sua modernização, que garantiria a independência econômica da nação –, Lefèvre, Ferro e Império extrapolaram o campo nacional e ganharam o campo da *discussão social*, o que era equivocado, segundo o esquema de desenvolvimento por etapas. Além disso, a postura dos três arquitetos agregava a noção de grupo organizado que escapa do *status quo*, remetendo à ideia de vanguarda, que destrói ou afasta o que está postulado, propondo ações novas e inusitadas, inclusive com parceiros novos – no caso, os trabalhadores no canteiro – e, assim, constrói outro mundo.

O momento em que se explicitam essas divergências, entre 1967 e 1968, coincide com o momento do projeto da residência Juarez B. Lopes. A casa da historiografia, mesmo mantendo todas as suas qualidades espaciais, viria a se transformar no lugar de uma nova operação social. Assim, a questão do arcaico simbólico (quarto de empregada) e do arcaico estratégico (o uso do tijolo, laje mista etc.) esclarece-se a favor do segundo, como meio para aproximação com os trabalhadores. Coincide também, de forma não menos significativa, com a incrementação do debate de ensino de arquitetura na FAUUSP, que levou à realização do segundo Fórum da Escola, em 1968. Nele fizeram-se presentes as discussões sobre a relação entre estrutura curricular, arquitetura e papel dos arquitetos na sociedade num período político delicado.

Para Lefèvre, o objetivo das suas propostas de organização da produção de forma alternativa não poderia ficar restrito aos limites criticados. Como expresso no texto "Casa do Juarez", publicado na revista *Ou...*, em 1971 (mas de acordo com as questões de três anos antes, quando do projeto), o objetivo não seria apenas a:

realização de uma obra que participe de uma tendência que, mesmo que pareça como das mais progressistas, pode ter uma função conservadora enquanto o arquiteto colocar sua solidariedade com o planejamento unicamente no campo da ideologia, e não no plano da produção, como produtor. Só a tendência não é suficiente[161].

Segundo Lefèvre, apenas o discurso de uma transformação futura não seria suficiente, e, esclarecendo o perfil pretendido de produção, arrematava o texto afirmando que:

161. Rodrigo B. Lefèvre, "Casa do Juarez", *Ou...*, São Paulo: GFAU-USP 1971, n. 4, s.p.

a busca fundamental é a elaboração de um modelo de produção que esteja apto, por um lado, a guiar outros construtores em direção a ele, e por outro, a colocar à sua disposição um aparelho aperfeiçoado, que será tanto melhor quanto mais usuários adotarem-no como modelo. Em resumo, o modelo de produção deve fazer dos construtores e dos usuários, colaboradores[162].

Assim, ao reporem a discussão social por meio da arquitetura, propondo um modelo participativo, no qual "além das relações de produção o próprio processo tinha que ser revolucionado", eles assumiram o papel de vanguarda que almeja construir um novo mundo. Uma vanguarda que busca e trabalha a marginalidade dos valores da historiografia (as formas correntes de produção), e que não permitia que as precárias manifestações de uma cultura popular, ou os seus fragmentos, fossem, como de hábito, deslocados para a esfera do nacional, movimento que pode ser visto como objetivo do Estado-nação, autoritário ou não[163]. Nessa ação, de procurar recuperar seu papel de vanguarda (e dos arquitetos em geral), trabalharam justamente reelaborando os itens que permitiram a anulação dos ideais da arquitetura moderna, segundo a análise de Tafuri, ou seja, criticando a crença da planificação econômica, que tinha a grande indústria como paradigma e também a noção vigente de modernização, além de propor outro modelo de desenvolvimento, uma nova racionalidade construtiva, apoiada em possibilidades condizentes com o contexto produtivo que, em tese, respeitasse não apenas os saberes populares ou as práticas construtivas correntes, mas também, e essencialmente, o trabalhador na sua atividade como um parceiro ativo.

Recordando o período do final dos anos 1960, Lefèvre informou claramente várias questões que indicavam os rumos da sua atividade: "nós fomos retomar um outro tipo de arquitetura que utilizava, por exemplo, a construção com tijolo de barro, exatamente porque o sistema construtivo que adotava o tijolo de barro era importante para nós, na medida em que era um sistema construtivo muito utilizado pelas nossas populações"[164].

Note-se, nesse trecho, a importância atribuída ao uso do tijolo, em função das possibilidades de aproximação com a população que ele permitia. Na continuidade, depois de explicar que, na época (1967), 70% a 80% da periferia de São Paulo havia sido autoconstruída, sem a participação de qualquer profissional técnico, Lefèvre analisa a questão da autoconstrução:

Nesse processo de estudarmos os problemas da autoconstrução, nós estávamos voltados para uma situação que poderia acontecer, uma retomada do desenvolvimento, deixando de lado esses processos de modernização. Nós achávamos que devíamos nos preparar para uma situação em que se retomasse o desenvolvimento, mas com uma participação fundamental e massiva do povo, uma retomada que implicaria na redefinição de muitas coisas.

[...]

Então nós começamos a tentar voltar as nossas preocupações para as próprias potencialidades do povo, na medida em que começamos a achar que eram nessas potencialidades que estariam os germes de um desenvolvimento correto. Achávamos que essas potencialidades seriam a matéria-prima fundamental para retomarmos um desenvolvimento que fosse mais nosso, e não um processo de modernização que não nos convém[165].

162. *Ibidem.*
163. Para essa questão, ver Marilena Chauí, *Conformismo e resistência: aspectos da cultura popular no Brasil, op. cit.*, em particular o capítulo "Ainda o nacional e o popular", pp. 87-120.
164. Entrevista de Rodrigo B. Lefèvre a Renato de Andrade Maia, *op. cit.*
165. *Ibidem.*

Sobre a questão do trabalho na obra, visando uma relação diferenciada, Ferro relatou o cuidado que tinham na transmissão das informações e tarefas de cada grupo de trabalho nas obras, e a estratégia que utilizavam para transmitir um conhecimento unificado no projeto e reunificado pela prática coletiva:

Quando desenvolvíamos um projeto, a pasta de documentos ficava enorme. Cada equipe, cada lote de produção recebia uma cópia completa dessa pasta de desenhos e descritivos definitivos, com código de cores distinguindo uma das outras. Sempre achamos que cada operário, cada equipe deveria saber tudo sobre a obra e o porquê de cada coisa. Se, de início, cada uma das equipes era separada das demais para que pudessem propor o melhor de si mesma, depois era preciso rejuntá-las para que pudessem negociar e colaborar entre si e chegar à decisão comum a respeitar[166].

Arquitetura e política

Os textos de maior fôlego desse período, representativos dessas ideias, foram escritos por Sérgio Ferro no final da década de 1960 e início da seguinte: "Arquitetura nova" (1968), "Reflexões para uma política na arquitetura" (1969-1970) e "O canteiro e o desenho"[167]. O primeiro seria muito importante, porque, de forma clara, expunha que as propostas de trabalho dos arquitetos progressistas, ao contrário de "não se terem concretizado no nível em que foram pensadas, serviram, porém, para finalidades distintas e até opostas"[168]. Essa análise foi desenvolvida mais tarde por Lefèvre, para quem a arquitetura brasileira havia dado com os "'burros n'água' por dois processos: um que nós poderíamos chamar de político, que foi o processo que se instaurou depois de Juscelino até hoje; e o outro processo, digamos, na frente econômica. Isto é, as interferências do imperialismo, que se fizeram sentir cada vez mais, com maior intensidade, no início da década de 1960"[169].

No momento em que foi realizada, a constatação de Ferro representou o acirramento de um processo em que os questionamentos da atuação política por meio da profissão, e mesmo da atividade projetual, conheciam uma afirmação crescente. O ápice desse processo foi alcançado com a famosa consideração de Lefèvre no texto citado, de apresentação da residência Juarez B. Lopes, em que afirmou a nulidade das agressões que outrora a estratégia do choque por meio da linguagem arquitetônica produzia, porque, além de ganharem o *status* de belas, eram "absorvidas como modismo". Concluía a afirmação propondo "que hoje e cada vez mais a 'agressão' deve ser contundente, exigindo uma substituição do lápis"[170].

"Casa do Juarez" concentrava as estratégias construtivas de uma pedagogia social, que integrava materiais convencionais numa concepção espacial moderna e também apontava os limites dessa ação. Na verdade, a transformação das relações, no canteiro, podia substituir a atividade de prancheta, mas não substituía uma prática política que prescindisse de uma mediação profissional.

Independentemente dos tateamentos anteriores a 1964, o golpe abalou todas as certezas e convicções daqueles que estavam comprometidos com as transformações sociais e políticas do país. O número de *Acrópole* de julho de 1965, dedicado ao trabalho de Lefèvre, Ferro e Imperio, foi significativo. Não por acaso, o editorial de Eduardo Corona, "Acerca da habitação popular", manifestava-se de forma crítica diante das soluções vinculadas a processos industriais. Corona tratava com desconfiança as soluções de casas pré-fabricadas e outras do gênero, "denunciando" a exiguidade da área das unidades oferecidas ao trabalhador, afirmando:

Chegar-se-á à conclusão de que será preferível construir casas de tijolo, emboço e reboco ou de adobe, mas que ofereçam à família do operário e a cada pessoa em particular a chance de habitar e, também, coabitar no sentido de relações humanas adequadas e próprias do desenvolvimento da personalidade[171].

E concluiu o editorial assegurando que "é necessário estudo demorado e de profundidade. E aí, tenho certeza, será dada mais importância ao homem do que à técnica, à vida da família na casa do que ao empilhamento de gente na sala e cozinha"[172].

Ainda que esse editorial fosse um pouco impreciso, num número em que se estão afirmando várias obras com técnicas construtivas correntes, os termos de Corona soam mais como apoio do que como crítica. Evidentemente, a própria definição de um número dedicado ao trabalho de Lefèvre, Ferro e Império, por parte da revista de arquitetura mais conceituada do período, pelo menos em São Paulo, já seria uma demonstração da repercussão das propostas dos três arquitetos e do respeito por elas.

Na mesma edição de *Acrópole*, o texto de Artigas, "Uma falsa crise", que antecedia os textos e trabalhos de Lefèvre, Ferro e Império, após discutir a questão do funcionalismo e da técnica moderna em relação aos países subdesenvolvidos, qualificava de forma positiva os três arquitetos, afirmando:

166. Entrevista de Sérgio Ferro ao autor, em março de 2001.
167. Formulado no final dos anos 1960 e publicado, inicialmente em duas partes, "A forma da arquitetura e o desenho da mercadoria" e "O desenho", a primeira em 1976 e a segunda em 1977, na revista *Almanaque: cadernos de literatura e ensaio*, respectivamente números 2 e 3, São Paulo: Brasiliense. Publicado com o título *O canteiro e o desenho*, São Paulo: Projeto Editores Associados, 1982, e também com esse título em *Arquitetura e trabalho livre*, São Paulo: Cosac Naify, 2006.
168. Sérgio Ferro, "Arquitetura nova", *op. cit.*
169. Entrevista de Rodrigo B. Lefèvre a Renato de Andrade Maia, *op. cit.*
170. Rodrigo B. Lefèvre, "Casa do Juarez", *op. cit.* Note-se novamente que, apesar de publicado em 1971, o conteúdo dos seus termos já estavam presentes em 1968.
171. Eduardo Corona, "Acerca da habitação popular", *Acrópole*, São Paulo: jul. 1965, n. 319, p. 18. Além do editorial, cabe registrar que esse número de *Acrópole* é bem significativo do "universo" da construção. Nas páginas iniciais, dedicadas à propaganda de materiais e de empresas de construção, um dos anúncios era das lajes Volterrama, que realçava a economia na obra com a pré-fabricação. Essas mesmas lajes, só que curvas, seriam utilizadas por Lefèvre em suas futuras obras com abóbadas.
172. *Ibidem*.

Os jovens arquitetos brasileiros exibem hoje uma atividade artística que está cada vez mais longe de condená-los à vida isolada do velho conceito de artista. Ao contrário, avançam com características de uma formação universitária que é de novo tipo, para a interpretação da história e seu aproveitamento em termos novos […].

Caminharão passo a passo no trabalho cotidiano. Como queria Paul Langevin: "O pensamento nasce da ação e, num espírito sadio, volta à ação"[173].

Mesmo que esse texto pudesse remeter a um conjunto maior de jovens arquitetos, sua publicação, no número especial da revista sobre a obra de Lefèvre, Ferro e Império, reconhecia o valor do trabalho e das ideias que os três vinham elaborando. Estes, aliás, não eram "estranhos" ao debate político-arquitetônico, que forçava novas formulações. Artigas, normalmente visto como exemplo de coerência política – além de ideológica –, em 1967 teve posturas ambíguas em relação à situação política de então, em decorrência das incertezas que o golpe militar produzira. Nesse ano, ele realizou uma obra absolutamente crítica da representação do desenvolvimento nacional, a residência Elza Berquó. A exemplo da Casa do Juarez, realizada um ano depois, era uma "construção" moderna cravada por colagens de elementos ou símbolos críticos da modernização. Sobre ela, Artigas escreveu:

A casa saiu meio "pop", meio protesto de todas essas coisas, e irônica. Fiz uma estrutura em concreto armado apoiada sobre troncos de madeira, para dizer que, nesta ocasião, essa técnica toda, de concreto armado, que fez essa magnífica arquitetura, não passa de uma tolice irremediável em face de todas as condições políticas que vivia nesse momento. A casa tem piso com toda a sorte de materiais e é inspirada num modelo espanhol que tem pátio no meio. Um pátio que comunica todas essas coisas. Só para você ver que sinto comigo que pude exprimir nessa casa um momento histórico que vivíamos com todas as contingências sociais. Isso para mostrar, não sei se bem ou mal, como o espírito do arquiteto pode pesquisar a forma que ele usa do lado exterior[174].

Ainda que misturando sentimentos pessoais com questões políticas, ficava patente o desconforto de Artigas com o desenvolvimentismo, que procurou traduzir com a obra, ainda mais se for considerado que esse texto foi elaborado muito depois do projeto. Entretanto, no mesmo ano (1967) o Partido Comunista Brasileiro realizou seu VI Congresso e, independentemente das divergências internas quanto ao apoio ao projeto nacional-desenvolvimentista, que acabou por reforçar ou dar origem a várias novas organizações políticas, o partido reconfirmaria sua linha de apoio à revolução nacional e anti-imperialista por vias institucionais e pacíficas. O golpe de 1964 era interpretado pelo PCB, segundo Mantega, como uma "vitória temporária das forças mais reacionárias do país, vale dizer, do latifúndio e dos capitalistas associados, e a derrota das forças nacionais e democráticas"[175]. Essa vitória, segundo o PCB, em tese era um recuo do capitalismo. A tarefa central, para o partido e as formas democráticas, seria retomar o desenvolvimento nacional e realizar a reforma agrária, da mesma forma e com os mesmos parceiros anteriores a 1964. Para o PCB, avançar o capitalismo continuava significando avançar a democracia.

Independentemente do posicionamento assumido na Casa Berquó, Artigas respondeu afirmativamente ao Congresso, anulando suas incertezas. Nesse mesmo ano, 1967, projetou o Conjunto Habitacional Cecap - Zezinho Magalhães Prado, no qual repôs todo o ideário de modernização nacional que vinha caracterizando sua obra, em uma chave distinta daquela de Lefèvre, Ferro e Império – o que, na prática, significou rever a qualificação positiva dos três arquitetos, que seu artigo em *Acrópole* anteriormente indicava[176]. Mas não seria apenas isso. Apesar de anteriormente imaginar a arquitetura e os arquitetos vinculando-se a um plano econômico capaz de promover transformações sociais, com o golpe, e por causa dele, Artigas permitiu que sua obra e a própria arquitetura fossem objetos de "mutação", talvez como forma de compensar o "fracasso" do projeto de unidade nacional que o desenvolvimentismo requeria. Assim, de componente de um plano, de sua representação espacial, a arquitetura passa à função de instrumento de mudança social, meio privilegiado para o exercício da atividade política. Talvez a passagem mais representativa dessa transposição do discurso político tradicional para a atuação profissional tenha sido escrita por Flávio Motta, no texto "Desenho e emancipação", também de 1967. Como o próprio título indica, Motta vinculava o "problema" do desenho à emancipação política. Em sua argumentação, procurava demonstrar a simbiose entre desenho e desígnio, o que permitiria desvendar as mais densas propriedades do ato de projetar:

Bem sabemos que a palavra "desenho" tem, originalmente, um compromisso com a palavra "desígnio". Na medida em que restabelecermos, efetivamente, os vínculos entre as duas palavras, estaremos também recuperando a capacidade de influir no rumo do nosso viver. Assim, o desenho se aproxima da noção de "projeto" (pro-jet), de uma espécie de lançar-se para frente, incessantemente, movimento por uma "preocupação". Essa "pré--ocupação" compartilharia da consciência da necessidade. Num certo sentido, ela já assinala um encaminhamento no plano da liberdade. Desde que se considere a preocupação como resultante de dimensões históricas e sociais, ela transforma o projeto em "projeto social".

Na medida em que uma sociedade realiza suas condições humanísticas de viver, então o desenho manifesta-se mais preciso e dinâmico em seu significado. Vale dizer que através do desenho podemos identificar o projeto social. E com ele encontraremos a linguagem adequada a conduzir a emancipação humana[177].

173. J. B. V. Artigas, "Uma falsa crise", *Acrópole*, São Paulo: jul. 1965, n. 319.
174. *Idem*, *A função social do arquiteto*, São Paulo: Fundação Vilanova Artigas/Nobel, 1989, p. 48.
175. G. Mantega, *op. cit.*, pp. 168-9.
176. A obra de Artigas é rica e compreende fases distintas. Particularmente em relação às diferenças "programáticas" entre os projetos da Casa Berquó e do Conjunto Zezinho Magalhães Prado (além da Casa Mendes André), bem como acerca do debate acalorado sobre o projeto do Conjunto ocorrido na FAUUSP no período, ver M. A. Buzzar, *João Batista Vilanova Artigas: elementos para a compreensão de um caminho da arquitetura brasileira, 1938-1967*, *op. cit.*, pp. 312-28. Cecap, antiga Caixa Estadual de Casas para o Povo.
177. Flávio Motta, "Desenho e emancipação", em: J. B. V. Artigas, M. de Andrade e F. Motta, *Sobre Desenho*, *op. cit.*, São Paulo; CEB-GFAU, p. 29.

Essa análise de Motta, ainda que guardando alguma ambiguidade quanto ao alcance social da relação desígnio-projeto, pode ser considerada o limite da crença nas possibilidades da arquitetura, na qual a identificação do projeto social não deixava de "escorregar" para o meio pelo qual se pode realizar tal projeto. Permutando conceitos, o desenho/projeto era definido como linguagem da emancipação e permitia que fosse interpretado como uma alternativa à política.

O texto de Motta é contemporâneo do ensaio "O desenho", de Artigas, sintomaticamente de 1967[178]. Ainda que em seu texto Artigas discutisse a semântica do termo desenho e também analisasse a relação "desenho como desígnio", ele ligava essa questão a sua retomada da defesa da máquina e da técnica moderna, que representava a defesa do projeto nacional, do desenvolvimentismo e da modernização, afirmando: "Não esperem que eu tome partido contra a técnica. Muito ao contrário, julgo que frente a ela os arquitetos e artistas em geral viram ampliar-se o seu repertório formal, assim como se ampliaram seus meios de realizar. Alinho-me entre os que estão convictos de que a máquina permite à arte uma função renovada na sociedade"[179].

Evidentemente, essa defesa não era desconectada do debate existente no período, nem das obras que Lefèvre, Ferro e Império projetavam, nem da crítica à modernização e à dominação técnica por meio do trabalho que realizavam. Entretanto, Artigas não tratava o assunto diretamente; contornava-o, para melhor expor seu raciocínio, afirmando que o conflito entre arte e técnica seria resolvido quando a "arte fosse reconhecida como linguagem dos desígnios do homem"[180]. Deixava explícito, desse modo, que desenhar podia ter duas dimensões: a técnica e a da projetação, do *desenhar na mente* – e, recordando-se o que comentamos no início do trabalho, esse segundo sentido seria o que informava o texto "Arquitetura e construção". Para Artigas, utilizando-se à sua maneira das ideias de Heidegger, o construir era precedido do projetar – só assim, "habitar era ser". O homem *era* quando *projetava* a habitação e a cidade. O sentido dessa conclusão, não escrita nesses termos, mas facilmente deduzida, não deixava de "ampliar" a dimensão do fazer projeto, indicando aos arquitetos qual deveria ser a natureza de sua ação política.

De forma poética, ao mesmo tempo que desenvolvia suas ideias de arquitetura como representação e símbolo (da nação), Artigas permitia, junto com Motta, que os termos *desenho*, e, na sequência, *projeto* (arte/desígnios do homem) adquirissem a mesma dimensão de desígnio.

Assim, em relação aos termos do debate do período, a crítica de Lefèvre adquire todo o seu significado. Para ele, a necessidade de uma *agressão* mais *contundente*, que apenas seria possível com a *substituição do lápis* como instrumento político, representava a recusa de imaginar e exercer uma atuação política apenas por meio da atividade profissional na prancheta. A prática do projeto, em um momento de contestação crítica do *status quo* – e deste fazendo parte a arquitetura –, como Shadrach Woods e Giancarlo De Carlo também identificaram, era vista como a negação de uma ação política verdadeira e de uma prática realmente politizada do fazer arquitetônico.

Lefèvre, retomando e explicando essa questão, em 1974, informou as noções pertinentes e as formulações acerca do exercício da profissão que marcaram o debate sobre a arquitetura e seu ensino:

Nessa época, 1968, 1969, apareceu uma corrente de pessoas que pensavam que fazer arquitetura não era necessariamente você sentar numa prancheta, rabiscar e mandar esse desenho para a obra. Era uma atividade profissional, que, num certo momento, estava comprometida com a situação geral do Brasil, e que nós não tínhamos muita saída para produzir alguma coisa de bom, de razoável. Apareceram outras pessoas, uma outra corrente, que achava que produzir projetos de arquitetura era a única possibilidade do arquiteto.

Essa corrente achava que a atividade devia retomar, por exemplo, um processo de desenvolvimento concreto, real, em vez de um processo de modernização [...]. Em termos de conjuntura talvez fosse o mais razoável, em certo momento, em termos de atividade do arquiteto, não de atividade profissional, mas de uma atividade cultural mais geral.

Isso causou também muita confusão. Algumas pessoas começaram a ser dedadas, começaram a falar que existiam arquitetos que achavam que os mesmos não deviam trabalhar na prancheta e que não deviam produzir desenho. Não era nada disso, tambem. Simplesmente nós achávamos que talvez fosse importante, em certo momento, pensar um pouco e aprender a pensar um pouco, antes de fazer alguma atividade profissional. E mais: pretendíamos criar condições concretas de realização em termos profissionais. Realização concreta de objetos em termos profissionais, mas aí vieram as confusões[181].

Apesar das confusões, as divergências eram reais e pareciam dividir mundos. No âmbito da FAUUSP, conformaram-se grupos antagônicos de estudantes no início da década de 1970, que se expressavam por meio de duas revistas com nomes sugestivos: *Desenho* e *Ou...* A felicidade dos nomes dispensa explicações quanto à natureza das divergências e dos posicionamentos políticos.

Qualquer análise do debate sobre as posições relativas ao significado e papel do desenho na atividade arquitetônica não pode prescindir, mesmo que rapidamente, de uma referência ao texto de Ferro "O canteiro e o desenho". Ainda que publicado na metade

178. Inscrevendo-se, portanto, no debate arquitetônico e político geral entre os arquitetos, mas que também fazia parte do processo de discussões sobre ensino, que levou ao Fórum de 1968. Em 1975, os textos de Artigas e Motta foram reunidos numa publicação do Grêmio da FAUUSP.

179. Texto apresentado na aula inaugural da FAUUSP, em 1º mar. 1967. J. B. V. Artigas, "O desenho", em: J. B. V. Artigas, M. de Andrade e F. Motta, *Sobre desenho*, São Paulo: CEB-GFAU, 1975, p. 6. Texto também publicado em *Caminhos da arquitetura*, São Paulo: Pini/Fundação Vilanova Artigas, 1986, e *Caminhos da arquitetura*, São Paulo: Cosac Naify, 2004.

180. *Ibidem*, p. 15.

181. Entrevista de Rodrigo B. Lefèvre a Renato de Andrade Maia, *op. cit.*

dos anos 1970, sua elaboração remete ao final dos anos 1960, ou seja, informando as posições de Lefèvre e criticamente questionando as posições de Artigas e Motta. Nele, recorrendo a Marx para pensar o produto arquitetônico como mercadoria e como sua produção efetivamente ocorria, para Ferro "a função fundamental do desenho de arquitetura hoje é possibilitar a forma mercadoria do objeto arquitetônico que sem ele não seria atingida (em condições não marginais)"[182]. Nessa senda, de forma contrária às considerações que pretendiam enriquecer a poética arquitetônica com conotações de transformação social, informava: "o desenho é uma das corporificações da heteronomia do canteiro [...] o desenho de arquitetura é caminho obrigatório para a extração de mais-valia e não pode ser separado de qualquer outro desenho para a produção"[183]. Como desenho inscrito no processo de produção capitalista, não mais como desígnio, o projeto (desenho em arquitetura) perdia qualquer condição exclusiva: de meio de emancipação social, era desnudado como meio de exploração do trabalhador no canteiro, local do exercício da heteronomia capitalista, que o projeto *agrava*.

UM SENTIDO PARA A TÉCNICA

Técnica, do grego technè, remonta a um verbo muito antigo, teuchô (única mas numerosamente atestado pelos poetas, radical t(e)uch, indo-europeu th(e)euch-), cujo sentido central em Homero é "fabricar", "produzir", "construir"; teuchos, "ferramenta", "instrumento", é também o instrumento por excelência: as armas. Já em Homero, realiza-se a passagem desse sentido ao de causar, fazer ser, trazer à existência, muitas vezes desligado da ideia de fabricação material, mas nunca da de ato apropriado e eficaz; o derivado tuktos, "bem-construído", "bem-fabricado", acaba por significar acabado, terminado, completo; tektôn, de início o carpinteiro, é também em Homero o artesão ou o operário em geral e ulteriormente o mestre em uma ocupação dada, finalmente o bom construtor, produtor ou autor. Technè, "produção" ou "fabricação material", torna-se logo a produção ou o fazer eficaz, adequado em geral (não necessariamente ligado a um produto material), a maneira de fazer correlativa a uma tal produção, a faculdade que a permite, a habilidade produtiva relativa a uma ocupação e (a partir de Heródoto, de Píndaro e dos trágicos) a habilidade em geral, portanto o método, maneira, modo de fazer eficaz. Assim o termo chega a ser utilizado (frequentemente em Platão) como quase sinônimo de saber rigoroso e fundamentado, do epistèmè. No período clássico, é conotado pelas oposições technè-paideia (ocupação profissional lucrativa oposta ao apreender desinteressado), technè-tuchè (causação por um fazer eficaz porque consciente, que se opõe a um efeito do acaso), enfim technè-physis. Os estoicos definirão a technè como hexis hodopoiètiké, "hábito criador de caminho".
— Cornelius Castoriadis

Nas suas perguntas sobre a técnica, Heidegger afirma que a essência da técnica, que não se confunde com ela, pode ser vislumbrada a partir da própria técnica, mas que a essência da técnica completa-se fora dela, na arte:

A técnica não é o mesmo que a essência da técnica [...].

A essência da técnica não é, absolutamente, algo técnico. Por isso nunca experimentaremos nossa relação com a essência da técnica enquanto nos representarmos e dedicarmos somente ao técnico – para adotá-lo ou rechaçá-lo. Em tudo permanecemos presos, acorrentados à técnica, ainda que, apaixonadamente, a afirmemos ou neguemos. Estamos entregues com mais severidade à técnica quando a consideramos algo neutro, pois essa concepção, que hoje tem grande aceitação, deixa-nos completamente cegos para a essência da técnica[184].

O trabalho de Lefèvre, Ferro e Império identifica-se com essa formulação, em vários momentos, de forma exemplar. Primeiro, pela amplitude de suas atividades: cenografia, pintura (de cavalete e mural), comunicação visual e a própria arquitetura – ou seja, a atividade deles é artística num sentido amplo, mas sobretudo profundo; ao singrarem várias disciplinas artísticas, estas se contaminam, deixam de ser disciplinas estanques e buscam o que há de comum entre elas. Depois, pela busca de uma renovação do papel da arquitetura moderna, de modo que ela não se submetesse ao traço mais instrumentalizador de sua poética, a saber: a utilização convencional e acidental da técnica moderna ou a transposição da ideia de uso da técnica de forma direta, sem interpretar a condição e os elementos que interferem nessa transposição. A artisticidade do fazer arquitetônico seria reencontrada na busca de relações mais próximas com a realidade das condições de produção. As contradições – arcaico versus moderno, subdesenvolvimento versus imperialismo, o saber do arquiteto versus a prática do trabalhador – não são escamoteadas, nem seriam uma página a ser virada por um plano de desenvolvimento nacional; são matérias de elaboração da arte e da arquitetura.

Utilizar-se do já feito, do "como encontrado" (as found) ou, no caso, do que é produzido correntemente, como na questão dos caibros componentes dos caixilhos, é um recurso originário da arte lançado à arquitetura, que revela à própria arquitetura sua condição, sua existência no mundo da construção como ele existe.

Operações como essa, ao serem transpostas para a arquitetura, eram submetidas a princípios construtivos rígidos, orientadas por uma elaboração teórica refinada, nada incipiente, ou meramente empírica, como foi interpretada e criticada. Assim, existe o respeito às práticas construtivas correntes e populares, mas elas não eram decalcadas de forma imediata. O que havia era uma reunião do pensamento construtivo moderno, que incluía a racionalização na organização da ação, na utilização dos materiais e no processo de construção, no canteiro de obras, com as práticas correntes e populares. Segundo Ferro:

182. Sérgio Ferro, "A forma da arquitetura e o desenho da mercadoria", em: *Almanaque 2: cadernos de literatura e ensaio*, São Paulo: Brasiliense, 1976, p. 18.
183. *Ibidem*.
184. Martin Heidegger, "La pregunta por la técnica", em: *Filosofía, ciencia y técnica*, Santiago: Editorial Universitaria, 1997, p. 113. Interessante notar como Artigas refere-se a essa formulação no texto "O desenho", citado anteriormente.

Nossa proposta para a utilização da manufatura era esta: primeiro, separar bem as fatias, as equipes especializadas de trabalho, para pensar, ouvir e propor a cada uma o que fazer levando em conta sobretudo suas características essenciais de equipamentos, materiais e técnicas produtivas. Cada uma deve poder fazer o que de melhor sabe fazer, com técnica simples de sua competência, com máxima economia racional e melhores condições de trabalho. E assim até o fim do canteiro. Bem dividir as etapas em torno de sua coerência imanente é o pressuposto de sua coordenação autogestionária coerente. Radicalizar a separação é condição para reunir, na verdade. Estas coisas – colaboração dos trabalhadores no canteiro, escuta de suas proposições etc. – podem parecer romantismo (por que não?) – mas correspondem à racionalidade mais elementar[185].

O procedimento de se retirar de uma técnica simples e de materiais convencionais o máximo rendimento, só é possível a partir de um raciocínio técnico concentrado e desenvolvido, que não interpreta o existente nem como limite, nem como barreira, mas como desafio e matéria de invenção. De certa forma, o mesmo procedimento construtivo pode ser observado em Eladio Dieste e suas grandes coberturas tensionadas de tijolos. Essas estruturas não são meramente a atualização de técnicas construtivas arcaicas, ainda que demonstrem respeito por elas; são fruto de uma inventividade e um cálculo apurados.

Nesse sentido, pode-se falar que a poética desenvolvida por Lefèvre, Ferro e Império é mais complexa do que sugere a noção primeira de poética da economia. Uma poética que se define a partir da produção, criando, inventando de forma particular, pela reunião dos materiais e processos existentes. Assim considerada, a reunião é uma operação apropriada, fruto de uma habilidade produtiva *eficaz*, que não se limitaria apenas ao aspecto manual[186].

A relação dos materiais com o ato de projetar integra as preocupações de vários arquitetos. Quando Vittorio Gregotti discute esse tema, verifica-se uma correspondência com a estrutura da poética elaborada pelos três arquitetos. Isso porque Gregotti entende a ideia de material de forma "bastante mais ampla e menos tecnológica". Nesse caso, pode-se intuir que a noção de *habilidade eficaz* corresponderia a sua ideia de material, pois ambos deixam de ser cativos de uma visão produtivista, compreendendo e perpassando "diversos níveis de agregação, toda materialidade do mundo existente, suas coisas, convicções, noções, ideologias", um vasto ambiente físico que existe ou manifesta o "ser do homem na terra". Assim, a operação arquitetônica consistiria justamente na "conexão dos materiais existentes segundo as relações de comunicação capazes de dotar de sentido a forma do ambiente físico"[187].

Para Lefèvre, Ferro e Império, a construção de uma poética diferente daquela que informava as vertentes hegemônicas da arquitetura moderna brasileira vinha como uma necessidade que se fundamentava na impropriedade, na perda de sentido de como a realidade era interpretada. Dotar de sentido a arquitetura significava introduzir operações artísticas, construtivas e conceituais articuladas a uma nova visão da sociedade brasileira, postas em desenvolvimento, em cada uma de suas obras, cujo sentido também agregava novas relações de trabalho.

Dessa maneira, o traço específico, nos três arquitetos, é a forma, tanto física quanto social, de como lidaram com a realidade, sem a ela estarem limitados. No campo cultural, uma nova atitude de aproximação com a realidade, procurando renovar linguagens, soluções e significados, não se encontrava circunscrita à arquitetura e às suas atividades intelectuais e artísticas; estava presente nas discussões das artes plásticas, ocorridas em meados dos anos 1960, no Rio de Janeiro (*Opinião 65*) e em São Paulo (*Propostas 65*). As discussões, de modo geral, podem ser sintetizadas como a retomada da pintura figurativista (realista), combinando-se com propostas sensoriais que, de forma genérica, a exemplo do teatro, absorvessem o espectador, integrando-o na obra, buscando eliminar a distinção entre público e artista, tornando todos produtores.

Aquilo que se realizava imaginando-se transformar a realidade de forma participativa norteava várias das atitudes daquele momento, e a presença de Ferro, principalmente, na organização da exposição *Propostas 65*, em São Paulo, é sintomática do tipo de renovação da linguagem arquitetônica que ele, Lefèvre e Império buscavam. Para Daysi Alvarado, a característica de vanguarda dos artistas paulistas que organizaram a exposição se dava em função da "relação com a realidade brasileira [...] investida da missão de nela interferir e modificá-la", o que levava a "um programa e um compromisso de ordem política" e à própria ação política[188].

Segundo Ridenti, até por volta de 1968 "as coordenadas históricas do modernismo, que vinham ao menos desde os anos 1920"[189], faziam-se presentes na sociedade e incluíam um "impulso revolucionário" a que se dedicavam artistas e intelectuais. É nesse quadro que Lefèvre, no decisivo texto "Casa do Juarez", indicou claramente a preocupação em unir, de forma direta, a prática profissional com a prática política, renovando o *impulso revolucionário* por

185. Entrevista de Sérgio Ferro ao autor, em março de 2001.
186. Segundo Cornelius Castoriadis, "habilidade [...] portanto o método, maneira, modo de fazer eficaz". Ver C. Castoriadis, *As encruzilhadas do labirinto*, v.1, Rio de Janeiro: Paz e Terra: 1987, pp. 236-8.
187. Para as questões propostas por Vittorio Gregotti, ver "Los materiales de la proyectación", em: G. Canella et al., *Teoria de la proyectación arquitectónica*, Barcelona: Gustavo Gili, 1971, p. 209.
188. Daysi V. M. Peccinini de Alvarado, *Figurações – Brasil anos 60: neofigurações fantásticas e neo-surrealismo, novo realismo e nova objetividade brasileira*, São Paulo: Edusp/Itaú Cultural, 1999, p. 137.
189. Marcelo Ridenti, *Em busca do povo brasileiro*, Rio de Janeiro: Record, 2000, p. 270.

meio de uma conceituação que revelava, por um lado, a presença das elaborações de Gorz e, por outro, a influência de *Educação como prática da liberdade*, de Paulo Freire[190], nas suas formulações de participação ativa dos trabalhadores na realização da obra, claramente expressas na ideia, citada anteriormente, de transformar usuários e construtores em colaboradores da obra[191].

Num país autoritário, onde os valores públicos da democracia nunca vigoraram de forma plena, onde o discurso sobre melhorias sociais nunca pressupôs os excluídos como sujeitos conscientes do processo social, mas sim como agentes passivos e "mudos", porque eternos futuros beneficiários da justiça social, do "bolo", confeccionado pela elite econômica e social, a ser repartido, as propostas de Lefèvre, Ferro e Império causaram traumas à esquerda e à direita do espectro político.

A partir dessa questão, a relação com as formas construtivas correntes ganharia outros significados, pois elas não possuem utilidade apenas em si. No texto "Casa do Juarez", Lefèvre afirmava a existência de um déficit de "cerca de 10.000.000 de habitações e os respectivos serviços de infraestrutura", e imaginava a participação do processo de autoconstrução, no enfrentamento do déficit, como "um regulador de mão de obra não especializada excedente, até que outros setores industriais, incluindo o da construção, em níveis mais altos de tecnologia, tenham condições de absorvê-la"[192].

Por outro lado, a compreensão da articulação entre formas arcaicas e modernas, ainda que real na economia brasileira, podia abrigar soluções que tendiam a uma melhoria dos estágios produtivos e, dessa forma, sua proposta adquiria um caráter de transição, que seria reforçado em outro trecho: "essa técnica popular, com materiais empregados (barro e madeira), pode permitir, num prazo de dez ou vinte anos, a demolição para implantação de equipamentos já produzidos em outro nível de tecnologia"[193].

A técnica popular era importante no momento da sua utilização, mas se subordinava a um ciclo de desenvolvimento. A sua aplicação questionava os fundamentos do projeto desenvolvimentista, mas não representava uma solução definitiva, em termos de paradigma construtivo. Sua melhor característica se dava enquanto elemento de coesão e educação dos trabalhadores. Como militante político, Lefèvre acreditava na derrota do regime militar e, ainda que de forma não muito clara, imaginava essa derrota articulada com um novo ciclo de desenvolvimento, distinto da "modernização" convencional, em que os trabalhadores tivessem uma participação efetiva.

Política e arquitetura

As divergências em relação ao projeto desenvolvimentista, evidentemente, não ocorriam apenas entre grupos de arquitetos. A esquerda fracionava-se numa miríade de organizações críticas da formulação etapista, propagada pelo PCB e reconfirmada seu Congresso de 1967. Os críticos do modelo desenvolvimentista, além de opositores do regime de 1964, passavam a ser oponentes de uma ação de recomposição do quadro político que sustentou a política desenvolvimentista, migrando para uma atitude cada vez mais fora do quadro institucional – ou de sua retomada tradicional –, aliada a uma ação direta e imediata. "Vem, vamos embora, que esperar não é saber / quem sabe faz a hora, não espera acontecer", ditava uma letra de Geraldo Vandré, compositor com grande expressão na época. Essa outra postura aliava a noção de ação à de grupo organizado que auxiliava a recriar o ideal perdido de vanguarda, que, à frente do senso comum ou da consciência vigente, lançava suas ações exemplares (e imaginadas educativas), que deveriam transformar esse mesmo senso comum, levando a população a uma conscientização que lhe permitisse combater e superar o regime instalado em 1964 e implantar um regime comprometido com as questões sociais.

Os reflexos dos acontecimentos internacionais – Revolução Cultural Chinesa, Guerra do Vietnã, Primavera de Praga e as agitações estudantis em toda Europa –, ocorridos, particularmente, na França (maio de 1968), mas também na América Latina, suscitavam o questionamento do capitalismo e também do reconhecido autoritarismo dos partidos comunistas e suas políticas conservadoras. A luta armada era um fenômeno em certo sentido mundial e, na América Latina, depois da queda da ditadura de Fulgêncio Batista, no final dos anos 1950, em Cuba, com a vitória de Fidel Castro e Che Guevara, seduziu parte considerável das novas gerações de ativistas e organizações de esquerda, que viam na guerrilha uma forma de intervenção imediata, não subordinada às alianças com a burguesia "nacional" e aos processos políticos de longo prazo, nos quais se dissipava o impulso transformador.

O processo de reorganização da economia capitalista, iniciado internacionalmente depois da Segunda Guerra Mundial, ia ajustando e incorporando a economia brasileira de forma progressiva, integrando sem necessitar solucionar as características modernas e arcaicas, pelo contrário, valendo-se delas. O golpe de 1964 impôs uma solução política; a integração seria autoritária e ratificaria a impropriedade de uma contradição estrutural entre uma fração da burguesia local e o capital internacional, como Francisco de Oliveira identificou[194].

190. Além de *Educação como prática da liberdade*, outro livro de Paulo Freire que marcou a intelectualidade sensível às mudanças sociais foi *Pedagogia do oprimido*. No seu mestrado, *Projeto de um acampamento de obra: uma utopia*, de 1981, as preocupações de Lefèvre, bem como suas propostas (ainda que revisadas), conhecerão uma formalização ampla, como será discutido.
191. R. B. Lefèvre, "Casa do Juarez", *Ou...*, São Paulo: GFAU, n. 4, s.p. Registre-se a coerência dessa formulação com o trecho da entrevista de Ferro na qual este relata o trabalho no canteiro e o cuidado em transmitir as informações, base para se ter ao menos o construtor como colaborador. Além disso, a influência das ideias de Gorz é patente.
192. *Ibidem*.
193. *Ibidem*.
194. Ver Francisco de Oliveira, *A economia brasileira: crítica à razão dualista*, Petrópolis: Vozes, 1988.

Dessa forma, ao contrário do que o PCB interpretava, o capitalismo no Brasil avançava pós-64.

Os planos econômicos do regime autoritário reafirmavam a impossibilidade de a arquitetura readquirir o papel revolucionário, anteriormente pretendido pela vanguarda histórica, mesmo a partir de uma crítica à própria arquitetura moderna. Entretanto, afora a questão da modificação das relações de trabalho, a inclinação de Lefèvre para com as tecnologias correntes continha uma crítica ao projeto desenvolvimentista, pois percebia a peculiaridade do desenvolvimento capitalista no Brasil, no qual o arcaico e o convencional convivem com o moderno de forma articulada, ou seja: as formas e técnicas arcaicas e convencionais de produção, no caso as da construção civil, não são empecilho nem às formas e técnicas modernas de produção (com as quais interage) nem ao atendimento dos problemas de moradia (caso houvesse disposição política para tanto), porque, economicamente, conseguiriam competir com as formas modernas sem prejudicá-las. As técnicas arcaicas, de certa forma, sempre haviam sido encaradas como um obstáculo ao desenvolvimento da indústria da construção local. Mas, embora esclarecedora, essa percepção da natureza da construção civil no Brasil (e da própria economia brasileira), e do trabalho transformador no canteiro, não garantiam a recomposição do lugar privilegiado da arquitetura e dos arquitetos na reordenação da sociedade. Na ausência e na impossibilidade de um partido de massas, condições determinadas por uma política de esquerda que sempre prescindiu dos trabalhadores, Lefèvre, Ferro e vários outros intelectuais e militantes vislumbraram outra atuação política para além da arquitetura e também para além do trabalho no canteiro e fora das amarras do projeto político do PCB.

Uma atuação que não deixava de ter a marca da substituição. Só que, nesse caso, em vez de a política ser substituída pela arquitetura, os protagonistas da transformação social na concepção marxista-leninista – os trabalhadores organizados – eram substituídos por uma vanguarda "armada" que esperava, por meio de ações exemplares de combate ao regime militar, conquistar os trabalhadores para a luta revolucionária. O desfecho político dessa formulação é conhecido, prescindindo de qualquer análise, e levou à prisão dos arquitetos em 1970.

Numa entrevista deslocada daquele momento, Ferro agregou outro sentido para a participação na luta armada. Um sentido de experiência vivida, de situação-limite de difícil ponderação:

Na memória histórica, ficam sempre gravados certos fatos e outros são esquecidos. Não fomos nós que começamos a luta armada. Em 1964 a violência já começou a ser grande, mesmo à época do Castelo Branco. Mas do lado de lá, causada por eles: terrorismo do Estado. A necessidade de resistir a eles se impunha. Você me pergunta: como um professor universitário poderia pegar em armas? Eu respondo: como um professor universitário poderia não fazê-lo? Vendo jovens estudantes nas ruas massacrados, mortos? Quantos alunos meus, brilhantes, desapareceram, morreram, sumiram. Era o mínimo que eu poderia fazer, naquela situação tão difícil. Ao mesmo tempo se ensinava arquitetura como uma ética, muito mais do que como estética. E essa ética transmitida aos alunos era um pouquinho do fermento que os levava à luta. Era uma situação em que é difícil descrever a angústia. Luta armada é coisa feia, não é bonita. É morte, é sofrimento. Mas não havia outro jeito[195].

As propostas arquitetônicas de Lefèvre e Ferro exploraram uma parte – que sempre foi rejeitada – do ambiente da produção da construção, ainda que o seu conjunto não lhes fosse alheio. Mesmo essa parte, remetida ao conhecimento dos materiais e técnicas construtivas tradicionais, não pode ser vista como arcaica, pois o raciocínio de projeto desses arquitetos, e a concepção de uma obra racionalizada, são avançados. Suas concepções não podem ser lidas como um paradigma tecnológico acabado, ou melhor, como um credo que exclui outras possibilidades construtivas, mas sim, sob a ótica da interpretação da realidade como ela se apresentava, e sob a ótica da desconfiança em relação ao desenvolvimento econômico e social dos países subdesenvolvidos. O que criticavam era o tipo de articulação da economia, que ocorria sob a forma de uma modernização problemática, em termos sociais; o que pleiteavam, em contraposição, era um desenvolvimento efetivo da sociedade. Essa desconfiança, mesmo levando-se em conta a permanência de formas arcaicas de produção no Brasil, não impediu que outros arquitetos explorassem o outro lado do ambiente da construção, como o demonstram a produção do arquiteto João Filgueiras (Lelé) e as variações de sistemas industrializados de construção que desenvolveu. Além disso, existe um setor da construção que de fato se industrializou, distanciando-se muito da forma produtiva artesanal, com o qual o próprio Lefèvre entraria em contato de maneira consistente na Hidroservice.

195. Revista *Caros Amigos*, São Paulo: 2001, n. 49, p. 45.

CAPÍTULO 5
INÍCIO DOS ANOS 1970:
O PERCURSO INICIAL DE RODRIGO BROTERO LEFÈVRE

UMA NOVA ARQUITETURA

Eis, porém, que uma situação nova se criou no mundo de nossos dias. Estamos em pleno regime de produção em massa, cada vez mais automatizada e mecânica, na base do mercado que exclui progressivamente a equação pessoal, humana, da própria produção [...].

Os artistas de hoje não só tomaram consciência, como os seus maiores, de que são bicho-da-seda, como tomaram consciência de um impulso novo que os impele ao uso da liberdade. De onde vem esse impulso? Mas onde estão as condições sociais e culturais que permitam a esses bichos continuar a produzir incessantemente a sua seda e a usar de seu dom natural em toda liberdade? Como conservá-la em sua autenticidade originária e como distribuí-la, sem alterá-la na sua essência intrínseca, ou como doá-la, trocá-la numa sociedade com sedas sintéticas em abundância e entregue às mobilizações em massa e aos divertimentos em massa?
— **Mário Pedrosa**

Os fatos políticos conheceriam uma velocidade intensa e, naquele período, as opções táticas sofriam mudanças contínuas. Assim, em 1968, para Ferro, a "irracionalidade" havia conquistado o cenário nacional e, depois das ações políticas extremas e do seu período de prisão, ele não exerceria mais a atividade de arquiteto. Flávio Império daria continuidade a sua vertente mais produtiva, vinculada às artes plásticas e cênicas. Já Lefèvre, apesar da afinidade de pensamento político com Ferro e Império, e das afirmações contundentes, manteria de maneira ininterrupta – inclusive na prisão – sua prática arquitetônica[196].

De certo modo, o papel de Lefèvre é fundamental, pois seus projetos, no começo da década de 1970 – alguns iniciados na prisão, onde permaneceu mais de um ano –, são paradigmáticos das suas ideias, bem como das de Ferro e também de Império, independente do seu distanciamento progressivo em relação à arquitetura, ao longo da década de 1960 e, sobretudo, na década de 1970. Depois de preso, Lefèvre manteve vivas às concepções teóricas anteriormente elaboradas, dando-lhes formas com novas pesquisas. Os percalços políticos e a violência do regime não sustaram sua arquitetura, que continuou agregando soluções.

No texto "Reflexões para uma política na arquitetura", Sérgio Ferro fez uma crítica ao "atual modo de produção arquitetural", ou seja, à arquitetura moderna brasileira, que a historiografia tornou hegemônica. Em seguida, inscreveu suas propostas na ideia de transição, que, segundo ele, deveria significar transição para outra sociedade, a socialista. Ferro concluía propondo uma "conduta metodológica específica e experimental", constituída por três itens:

a) Preservar e aperfeiçoar os meios de produção arquiteturais.

b) Aprofundar a crítica radical do atual modo de produção.

c) Tentar, com um critério rígido, novos modos de produção arquitetural, na expectativa de uma determinação por um novo modo de produção social[197].

---

196. Lefèvre e Ferro foram condenados em 1970 e mantidos presos pelo regime militar por um ano. No presídio Tiradentes montaram um ateliê, no qual Lefèvre desenvolveu pelo menos três projetos: os das residências Pery Campos, Frederico Brotero e Thomas Farkas.

197. S. Ferro, "Reflexões para uma política na arquitetura", em: *Arte em Revista 4: Arquitetura Nova*, São Paulo: Kairós, p. 99.

O conjunto de ideias levantadas durante os anos 1960, que Ferro retomava, ao lado de outras que o próprio Lefèvre também formulava, regeria as novas casas abobadadas que projetaria. As investigações de Lefèvre continuaram intensas, estendendo-se sobre os significados e possibilidades construtivas e arquitetônicas das abóbadas. Nelas, a noção de uma arquitetura bruta e concisa novamente ganhou força, e a noção do espaço único sob a grande abóbada parede-cobertura, definitivamente contendo por completo a moradia, permanecia enquanto ideia que privilegiaria as áreas de convívio.

Desse período são as seguintes residências: Dino Zammataro e Pery Campos, de 1970; Thomaz Farkas e Frederico Brotero, de 1971, e Carlos Ziegelmeyer, de 1972. Essas casas formam um grupo com soluções aproximadas. Na dissertação de mestrado de Lefèvre, terminada em 1981, as casas Zammataro, Campos e Ziegelmeyer comporiam, junto com uma referência à casa F. Brotero e três referências à casa T. Farkas, o cerne das análises sobre as possibilidades de utilização dos espaços internos da abóbada parabólica. Nos três projetos, Lefèvre de início recuperou a implantação da abóbada em relação ao lote, adotada na residência Bernardo Issler. Ou seja, a abertura do "canhão" da abóbada era frontal à rua, e o seu corpo desenvolvia-se longitudinalmente, acompanhando o lote no sentido do interior da quadra. Os espaços internos, nas três abóbadas, são otimizados em função da curvatura da hipérbole parabólica, que, partindo do rés do chão, permite um segundo pavimento.

Esse aspecto desenvolvido por Lefèvre no aprimoramento da geometria da abóbada, aumentando a área útil de uso, combinado com o emprego do tijolo cerâmico e da vigota curva, como na casa Juarez B. Lopes, mais o desenvolvimento do mobiliário "construído", além da execução das instalações de forma aparente, cumpria também o objetivo de baratear a obra. Essa economia construtiva agregada representou uma forma positiva de se fazer a defesa do modelo construtivo-arquitetônico, indo além das questões teóricas. O fato é que as residências tinham um custo entre 20% e 25% mais baixo do que seu equivalente no mercado[198].

Evidentemente, o barateamento era importante, mas só adquiria validade se combinado a uma forma menos autoritária de organizar o trabalho no canteiro e a soluções tecnoconstrutivas menos agressivas ao trabalhador, como a abóbada de tijolos cerâmicos e vigotas permitia.

Em termos arquitetônicos, as mesmas preocupações espaciais que modelavam o morar nas residências anteriores estão presentes nesses projetos. Entretanto, há nelas um reordenamento dos ambientes, como será visto.

198. Segundo depoimentos dos proprietários ainda residentes nesses imóveis.

Residência Pery Campos. Rodrigo Brotero Lefèvre e Nestor Goulart Reis Filho. (1) Abóbada em construção e (2) vista a partir do jardim posterior.

RESIDÊNCIA PERY CAMPOS

Na residência Pery Campos – projetada em conjunto com Nestor Goulart Reis Filho, em 1970, no lado oposto à entrada, junto ao jardim de convívio, localiza-se a sala de estar e, sobre ela, no mezanino, o escritório aberto. A sala encontra-se rebaixada em relação ao nível do piso do restante da casa e do nível externo, o que auxiliou a implantação do mezanino. Os dois ambientes formam um interessante binômio espacial. Dispostos na mesma projeção, ambos dispõem das mesmas vistas, tanto em relação ao jardim como ao restante da casa – nesse caso limitadas, mas não totalmente obstaculizadas, pela parede de um dos quartos. A vista do jardim é possibilitada pelo grande caixilho de madeira, com elementos verticais, que fecha a abóbada. A relação entre os ambientes – sala e mezanino – é tridimensional; as mesmas vistas, na verdade, ocorrem em diferentes cotas. Os dois ambientes integrados não se comunicam, visualmente, a partir daquilo que observam. Comunicação espacial absoluta e, ao mesmo tempo, registro de um lugar duplo. Mas não seriam apenas essas as relações: o mezanino está engastado na parede do quarto, num lado, enquanto no outro é sustentado por um pilar de concreto, que forma um conjunto com a lareira e o duto de ar, que sobe através do espaço entre o mezanino e a caixilharia de fechamento da abóbada. Novamente elementos que se integram e se diferenciam, enriquecendo o espaço da residência.

ESTA PÁGINA
Ao lado, vista frontal logo após a conclusão da obra. Abaixo, interior da abóbada e acesso à rua.

PÁGINA AO LADO
Residência Pery Campos. (1) Plantas e (2) cortes originais e (3) interior da abóbada em construção

O jogo de planos entre a sala e o mezanino, a verticalidade do pilar e do duto, aliados aos volumes dos sanitários, situados como blocos de alvenaria no interior da construção, criam uma topografia construtiva oposta a uma simplicidade espacial.

Nessa composição, o mobiliário "construído" reforça todas as questões citadas, do barateamento ao dinamismo da composição, passando pela funcionalidade. O desenvolvimento da solução de mobiliário, já anteriormente adotada, seria uma constante nas casas do período, assim como a criatividade "econômica" na execução dos caixilhos, sempre presente nos projetos de Lefèvre, ganharia uma menção explícita em sua dissertação de mestrado.

Na dissertação, Lefèvre informa, ao explicar os usos da abóbada:

Aparecerá, também, um desenho ilustrativo de um caixilho projetado e desenvolvido em várias obras, construído com caibros de 5 x 6 cm em peroba, destes encontrados prontos para venda, usados na montagem do madeiramento de telhados. Ele é organizado de tal forma que, por um lado, admite os movimentos de dilatação e retração a que a abóbada está sujeita pelas variações de temperatura, e por outro,

Iniciar a análise pelo jardim posterior busca uma fidelidade com a hierarquia espacial que Lefèvre atribuía aos ambientes. Fazendo-se uma leitura convencional, a partir da rua, antes da abóbada, dela destacado, um volume abrigando o quarto de empregada, um sanitário e a lavanderia, dava início à residência. À frente desse volume, Lefèvre dispôs um muro circular de tijolos intercalados, a imitar elementos vazados, que resguardava a privacidade do dormitório de empregada. Sob a cobertura, continuando os serviços, localizam-se a cozinha e, ao lado, a entrada, dando acesso a um espaço interno que originalmente podia ser também abrigo para automóvel. Na sequência, o ambiente de refeições, os dois quartos (uma suíte com vestir – *closet*), um banheiro, o estar e o mezanino citados.

PLANTA MEZZANINO

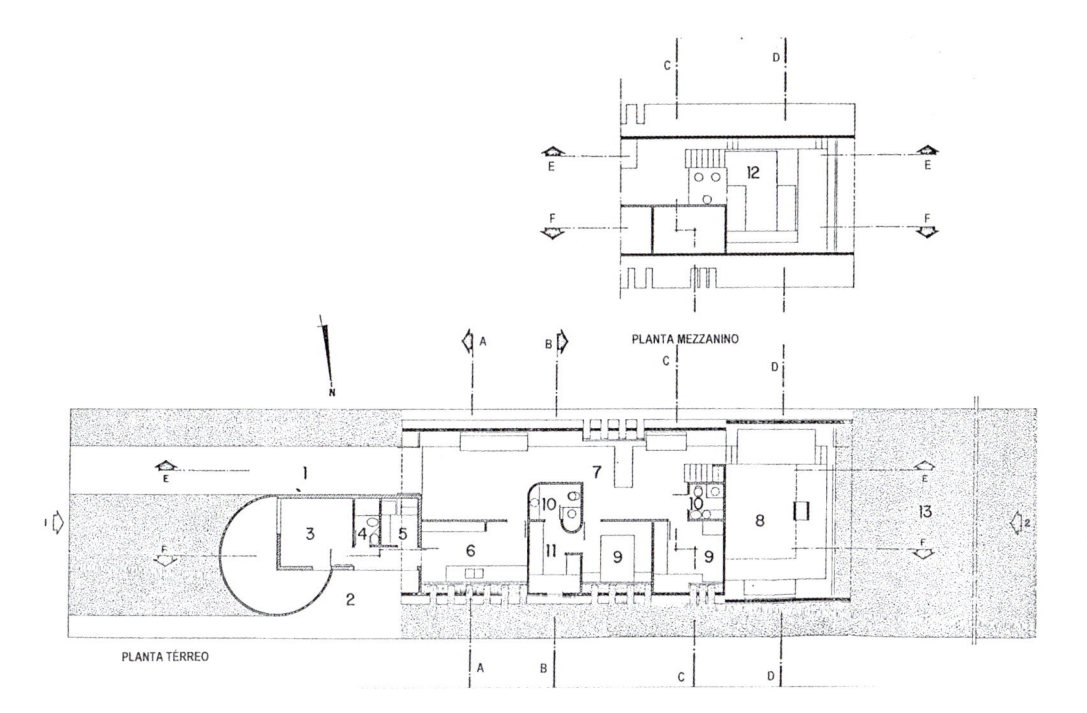

PLANTA TÉRREO

1. Carro
2. Quintal
3. Quarto de empregada
4. Banheiro empregada
5. Lavanderia
6. Cozinha
7. Sala de jantar e passagem
8. Sala
9. Quartos
10. Banheiros
11. Vestir
12. Escritório
13. Jardim

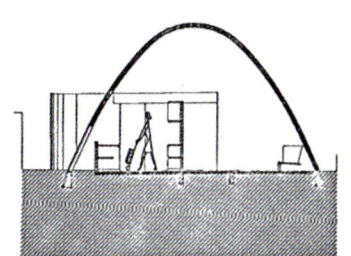

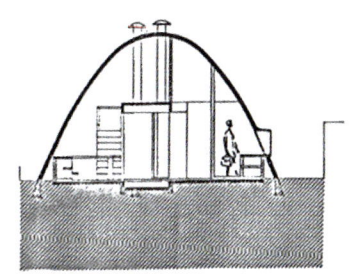

CORTE AA

CORTE BB

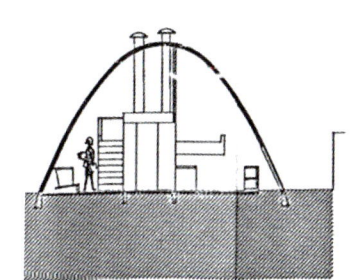

CORTE CC

Reprodução das pranchas originais
dos cortes transversais.

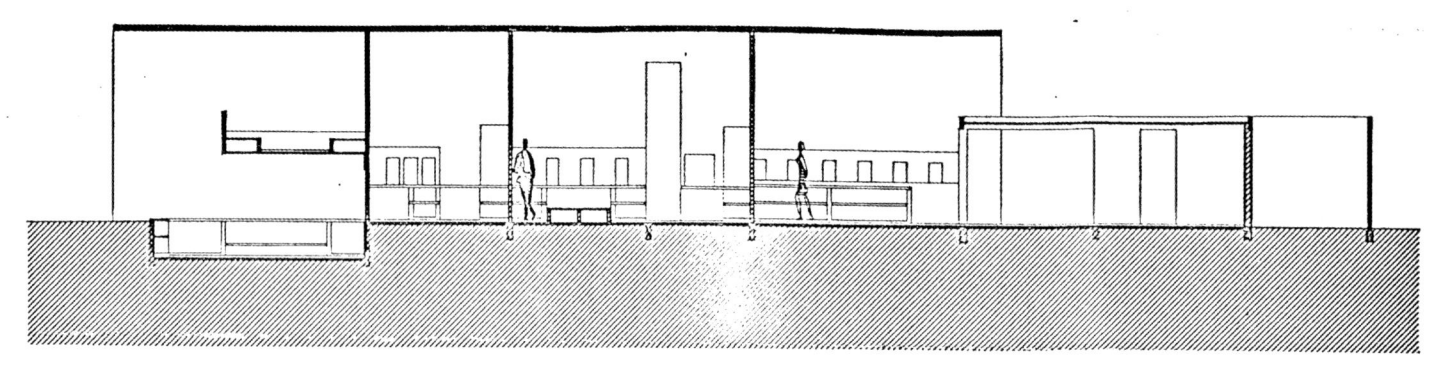

CORTE FF

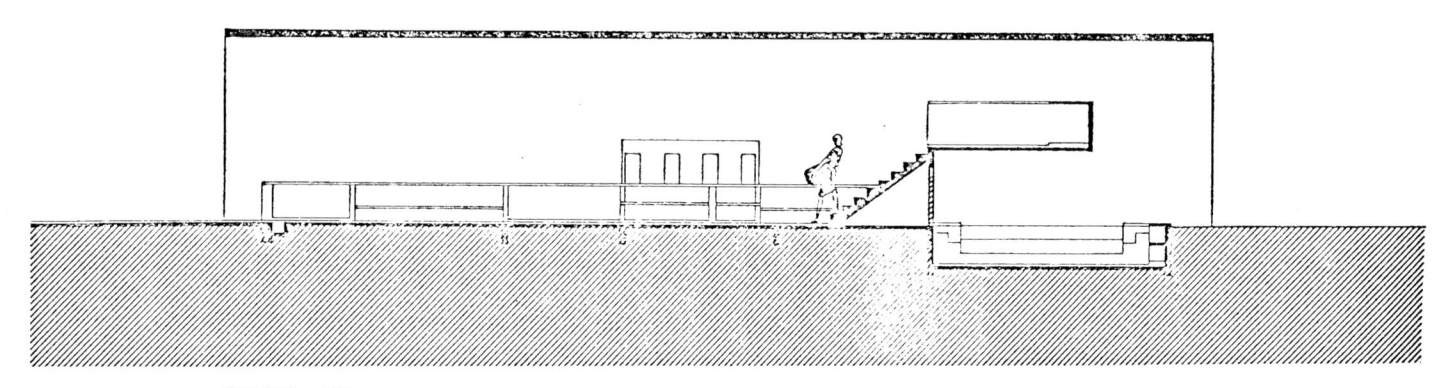

CORTE EE

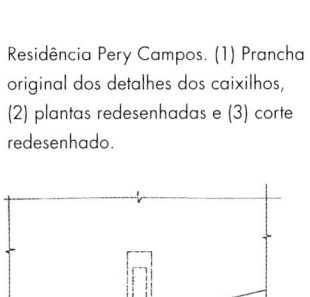

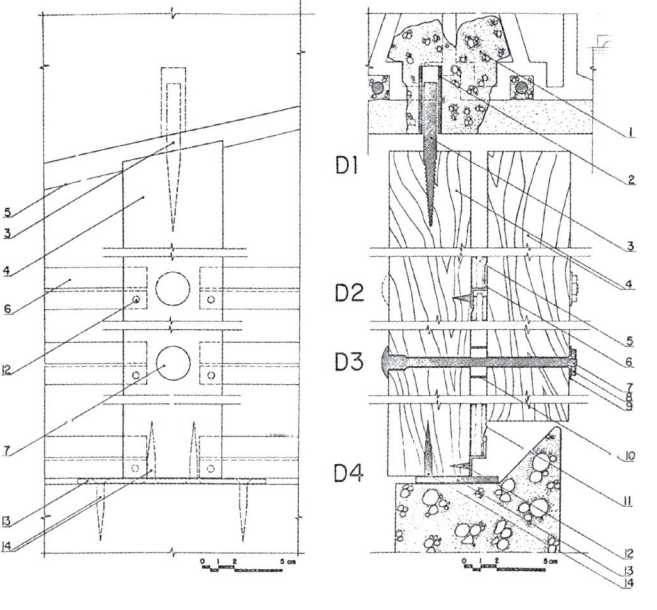

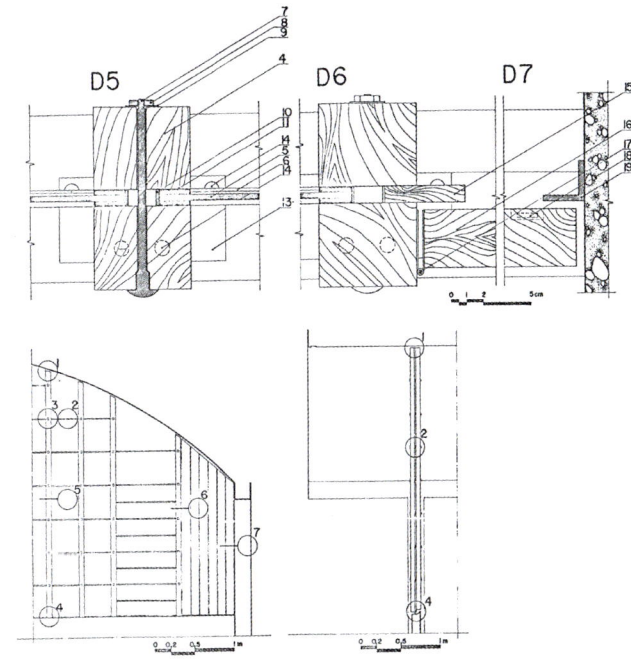

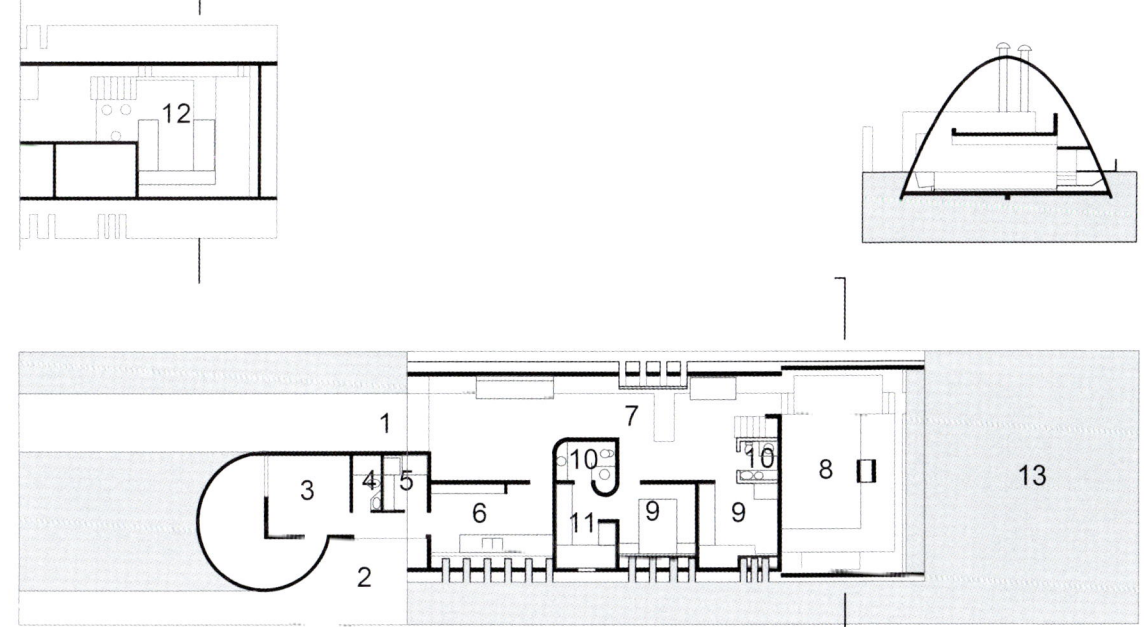

Residência Pery Campos. (1) Prancha original dos detalhes dos caixilhos, (2) plantas redesenhadas e (3) corte redesenhado.

1. Carro
2. Quintal
3. Quarto de empregada
4. Banheiro de empregada
5. Lavanderia
6. Cozinha
7. Sala de jantar e passagem
8. Sala
9. Quartos
10. Banheiros
11. Vestir
12. Escritório
13. Jardim

*admite que seja produzido por qualquer pessoa, necessitando para a sua construção só uma furadeira, além das matérias-primas indicadas nos desenhos*¹⁹⁹.

No projeto da residência Pery Campos, a volumetria interna não elimina uma vista que perpassa todo o interior, o estar e o mezanino. O porte elementar dos quartos, e sua disposição frontal ao atual estar (inicialmente espaço de refeições), colaboram para que a continuidade espacial moderna seja acentuada, de tal forma que ela "mescla-se" conceitualmente com a promiscuidade espacial da casa popular, findando por integrar, praticamente num único recinto – o interior da abóbada –, o conjunto dos ambientes.

199. R. B. Lefèvre, *Projeto de um acampamento de obra: uma utopia*, 352f. dissertação (mestrado em arquitetura e urbanismo), Universidade de São Paulo, São Paulo: 1981. Na entrevista a Renato A. Maia, sete anos antes, Lefèvre citava explicitamente a execução dos caixilhos, quando explicava o que seria uma construção "ultrassimples [...] chegando a fazer caixilho, por exemplo, a partir de peças de madeira que são normalmente utilizadas para fazer telhado; caixilhos feitos com caibros e peças muito simples de serem encontradas; parafusos que existem em qualquer lugar". Ver entrevista de Rodrigo B. Lefèvre a Renato de Andrade Maia, *op. cit.* Para o detalhe do caixilho, ver a reprodução da ilustração da dissertação na página anterior.

Talvez o único ambiente que se destaque desse conjunto, mas sem contradizê-lo, seja o quarto de empregada, implantado fora da cobertura da abóbada. Esse mesmo recurso, de um corpo que se destaca, anteriormente presente em outras casas, Lefèvre repetiria nas residências Zammataro, Ziegelmeyer e Farkas, com a alocação de sanitários.

O atual proprietário da residência Pery Campos, o professor Ricardo Toledo, da FAUUSP, manteve a configuração básica, realizando algumas adaptações e, no geral, preservando a concepção arquitetônica. O espaço do abrigo para automóvel foi transformado num espaço de refeições, e o quarto de empregada foi ampliado, valendo-se da área resguardada, sendo utilizado como um pequeno ateliê, além de dormitório. Outras adaptações e pequenas reformas foram feitas, para comodidade familiar e também para recuperar a edificação, como, por exemplo, serviços de drenagem externa, de forma a eliminar a umidade na base da abóbada. Além disso, e de forma sintomática, foi instalado um aparelho de ar-condicionado, para melhorar o conforto térmico da casa, questão recorrente em vários projetos.

PÁGINA AO LADO

Detalhes da residência Pery Campos;
(1) vista posterior à noite, (2) abóbada em construção, (3) lateral da abóbada, (4) interior da abóbada com instalações aparentes e (5) guarda-corpo do mezanino.

ESTA PÁGINA

Residência Dino Zammataro. (1) Vista frontal logo após a conclusão da obra, (2) detalhe da argamassa que solidariza o encanamento aparente na empena do banheiro e, abaixo, prancha original de perspectiva interna.

RESIDÊNCIA DINO ZAMMATARO

Nessa residência, a abóbada permite não apenas um mezanino, mas um segundo pavimento, com três dormitórios. Esse pavimento chega, de um lado, na face interna da abóbada e, do outro, transforma-se em uma passarela-balcão que, ao não alcançar a parede oposta da abóbada, dá vista à entrada e à sala, sendo ligada a elas por uma escada em espiral. A passarela-balcão dos três quartos termina em dois banheiros, um em cada extremidade, encontrando-se ambos fora do corpo da abóbada. Abaixo de cada banheiro foi construído outro, totalizando quatro sanitários na casa. Dessa forma, os banheiros localizam-se dispostos em volumes cúbicos situados nas bordas externas das "bocas" das abóbadas, reforçando uma composição espacial que diferencia o tipo de uso, como no caso das áreas de serviço, na frente, e de estar, nos fundos, bem como a qualidade intrínseca de cada ambiente. Como visto anteriormente, os banheiros, em algumas residências iniciais de Lefèvre, eram volumes (contêineres) alocados no seu interior, como no caso da residência Helládio Capisano (cujo projeto é mais concernente a Ferro); em outras, como no caso da residência Albertina Pederneiras, era destacado do corpo da construção, de forma semelhante à solução agora empregada, em que pese a diferença entre os tipos.

Lefèvre projetou a residência Dino Zammataro em conjunto com Félix Alves de Araújo e Ronaldo Duschenes, em 1970, durante sua permanência na prisão, assim como fez com a residência Pery Campos. As questões sociais tinham pouco espaço com o fortalecimento do regime militar. O compromisso com as formas associativas que o trabalho possibilitava, ou simplesmente o compromisso com o respeito aos trabalhadores, traduziu-se numa representação simbólica, na impressão digital (do trabalhador) gravada na argamassa bruta, que fixa o painel de tubulações aparentes de PVC à parede de alvenaria.

Todo o refinamento do pensamento arquitetônico, nesse projeto, se dá no sentido de minimizar os esforços dos trabalhadores, numa construção que racionaliza a manufatura construtiva,

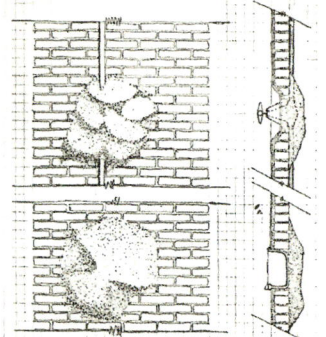

ESTA PÁGINA

Residência Dino Zammataro, (1) vista posterior, (2) projeto do detalhe de execução das instalações hidráulicas: Para Sérgio Ferro, no texto "O canteiro e o desenho", de 1976, os revestimentos escondem as marcas do trabalho e da habilidade do operário. No projeto, o detalhe de fixação dos encanamentos resguarda a presença da ação do trabalhador, de sua habilidade manual, deixando à vista sua assinatura na execução da obra.

PÁGINA AO LADO

Corte e plantas redesenhadas para este livro.

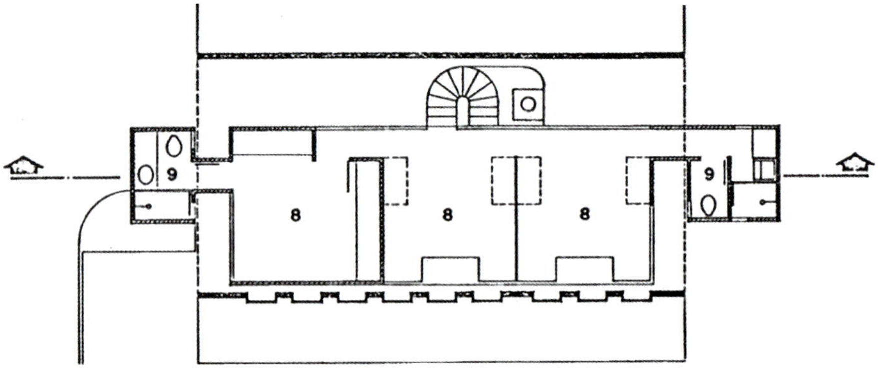

1. Carro
2. Quintal
3. Jardim
4. Sala
5. Cozinha
6. Quarto de empregada
7. Banheiro de empregada
8. Quartos
9. Banheiros

PLANTA MEZZANINO

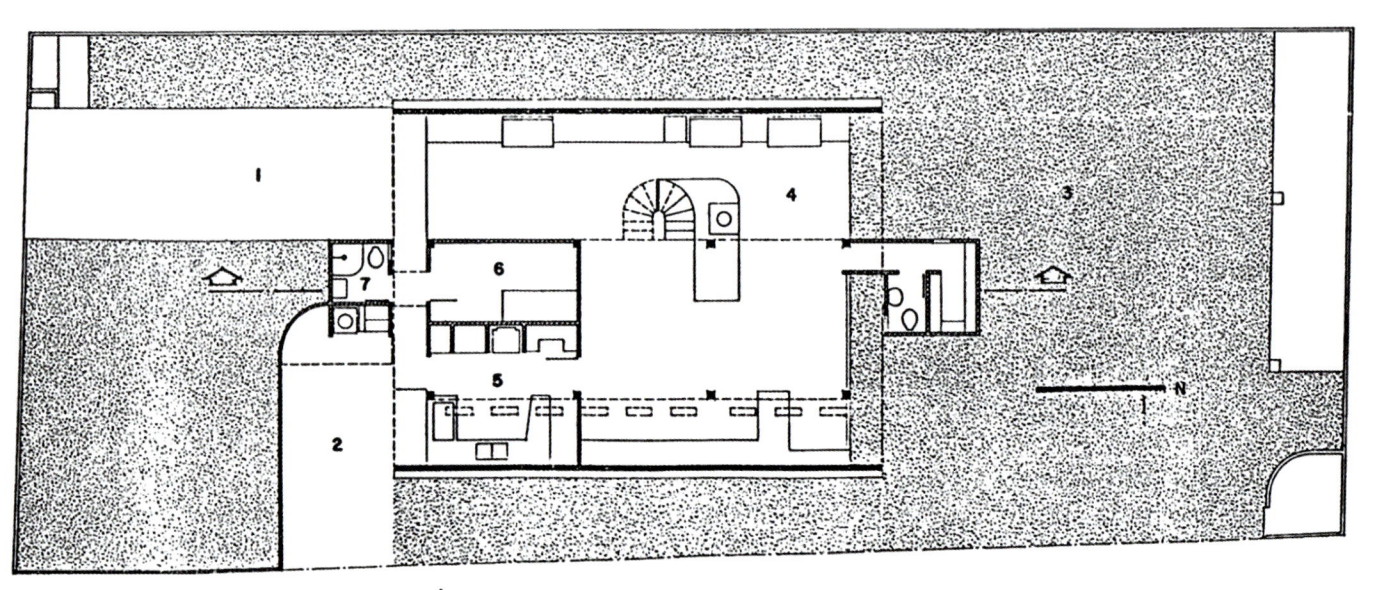

PLANTA TÉRREO

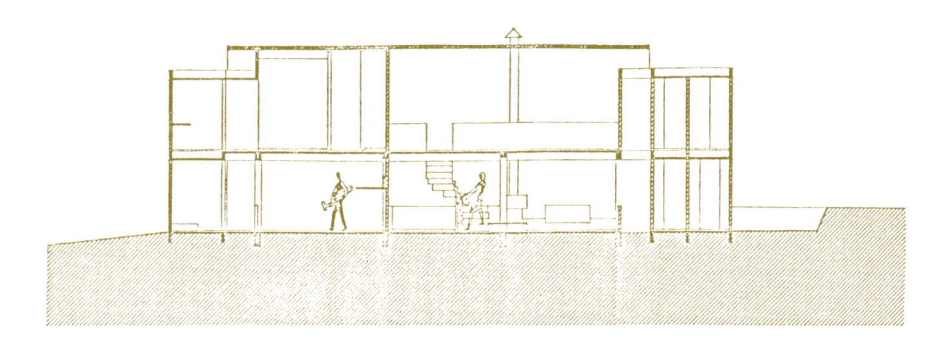

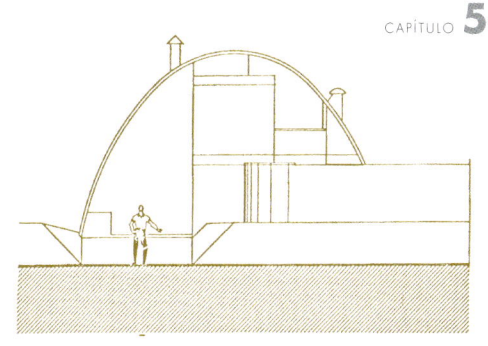

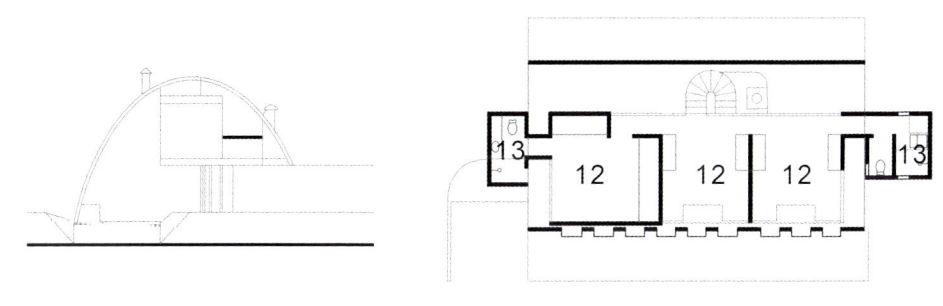

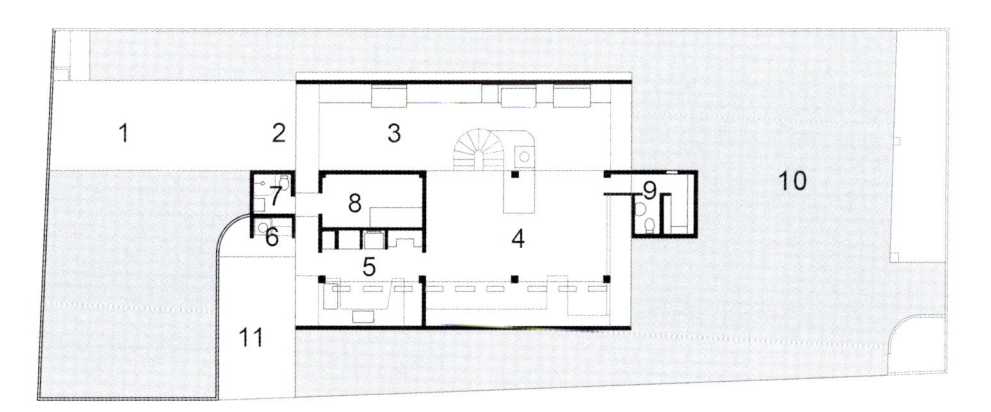

1. Carro
2. Acesso
3. Passagem
4. Sala
5. Cozinha
6. Lavanderia
7. Banheiro de empregada
8. Quarto de empregada
9. Lavabo
10. Jardim
11. Quintal
12. Quarto
13. Banheiro

mas que está distante da linha tradicional de industrialização da construção. Os materiais e seu acabamento concorrem para a percepção de um ambiente crítico da modernização e também da afluência consumista que o milagre econômico tendia a patrocinar.

Além das questões citadas, novamente o mobiliário construído foi objeto de aprimoramento, inclusive com a colocação de uma cuba numa das bancadas de alvenaria da sala. Registre-se também a composição dos dois pavimentos: boa parte do piso superior fica sobre a cozinha e o quarto de empregada, não interferindo no espaço de circulação inferior, que corre desimpedido – a não ser pela escada, basicamente –, permitindo a visibilidade interior da abóbada a partir da entrada ampla, como na residência Pery Campos. Já na sala, essa situação é relativizada, pois o piso superior, em grande parte, está acima dela, sendo a sua construção mais "rústica" do que o mezanino da residência Pery Campos, pois, engastado, de um lado, na parede da cozinha, e do outro, sustentado por dois pilares, essa parte do piso é uma mesa cujo tampo é uma laje mista. Um detalhe sutil contrasta com o despojamento construtivo: o piso superior não chega até

(1) Residência Dino Zammataro em construção – detalhe do acesso provisório ao mezanino. (2) Obra concluída com a escada de acesso construída. (3) Vista do acesso frontal a partir do mezanino dos quartos. (4) Circulação dos quartos e dos banheiros no mezanino.

a "boca" da abóbada, permitindo que a luz da caixilharia desça por entre ela e a parede do quarto, criando uma suave luminosidade. Nos fundos da residência, mais recentemente, foi construída uma edificação complementar, que mesmo com uma linguagem "neutra" eliminou a profundidade que o jardim possuía e que alimentava as vistas da sala. Internamente, a abóbada teve a sua alvenaria revestida com um isolante térmico, a exemplo da residência Bernardo Issler.

Por fim, deve-se comentar uma situação inusitada. Os encanamentos do painel tiveram de ser refeitos em parte, e os detalhes principais do volume frontal estão encobertos pela vegetação. O morador, à época da elaboração do trabalho, que não era o proprietário, "manteve", no conserto, a linguagem da argamassa pressionada contra a alvenaria, prendendo a tubulação. Esse fato permite inúmeras análises. Haveria aquele registro do trabalho se tornado um elemento decorativo? Ou a força da sua solução teria contaminado a alvenaria de tal forma que não restaria outra possibilidade, a não ser refazê-la após o conserto? Ou, simplesmente, o pensamento teria sido: "por que não refazer? É mais fácil de fazer, quase

(1) Sala e acesso posterior. (2) Mesa e bancada da pia em concreto com alvenaria de tijolo. (3) Vista da sala com escada em caracol. (4) Vista frontal.

uma solução 'desprovida de qualquer preocupação'"? Longe do momento político, atrás do atual muro alto, e escondida pela vegetação crescida, fora do circuito arquitetônico contemporâneo, constituindo uma solução que repousa no inconsciente da categoria dos arquitetos quase como uma lenda, qual a importância da sua preservação ou da sua reedição? Talvez sua segunda execução, anônima, seja a melhor das respostas. Entre o morador e o pedreiro, a sinceridade da solução, repetida, mostrou-se apropriada. Simplesmente adequada.

RESIDÊNCIA CARLOS ALBERTO ZIEGELMEYER

A terceira casa, que completa esse pequeno conjunto, é a residência Carlos Alberto Ziegelmeyer, de 1972, projetada com Félix Alves de Araújo e Geny Yoshico Uehara. Construída no Guarujá, possui uma particularidade: das três, é a que tem a solução de conjunto mais radical no que diz respeito à preponderância dos espaços de uso comum sobre os espaços individuais, uma vez que a sala de estar é integrada à sala de refeições e esta, à cozinha, e o conjunto ao jardim posterior, no qual foi instalada uma churrasqueira. Todo esse grande ambiente limita os quatro quartos a uma faixa monástica, na qual ficam reduzidos a dimensões mínimas. Acima da sala, um mezanino, quatro pilares e um tampo, praticamente uma mesa. Em dois lados opostos, guarda-corpos formam assentos de concreto. Em princípio destinado a um uso absolutamente flexível, seu acesso se dá por uma escada de madeira "descartável". Como nas outras duas residências, os volumes (contêineres) dos dois banheiros estão fora da cobertura, um em cada extremidade exterior da abóbada.

PÁGINA AO LADO
Residência Carlos Alberto Ziegelmeyer. Vista frontal da residência logo após a conclusão da obra.

ESTA PÁGINA
Reprodução das pranchas originais. (1) Plantas, (2) cortes. Mais abaixo, (3) planta e (4) corte redesenhados para esta obra.

A radicalidade da solução continuidade-promiscuidade espacial pode, em parte, ser justificada por se tratar de uma casa de veraneio, na qual as pessoas vão, mas não ficam, ou, se ficam, não se importam como. Entretanto, para Lefèvre, ainda que a habitabilidade de suas obras fosse uma preocupação, a oportunidade de desenvolver soluções para a moradia de abóbada era uma motivação estratégica, independentemente da intensidade de uso, da frequência de ocupação que uma casa de veraneio possa apresentar. Nesse sentido, ainda que a solução possa ser mais concisa na precisão do arranjo espacial, ela faz parte de um conjunto no qual Lefèvre desenvolvia sua arquitetura, não se tratando de um exercício solto, desproposital.

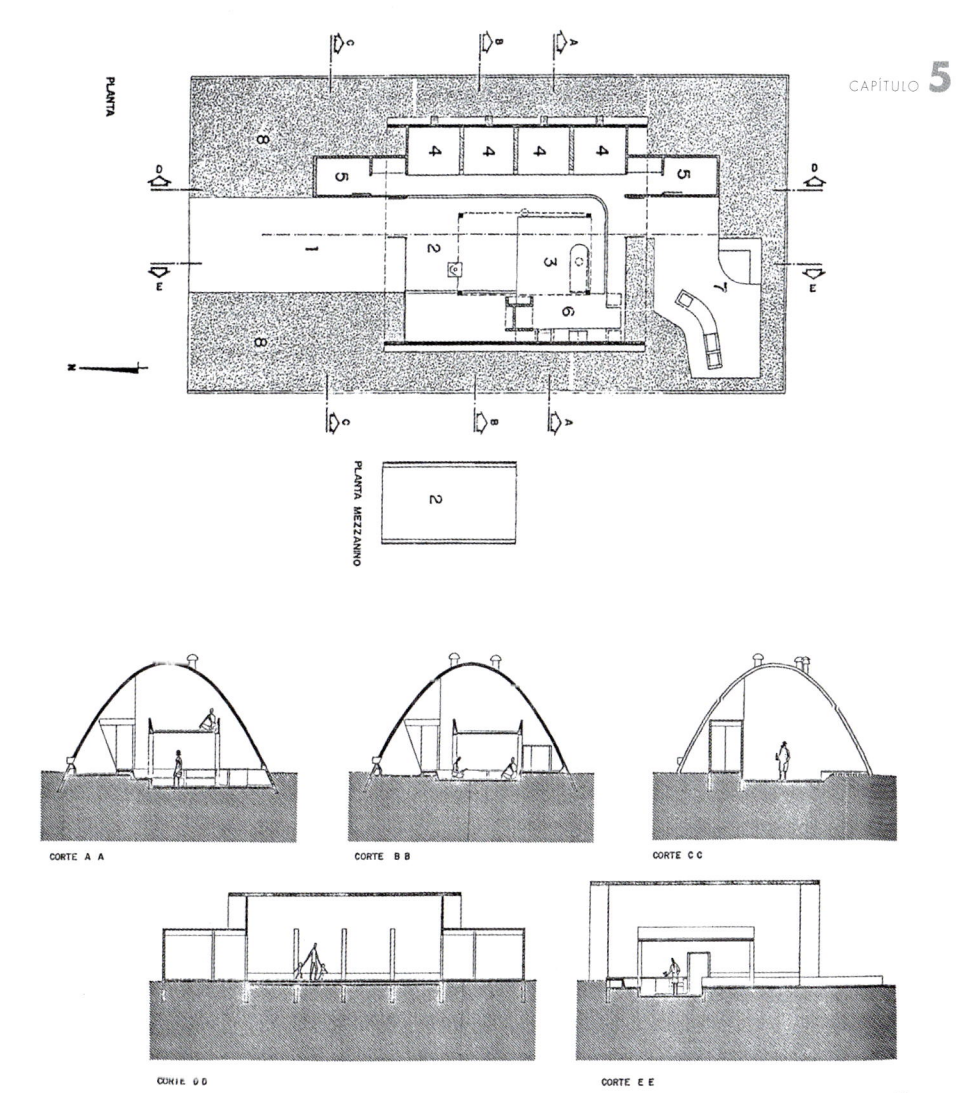

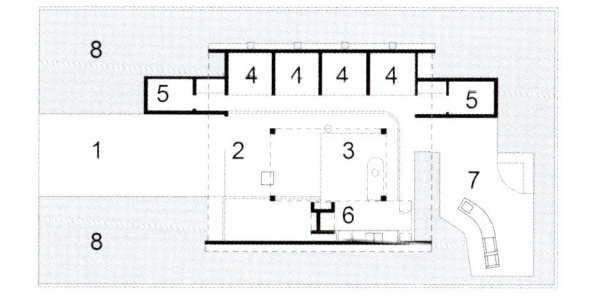

1. Carro
2. Sala de estar
3. Copa
4. Quarto
5. Banheiro
6. Cozinha
7. Estar externo/Churrasqueira
8. Jardim

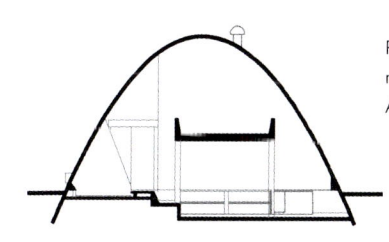

Planta e corte da residência Carlos Alberto Ziegelmeyer.

Residência Carlos Ziegelmeyer.
(1) Cozinha e ambiente de refeições,
(2) detalhe do mezanino e das
portas dos quartos, (3) mezanino.

(1) Ambiente de estar, (2) continuidade espacial entre o exterior e o interior e (3) volume do banheiro posterior.

MESA E CHURRASQUEIRA

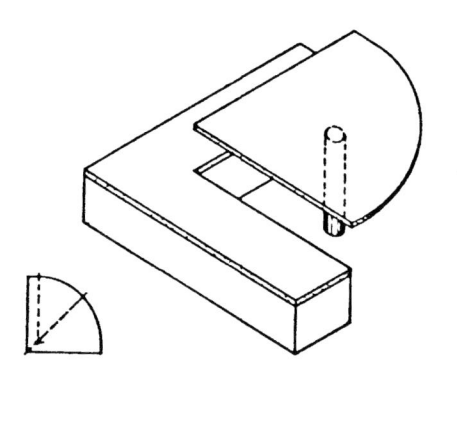

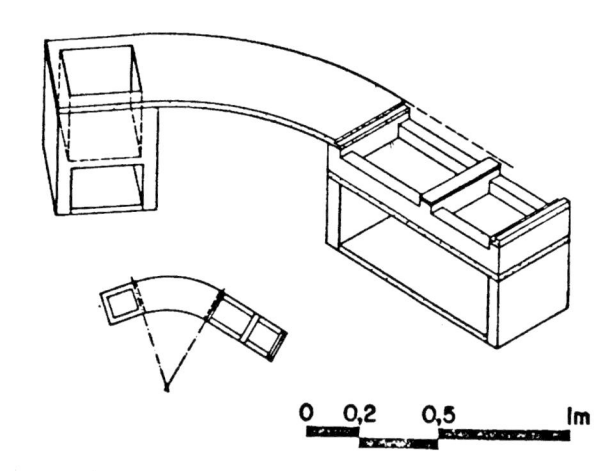

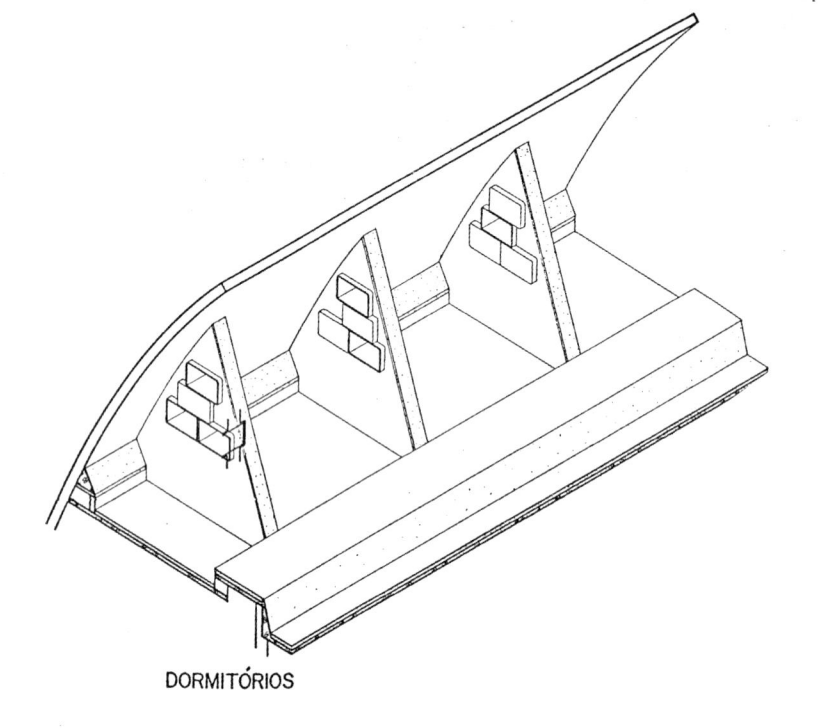

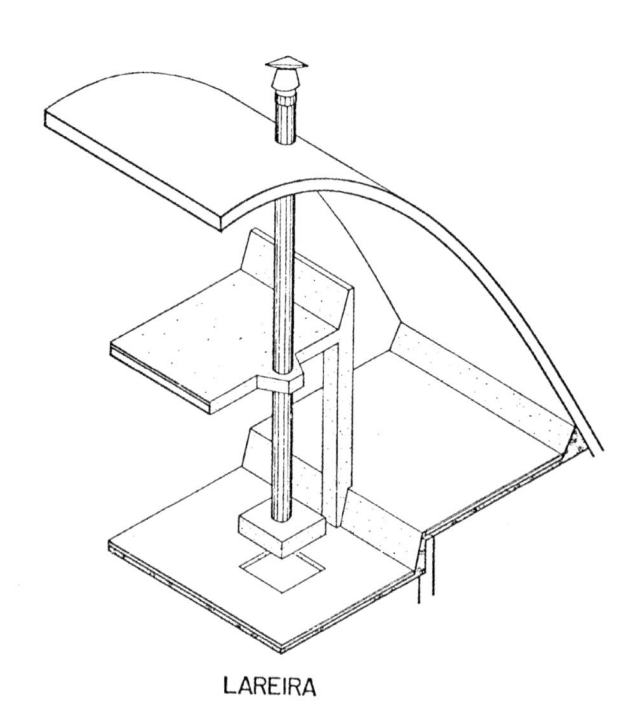

0   0,2   0,5   1m

DORMITÓRIOS

LAREIRA

PÁGINA AO LADO
Reprodução das pranchas originais com detalhes de (1) mesa e churrasqueira, (2) dormitórios e (3) lareira.

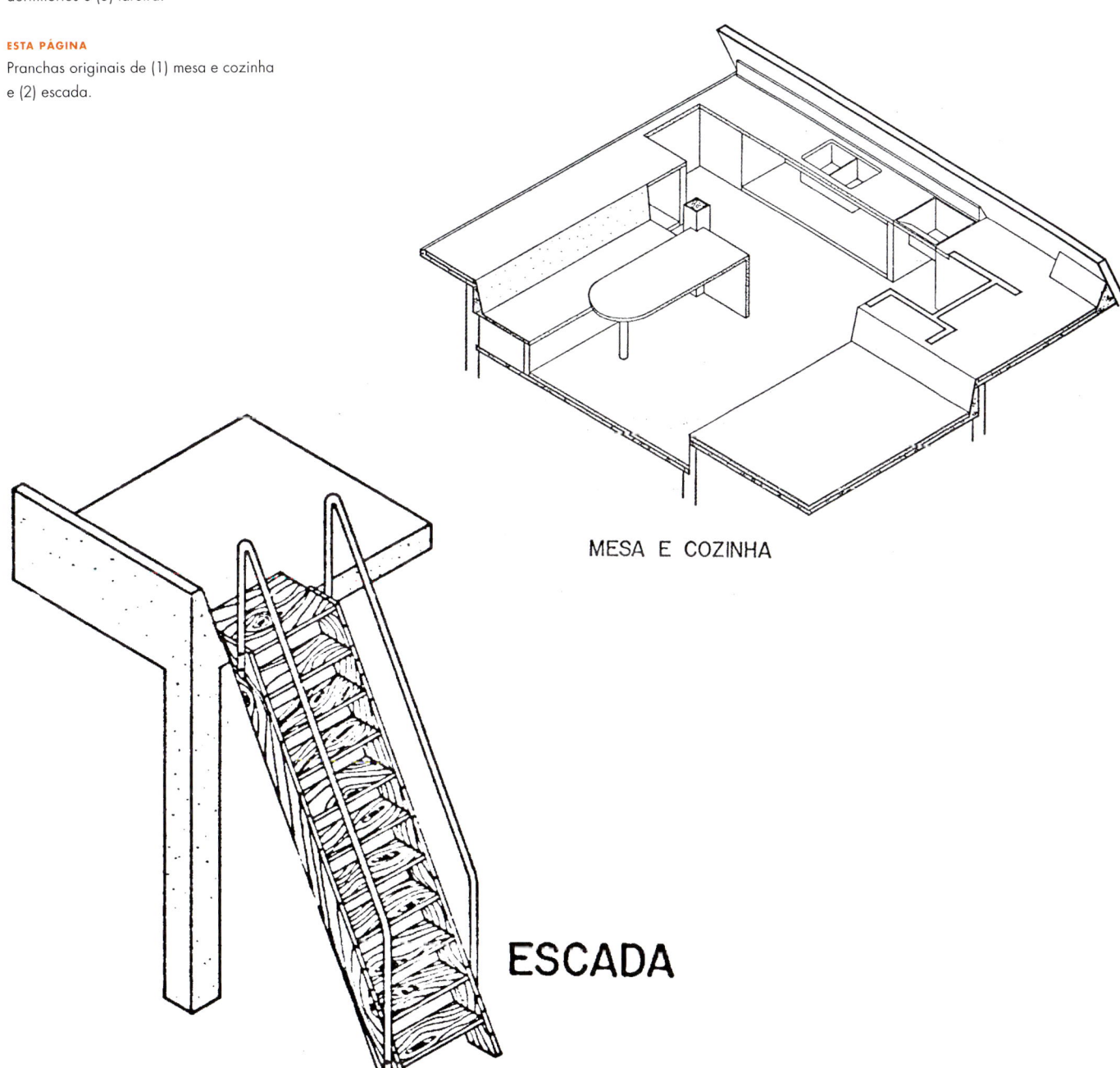

ESTA PÁGINA
Pranchas originais de (1) mesa e cozinha e (2) escada.

MESA E COZINHA

ESCADA

Residência Thomaz Farkas. À direita, (1) sala de estar e (2) quarto no último piso. Abaixo, vista geral da residência.

RESIDÊNCIA THOMAZ FARKAS

Também no Guarujá, em 1971, Lefèvre, com Duschenes e Paulo Madeira, havia projetado a residência Thomaz Farkas. Em um grande terreno e com um programa mais extenso, essa casa possibilitou um resultado formal e volumetricamente mais expressivo do que o das três residências anteriormente analisadas. Por solicitação dos proprietários, a casa deveria comportar uma ala para o casal e convidados e outra para os filhos e amigos. Podendo dispor de uma área construída generosa, a solução foi dada por meio de duas abóbadas justapostas, cada uma partindo do rés do chão e encontrando-se numa viga intermediária de sustentação. A curvatura das hipérboles é suficiente para permitir, em uma das abóbadas, até três pisos e, na outra, dois. No piso inferior, além da cozinha e dos serviços, uma grande sala patamarizada domina todo o ambiente. De forma esperada, a amplitude da sala contrasta com as dimensões compactas dos dormitórios, cuja solução final, em alguns casos, contou com a participação dos proprietários.

Na revista *Casa e Jardim*, edição de abril de 1975, a residência foi apresentada como uma construção na qual seus autores interpretavam a moradia como um "grande esqueleto", cabendo aos moradores

À esquerda, (1) sacada do quarto da abóbada de pé-direito menor e (2) varanda voltada para a praia. Abaixo, (1) casa do caseiro vista a partir do jardim interno e (2) residência vista da praia.

preenchê-lo. O "grande esqueleto", na verdade, é a tradução das propostas de Lefèvre. Assim, a alvenaria interna comparece sem revestimento em todos os ambientes, com exceção da cozinha, que tem os tijolos cerâmicos pintados de branco (por higiene, conforme a revista); as instalações são aparentes; as luminárias, convencionais; várias peças do mobiliário são "construídas"; as escadas são de madeira; os caixilhos, simplificados; o piso mantém a noção de simplicidade, em lajotões etc. Independentemente de um programa maior, de uma disponibilidade de execução mais elaborada, a linguagem era a mesma que a adotada nas outras residências e, segundo a revista, "o resultado obtido sugere uma maneira de viver despojada, em que os moradores têm domínio completo sobre o espaço que habitam"[200].

[200]. Revista *Casa e Jardim*, n. 79. Ainda que os autores do projeto possam ter direcionado o texto, como era mais ou menos corriqueiro em reportagens da revista, a aceitação dos termos propostos mostra que esse tipo de visão da casa e do ato de morar era extensivo a segmentos do público leitor (consumidor), além de parcela considerável da categoria dos arquitetos e dos intelectuais em geral.

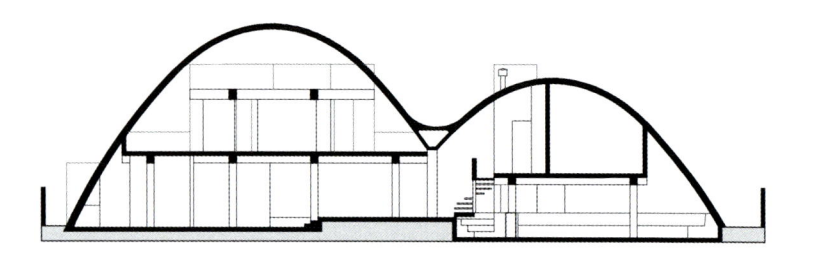

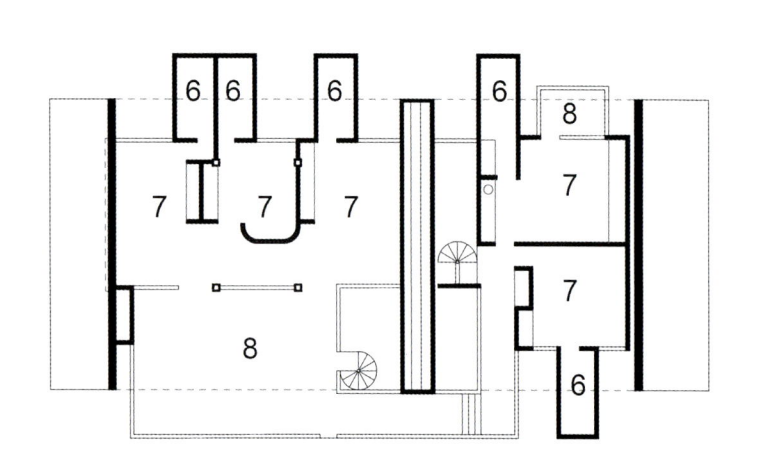

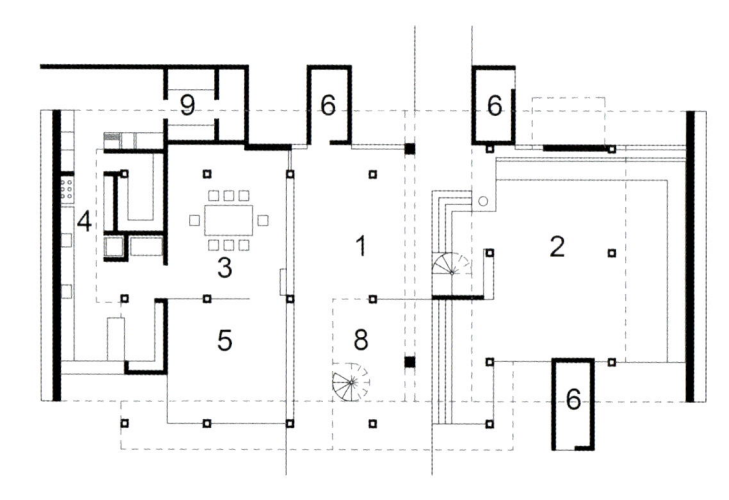

1. Sala de jogos 6. Banheiro
2. Sala de estar 7. Quarto
3. Sala de jantar 8. Varanda
4. Copa e cozinha 9. Serviços
5. Sala

CORTE

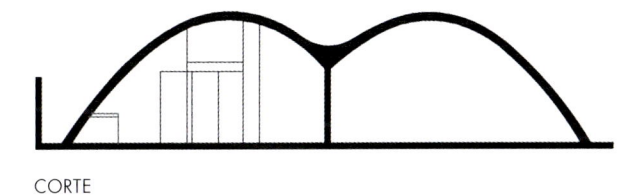

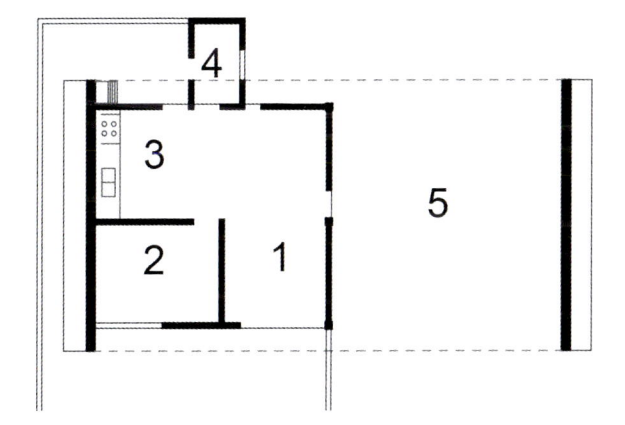

PLANTA (RESID. CASEIRO)

1. Sala de estar
2. Quarto
3. Copa e cozinha
4. Banheiro
5. Carro

O ambiente da sala, fartamente vegetado, era (e ainda é) enriquecido por um vitral da artista plástica Renina Katz, mantendo o ideário de incorporar a arte à arquitetura, presente desde o início da carreira de Lefèvre, mesmo em intervenções aparentemente "menores", que não tinham a chancela de um artista.

Mantendo a concepção já vista, os banheiros localizam-se fora das abóbadas, em volumes próprios. Neles, a composição geométrica de tubos disputa o olhar com "escotilhas" de concreto, como também construídas em outras casas, mas que nesta, e na residência Carlos Alberto Ziegelmeyer, pela proximidade do mar, trazem de imediato referências náuticas – ilusórias, porque também presentes nas casas do planalto, mas de todo modo intrigantes. Além do "painel" hidráulico, deve-se registrar que a concepção do mobiliário executado na obra não só gerava peças econômicas como criava peças "associadas" à criatividade artística. Nenhuma solução parece gratuita, inclusive em termos formais, mesmo que apenas algumas peças, como o vitral de Katz, sejam mais facilmente caracterizadas como obra de arte.

Residência Frederico Brotero; detalhe do duto da lareira e vista da sala, a partir do piso de entrada.

RESIDÊNCIA FREDERICO BROTERO

A última casa do período a ser analisada é a Frederico Brotero, localizada no Alto de Pinheiros, em São Paulo – que também foi projetada na prisão, em 1971, com a colaboração de Araújo. No que diz respeito à volumetria, a obra apresenta uma solução intermediária entre o conjunto das três casas menores e a residência Thomaz Farkas. Isso porque seu partido é de uma única abóbada, que, vista da rua, parece ter altura baixa. Entretanto, como o terreno possui um declive acentuado em direção aos fundos, e a abóbada mantém seu gabarito externo, esta finda por adquirir um pé-direito triplo, conformando um espaço excepcional.

Assim, ao adentrar-se na casa, de imediato a volumetria (ou topografia) interior surpreende o observador, pois da entrada vislumbra-se, abaixo, a sala, e, acima, a grande curvatura da abóbada e as escadas que levam aos quartos – que, por sua forma de disposição, não chegam a interromper a percepção visual da curvatura interna da abóbada.

À esquerda, (1) vista da sala, acesso ao banheiro e escritório ao fundo.
(2) Detalhe da escada em caracol de acesso ao quarto no último piso.
(3) Sala de estar.

Crescendo em altura e largura, a abóbada permite a incorporação de vários ambientes: além da sala de estar, com a lareira característica, uma sala de refeições, um grande escritório e uma sala menor, que também pode servir como escritório ou sala reservada. Os amplos espaços de uso comum têm, como nas outras residências, a contrapartida na cozinha "industrial", em linha, e nos dormitórios "espacialmente exíguos".

Também como nas outras residências, a organização espacial não obedece à planta de moradia convencional; a noção moderna de continuidade espacial parece limitada para abarcar a distribuição alcançada nessa obra. Nas moradias menores (evidentemente não se está falando de moradias com 40 m², 50 m² ou coisa que o valha), como no caso das casas Campos, Zammataro e, em particular, na Ziegelmeyer, a disposição diferenciada e a promiscuidade espacial citadas sempre possuem o lastro de uma área não tão generosa – ou seja, o agenciamento espacial seria resultante do espaço disponível. Esse projeto demonstra que as soluções de circulação e os agenciamentos dos ambientes diferenciados da arquitetura de Lefèvre aplicavam-se em qualquer situação. Isto é, também numa residência maior e/ou de moradia efetiva, e não de veraneio, suas propostas pretendiam ser uma resposta à questão da moradia e, portanto, constituíram um programa arquitetônico, não absolutamente genuíno, como a análise da historiografia da casa procurou mostrar, mas que, no caso, complementava os objetivos sociais vinculados ao trabalho no canteiro e os de barateamento da construção. Na verdade, mais correto do que falar de complementos é afirmar a unidade da produção de Lefèvre. As questões levantadas são interdependentes e conformavam um pequeno sistema arquitetônico, que apresentava especificidades e desenvolvimentos próprios, por meio da reafirmação da solução-tipo dada pela abóbada, do espaço interior que ela proporciona e da renovação das ideias simbólicas da arquitetura moderna brasileira.

Planta superior

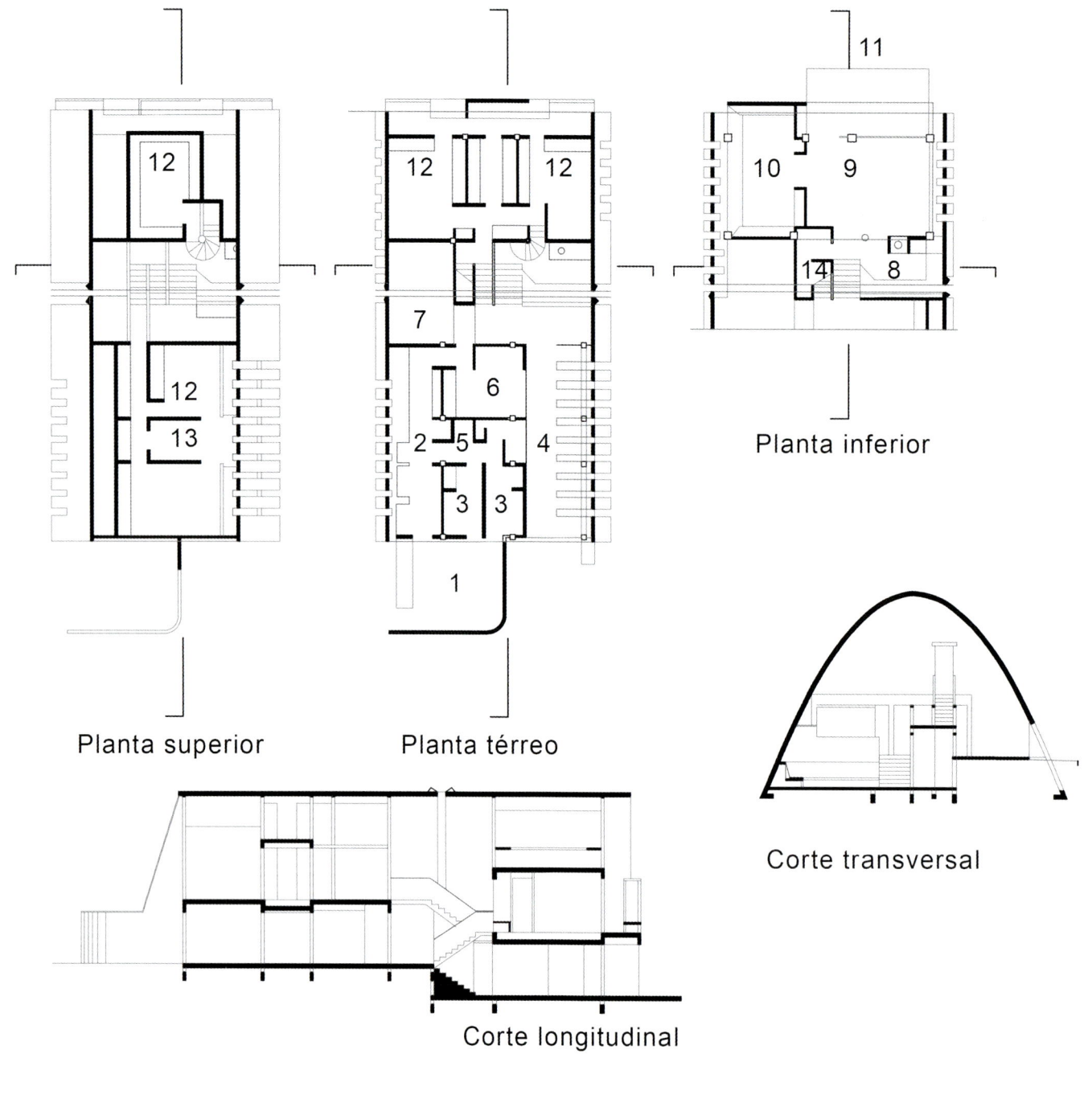

Planta térreo

Planta inferior

Corte longitudinal

Corte transversal

1. Acesso
2. Passagem
3. Quarto de empregada
4. Carro
5. Serviços
6. Cozinha
7. Sala de jantar
8. Saleta
9. Sala de estar
10. Escritório
11. Jantar
12. Quarto
13. Banheiro
14. Lavabo

Ao lado, sala de estar e saleta da lareira. Abaixo, detalhe do jogo de escadas ligando os vários níveis

A residência Frederico Brotero, assim como as outras, teria vários detalhes e elementos a serem analisados. Significativamente, todos os detalhes que caracterizavam a arquitetura de Lefèvre estavam presentes, a destacar o cuidado com que mantinha recortados os cantos superiores dos tampos de madeira das portas, evitando puxadores ou maçanetas. Em termos arquitetônicos, além das qualidades da abóbada e da sua visibilidade interior destacada, cabe registrar a circulação externa dos quartos, possibilitada pela curvatura da abóbada, criando nichos, lugares diferenciados e atraentes para o uso. Quando da visita técnica à obra, foi constatado que a proprietária, Helê Brotero, havia pintado os tijolos cerâmicos de branco, o que, segundo ela, melhorou muito a luminosidade interior. O problema recorrente do baixo rendimento em termos de conforto térmico é acentuado nos dormitórios da fachada noroeste, pois, sendo os ambientes pequenos, a curvatura da abóbada "afunila-os", aproximando os usuários do "calor da alvenaria". A "solução", em um dos quartos, foi dada pela instalação de aparelho de ar-condicionado. Além disso, ainda que muito interessante, a solução do trecho final da escada, funcionalmente elaborada,

Escritório; detalhe dos caixilhos e da luminária de teto.

Abaixo, (1) circulação externa dos quartos, (2) vista da abóbada e do acesso aos serviços a partir da rua e (3) vista a partir do jardim posterior.

por sua inspiração na escada Santos Dumont²⁰¹, objetivamente traz problemas ao uso. Claro está que as residências projetadas por Lefèvre buscam retirar o morador de sua inércia em relação à utilização da própria casa. Trazer o ato de morar para o campo da reflexão cotidiana é o seu objetivo, o que exige desde o didatismo das instalações aparentes até situações espaciais que cobram uma atenção constante. O que esse propósito suscita parece ser: como se manter disposto a esse "treinamento" dos sentidos depois de duas décadas? Pelas visitas e conversas, percebe-se que alguns moradores tornam-se "parte" das casas, enquanto outros mantêm um distanciamento constante em relação às soluções.

Independentemente desses resultados arquitetônicos expressivos no desenvolvimento da moradia enquanto problema arquitetônico, em 1971 Lefèvre iria começar uma nova vertente na sua atividade profissional, a de arquiteto numa grande empresa de projetos, a Hidroservice Engenharia de Projetos Ltda. Os motivos dessa atitude podem ser diversos e, inicialmente, até fogem de uma vontade de mudar o perfil profissional, mas o fato é que, por mais de dez anos, Lefèvre realizou trabalhos nos quais suas qualidades profissionais, suas opções arquitetônicas e seu entendimento da técnica puderam ser desenvolvidos²⁰².

201. Escada que Alberto Santos Dumont projetou e instalou em sua casa, em Petrópolis.
202. Segundo Sérgio Ferro, em entrevista ao autor, questões financeiras teriam motivado Lefèvre a ir trabalhar na Hidroservice.

CAPÍTULO **6**
ARQUITETURA, DESENVOLVIMENTO E CONSTRUÇÃO

O LUGAR DA ARQUITETURA

Daí, por caminhos não tão simples como os desse resumo, podemos concluir que a ponte, a estação, o aeroporto, não são habitações, mas complementos, objetos complementares à habitação através dos quais o espaço da habitação se universaliza.

A cidade é uma casa.
A casa é uma cidade.
[…]
Estações, bancos, estádios e pontes também vão aos poucos aceitando novos tratamentos formais para um encontro com a casa. Encontro com a casa na cidade para construir com ela a casa da nova sociedade que desponta como consequência inevitável do conhecimento cada vez mais profundo que vamos tendo, do mundo e das relações entre os homens. Esta procura de racionalidade não tem fim, e nos mantém em constante experimentação; a experimentação específica das artes é também a que é privativa da ciência e da tecnologia, aplicadas à arte de construir.
— J. B. Vilanova Artigas

Em 1979, o Departamento de São Paulo do Instituto dos Arquitetos do Brasil organizou um ciclo de depoimentos e debates com vários profissionais de diferentes gerações. Naquela oportunidade, o IAB buscava ampliar a discussão política entre os membros da categoria, pretendendo coordenar e unificar as posturas dos arquitetos em um momento de crise do regime militar.

Críticas ao regime, à exclusão dos arquitetos de decisões no campo da construção e da habitação, dentre outras questões, permeavam os depoimentos. O tom geral era de protesto contra os rumos autoritários impostos ao país e seus desdobramentos tecnocráticos na condução de problemas urbanos e programas sociais, que envolviam a participação da arquitetura (edifícios educacionais, de saúde etc.). Aos protestos agregava-se um sentimento de frustração, porque se via muito por fazer e pouco que pudesse ser feito.

Lefèvre iniciou sua exposição criticando esse sentimento. Segundo um depoimento anterior ao seu, do arquiteto Abrahão Sanovicz, o Brasil seria um país "por construir". Para Lefèvre, essa constatação demonstrava que, aos arquitetos, seria contraditório um sentimento de frustração:

e por isso eu não admito, e não posso aceitar, a frustração que foi citada aqui, relativamente bastantes vezes, pelos arquitetos que vieram em outras reuniões[203].

Em seguida, ele esclarece que a frustração correspondia a um antagonismo entre a posição ideológica dos arquitetos e a realidade[204]. Entretanto, quem esperava que a frustração tivesse como causa a repressão e o obscurantismo do regime militar seria surpreendido na sequência. A contradição ideológica apontada era que os arquitetos continuavam pensando a atividade e a produção da arquitetura a partir de um modelo que depositava "em algumas personagens o valor e a razão de ser da arquitetura brasileira"[205], o que não

---

203. Depoimento de Rodrigo Lefèvre, em *Arquitetura e desenvolvimento nacional: depoimento de arquitetos paulistas*, São Paulo: Pini, s.d., p. 61. Apesar de se referir ao seu predecessor, Abrahão Sanovicz, Lefèvre esclarece que este não usara o termo "frustração", diferentemente de "outros antecessores nas outras reuniões".
204. *Ibidem.* Segundo Lefevre, "na verdade existe nas pessoas que acham que há uma frustração na sua produção uma diferença entre anseios e a realidade, entre perspectivas e a realidade, entre fantasias (até pode se chegar nesse nível) e a sua atuação concreta".
205. *Ibidem.*

deixava de representar também um modelo profissional (ultra)passado. Ou seja, num país com 15 mil arquitetos, personificava-se a atividade de "doze nomes".

Lefèvre caracterizou essa postura como elitista, fazendo notar que ela podia ser observada em várias atitudes. Inicialmente, na de vincular a boa arquitetura ao programa e à finalidade dos edifícios, e não necessariamente aos projetos: caso a função à qual se destinava um edifício fosse importante (um edifício governamental de destaque), sua arquitetura era, consequentemente, importante. A atitude seguinte de elitismo, segundo Lefèvre, vinculava-se à pretensão dos arquitetos de serem reconhecidos nos meios artísticos e intelectuais. No entanto, outro comportamento seria ainda mais grave, pois fruto de "um anseio de poder": os arquitetos não estariam questionando a natureza de organismos criados pelo regime militar e associados à categoria, como o hoje extinto Banco Nacional da Habitação – BNH, mas protestando por não terem participado, desde o início, da formação do órgão, argumentando que, mediante sua colaboração, o BNH teria uma ação política melhor. Para Lefèvre, isso seria uma pretensão estúpida: "o problema não era de estar o arquiteto participando ou não, mas de como esse órgão foi formado – através de uma decisão imposta de cima para baixo, de um grupo autoritário, repressivo, que tomou o poder em 64"[206].

Por fim, o elitismo se manifestava também na estruturação de uma forma plástica-padrão, não estética, consubstanciada pelas escolas arquitetônicas, que estabeleciam os modelos de uma boa arquitetura – dominada por uma elite.

Ainda que Lefèvre não avançasse nesse ponto, parecia questionar as formas-tipo da arquitetura moderna brasileira, como, por exemplo, a "caixa brutalista", que em São Paulo era, naquele período, a solução arquitetônica mais explorada. Quem não executasse essa forma-tipo não estaria traçando a mesma linha de beleza da arquitetura brasileira. Talvez essa última esfera de manifestação elitista possa ser traduzida numa restrição de concepções arquitetônicas: quem fazia abóbadas, ou casas de tijolos e telhado, não fazia a boa arquitetura moderna brasileira.

Continuando, Lefèvre afirmava que o elitismo manifestado nos depoimentos e debates acabava por ocultar o que, para a efetiva atividade profissional dos arquitetos, era absolutamente claro:

Nesse processo de frustração, ou nesse processo de dizer que houve frustração, nada mais houve do que uma participação intensa dos arquitetos no processo de desenvolvimento do país todo o tempo. Dizer que não participou, dizer que fomos alijados do desenvolvimento, é um absurdo. Estão aí a av. Paulista e a av. Faria Lima que não nos deixam mentir. O desenvolvimento se deu de um tal jeito e a participação dos arquitetos se deu na medida do possível, atendendo e resolvendo problemas desse desenvolvimento[207].

Note-se a natureza do raciocínio de Lefèvre: quando se esperava que fizesse coro com as condenações ao autoritarismo, ele criticou os arquitetos, ou certa ideologia arquitetônica que imaginava o profissional acima do bem e do mal, reconhecido e pontuando soluções arquitetônicas boas, porque seu trabalho dirigia-se ao núcleo do poder, para o qual vinha criando obras antes e depois de 1964. A crítica ao autoritarismo era feita revelando o elitismo – para não dizer a soberba – profissional,

206. *Ibidem*, p. 62.
207. *Ibidem* (grifo nosso).

que tendia a anistiar o regime, pois, se fosse dada aos arquitetos a possibilidade de participarem mais efetivamente em organismos do Estado, os problemas tenderiam a ser solucionados. Por fim, Lefèvre explicitou o que já apontava no início: num país por construir, os arquitetos, independentemente do momento político, participaram efetivamente do seu desenvolvimento (e, direta ou indiretamente, do Estado, em seus vários níveis), por meio de sua atividade específica, durante os anos 1970, ou seja, no período mais duro do regime militar.

Avaliada e criticada a postura de uma parte significativa da categoria, que a diretoria do IAB naquele momento representava, Lefèvre manifestaria a sua reconhecida posição sobre o regime militar, definido por ele como um "organismo autoritário", concentrador de renda e de capital, que deixava de lado "todas as necessidades das classes populares". Entretanto, não procurava alguma distinção pessoal, reivindicando uma posição heroica de opositor e, principalmente, não afirmava sua condição de vítima do regime como prova de retidão política. Para uma plateia antirregime, em uma entidade democrática, quando a maioria da intelectualidade, para não dizer da sociedade, manifestava-se pela volta do Estado de Direito; quando o movimento sindical, precedido pelo estudantil, adquiria um nível de organização inédito, e o cenário partidário, restrito a duas siglas sancionadas pelo regime militar (Arena e MDB) estava por se transformar profundamente, com o surgimento de novos partidos, como o Partido dos Trabalhadores – diante desse quadro complexo que o país apresentava, apenas falar contra o regime, como se fosse uma ousadia política, era absolutamente insuficiente, para Lefèvre.

O que ele desejava discutir, de fato, era como superar os equívocos do passado e reorganizar a categoria num momento de reordenação política da sociedade. Daí a crítica ao elitismo e a uma visão personalista da profissão e da própria arquitetura:

A produção de arquitetura não pode mais ser tomada como a produção de alguns personagens. A produção de arquitetura tem que ser tomada como a produção de uma categoria profissional que se formou sob certas condições, dentro de certos padrões de formação, dentro de certas escolas e que independente do produto, é uma atividade de arquiteto.

Vale lembrar que a discussão de arquitetura *strictu sensu*, naquele período, sofria uma restrição muito grande nas escolas. De alguma forma, o foco de atenção dos arquitetos e estudantes estava mais voltado para o planejamento, o que também não deixava de ser demonstrativo da participação dos arquitetos em vários órgãos do Estado. O tipo de formação propiciada pelo curso da FAUUSP, que era a matriz para vários cursos de arquitetura no estado de São Paulo, permitia uma abertura para que o arquiteto exercesse uma série de atividades profissionais distintas do projeto de edificações – e, naquela época, destacava-se entre as demais a de planejamento urbano.

Ao lado disso, havia em relação à própria arquitetura um debate específico: se todo espaço construído era arquitetura, isso incluiria a imensa periferia de casas das médias e grandes cidades, ou arquitetura seria algo que se restringiria apenas às obras projetadas por arquitetos? O que os arquitetos produziam e o que devia ser interpretado como arquitetura eram duas questões que um ciclo de debates com arquitetos (em geral) bem-sucedidos não tinha condições de responder, porque essa proposição de discussão, segundo Lefèvre, continha um vício de nascença, que segmentava as construções e qualificava apenas aquelas projetadas por arquitetos.

Importante registrar que, nesse período, Lefèvre concorrera à diretoria do IAB numa chapa de oposição àquela que organizou o ciclo de debates, tida como de continuidade de uma política conservadora, porque elitista e personalista, para usar as palavras de Lefèvre. Este, por sua vez, exatamente por discordar dessa postura, durante sua fala expôs, ostensivamente, a perspectiva antielitista:

Eu não consigo dizer e não consigo saber por que é diferente fazer o Palácio da Alvorada e dizer que isso é mais importante do que um arquiteto que eu conheço, recém-formado, fazer meias para viver. Eu não consigo ver exatamente a diferença da importância disto para a arquitetura. A meu ver, o produzir uma meia talvez seja alguma coisa que pode ter uma importância talvez maior do que fazer o Palácio da Alvorada. Nesta gama, desde um Palácio da Alvorada até uma meia, existem milhares de coisas produzidas por arquitetos[208].

A constatação, feita por Lefèvre, de que os arquitetos estavam projetando bastante naqueles anos e, com isso, participando intensamente do desenvolvimento do país, é corroborada por Hugo Segawa, que, ao rever a produção de arquitetura da segunda metade da década de 1960 e da primeira metade da década seguinte, ou seja, dos anos do chamado Milagre Econômico, afirma: "é provável que nunca se tenha planejado e projetado tanto no país em tão pouco tempo: nunca se construiu tanto, também"[209].

Além dos escritórios "tradicionais" de projeto – escritórios individuais ou de arquitetos associados, criados no final dos anos 1950 e nos anos 1960 –, começaram a surgir empresas de projetos de engenharia, inicialmente de infraestrutura. Na década de 1970, essas empresas ganharam notoriedade, empregando um grande contingente de engenheiros, arquitetos, geólogos e vários outros profissionais de nível superior, além de projetistas e desenhistas. Eram as chamadas empresas de consultoria.

Boa parte da produção dos planos e projetos foi executada por essas empresas durante o Milagre Econômico. Lefèvre, no início dos anos 1970, foi trabalhar na Hidroservice, uma das maiores consultorias de projeto e gerenciamento de obras do país, nesse período.

Em geral, as empresas de consultoria eram vistas de forma depreciativa pelos arquitetos. Além de cultivarem relações de proximidade muito estreitas com o regime militar, o que as tornava suspeitas, para boa parte dos arquitetos perdia-se, ao trabalhar nessas instituições, a autonomia que o arquiteto, como artista, necessitava para criar. Ademais, a proximidade com o poder autoritário, somada ao esquema de trabalho em grande empresa, seria indicador de lucro fácil e baixa qualidade dos projetos, pois a ideologia que os guiava certamente não era a de projetos voltados para o desenvolvimento nacional, mas a de vultosos ganhos financeiros.

No debate citado, além de criticar a postura dos arquitetos, Lefèvre fez várias provocações aos profissionais que haviam sido adeptos do projeto desenvolvimentista, vinculando-os sempre a uma visão elitista da profissão, que só dava projeção aos grandes "personagens". Assim, um contingente enorme de arquitetos, que exercia a profissão de várias formas e em vários níveis, era "esquecido" e preterido nos eventos tradicionais da categoria, como os ciclos de debate que o IAB promovia.

208. *Ibidem*.
209. Hugo Segawa, *Arquiteturas no Brasil: 1900-1990*, São Paulo: Edusp, 1997, p. 191.

As tarefas de que um país como o Brasil necessitava, caso fossem de fato implementadas, exigiriam um número muito alto de profissionais, pois, segundo Lefèvre, ao contrário dos anos 1950, quando teriam sido atividades "artesanais", impunham agora a necessidade de se "começar a pensar muito profundamente na possibilidade da criação coletiva", o que vários setores artísticos/arquitetônicos "não aceitam". Lefèvre argumentava em termos perspectivos, mas não deixava de registrar que "cada vez mais o arquiteto participa como uma parcela da divisão social do trabalho e esse trabalho não é menos importante"[210]. A introdução da categoria socioeconômica "divisão social do trabalho", em um meio em que ainda prevaleciam fortes sentimentos corporativistas – cuja imagem mais adequada é aquela que vincula o mestre aos seus aprendizes, independentemente das formas efetivas de como o trabalho se dava em grandes empresas, escritórios médios e nos órgãos e companhias públicos, para se ficar nos exemplos mais imediatos –, não seria despropositada. Ela demonstra a visão de Lefèvre sobre a inserção do profissional arquiteto no mercado de trabalho e a crítica que fazia ao IAB, pelo seu descolamento da maioria da categoria, naquele momento.

Tantas considerações contundentes em relação a uma parcela da categoria – e à forma como ela entendia o exercício da profissão e sua representação de classe – não passariam totalmente em branco no evento. Assim, da plateia veio a pergunta: "como você compatibiliza sua ideologia com a sua participação dentro da Hidroservice?"[211]

A pergunta deve ter soado como uma provocação; mas, a julgar pela resposta que recebeu, parecia ser algo já esperado por Lefèvre. De pronto, suprimiu qualquer sentimento de culpa, ou qualquer posição de vítima por estar trabalhando em uma grande empresa – o que, em um período de "patrulhamento ideológico", seria a postura-padrão de defesa –, ao declarar: "em primeiro lugar, não existem fundamentais diferenças entre o trabalho que o arquiteto faz dentro de uma grande empresa, como a Hidroservice, e o de outros arquitetos que têm pequenos e relativamente pequenos e grandes escritórios"[212].

210. Depoimento de Rodrigo Lefèvre, em *Arquitetura e desenvolvimento nacional: depoimento de arquitetos paulistas, op. cit.*, p. 63.
211. *Ibidem*.
212. *Ibidem*. "Patrulhamento ideológico" foi uma expressão utilizada, em 1978, pelo cineasta Cacá Diegues (Carlos Diegues), para se defender de um tipo de crítica que cobrava que toda forma de expressão artística contivesse uma atitude de resistência ao regime militar ou de denúncia das mazelas sociais que este provocava. Em geral, para essa crítica, as manifestações artísticas deveriam ser veículos de uma posição política didaticamente inconformista; o seu valor não se daria por parâmetros próprios da arte, mas sim pelo quanto de crítica ao regime político vigente a obra de arte conseguisse "transmitir". Novamente ocorre aí uma substituição, a do discurso artístico pelo discurso político. Transposta para a produção arquitetônica, ou para todo tipo de produção que envolvesse vínculos do artista com empresas – o cineasta e a produtora, o músico e a gravadora, o arquiteto e a consultoria –, pode-se imaginar que não faltariam restrições ao trabalho em empresas, pois nelas não haveria espaço livre para uma produção crítica e independente. De certa forma, nesse jogo de substituição, o discurso artístico inconformista substituía uma prática política efetiva, o que Lefèvre já havia indiretamente apontado, no caso dos arquitetos, quando questionava a frustração (pela impossibilidade de atuar) e o descolamento entre a categoria e sua entidade representativa mais antiga.

Para sustentar essa afirmação, após afirmar que a Hidroservice era uma empresa de capital nacional, se propôs a apresentar o tipo de trabalho que realizava nela, e a sua importância. Para tanto, citou o exemplo do edifício do Instituto dos Ambulatórios do Hospital das Clínicas, em São Paulo, que seria, independentemente da situação política, da instância de governo – federal ou estadual – e de suas práticas antipopulares, necessário "ao desenvolvimento da população".

Evidentemente, há aí uma pequena contradição, para quem interpretava o regime militar como absolutamente antipopular, pois Lefèvre acabava reconhecendo que, apesar de politicamente reacionário, ele tinha um projeto político nacional-populista; reacionário, sim, mas, mesmo excludente, previa uma determinada aparelhagem de serviços sociais – isso sem mencionar a infraestrutura que servia de base para o crescimento econômico. Claro está que essas questões não passavam despercebidas; mas mesmo o discurso de Lefèvre incorporava certa elasticidade conceitual para explicar por que um governo monoliticamente antipopular, e que *centralizava as decisões*, acabava por implantar um equipamento socialmente necessário.

De todo modo, foram esses equipamentos apontados por Lefèvre, que constroem a cidade, a "casa da nova sociedade" – em geral de grande porte, voltados diretamente para a organização dos serviços públicos e o atendimento da população, ou servindo de base, direta ou indiretamente, para a economia –, que o arquiteto pôde desenvolver durante mais de uma década de serviços prestados à Hidroservice [213].

A análise dos equipamentos projetados na Hidroservice, o grau de complexidade que implicavam e as soluções que Lefèvre desenvolveu, levando-se em consideração a sua produção de arquitetura anterior e o cruzamento de suas ideias arquitetônicas com as condições efetivas da indústria da construção, completam o estudo de seu percurso profissional.

Nessa verificação, a arquitetura é sempre pensada como sistema que inclui produtores, público consumidor (uma empresa, um coletivo ou um indivíduo), formas de trabalho, recursos e possibilidades tecnoconstrutivas. No debate citado, a introdução da categoria do profissional assalariado, participante de uma equipe e submetido à "divisão social do trabalho" revela, além de toda a provocação, que Lefèvre percebia, se não uma alteração na produção arquitetônica, a possibilidade de trabalhar o outro lado do campo da construção. Assim, abria-se para novas possibilidades construtivas, ou, pelo menos, para avanços sobre as formas convencionais no setor em que as grandes empresas de projeto operavam.

213. Lefèvre tinha alguma experiência com trabalhos complexos. Nos anos 1960, apesar da sua produção residencial ser mais conhecida, participou não só de projetos escolares como de outros maiores, como o plano para uma cidade-satélite em Cotia, que deveria abrigar 30 mil habitantes. Entretanto, esse e outros projetos maiores não foram concluídos. Para uma análise do projeto, ver o artigo de Nestor G. Reis Filho, "Plano para cidade satélite", *Acrópole*, São Paulo: jul. 1965, n. 319, pp. 24-7. A equipe elaboradora do plano era dirigida por Lefèvre e Ferro, e contava com a participação de A. S. Bergamin, Arnaldo A. Martino, Jeny Kauffman, J. Guilherme S. de Castro, Julio T. Yamasaki, Luis Fisberg, Luis Kupfer, Matheus Gorovitz e Waldemar Herrman. Ano do projeto: 1964.

ARQUITETURA MODERNA E A AUSÊNCIA DE VANGUARDA: O TRABALHO NA HIDROSERVICE

O papel da FAU não será mais o de informar técnicos, mas o de formar quadros, que lutarão pelo desenvolvimento das potencialidades nacionais, em termos técnicos e em termos humanos. Esta Faculdade estará integrada na luta histórica do Brasil contra o subdesenvolvimento e os homens aqui formados serão individual e coletivamente aptos a enfrentar produtivamente os problemas do país[214].

Ao final do debate analisado, Lefèvre refletia sobre a percepção da esfera na qual o trabalho do arquiteto estava inscrito. Sobretudo, indica que a centralização das decisões estratégicas não estava reservada ao profissional arquiteto, nem à empresa na qual ele, porventura, trabalhasse, mas ao governo, exclusivamente, com seus planos e metas de desenvolvimento, por vezes associadas às grandes corporações. Isso iria ao encontro da análise de Tafuri, indicativa da crise da ideologia da arquitetura e da impossibilidade desta se pensar enquanto vanguarda. No âmbito específico do país, naquele momento, havia um atenuante em relação às elaborações de Tafuri, pois ainda era possível afirmar que a centralização política era fruto de um governo autoritário[215]. De todo modo, nessa constatação Lefèvre indicava uma semelhança do trabalhador intelectual com o trabalhador em geral e com o operário, pois "algum trabalho e alguma produção têm de ser feitos". Aprofundando essa análise, que retirava da arquitetura a possibilidade de ser interpretada como um trabalho diferenciado, como um meio para transformações sociais, e remetendo as possibilidades dessas transformações para o campo político, no qual existe, ou pode existir, um descolamento entre o trabalho que cada indivíduo exerce e os vínculos político-ideológicos que qualquer um estabelece com a sociedade, Lefèvre perguntou: "por que um operário com ideologia socialista trabalha na Volkswagen?". O personagem operário metalúrgico, nessa indagação, não era escolhido sem propósito; era paradigmático na sua linha de raciocínio, pois para o ABC paulista deslocava-se, naquele momento, a vanguarda da luta sindical, mas também política, contra o regime militar.

Sua resposta tentou dar um significado "maior" ao trabalho da montadora: "eu acho que o trabalho é necessário, a produção necessária. Não é porque é uma multinacional que não vamos produzir carros, porque talvez com carros a gente consiga superar algumas etapas de desenvolvimento necessárias"[216]. Mas, na verdade, a pergunta quase prescindia de resposta, porque óbvia. Ou seja, um arquiteto, qualquer que fosse sua inserção profissional – e até independente dela –, podia ter uma atuação essencialmente política contra a injustiça e a desigualdade sociais, em prol do desenvolvimento do país. Isso porque, numa sociedade capitalista complexa e de massas, a maioria dos trabalhadores, incluindo os arquitetos, não tem oportunidade de escolher de forma livre e autônoma o trabalho profissional que realiza. Para ter essa atuação, o

214. "História. Histórico da FAU", em: *Desenho* n. 1, s.p, sem designação de autor (como era corrente no período).
215. Passados quase quarenta anos do debate estudado, mais de trinta anos de superação do regime militar e quase trinta anos dos desdobramentos da Constituição de 1988, tal dúvida, em relação à centralização das decisões arquitetônicas, não é mais possível.
216. Depoimento de Rodrigo Lefèvre, em *Arquitetura e desenvolvimento nacional: depoimento de arquitetos paulistas*, op. cit., p. 63.

Central de Abastecimento de Curitiba, maquete do Conjunto. Coordenação: Rodrigo Brotero Lefèvre, 1972-74.

arquiteto necessitava encarar seu trabalho não como um rito social acima das outras atividades, além de organizar-se, política e sindicalmente, como os operários do ABC estavam demonstrando ser imprescindível fazer. Ainda que nunca deixasse de perseguir uma dimensão política na atividade arquitetônica, e qualificasse todo tipo de trabalho a partir dessa dimensão, Lefèvre falava do limite da atuação política do arquiteto. Novamente, dez anos depois, mas assumindo outra perspectiva de atuação, ele voltava a afirmar que a atividade política do arquiteto, enquanto categoria profissional, para ser incisiva na sociedade, como a de qualquer outro trabalhador, deveria extrapolar o mero uso do lápis[217].

Isso não eliminava fazer o trabalho de arquitetura, nem o imperativo de realizá-lo com qualidade – e, novamente, na medida das oportunidades que determinados programas e arranjos sociais oferecem (e oferecem), buscar incrementar os seus significados, o que necessariamente significa trabalhar a dimensão política que cada projeto guarda.

Por outro lado, Lefèvre não abandonava a perspectiva de interferência no processo de trabalho, a fim de torná-lo um momento de crescimento político dos trabalhadores envolvidos, como será analisado adiante. Entretanto, o entendimento que passava a explicitar discutia outra dimensão do trabalho de arquitetura, que não a de transformação social, qual seja, mesmo objetivando uma repercussão social para uma forma de organizar os espaços, ou mesmo conseguindo interferir na organização do trabalho, o gradiente social aí contido é muito distinto daquele presente na atuação política de massas. Portanto, sem negar as possibilidades de uma pedagogia social a partir do trabalho, na prática reconhecia que a pedagogia política dos trabalhadores se desenvolvia por novos e outros caminhos. Assim, passados alguns anos, se não havia mais qualquer possibilidade de o projeto ser interpretado como desígnio social com sentido transformador, como a expressão havia ganhado significado anteriormente, ainda que não afirmada explicitamente, uma atuação diferenciada no trabalho, ganharia algum significado crítico caso vinculada a uma perspectiva de massa, de tipo sindical ou político-partidário, por exemplo, como o momento político social parecia indicar.

Contratado pela Hidroservice no início de 1972, Rodrigo Lefèvre inicialmente trabalhou como arquiteto, arquiteto chefe de equipes e depois como chefe de setor do Departamento de Arquitetura (a partir de 1973). Além de coordenar alguns projetos, o tipo de organização do trabalho na empresa levou-o a participar de vários outros serviços[218].

217. Além disso, em última análise, mesmo para os arquitetos que pudessem, por meio do reconhecimento de sua obra, gozar de certa autonomia na escolha dos seus trabalhos, estes não teriam um caráter transformador, ainda mais se realizados de forma convencional.
218. Na Hidroservice, foram analisados projetos e relatórios (externos e internos) referentes aos trabalhos de Lefèvre. Também foram colhidos depoimentos que, por orientação da empresa, não puderam ser gravados. O material coletado e analisado é, em grande parte, inédito, pois pela primeira vez foi permitido o acesso de um pesquisador aos arquivos da Hidroservice.

Um dos primeiros trabalhos dos quais Lefèvre teria participado não tem um registro claro na empresa. Isso porque ele e o projeto foram transferidos de setor durante o seu desenvolvimento, e também porque Lefèvre não foi o responsável direto pelo trabalho. O projeto é o da Central de Abastecimento de Curitiba, que recebeu uma solução de cobertura absolutamente diferenciada dos outros projetos desenvolvidos na empresa: todos os edifícios da Central eram cobertos por uma série de abóbadas, o que seria indicativo da participação de Lefèvre.

As abóbadas foram, inicialmente, projetadas como cascas de concreto armado; todavia, quando o projeto foi transferido de setor, acompanhou-o a recomendação para que fosse contatado Eladio Dieste, que naquele período havia fixado sua empresa, Estruturas Cerâmicas, Projetos e Construções Ltda. – EDEC –, em Porto Alegre e no Rio de Janeiro. Segundo informações na Hidroservice, mas não totalmente confirmadas, Dieste teria sido indicado por sugestão de Lefèvre.

O convite a Dieste teria sido feito com o intuito de substituir a solução de concreto pelas coberturas de tijolos armados, o que acabou ocorrendo, com algumas alterações, no restante do projeto[219].

Ainda que imprecisas, as informações sobre a participação de Lefèvre no projeto são corroboradas por mais dois fatos. O primeiro diz respeito a um artigo publicado na revista *Módulo*, no qual Lefèvre, convidado a escrever sobre o projeto do Departamento Nacional de Estradas de Rodagem – DNER[220] (que será analisado na sequência), apresentou também fotos de vários outros projetos feitos pela Hidroservice, sendo uma delas da Central de Abastecimento. O outro fato diz respeito à localização de diapositivos da maquete do projeto no Acervo de Rodrigo Lefèvre, na Fundação Artigas (quando da realização da pesquisa). Como o acervo consiste de material pessoal, com peças gráficas e iconografia de projetos do próprio Lefèvre (com exceção do projeto da residência Simão Fausto, de Flávio Império), isso reforça a ideia de que ele tenha tido ao menos uma participação inicial no projeto e na contratação de Dieste[221].

219. O projeto foi elaborado, inicialmente, entre 1972 e 1973. Nenhum relatório traz o nome de Rodrigo Lefèvre. O relatório interno da Hidroservice que trata da reunião com Dieste sobre a mudança do sistema construtivo das coberturas é datado de 24 de junho de 1974 – "Relatório Interno nº 3, Supervisão da Construção da Central de Abastecimento de Curitiba: Avaliação das Modificações a Introduzir no Projeto Executivo de Arquitetura em função da Adoção de Novo Sistema Construtivo para as Cobertas". O relatório, com as mudanças na estrutura já consumadas, é datado de 30 de outubro de 1974 – "Relatório Interno nº 10, Supervisão da Construção da Central de Abastecimento de Curitiba. Parecer sobre a Substituição da Cobertura em Concreto Armado por Abóbada em Tijolo Cerâmico Armado 'Sistema EDEC'".
220. Extinto em 2001 e substituído pelo Departamento Nacional de Infraestrutura de Transportes – DNIT. Neste livro, será mantida a sigla DNER.
221. O artigo citado é "O arquiteto assalariado", *Módulo*, Rio de Janeiro: set. 1981, n. 66, pp. 68-71.

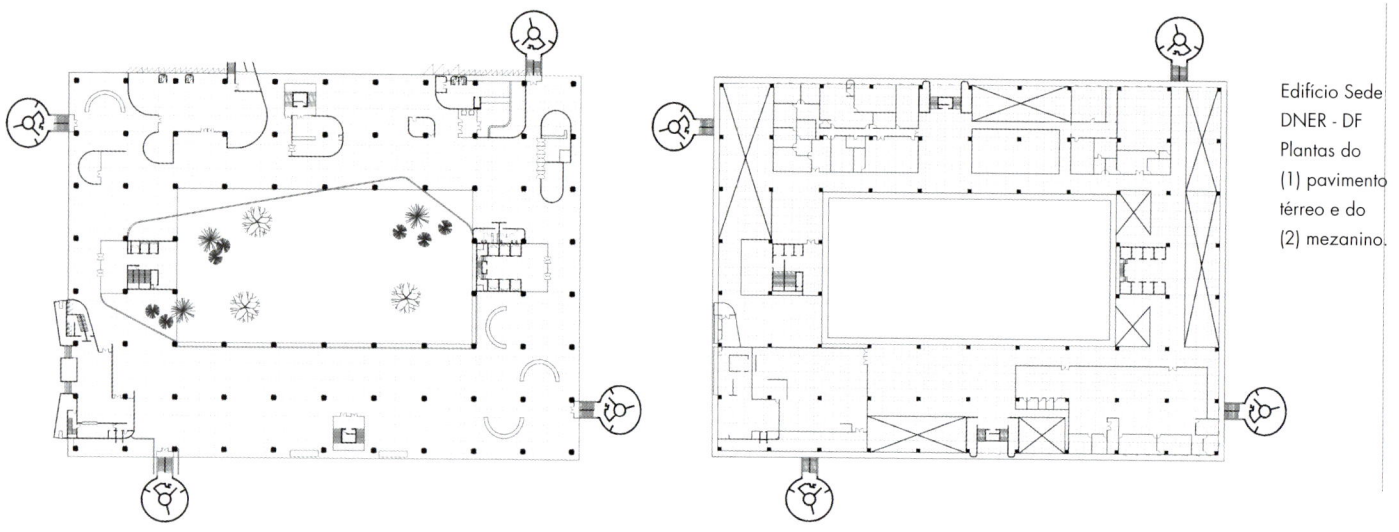

Edifício Sede DNER - DF Plantas do (1) pavimento térreo e do (2) mezanino.

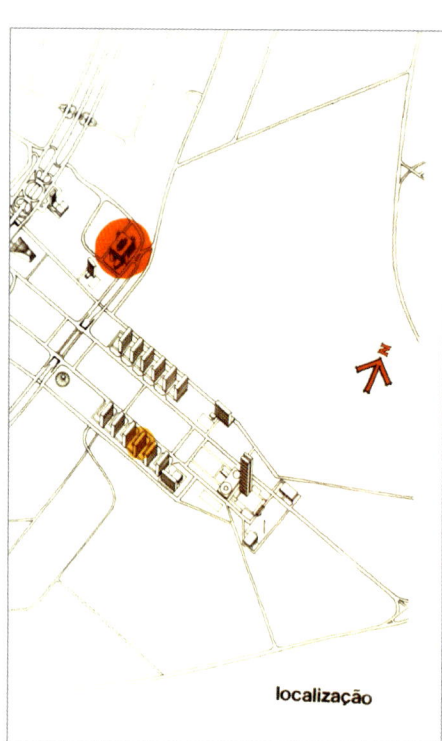

A sede do DNER

O primeiro projeto do qual Lefèvre participou chefiando uma equipe de arquitetos, projetistas e desenhistas, com um registro preciso, foi o do edifício-sede do Departamento Nacional de Estradas de Rodagem – DNER, em Brasília, localizado na Quadra 3 do Setor de Autarquias Norte, junto ao eixo L2.

No relatório de apresentação do projeto arquitetônico, quanto aos critérios gerais, Lefèvre informou que "a sede do DNER deverá ter uma configuração sóbria e sólida", em consonância com a imagem que o Departamento difunde por meio de "construções de grande porte rodoviário [e] grandes obras de arte". Prosseguindo, argumentava que:

b) A sede do DNER deverá ter como dado fundamental condições ótimas para trabalho de escritórios, deixando de lado qualquer pretensão de representatividade, de monumentalidade gratuita.
c) A sede do DNER deve conter equipamentos e instalações modernas que venham a aumentar a eficiência do trabalho. E deve possibilitar a troca de equipamentos ultrapassados e inclusão de equipamentos novos[222].

Na organização documental da Hidroservice, os relatórios externos, como esse, são assinados pela direção da empresa. Nas listas de relatórios internos, o equivalente a esse relatório externo, que apresentava o projeto, consta como de autoria de Rodrigo Brotero Lefèvre, mas foi inutilizado. De qualquer forma, por ter sido o coordenador do projeto, é absolutamente pertinente supor que os textos do relatório externo e do relatório interno sejam iguais ou equivalentes. Portanto, os dois seriam de autoria de Lefèvre. Reforçando essa hipótese, em meio ao material do Acervo de Rodrigo Brotero Lefèvre na Fundação Artigas, foi encontrado um documento com a referência "slides". A estrutura deste é a da apresentação do projeto por tópicos, acompanhados por uma sequência de diapositivos. Esse texto, sem data, segue a estrutura e trechos do relatório (ou vice-versa).

222. Conforme "Relatório: Projeto da Edificação da Administração Central do DNER em Brasília – vol. 3", p. 3.

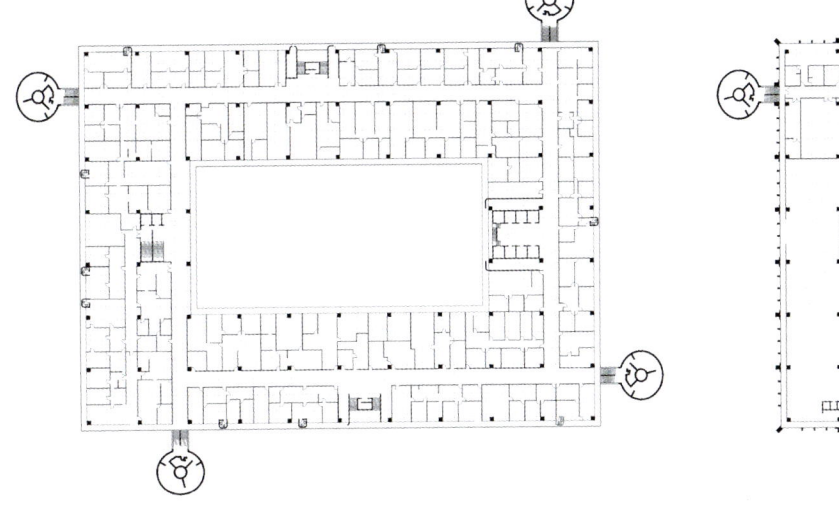

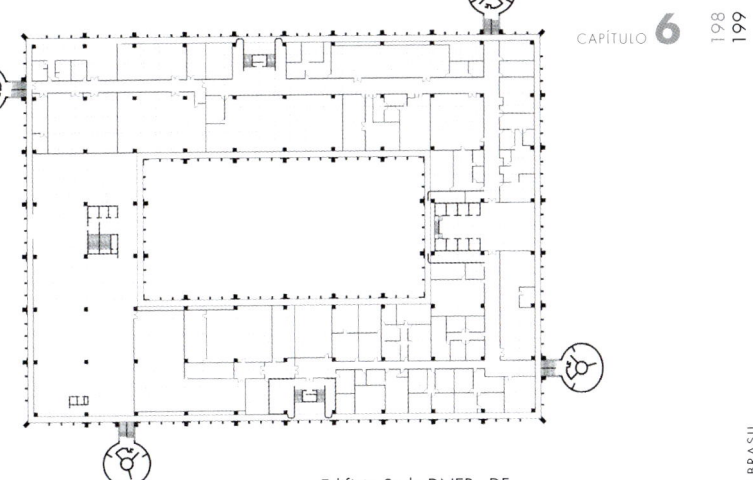

Edifício Sede DNER - DF
Plantas do (1) primeiro pavimento,
do (2) subsolo 1 e, abaixo,
(3) subsolo 2.

1. Caixa d'água
2. Proteção contra incêndio
3. Central de ar-condicionado
4. Sala de controle do ar-condicionado
5. Cetest
6. Estação de medição
7. Delta
8. CEB
9. Cais de caminhão
10. Sitran
11. Vestiário da manutenção
12. Restaurante da manutenção
13. Depósito/Almoxarifado
14. Sistema No-Break
15. Motores de refrigeração
16. Caldeiras/Depósito de material
17. Cozinha industrial
18. Galeria técnica

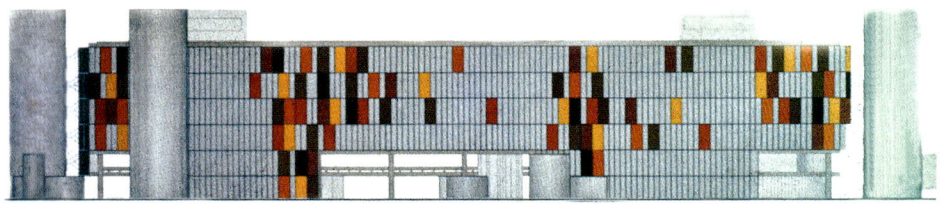

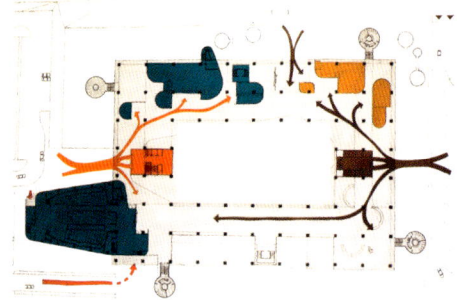

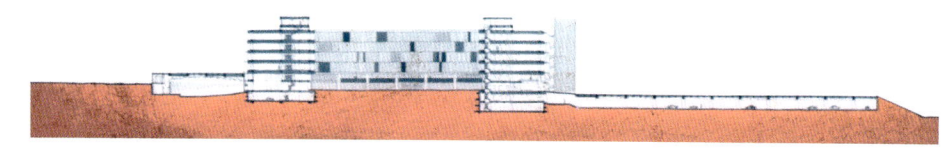

Concluindo os critérios gerais, o relatório informa que o projeto foi pensado de forma a possibilitar novos arranjos dos escritórios, atendendo alterações funcionais previstas em curto prazo com flexibilidade para a compatibilização do projeto com alterações funcionais de longo prazo. Por fim, o projeto da sede permitia "certa expansão" no número de funcionários, dos 2,5 mil iniciais até o limite de 4 mil.

Em relação ao projeto propriamente dito, o desenvolvimento segundo esses critérios definiu um partido formalizado por meio de um volume de base retangular, relativamente baixo: térreo, mezanino, quatro andares-tipo, mais dois subsolos, predominando o sentido da horizontalidade e ocupando 1/3 da área disponível do terreno. O edifício é, na verdade, um anel retangular, "guardado" por quatro torres cilíndricas, com um térreo permeável ao olhar e à circulação, com um grande jardim interno, aberto, praticamente envolto, em

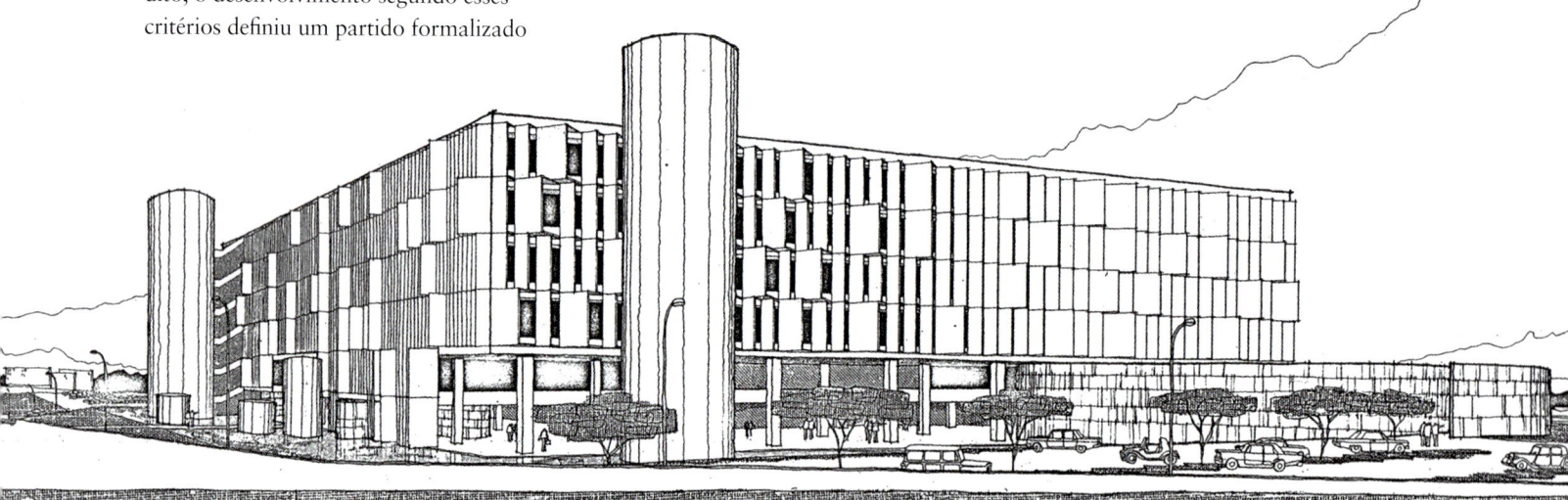

PÁGINA AO LADO
(1) Elevação oeste com estudo cromático do brise soleil,
(2) planta colorida do térreo, (3) corte longitudinal e
(4) maquete da edificação sem o auditório. Abaixo,
perspectiva frontal da sede do DNER.

ESTA PÁGINA
(1) Edifício em obras e (2) sede do DNER logo após
a conclusão.

três de seus lados, por um espelho d'água. Do lado externo, o térreo é circundado por um gramado com poucas árvores e arbustos, que completa o paisagismo do terreno. O restante da área, para além do volume, é destinado ao estacionamento para funcionários e público em geral e também ao acesso viário de ligação com o eixo L2[223].

Implantado em paralelo aos lados da quadra, o edifício tem, em sua face sul, o estacionamento, a entrada e a circulação vertical do público geral. No lado oposto, na face norte, encontram-se os estacionamentos, a entrada e o bloco de circulação vertical dos funcionários. Entre a face leste do edifício e o eixo L2, foi previsto um "jardim que ficará gramado somente", não existindo interferências entre a vista de quem circula pelo eixo e o edifício. Dessa forma, segundo Lefèvre ao explicitar o partido arquitetônico, "a paisagem será do prédio, com suas torres e quebra-sóis, alguns grandes e coloridos, sobre um 'tapete' verde que penetra sob o prédio"[224].

No lado oposto, na face oeste, do pôr do sol, o destaque é o espelho d'água,

223. *Ibidem.*
224. *Ibidem*, p. 4. Praticamente metade da área restante, isso em função das diretrizes para estacionamentos de funcionários fixadas pela Coordenação de Arquitetura e Urbanismo de Brasília.

(1) Acesso do pavimento térreo, caixa de circulação e detalhe da caixilharia,
(2) pavimento térreo e mezanino a partir do pátio interno,
(3) área de circulação no térreo e
(4) vista do pátio interno a partir do mezanino.
Abaixo, perspectiva interna do pavimento térreo e do mezanino.

Ao lado, perspectiva interna dos escritórios do sistema modular.
Abaixo, passarela de serviço entre os escritórios e os brises, com destaque para o volume do banheiro ao centro.

que cumpriria uma dupla função: a de "ordenar as entradas para a praça", por meio das passarelas de travessia, e a de aumentar "o grau de umidade do ar circundante ao edifício, pelo processo de evaporação da água, ao receber os raios solares"[225]. Com isso, Lefèvre esperava melhorar o conforto térmico dos ambientes voltados para a face oeste[226].

Uma preocupação clara, no projeto, é relativa à modulação, conforme o relatório:

[...] nos andares-tipo a modulação adotada, em planta, é de 1,80 m x 0,90 m, a qual permite solução integrada para forros, divisórias móveis, luminárias, tomadas de piso, caixilhos e/ou vidros, quebra-sóis etc. A própria coluna entra nessa modulação com 0,90 x 0,90 nesses andares-tipo, e com a forma adotada nos outros pavimentos[227].

Esse módulo básico tem também uma fração menor, no caso, de 30 cm, utilizada a partir de elementos mínimos. A placa do piso é de 30 cm x 30 cm; a placa do forro é de 30 cm x 90 cm. As derivações do módulo estendem-se,

225. Ibidem.
226. Ibidem, pp.4-5.
227. Ibidem, p. 8.

Página ao lado e nesta página, detalhes dos brises voltados para o pátio interno.

junto com os outros itens citados, para todas as dimensões – das divisórias, dos armários acoplados às divisórias, das salas de trabalho, das fachadas –, de forma a possibilitar que o edifício seja apreendido a partir de sua modulação, ou melhor, dos elementos modulares (qualquer um, como o vidro, ou a placa do piso, pode ser tomado como referência), prescindindo de instrumentos de medição.

Completando o tópico sobre a modulação, o relatório esclarece que:

[...] essa modulação básica orientou todas as dimensões do edifício: quer da estrutura, quer das paredes, quer dos detalhes em geral, quer das instalações. Essa modulação de 1,80 x 0,90 m tem uma unidade modular de área formada, portanto, por um retângulo cujos lados são esses valores. Os lados maiores estão na mesma direção que, aproximadamente, a direção leste-oeste. Os lados menores estão na mesma direção que, aproximadamente, a direção norte-sul. Existem outras unidades modulares de área, de 0,90 x 0,90 m, que foram usadas por causa das dimensões das colunas. Assim, a partir das colunas, nos quatro sentidos fundamentais, existem fileiras dessas outras unidades modulares até encontrar outros pilares.

Evidentemente, a apreensão e compreensão do edifício conformam um dos aspectos da obra possibilitados pela modulação. Esta, entretanto, em termos do aspecto referente à racionalidade na construção, teve um valor inestimável, que se estende para a manutenção e todas as alterações que um edifício abarca ao longo do tempo.

A modulação permitia a utilização, sem perdas, dos elementos componentes da obra, e, combinada com o controle da execução, possibilitava também uma economia de escala na aquisição das peças de acabamento (caixilhos, vidros, placas de piso e forro etc.), de certa forma semelhantes ao caso da definição rígida das aberturas nas residências. Isso permitia a confecção antecipada das esquadrias. Agora, com a modulação empregada em obras de grande porte, em função da escala de elementos repetitivos, a produção pré-moldada em canteiro ou fora da obra passava a integrar a estratégia construtiva. Na Hidroservice, há fotos da obra com gruas transportando peças pré-moldadas, reveladoras da incorporação de processos produtivos industrializados – ou parcialmente industrializados – e da mecanização do canteiro, com o uso de maquinário pesado, evidenciando que o método racional, de pensar o projeto e a obra, estava presente de há muito, e que a absorção de um processo construtivo mais fortemente marcado pela industrialização era coerente com esse método, para não dizer intrínseco a ele.

A adoção da modulação em projetos de grande porte é interpretada quase como uma imposição do objeto arquitetônico, pois ela não apenas racionaliza a obra como também organiza o processo de elaboração do projeto em toda a sua complexidade, mormente na necessária interação do projeto arquitetônico com os projetos dos subsistemas ou projetos complementares. No entanto, essa imposição nem sempre aparece de forma tão nítida ou ela não é "orgânica" como no edifício do DNER. Ou seja, por vezes privilegia-se a modulação da estrutura em relação às dimensões e forma do edifício, mas não se amplia o pensamento modular ao conjunto dos elementos. No caso do projeto do DNER, essa visão integral é um dado muito forte. De alguma maneira, as preocupações, no processo de execução das residências unifamiliares, a própria noção de alvenaria seriada, que obrigava um rígido controle na relação projeto-obra, mostraram-se *metodologicamente* importantes para que Lefèvre resolvesse programas complexos como o do DNER.

Quando da nossa visita ao edifício, o chefe do serviço de Administração de Imóveis e Transportes, engenheiro José Osmando Vieira Lima, então responsável pelo gerenciamento do edifício – tendo sido também um dos responsáveis pela obra por parte do DNER –, relatou com entusiasmo as qualidades do projeto no tocante à execução da obra e à interação positiva estabelecida entre a equipe do DNER e a equipe da Hidroservice, particularmente com Lefèvre. Segundo Lima, todos os itens do projeto foram detalhadamente discutidos, e o controle de qualidade da obra era tal que, por exemplo, os quebra-sóis foram assentados com a utilização de teodolitos. O controle do concreto era tão rígido, que várias obras do período, como a do Banco Central, passaram a utilizar o controle instituído pela obra do DNER. A partir dessa experiência, e do reconhecimento das qualidades arquitetônicas do projeto, Lima tornou-se o principal responsável pela preservação do edifício e das suas propostas iniciais. Um exemplo de dedicação, no desempenho de suas funções, é referente ao *layout* dos escritórios e sua relação com as dimensões dos corredores de circulação. Segundo o engenheiro, houve várias tentativas, por parte de diretores, de ampliar as áreas das salas de trabalho, particularmente as suas próprias, avançando no corredor. Com isso, seriam criados "dentes" ou, simplesmente, a largura dos corredores seria diminuída, a qual havia sido pensada em função do número de funcionários e também proporcionalmente ao grande comprimento dos corredores (até 95 m). Essas propostas foram barradas por Lima, com exceção de uma que lhe custou o cargo – o qual foi reavido com a queda do diretor que impusera a mudança, permitindo-lhe a reversão da reforma efetuada. Quando esta pesquisa foi realizada, todos os elementos – divisórias, armários, pisos etc. – continuavam originais, mas o estado de conservação do edifício começava a apresentar problemas relativamente sérios, em função da falta de investimentos, segundo Lima. Por exemplo, a necessidade de recapeamento da laje superior, cuja impermeabilização encontrava-se definitivamente comprometida.

Conforme o engenheiro Osmar Onofre Vianna, diretor da Hidroservice (1973-1988) na época do projeto e também quando da elaboração deste trabalho, a empresa mantinha um Setor de Interferências, com o objetivo de melhorar os seus projetos e de diminuir o retrabalho nas obras ocasionado por erros de projeto. Nessa instância ocorria a interação entre os projetos de arquitetura e os projetos complementares de estrutura e partes elétrica, eletrônica, mecânica (equipamentos) e hidráulica. O diferencial que um projeto bem-executado agregava, era tornar a obra muito mais econômica, por transcorrer sem percalços. Para deixar claro o objetivo da Hidroservice, Vianna comentou que nas obras da empresa não se ouvia, por exemplo, o barulho de marteletes demolindo erros de projeto construídos.

Ainda segundo Vianna, o desempenho de Lefèvre nesse setor foi excepcional, demonstrando conhecimento e desenvoltura intelectual para enfrentar questões que não faziam parte do seu gradiente anterior de trabalho – o que indica, de maneira incontestável, que a racionalização, enquanto conhecimento aplicado para a solução de projetos complexos e, sobretudo, enquanto método de pensar o fazer arquitetônico, estava presente no seu raciocínio profissional, fosse qual fosse o objeto arquitetônico, seu programa de necessidades, seu porte e sua complexidade. No desenvolvimento de sua atividade de arquiteto, Lefèvre acumulou um conhecimento global do processo construtivo (conhecimentos de estruturas, elétrica, hidráulica etc., articulados ao projeto arquitetônico), de forma a valer-se da racionalização e da industrialização (quando possível), fosse numa obra executada sob a concepção da alvenaria seriada, fosse em outro processo qualquer que fizesse uso de "seriações" mais industrializadas.

As peças gráficas do projeto e os relatórios revelam a complexidade do programa. Em relação aos subsistemas, o porte do edifício fez com que a quantidade, ou o nível de exigência de desempenho dos equipamentos e instalações, fosse convertido em qualidade no projeto, obrigando a pensar espaços técnicos para abrigar determinadas funções (o que pode parecer simples) e a articulação formal desses espaços com o conjunto arquitetônico. Novamente, surgia a concepção de pensar o projeto, com todos os subsistemas, enquanto um ambiente arquitetônico único, e não apenas um edifício avulso, no qual arquitetura e subsistemas compareciam juntos, mas não integrados – estratégia presente já nos projetos residenciais.

Assim, o projeto incluiu sistema de refrigeração, subestações de eletricidade, sistema de combate a incêndio, casa de máquinas, um centro de processamento de dados (no primeiro subsolo) e outras instalações; todas solucionadas tecnicamente e absorvidas arquitetonicamente. O sistema de refrigeração, em particular, apresenta uma solução, integrada ao projeto, que salienta outra solução – a das torres de circulação e serviços. No início da apreciação desse projeto, foi citado que o edifício possuía torres cilíndricas que pareciam "protegê--lo". Elas, na verdade, abrigam sanitários, copas (serviços) e também a circulação vertical. Os equipamentos de refrigeração foram alocados em outras torres cilíndricas menores, distribuídas junto às duas faces do edifício, emergindo do espelho d'água, ampliando o ambiente arquitetônico e dinamizando-o na medida em que a articulação com as torres maiores se dá, agregando ritmo vertical à composição.

As torres grandes merecem uma análise específica. A circulação vertical de cada uma está implantada em um invólucro esguio de vidro que une a torre ao bloco principal. Entre a densidade do edifício e a do cilindro de concreto, surge a geometria dinâmica da escada contra a luz, criando uma sensação ambígua de leveza. Na descrição das torres, o relatório informa que:

[...] essas quatro torres foram colocadas em lugares em que é mais provável a existência de um prolongamento dos corredores do prédio. Foram dimensionadas de forma a poder conter vasos sanitários, lavatórios e mictórios, além de dutos verticais para canalização, ventilação forçada, canalização dos hidrantes e duto vertical para lixo, copa e escada. Outra característica dessas torres é que seus pisos são intermediários aos pisos dos pavimentos de escritórios, incluindo nas circulações em direção aos banheiros quatro escadas de comunicação vertical em todo o prédio. Por este fato, aos oito pavimentos do edifício corresponderão sete pavimentos de banheiros[228].

228. *Ibidem*, p. 9. Note-se que os oito pavimentos citados se referem aos quatro andares-tipo, ao mezanino, ao térreo e aos dois subsolos.

Torres de refrigeração e espelho d'água.

À esquerda, (1) volume do auditório visto da cobertura e (2) cobertura do prédio do DNER.

Ao lado, torres de refrigeração. Abaixo, vista externa da sede do DNER a partir do eixo monumental de Brasília.

Nos projetos de residências, Lefèvre havia destacado do corpo principal áreas de serviço, sanitários e quarto de empregada – este último visto, inclusive, mediante uma interpretação sócio-histórica. Além das possíveis questões sociais e também das questões prático-funcionais mais diretamente visíveis, essa disposição contém uma noção de hierarquia espacial. A adoção de procedimentos semelhantes, agora num edifício de grande porte, requer sua interpretação arquitetônica. Assim, se antes essa interpretação podia ter alguma imprecisão, ou algumas derivações, no edifício do DNER há, na solução das torres, um princípio de hierarquia arquitetônica cuja conformação só encontra analogia na obra de Louis Kahn, o que revela o desenvolvimento do pensamento projetual de Lefèvre, ao expandir referências. Como é sabido, a partir do seu projeto para a Galeria de Arte da Universidade de Yale (1950-1954), Kahn começou a explicitar um sentido organizador na sua produção, que diferenciava espaços servidos de espaços serventes. Tal hierarquia alterava a noção de planta livre do movimento moderno, mas também acabava por atribuir à funcionalidade moderna um valor de apoio a algo maior; àquilo que o edifício quer ser (o espaço servido ou o espaço que deve ser servido)[229], cujo espaço "principal" podia assim ser disposto de forma realmente livre.

Uma hierarquia funcional análoga, separando o espaço de serviço – cozinha, lavanderia etc. – daquilo que a residência realmente quer ser, isto é, um espaço de convívio por excelência, também pode ser interpretada nas residências da escola paulista e nas de Lefèvre e Ferro. Entretanto, tal agenciamento espacial nunca foi apresentado dessa forma nas residências, assim como uma elaboração dessa hierarquia, feita de modo tão didático como no projeto do DNER, com as torres destacando-se do corpo do edifício, não esteve anteriormente presente nas obras dos arquitetos da escola paulista – talvez, aliás, só podendo ser observada com a mesma clareza em obras como o Laboratório de Pesquisas Médicas Richards (1957-1961), do próprio Kahn, e o Edifício Lloyds (1978-1986), de Richard Rogers.

Em termos gerais, a adoção do projeto de quatro pavimentos-tipo é explicada

---

229. Talvez "espaço servido" e "espaço servente" não sejam as melhores traduções para o português. Nesse sentido, "espaço que é servido" e "espaço que serve" incorporam melhor o sentido de hierarquia perseguido por Kahn.

em função das necessidades funcionais e de distribuição das diretorias, de forma equilibrada, pelos andares. Nesses pavimentos, os únicos elementos fixos são os quatro conjuntos internos de circulação vertical (caixas de escadas e elevadores). O objetivo foi garantir uma grande flexibilidade no arranjo das salas de trabalho, desde que respeitadas as circulações. Espacialmente, não há distinção entre as áreas destinadas à direção e as destinadas ao conjunto dos funcionários. A diferenciação se dá por meio do mobiliário e dos materiais de acabamento das divisórias, forros e pisos, valendo tal diferenciação para a própria hierarquia interna das diretorias.

Há uma inventiva solução, também tributária do pensamento que hierarquiza espaços servidos e serventes, relativa aos sanitários privativos de diretores ou de funcionários graduados. Entre o pano de vidro e os grandes quebra-sóis, tanto nas fachadas externas quanto nas internas, existe uma passarela de circulação de "serviço" (faixa periférica) que permite o livre acesso à manutenção. Os sanitários (módulos) privativos foram alocados nessas passarelas, cujo objetivo era facilitar

enormemente o esquema de águas e esgoto, sendo também bastante flexível, uma vez que, ao longo da faixa periférica, os sanitários podem ser locados em qualquer ponto. [...] Para isso foram previstos rebaixos em toda a extensão das ditas periféricas e possibilidade de colocação de colunas de esgoto e ventilação em todas as colunas externas, assim como uma rede de água potável pelo forro falso, que permitirá a instalação de um banheiro privativo em qualquer lugar, em qualquer momento, com um mínimo de obras[230].

Os quebra-sóis que arrematam as fachadas guardam uma concepção muito significativa. Enquanto elemento característico da moderna arquitetura brasileira, previsto anteriormente por Le Corbusier, mas incorporado às obras modernas a partir do edifício do MEC, os quebra-sóis sofreram todo tipo de redesenho, tornando-se excessivamente robustos em alguns edifícios e, em outros, meros adereços, sem cumprir a função de proteção contra os raios do sol. Essas soluções inadequadas refletem, com certeza, a perda de significados da arquitetura moderna durante os anos 1970.

Tal situação não se verifica no edifício do DNER. Os quebra-sóis, sendo peças de concreto grandes e fixas, tanto poderiam ser desproporcionais quanto inúteis. No entanto, em função das dimensões do edifício, a proporção deste em relação aos quebra-sóis é precisa, ou seja, as peças possuem as dimensões adequadas para serem percebidas por quem observa o conjunto da edificação. Além disso, existe uma variação de tamanho que gera um grupo de peças com uma segunda dimensão, maior que a apresentada pelas demais, aleatoriamente dispostas ao longo das fachadas, de forma a atrair a visão desatenta para o movimento das saliências. O porte das peças e a abertura entre elas tinham o objetivo de permitir "visibilidade para o exterior, excluindo qualquer ideia de enclausuramento", o que foi plenamente obtido, como verificado na visita ao local. Quanto à função, o relatório afirma que a disposição dos quebra-sóis foi calculada para garantir uma eficiência total, o que foi confirmado pelo engenheiro Lima. Por fim, outro aspecto levantado pelo engenheiro – e presente no relatório – é que a luminosidade interna, possibilitada pela dupla reflexão da luz, é muito agradável, "criando um ambiente propício ao trabalho".

Segundo Lima, quando Lefèvre apresentou a ideia do quebra-sol, inicialmente houve resistência por parte do DNER, que aparentemente pretendia uma fachada envidraçada exposta. Essa questão parece ter se arrastado por muito tempo, e só durante as obras a comissão do DNER responsável pela execução aceitou os argumentos relativos às qualidades da solução proposta. Entretanto, o projeto previa que os quebra-sóis fossem pintados de laranja, o que foi rejeitado de forma absoluta pela comissão. Ocorre que, no ínterim entre a aceitação da solução dos quebra-sóis e a percepção da cor dos mesmos, as tintas foram compradas em grande quantidade, em função da área total a ser revestida. Sem poder se desfazer das tintas e sem querer adotar a proposta de Lefèvre, a comissão "impôs" a aplicação da tinta laranja nas "caixas" internas de circulação vertical, o que Lefèvre teve de aceitar a contragosto. Segundo Lima, esse foi o único ponto de divergência entre o autor do projeto e o DNER. Na Hidroservice, não foi localizada nenhuma referência relativa às cores dos quebra-sóis. O engenheiro Vianna também não dispunha de nenhuma informação a respeito. No Acervo Rodrigo Lefèvre da Fundação Artigas, foi encontrada uma ilustração com alguns quebra-sóis pintados, mas de várias cores.

Além dos aspectos já comentados, o porte das peças gera formações geométricas espaciais distintas, dependendo da

230. *Ibidem*, p. 10.

orientação do olhar. Estando dispostas em ângulo em relação à fachada, quem as observar de um ponto relativamente próximo ao edifício e virar os olhos em direção à abertura dos quebra-sóis, verá que todas as peças permitem a visibilidade das peles de vidro e do interior dos ambientes, mais ou menos entrecortados pela faixa de circulação. O mesmo observador, voltando o olhar para o lado oposto, verá toda a fachada opaca e tomada por sólidos geométricos, como uma composição construtivista de altos-relevos.

O melhor lugar para se observar essas vistas distintas do edifício é a praça, junto à borda do jardim interno. Tanto porque pode-se estar aí mais próximo dos quebra-sóis (no caso, os internos), como porque o olhar é beneficiado pelo sombreamento mais constante das fachadas, ou pelo sombreamento progressivo, que aumenta enquanto o sol mergulha para baixo da linha da cobertura, sendo total ao fim do dia, não antes de os raios rente ao chão, quando o sol se encontra já bem baixo, trespassarem o térreo e "acenderem" os quebra-sóis dos pisos inferiores da fachada interna oposta, criando um movimento ótico que alude ao brilho de uma tela cinematográfica.

Contando com essas variações visuais, o andar térreo era denominado "praça" e, de certa forma, com os efeitos descritos e articulados ao jardim interno e ao mezanino, configurava o centro de interesse do projeto. A praça era pensada como um espaço de uso múltiplo, que, além de servir de acesso ao edifício por parte do público e dos funcionários, destinava-se ao convívio destes últimos, sendo assim descrita:

[...] este piso tem uma característica bastante movimentada, em termos de formas e espaços, se comparado com os pisos de escritórios. É rico porque tem uma variedade de elementos, tais como o auditório, o espelho d'água, os jardins, a presença das torres e das diversas formas curvas que abrigam diferentes funções características desse nível (tesouraria, lojas, livraria, banco, informações rodoviárias etc.). É rico também em perspectivas, seja pelo fato de ser aberto em grande parte, seja pela existência de pés-direitos duplos, criados pela forma geometricamente irregular do pavimento intermediário (mezanino) superior ao nível da "praça"[231].

É clara a intenção de tornar o piso atraente, articulando movimentação formal com *promenades* e movimentação de funcionários e usuários propiciada por várias atividades. A referência arquitetônica também é revelada nessa passagem do relatório. Independentemente de o jardim interior ser aberto ao céu, ou seja, sem cobertura, a referência à caixa brutalista se faz presente. A grande cobertura pretendia criar um pequeno universo no qual o ambiente construído originasse uma "alternativa" ao mundo externo. O edifício da FAUUSP é um exemplo claro de como uma massa construída e articulada por meio de uma rica (movimentada) composição de planos, rampas e volumes internos, permeável em relação ao exterior, cria um interesse tal que é percebida conforme o enquadramento que o edifício propicia e constrói ao observador no seu interior, gerando múltiplos efeitos. A diferença de composição arquitetônica entre a FAU e o DNER é que este, ao contrário da escola, é mais permeável e não se utiliza do "céu artificial" propiciado por uma grelha de domos para gerar um "mundo" interior.

Na praça, um detalhe significativo também é percebido diretamente: a caixilharia do térreo e dos ambientes do mezanino e suas lâminas de vidro de grande altura. O ritmo marcado e vertical dos

[231]. *Ibidem*, p. 6.

caixilhos pode ser observado nas obras do conjunto da Pampulha, de Niemeyer. Contudo, a relação entre a espessura da esquadria (no caso, de alumínio) e das peças de vidro, além de remeter às obras residenciais de Lefèvre, rememora visualmente La Tourette, ainda mais em função do porte e forma da edificação e do jardim interno, semelhantes ao do mosteiro.

Cabe salientar que essa solução é própria do térreo e do mezanino. Nos andares de escritório, Lefèvre optou por não utilizar caixilhos, mas sim vidros temperados com altura igual à do pé-direito. Com isso, pretendia que o "conjunto vidro-quebra-sóis" se apresentasse da melhor forma, ou seja, com "a redução dos elementos que barram ou cortam a visão do exterior, criando uma continuidade visual entre interior e balanço exterior"[232].

A luminosidade e o clima seco na maior parte do ano, em Brasília, são notórios. O térreo espesso e o jardim interno sombreado, amenizando a canícula do Planalto Central, propiciam a sensação de um pequeno mundo, solicitando que a intenção arquitetônica e plástica perseguida, de que o edifício – o ambiente construído – fosse a própria construção da paisagem urbana, também integrasse, para tanto, uma boa condição de habitabilidade.

Infelizmente, os vários equipamentos propostos para animar a praça não foram implantados. Entretanto, enquanto ambiente de convívio, ou de estar, num edifício público, ela é muito feliz. A luminosidade controlada e o microclima propiciado pelo espelho d'água e pelo jardim interno, os passeios visuais e físicos, entre o mezanino – com o restaurante e a biblioteca – e o piso da praça propriamente dita, buscam qualificar positivamente o ambiente de trabalho.

Um ambiente complementa os equipamentos do edifício: junto à entrada, mas saliente do corpo principal, e quebrando a geometria retilínea, foi alocado o auditório nobre. Uma forma curvilínea abriga um equipamento que, além de uma projeção de cinema, ou de um ciclo de palestras, poderia permitir, por meio da retirada das primeiras fileiras de poltronas, a realização de reuniões públicas. Para tanto, foram previstos vários subsistemas de suporte, tais como sonorização, projeção cinematográfica, projeção de imagens, gravação e reprodução, tradução simultânea etc.

As qualidades arquitetônicas e dos equipamentos perseguidas, elaboradas e propiciadas encontram-se relativamente mal abordadas nas poucas apreciações de que o edifício foi objeto. As observações mais significativas foram as publicadas no *Brasília: Guiarquitetura*, publicação belíssima de divulgação da arquitetura da capital que, no entanto, resvala em um preconceito tardio, ao avaliar que a obra "representa os excessos produzidos pela união do brutalismo com o 'milagre econômico'"[233]. Segundo esse guia, por ser projeto de uma grande empresa, foram tomadas emprestadas algumas soluções de outras obras, "como as torres cilíndricas que abrigam escadas e lavatórios", semelhantes às do Aeroporto Internacional do Rio de Janeiro (construído no mesmo período). Independentemente das qualidades específicas dessa solução, o argumento soa como prova de que o projeto foi elaborado sem maiores cuidados, definido por uma economia de escala – e não por um pensamento arquitetônico autônomo. Quanto ao aspecto formal, um comentário curto sobre o exterior, que transmitiria "uma forte ideia de massa", elimina uma apreciação mais justa.

232. *Ibidem*, p. 10.
233. *Brasília: Guiarquitetura*, São Paulo: Empresa das Artes, 2000, p. 132

De qualquer maneira, apesar das considerações negativas, o texto do guia não deixa de reconhecer qualidades no edifício: "seu interior, no entanto, é muito ameno, graças ao pátio interno e às circulações horizontais abertas"[234]. Mas mesmo esse reconhecimento merece uma ressalva, pois, da forma como está escrito, a qualidade amena do interior parece uma colagem fortuita na "massa" negativa citada, quando, na verdade, o edifício é um todo – o volume cria, intencionalmente, as condições agradáveis de habitabilidade.

Talvez ainda seja possível um último comentário. Se existe um vício no projeto, é que ele aposta por demais na disposição do Estado, ou da direção de um órgão estatal, em outorgar, administrativamente, uma boa condição de trabalho. Ou, ainda, parece eleger, como estratégia, "arrancar" benefícios por meio do projeto, ingressando desse modo, porém, num terreno movediço, pleno de contradições. Ou seja, além do ambiente "funcional" dos pisos de escritórios, é propiciado o ambiente de convívio ativo – praça e mezanino (restaurante, principalmente) –, sem se levar em conta que, com isso, apesar do térreo aberto, de certa forma se está estendendo o controle do serviço sobre o horário intermediário do expediente.

No Brasil, a qualificação de espaços de trabalho representa ainda uma discussão a ser feita. Assim, os conceitos desta análise situam-se na esfera da crítica realizada por Frampton, de forma comparativa, entre os edifícios da Centraal Beheer, de Herman Hertzberger, e da seguradora Willis-Faber & Dumas, de Norman Foster. Para Frampton, a forma labiríntica da Centraal – com suas plataformas, balanços e saguões internos –, além de permitir que seja definida como uma "cidade dentro de uma cidade", estimularia "um padrão de comportamento que oscila constantemente entre momentos de trabalho e momentos de relaxamento"[235], o que, nas palavras de Hertzberger, remete a conceber "o usuário como morador", partido fundamental, que desenvolve junto com o seu conceito de "obra pública"[236]. Em contrapartida, na Willis-Faber, argumenta Frampton, embora a planta funcional, "aberta, cujo incessante panorama de ordem e controle é supostamente compensado pela criação de comodidades centralizadas, como o restaurante dos funcionários e a piscina", "tais áreas de lazer [estariam] igualmente sujeitas ao controle da companhia"[237]. Assim, no limite, para Frampton, "o alcance do domínio panóptico parece ser total"[238].

Ainda que esta última análise do projeto do DNER tenha começado pela referência de Frampton ao projeto de Foster, procedeu-se dessa maneira mais para provocar um desconforto teórico do que para ratificar a transposição linear daquele ponto de vista. Isso porque, diferentemente da situação europeia, de benefícios sociais históricos, no Brasil há um "campo" mínimo de benefícios sociais, mesmo se manifestando sob formas híbridas de autonomia e de controle do trabalho (e do trabalhador). Tais formas ainda oscilam e, por vezes, reaproximam-se da violência e da total ausência de direitos a que era submetida a maioria dos trabalhadores à época do projeto. Seria aprofundando esse "campo" que o projeto – como viabiliza e procura dignificar o programa – opera, mesmo permanecendo sujeito a críticas.

Reforçando essa interpretação, há ainda dois pontos a serem examinados. O primeiro se refere à solução do piso da praça: embora aberto e centralizando as atenções do projeto, seus vários focos de interesse (em termos de projeto) e os múltiplos percursos que proporciona fazem com que a praça e seu complemento, o mezanino, não sejam exatamente espaços "unifocais", como um panóptico necessita ser. O segundo ponto remete à relação do edifício com a cidade. O Setor de Autarquias Norte – na época do projeto e até hoje – possui baixa densidade de edifícios, e ausência de comércio e serviços. Por causa disso, havia a previsão de que boa parte dos funcionários viria em ônibus fretados pela empresa, o que evidentemente dificultaria o deslocamento para casa no horário de almoço. Para fazer frente a esse problema, o projeto previa articular uma "vitalidade urbana", por meio dos equipamentos propostos para a praça, com convívio e um local agradável para refeições. À sua maneira ou, dito de outra forma, com uma solução associada às formulações da escola paulista – no caso, distinguindo o ambiente de trabalho do ambiente de convívio –, Lefèvre também criava "uma cidade dentro de uma cidade", tendo por paradigma a transformação do trabalhador-usuário em cidadão. Nesse sentido, evidentemente, longe de ser o modificador social – o programa (o refeitório) era um dado do projeto –, Lefèvre parecia estar iniciando um padrão arquitetônico de dignificação de obras públicas.

Conforme Frampton, os edifícios de Hertzberger e de Foster, apesar das diferenças que apresentam entre si, teriam uma característica em comum: em ambos a entrada seria quase invisível. O projeto de Lefèvre cria uma entrada principal, mas procura não atribuir monumentalidade a ela. Para garantir esse efeito, em certo sentido todas as entradas foram tornadas invisíveis: primeiro, porque elas não são percebidas da L2 (via de acesso) e, depois, porque para se chegar à entrada principal é necessário descer uma escadaria e transpor uma passarela que se estende, delicadamente, rente ao espelho d'água, isso após contornar o auditório – o que dificulta, mas não elimina, a visibilidade da entrada. No caso, o "sombreamento" da entrada não visa criar uma indefinição quanto à acessibilidade, mas, como Lefèvre indicou no relatório, objetiva evitar uma pretensão de representatividade e monumentalidade distante da cidadania.

234. *Ibidem*, p. 133.
235. K. Frampton, "As vicissitudes da ideologia: os CIAM e o TEAM X, crítica e contracrítica, 1928-68", *op. cit.*, p. 366.
236. Para esse e outros conceitos do arquiteto holandês, ver Herman Hertzberger, *Lições de Arquitetura*, São Paulo: Martins Fontes, 1999.
237. *Ibidem*.
238. *Ibidem*.

Acesso principal do Instituto dos Ambulatórios.

Instituto dos Ambulatórios

Na sequência do DNER – e de forma concomitante, em alguns casos –, Lefèvre iria coordenar e participar de outros projetos significativos. O primeiro deles seria aquele a que aludiu no debate do IAB – o do Instituto dos Ambulatórios do Hospital das Clínicas, em São Paulo –, em que foi o chefe da equipe que elaborou o anteprojeto, o projeto executivo e que fiscalizou a execução das obras.

Na verdade, o Instituto é um projeto de ampliação do Edifício Central dos Ambulatórios, então fisicamente ultrapassado pelo crescimento do complexo das Clínicas. Sua área total, que inclui um centro cultural, é de 115.000 m² e, a exemplo do edifício do DNER, sua complexidade em termos de equipamentos e a quantidade de subsistemas que inclui permitiram a Lefèvre ampliar ainda mais o repertório de sua prática profissional, aprofundar suas referências arquitetônicas e desenvolver sua concepção de obra pública.

Ao lado, maquete do Instituto dos Ambulatórios. Abaixo, vista lateral.

Além de citar o projeto no debate do IAB, o que, como será visto, pode ter vários significados, Lefèvre expôs sua principal preocupação com o projeto na entrevista concedida a Renato Maia[239]. Ele pondera, a respeito do tempo de uso do edifício, remetendo diretamente ao fato de o projeto ser uma ampliação de outro edifício que, em poucos anos, tornou-se obsoleto. Sobre isso, na entrevista, relatou inicialmente as dificuldades de obter informações técnicas (tanto da parte do Hospital das Clínicas como da própria empresa) para a definição de parâmetros confiáveis, que garantissem condições de uso futuro do edifício, o que lhe parecia fundamental para a execução do projeto. Em seguida, discutiu a relação custo-benefício que uma determinada solução ou concepção de projeto acarretava, para, na continuidade, ligá-la a um conceito-chave do partido arquitetônico adotado, a saber, a perenidade na utilização dos ambientes. Dessa forma, argumentou que:

Aquilo que para nós é economia, fazer um prédio hoje que tenha condições, sem grandes problemas, de funcionar durante duzentos anos, para os outros é gasto de dinheiro à toa, ou simplesmente definem como "fazer o projeto caro".

O projeto do edifício Central do HC foi feito em 1938; faz apenas 34 anos. O que existia de mais moderno naquele tempo era fazer tomada, duas tomadas em cada sala. Hoje você vai ao prédio velho do HC e o que existe de instalação prevista no projeto são duas tomadas de eletricidade em cada sala, e você vê, em média por sala, pelo menos cinco aparelhos, seja de tecnologia médica, seja de tecnologia administrativa, seja o que for. Ou seja, existem cinco aparelhos por sala em média, utilizando não apenas tomadas de 110 volts, como era previsto, mas tomadas de 220 volts, tomadas de 6 volts, tomadas de ar comprimido, tomadas de vapor etc.

239. Entrevista de Rodrigo Lefèvre a Renato de Andrade Maia, *op. cit.*

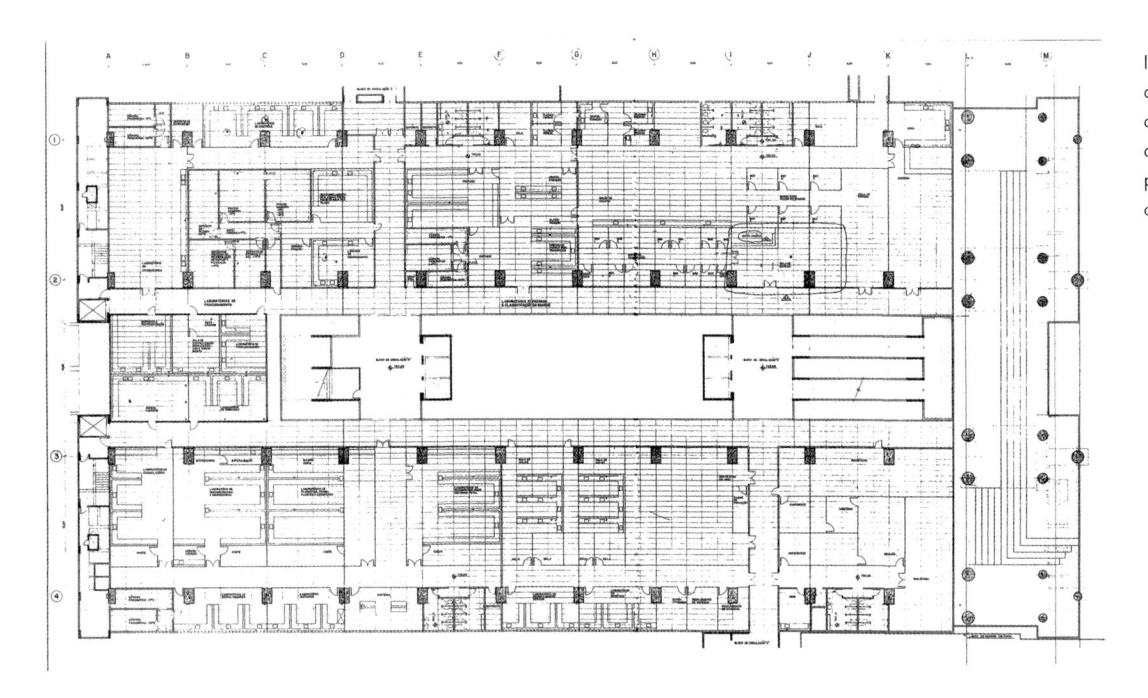

Instituto dos Ambulatórios do Hospital das Clínicas. Ao lado, prancha original da planta do pavimento do banco de sangue e do acesso principal. Abaixo, prancha original, corte transversal entre os eixos AB.

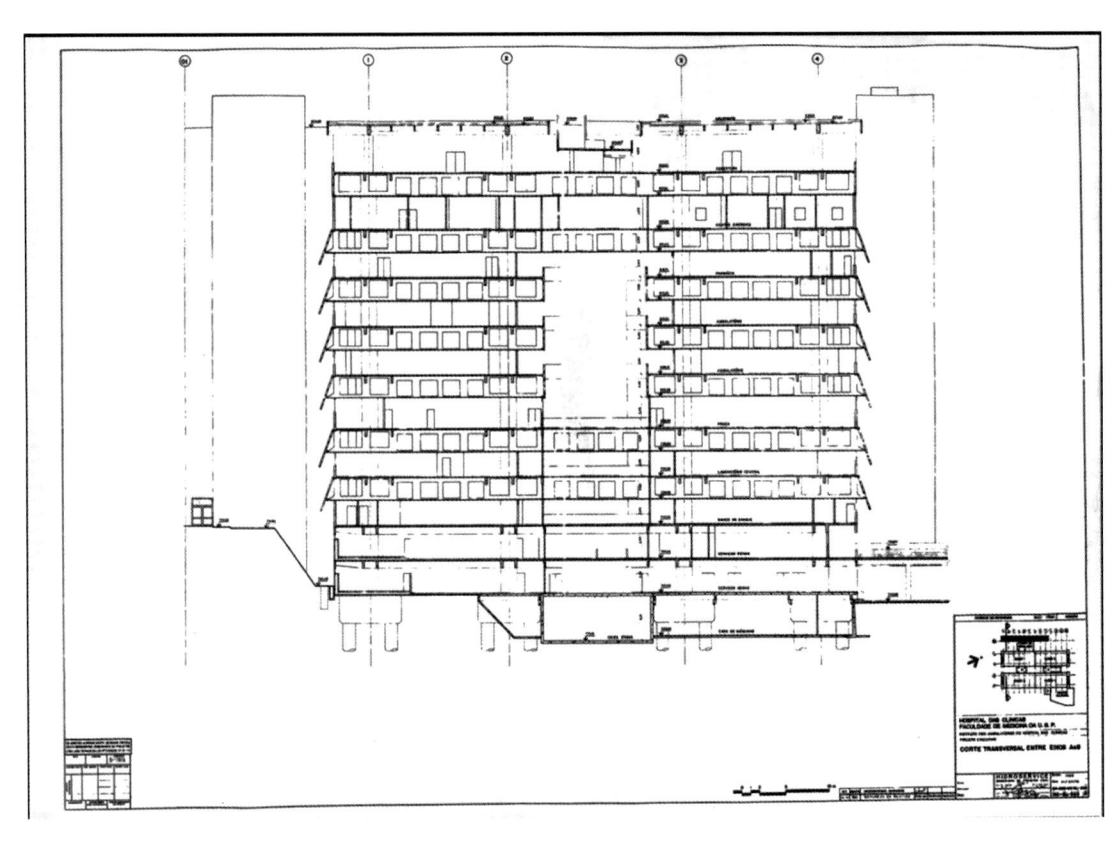

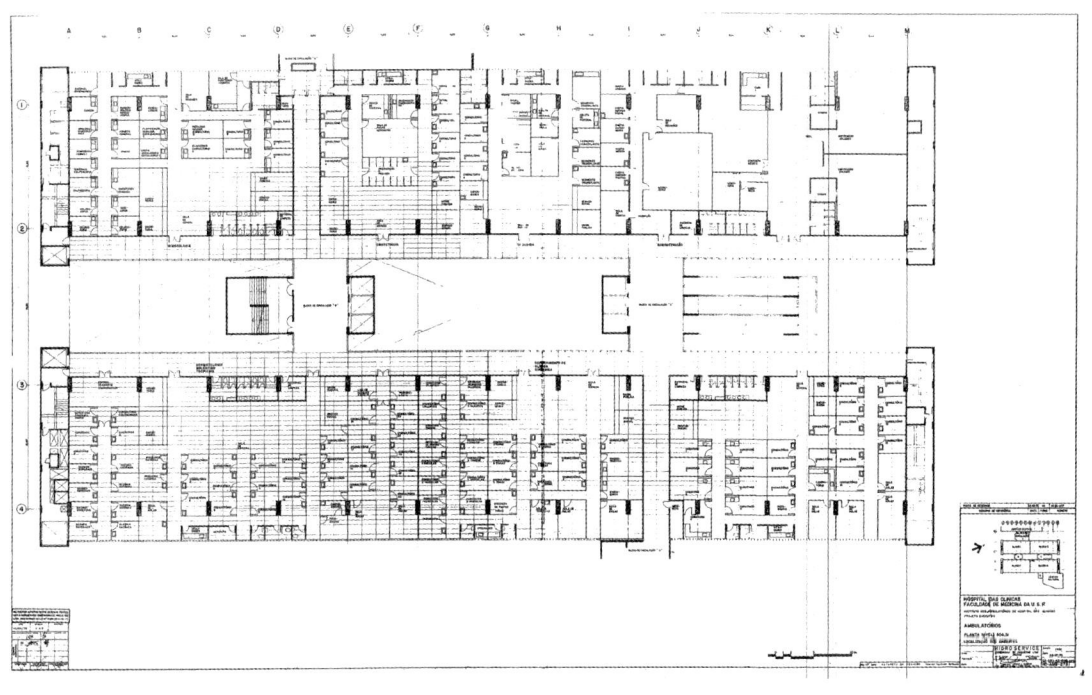

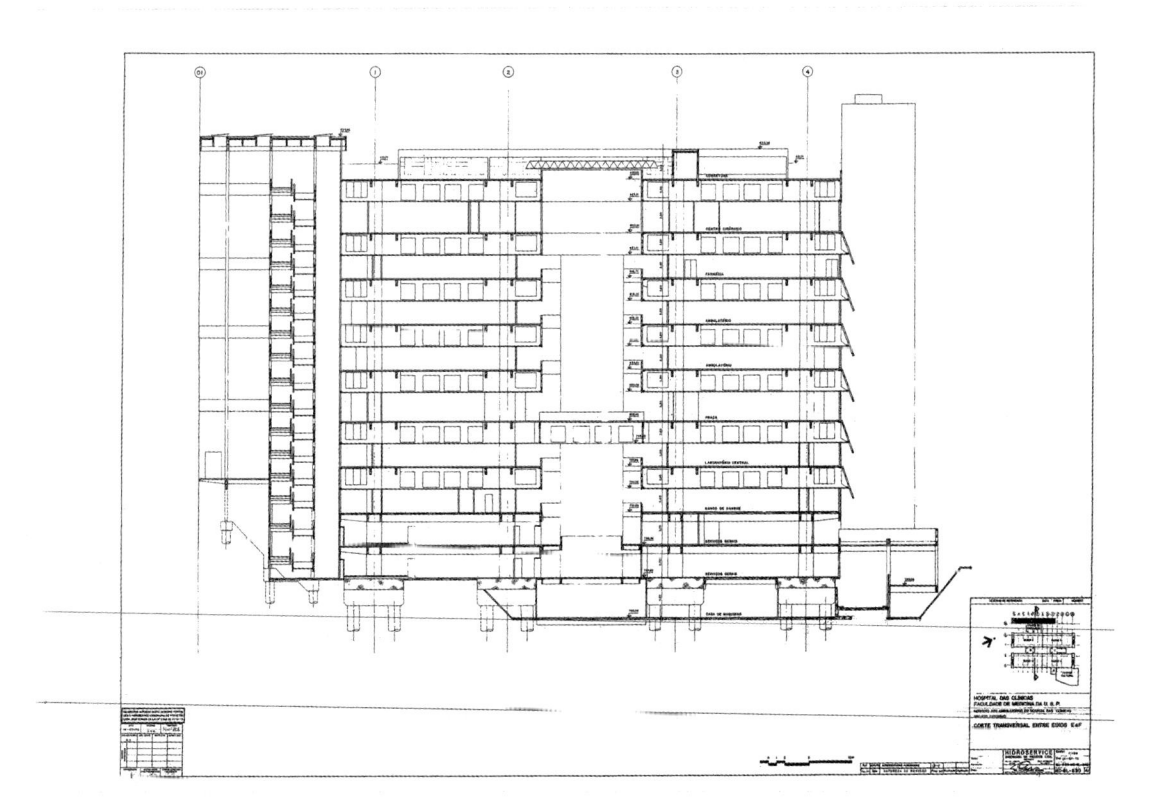

Instituto dos Ambulatórios do Hospital das Clínicas; (1) prancha original do nível 808,31 – ambulatórios e (2) prancha original, corte transversal entre os eixos EF.

Instituto dos Ambulatórios; circulação interna e passarela sobre viga vierendeel acima do fosso central.

O que acontece é bem típico. O projeto inicial do HC foi feito para uma situação estagnada, e o projeto que nós estamos fazendo prevê a possibilidade de não obsolescência do prédio nos próximos cinquenta anos. Isto é, a possibilidade de mudanças de instalações independente da utilização de uma sala. Coisas que só uma visão de economia, muito mais geral do que simplesmente financeira, poderia admitir. Uma visão global e universalista diretamente ligada ao processo de trabalho em prancheta[240].

Para resolver o problema do uso contínuo do edifício, ou seja, do uso perene das salas, concomitante aos serviços de novas instalações ou de manutenção, Lefèvre valeu-se de uma solução concebida por Louis Kahn no projeto dos Laboratórios de Pesquisas Médicas Richards. No edifício dos laboratórios, o arquiteto americano criou um andar de serviços e de subsistemas, elétrico, hidráulico etc., entre os pisos, permitindo que seu uso desses fosse praticamente ininterrupto, pois qualquer manutenção podia ser feita através dos pisos de serviços. Essa solução de Kahn era um aprimoramento do conceito de espaços

240. *Ibidem.*

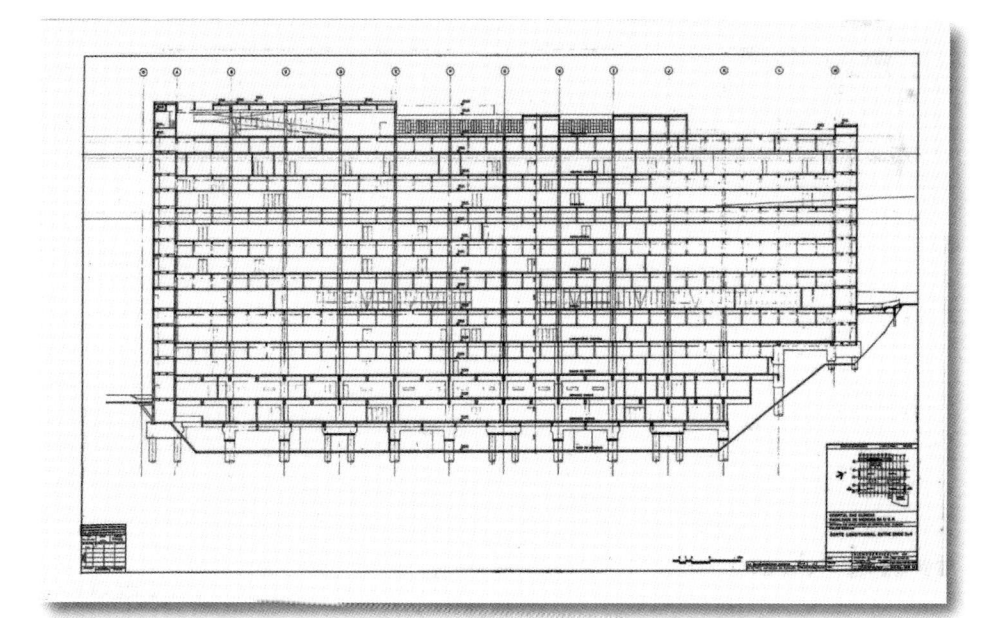

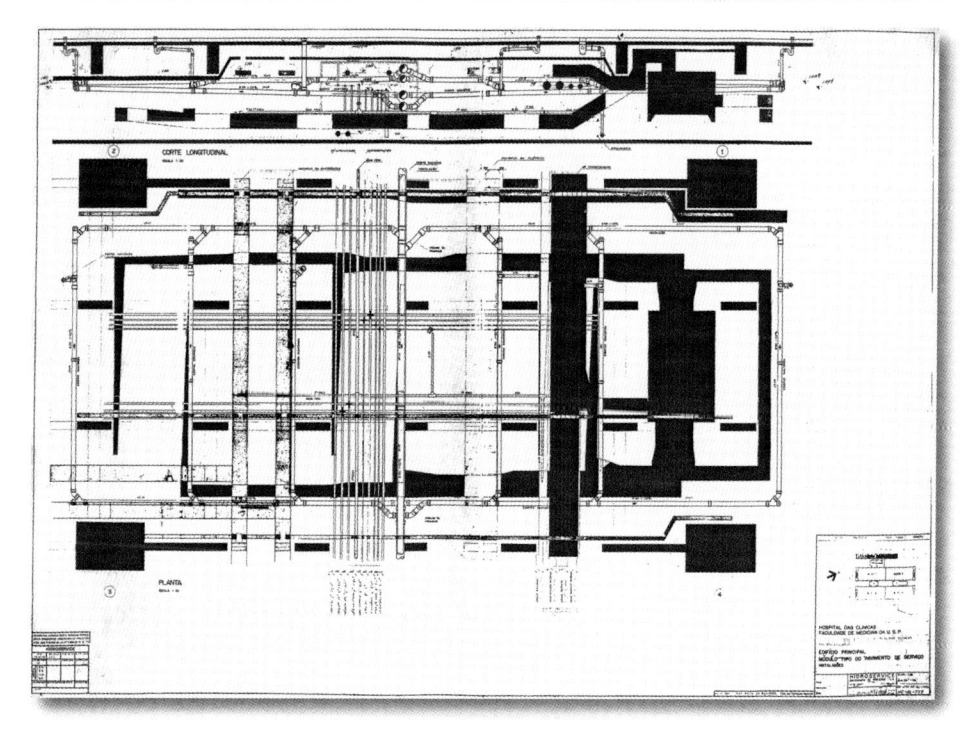

Instituto dos Ambulatórios; (1) corte longitudinal entre os eixos 3 e 4 e (2) corte e planta do módulo tipo do "pavimento de serviços" – instalações.

servidos e de espaços serventes, que Lefèvre já havia tomado de empréstimo no projeto do DNER.

Estabelecendo como premissa um tempo longo de vida do edifício, de forma adequada ao uso, a adoção dessa solução teve por base dois dados elementares. O primeiro informa que o edifício do Instituto dos Ambulatórios é a "porta de entrada" do Hospital das Clínicas (e de seu complexo). Por consequência, todo cidadão inicia seu contato ou seu atendimento por esse edifício, por meio dos seus vários ambulatórios. Assim, o movimento cotidiano é extraordinário; milhares de pessoas utilizam-se mensalmente do edifício, tornando problemático qualquer trabalho de manutenção.

O segundo dado refere-se às condições do local e sua relação com a implantação e o tipo do edifício. Quando ao tipo: sendo uma ampliação, o Prédio dos Ambulatórios tinha de estar fisicamente ligado ao antigo Edifício Central. Em função da pouca área disponível, a solução vertical do Prédio dos Ambulatórios era inevitável e, sendo o antigo edifício também de vários pavimentos, a ligação entre ambos teria de ocorrer por meio de vários pavimentos. Além disso, também em função do terreno disponível, tal ligação obrigava a que o edifício novo estivesse implantado em paralelo ao antigo, o que era problemático, pois acarretaria na anulação de parte da iluminação natural da fachada lindeira deste último. Esse problema foi ampliado, pois, além da ligação por meio de pavimentos intercalados, em função dos pisos técnicos, foi necessário implantar uma circulação vertical com rampas, o que acarretou a implantação de um bloco vertical fechado, de circulação e de ligação entre os edifícios, com porte razoável, eliminando definitivamente parte da iluminação natural do antigo edifício.

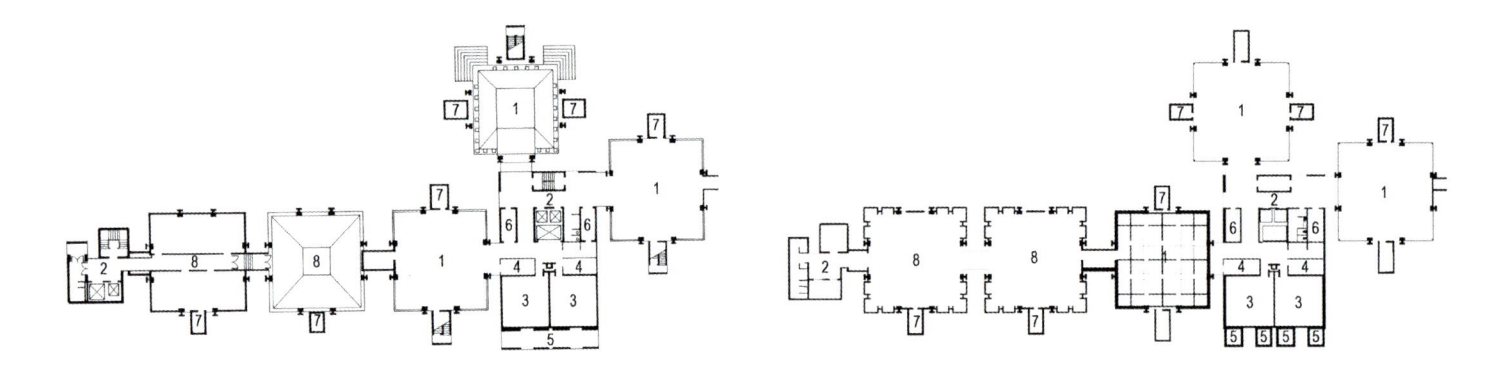

A partir desses dois dados básicos, para possibilitar que o fluxo de pessoas ocorresse sem problemas extras – além dos referentes ao da superpopulação flutuante –, e adotando uma forma verticalizada, praticamente imposta, a proposta de Lefèvre, valendo-se da obra de Kahn, concretizou o conceito de perenidade de uso, introduzindo a flexibilidade espacial máxima por meio da criação de pisos técnicos sob cada piso dos ambulatórios e do piso em que são realizadas as cirurgias.

Esses pisos, estruturalmente conformados por vigas tipo *vierendeel*, permitem, em função de seu pé-direito (mais de 3 m) e por meio de suas aberturas, a passagem de quaisquer instalações (dispositivos, cabos etc.) e o acesso dos funcionários para a realização dos serviços de manutenção e instalação. Possibilitam também que os andares dos ambulatórios tenham plantas livres, ou seja, com total flexibilidade na disposição dos ambientes. Esses pisos técnicos devem ter sido a fonte das críticas que definiam o projeto como "caro"[241].

No âmbito deste trabalho, não é possível fazer uma comparação de custo com qualquer outro tipo de solução. Entretanto, a experiência empírica e a visualização da implantação do edifício indicam a adequação da solução, o que leva a concluir que a adoção de pisos técnicos otimizou a solução perseguida pelos objetivos, antes de simplesmente encarecer a obra.

Nos últimos anos, o desenvolvimento de equipamentos médicos com tecnologia digital ampliou vertiginosamente a necessidade de novas redes e circuitos, para não falar no cabeamento específico das redes de computadores (que também servem para uso administrativo). Os ambulatórios do Hospital das Clínicas foram concluídos no limiar das mudanças tecnológicas que trouxeram a expansão na instalação de novos equipamentos, mas que, em contrapartida, exigiram novos circuitos e redes. A solução dos pisos técnicos, hoje, passa despercebida aos olhares distraídos do público em geral e mesmo aos de alguns técnicos de manutenção, mas, sem elas, as novas instalações seriam absolutamente problemáticas.

Na visita ao edifício do Instituto dos Ambulatórios, foi permitida a vistoria dos pisos técnicos, mas não seu registro fotográfico. O engenheiro de manutenção que monitorou a visita manifestou certo desconforto em relação à solução, o que causou surpresa. Segundo o engenheiro, as manutenções rotineiras exigem uma dupla de funcionários, enquanto as convencionais demandam apenas um. Quando se faz uma troca de reatores, por exemplo, é necessário que um funcionário fique no

---

[241]. Informalmente, o piso técnico (ou de serviços) é denominado "verandel" ou "varendel", em alusão à viga vierendeel, pelo pessoal técnico do Hospital. Conforme o arquiteto Ricardo Toledo, a solução de piso técnico foi implantada em outras edificações por outros arquitetos – como no projeto da sede do jornal *O Estado de S. Paulo*, executado pelo escritório Rino Levi Arquitetos Associados, do qual participou. O pé-direito utilizado por Lefèvre é mais generoso do que o do projeto de Kahn, por volta de 1 m.

PÁGINA AO LADO
Laboratórios de Pesquisas Médicas A. N. Richards, Universidade da Pensilvânia, Filadélfia. Louis Kahn. 1957-1961. Planta do pavimento térreo e planta do pavimento tipo.

ESTA PÁGINA
Instituto dos Ambulatórios; pavimento do centro cirúrgico.

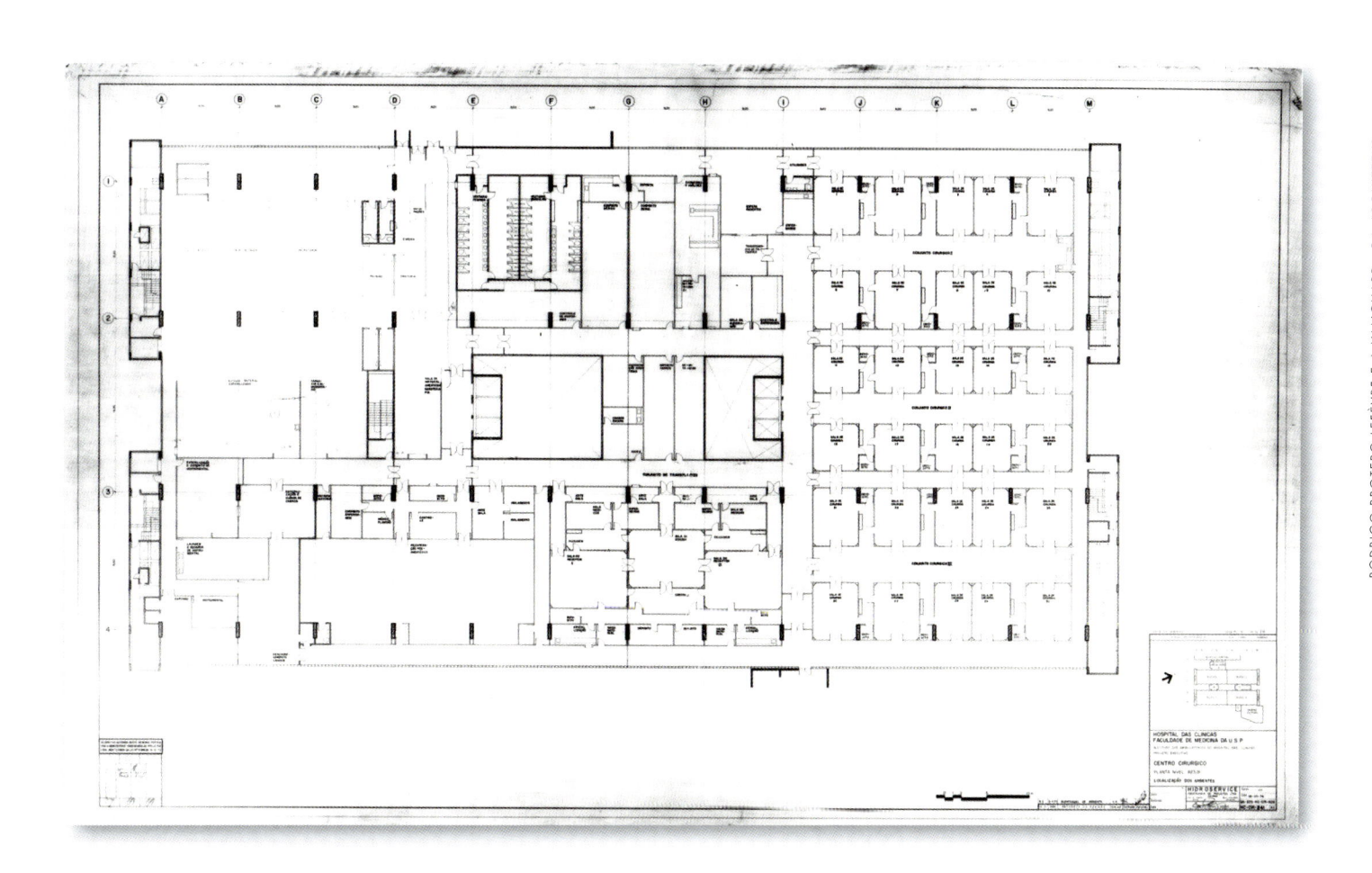

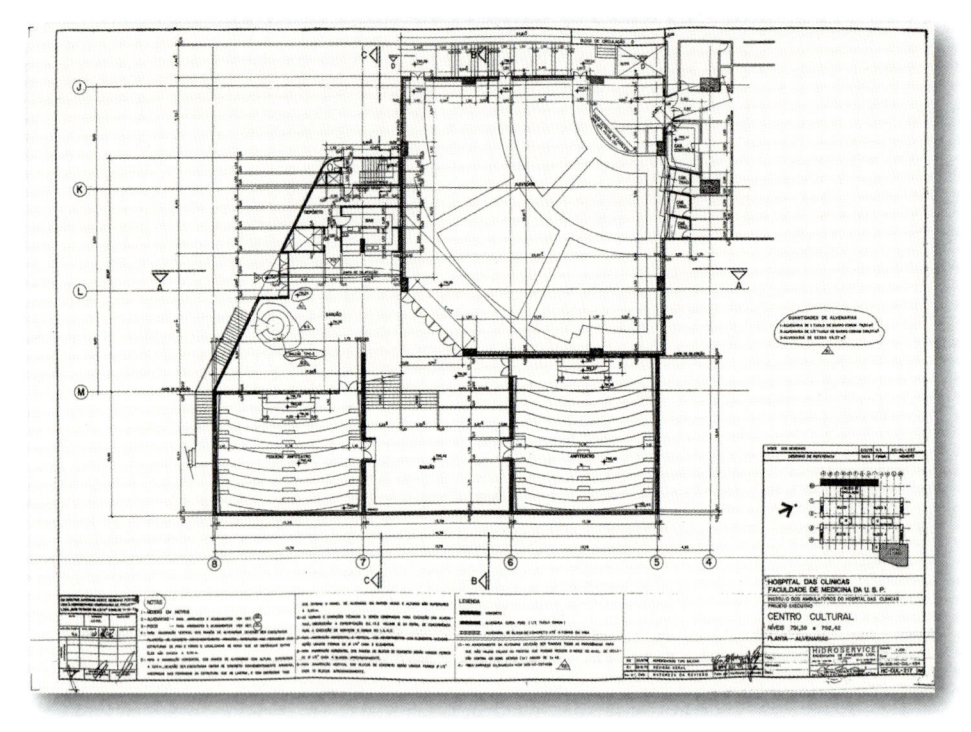

Instituto dos Ambulatórios; acima, Centro Cultural, interior do auditório principal. À esquerda, planta do centro cultural; níveis 791,33 e 792,42.

piso do ambulatório hipotético e que outro permaneça no piso técnico. O primeiro vai batendo na calha correspondente à da lâmpada apagada e, portanto, ao reator queimado, guiando o funcionário no piso técnico, que em seguida faz a troca do reator. Questionado se não seria o caso de se ter à mão, ou de se encontrar, a planta de instalação elétrica, de forma a ser feita a troca de reator a partir da informação de projeto por um único funcionário, o engenheiro afirmou que muitas mudanças no *layout* dos pisos foram executadas e não registradas, o que impossibilitaria o trabalho como sugerido. Realmente, trata-se de formas avançadas coexistindo com arcaicas, no caso, na lida com a manutenção de um prédio.

Construtivamente, Lefèvre, a exemplo do efetuado no DNER, adotou uma malha modular, que, nesse caso, utiliza o módulo de 0,60 m x 1,80 m, conforme observado nas plantas de arquitetura. Estas revelam que o projeto foi concebido por dois pares de blocos retangulares paralelos, com duas "caixas" de circulação vertical entre eles, que criam a noção unitária do edifício, ambas se detendo antes de alcançarem as fachadas. Entre elas fica o vão central ou saguão de pé-direito múltiplo. Completando a descrição, como já dito, o Instituto dos Ambulatórios é ligado ao Edifício Central por um bloco de circulação. No lado diagonalmente oposto do edifício, foi implantada outra circulação vertical, ao lado do Centro Cultural (que será analisado adiante).

Com estrutura de concreto e quebra-sóis verticais nas duas fachadas laterais longitudinais, o edifício tem uma presença austera, animada pelo revestimento cerâmico em tom amarelado das fachadas frontal e posterior de acesso, e pelas seteiras distribuídas irregularmente nelas. O quebra-sol é formalmente semelhante ao guarda-corpo das rampas e circulações internas, indicando a sua pré-fabricação.

Em termos arquitetônicos, o edifício sugere algumas continuidades na obra de Lefèvre. As duas fachadas – frontal, de acesso mais direto do público, e posterior, de acesso mais restrito, ainda que público – são marcadas por uma grande treliça espacial que, disposta acima das entradas, recorta verticalmente a faixa central das empenas. Arrematada com vidro, ela permite a entrada de luz no interior do edifício. Imediatamente após as duas entradas, chega-se aos blocos de circulação vertical, que, com suas rampas e elevadores, permitem o acesso a todos os andares de ambulatórios.

Nos dois lados da abertura recortada das fachadas, duas faixas verticais de espaços de serviços percorrem todos os andares, iluminadas pelas seteiras citadas. Poderiam ser definidas tecnicamente como *shafts*, mas as faixas adquirem o caráter de elementos espaciais. Essas faixas de serviços complementam a concepção de espaços

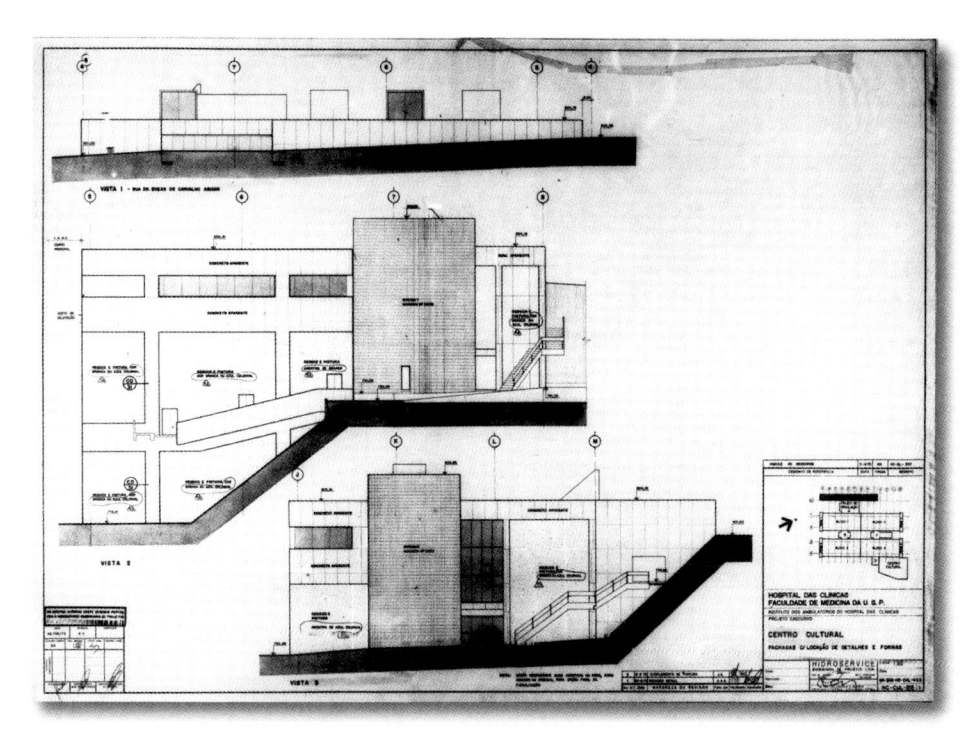

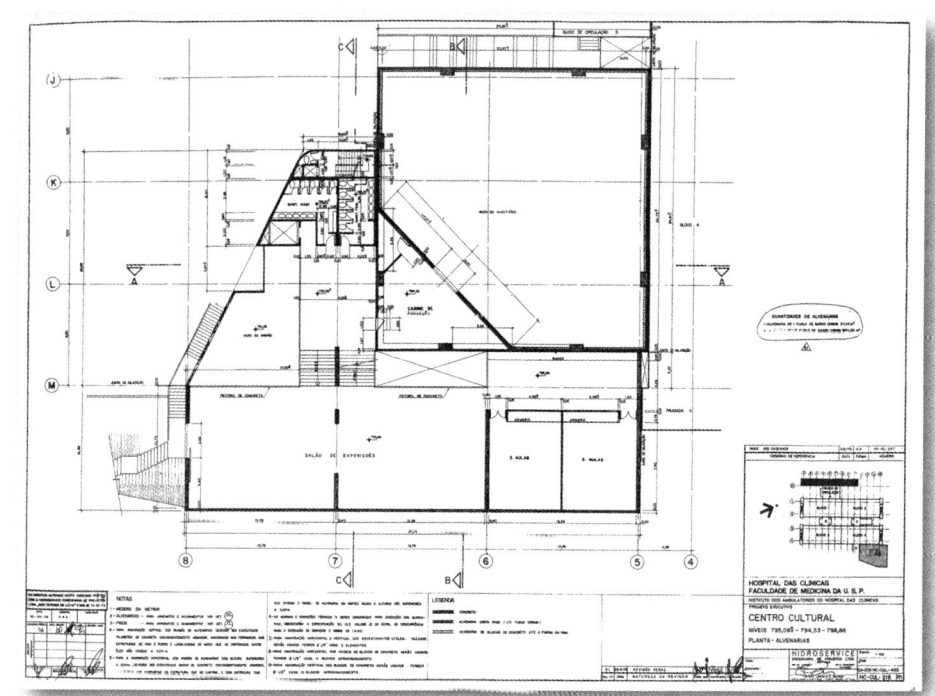

Ao lado, prancha original do Instituto dos Ambulatórios; elevações. Abaixo, Centro cultural, plantas níveis 795,08; 794,53 e 796,86.

servidos e serventes, pois através delas fluem todas as prumadas de instalações que alimentam os pisos técnicos, desde os dois subsolos. Isso possibilita que nenhuma instalação cruze verticalmente o interior da construção. Instalações de água potável, água gelada, vapor, ar comprimido etc., percorrem a faixa de serviço de forma livre, como nos pisos técnicos. Algo da residência Zammataro e sua parede temática externa (para não falar do bloco de sanitários), com instalações hidráulicas abertas à manutenção, subsiste nessas faixas. Ainda que os programas sejam bem distintos, o hospital e a residência são obras arquitetônicas pensadas segundo alguns procedimentos comuns.

À frente das faixas de serviços e do caixilho treliçado, a caixa de circulação vertical organiza o ambiente. Por trás dela, um vão central, que não chega à cobertura, passa a centralizar o projeto. A organização espacial aí proposta é clara: a entrada, junto com as duas faixas de serviços que acompanham verticalmente as duas laterais internas da empena frontal e a circulação vertical, configuram um grande espaço que serve o saguão, que, no térreo, distribui o apoio aos funcionários (como a creche) e em cada andar dos ambulatórios amplia virtualmente as circulações ao redor das salas de atendimento.

Esse saguão é o que permite certa dignidade às pessoas que, em grande número, utilizam os ambulatórios diariamente. Desenvolvendo-se como um vão interior, atribui perspectiva visual, possibilitando a percepção do espaço e um distanciamento que mobiliza positivamente os sentidos – isso em um tipo de ambiente onde normalmente reina a perda de referências e uma perturbação dos sentidos, em função da alta densidade de uso e do motivo da ida ao local.

O oitavo pavimento, destinado às salas de cirurgia, prescinde das qualidades do vão central. Nele, Lefèvre otimizou a área do seu piso, eliminando quase totalmente o vão[242]. Dessa forma, a iluminação dos pavimentos inferiores é quase toda artificial. No térreo, Lefèvre previu, em projeto, a implantação de lanchonete, induzindo a uma utilização ativa do ambiente, o qual denominava também de "praça". Entretanto, o ambiente encontra-se sem nenhum equipamento, servindo apenas para circulação, sendo pouco utilizado.

Ao projetar o Instituto dos Ambulatórios, Lefèvre previa que sua atuação não se limitaria ao "desenho" ou às soluções de projeto. Para ele, além dos espaços que deveriam qualificar o edifício, era necessária uma visão de arquiteto como planejador que organiza o espaço no tempo. Assim, "o produto final do Hospital das Clínicas vai ser uma série de diretrizes, normas e leis que eles vão ter que adotar em todo o processo de mudança de utilização do edifício, para que atenda às mudanças"[243].

Sendo complexo, o programa de uso do edifício não poderia prescindir de um plano de "manejo", de forma a atender as necessárias transformações que os ambulatórios sofreriam, ou mesmo transformações que, sem estarem fora da área da saúde, escapam do programa dos ambulatórios. Por exemplo, no primeiro andar funciona a Fundação Pró-Sangue, que necessitou de uma subestação de eletricidade própria, deixando de sobrecarregar as instalações de suporte dos ambulatórios.

Assim, o edifício do Instituto dos Ambulatórios exige, para seu bom desempenho, que suas qualidades e propostas arquitetônicas e funcionais sejam interpretadas corretamente. Isto é, não basta haver um trabalho de manutenção e de reformas competente; faz-se necessário incorporar aquilo que o edifício é para possibilitar que o seu uso transcorra de forma adequada, e que o edifício possa "servir" aos seus objetivos. Contudo, atualmente existem concepções de trabalho diferentes, equipes técnicas conceitualmente independentes e distantes das propostas iniciais do projeto, além das pressões por aumento de área das unidades internas. Por exemplo, as equipes técnicas não conseguiram manter a organização espacial dos ambulatórios de maneira a não obstruir as passagens laterais lindeiras às janelas, o que, dentre outras coisas, além de prejudicar a circulação, acabou por comprometer o conforto térmico, pois essa ocupação prejudica a ventilação dos ambientes.

De qualquer forma, a construção e sua arquitetura parecem suportar as transformações, coerentes ou não com seu partido. No entanto, existe um limite para esse processo, dado pelas suas dimensões. Ainda que as instalações possam ser readequadas segundo as novas tecnologias, o aumento no atendimento do público parece não dar mostras de arrefecimento; pelo contrário, só tem crescido ano a ano. Segundo informações dos técnicos no local, o edifício, quando da pesquisa, já teria atingindo o limite de sua capacidade física.

O projeto é completado pelo Centro Cultural que, embora situado junto ao

242. Duas faixas de abertura, junto às circulações, permanecem sem ser fechadas pelo piso cirúrgico, de forma a possibilitar também a iluminação zenital do vão central.

243. Entrevista de Rodrigo Lefèvre a R. A. Maia, *op. cit.* Sobre essa questão, Lefèvre também afirmou: "o planejador arquiteto organiza. Toda a intervenção dele no planejamento é no sentido de organizar o espaço".

edifício dos ambulatórios, constitui um bloco à parte, com acesso independente localizado a alguns metros do acesso do Instituto.

Da mesma forma que o edifício do Instituto, o Centro Cultural também tem uma entrada posterior, com sua cota 20 m abaixo da cota de acesso. Dessa maneira, sendo uma construção mais compacta, e a partir dos três patamares intermediários trabalhados de forma que não fosse prejudicada a continuidade visual vertical, o Centro Cultural resulta em um conjunto recortado por pisos, mas ao mesmo tempo integrado visualmente.

A parte administrativa do Centro Cultural foi alocada a partir do acesso superior, que também inclui um setor de gabinetes de trabalho para convidados. Os ambientes – salão de exposições, duas salas de aulas e um local de estar – foram distribuídos ao longo dos pavimentos, até se chegar ao pavimento inferior (na verdade, nesse pavimento há dois pisos, com duas cotas, cuja diferença é de quase 1 m), onde foram alocados o Pequeno Auditório, com capacidade para 162 pessoas, o Médio Auditório, para 212 pessoas, e o Grande Auditório, cuja capacidade é de 600 lugares, além de uma lanchonete. A esse respeito, o relatório sobre o Projeto do Centro informa:

[...] o nível do palco do Grande Auditório (cota 788,41) comunica-se diretamente com o Edifício Principal do IAHC (cota 788,41, onde se encontram as cabinas de tradução simultânea, cabina para operador de luz e som, uma sala de espera para conferências e sanitários. Este setor do Grande Auditório foi localizado imediatamente ao lado do Estúdio de Som e TV do Edifício Principal para permitir a utilização, pelo Centro Cultural, de todos os recursos e equipamentos que esse Estúdio oferece para montagem, preparação e edição de videotapes, gravações e filmes de aulas e conferências[244].

Esse trecho da descrição do projeto arquitetônico do Centro Cultural dá a exata noção do esmero com que Lefèvre trabalhava os projetos e, associado às análises anteriores do Instituto dos Ambulatórios, esclarece ainda mais a linha de qualificação positiva dos edifícios públicos. Internamente de concreto aparente, esse é o espaço mais bem preservado de todo o conjunto, talvez porque, hoje, nem seja mais o Centro Cultural do Instituto, mas sim o Centro de Convenções Rebouças, cuja programação de eventos segue uma lógica própria, não necessariamente vinculada à área médica, ainda que, pela localização, essa seja sua vocação[245].

Um detalhe importante do projeto destacava, de forma delicada, a importância maior que Lefèvre atribuía ao Instituto, em relação ao então Centro Cultural. A entrada dos Ambulatórios é fortemente marcada pela treliça translúcida; já o acesso ao Centro se dá rebaixado em relação ao nível da rua, ou seja, é preciso descer meio piso até a entrada do edifício. O recurso propicia que, quando visto de fora, o edifício se torne mais reservado e, quando observado de dentro, mais abrigado das atividades do exterior. Essa solução criou, sobre a cobertura do Centro, uma área de acesso pelo Instituto dos Ambulatórios, que Lefèvre denominava, simbolicamente, de praça[246].

244. Relatório do Centro Cultural do Instituto de Ambulatórios do Hospital das Clínicas. Terceira Versão, pp. 4-5. Por extensão do entendimento sobre o Relatório do DNER, está-se adotando esse relatório como escrito ou de redação coordenada por Rodrigo Lefèvre.
245. Hoje, o Centro de Convenções é dirigido pela Fundação Faculdade de Medicina. O edifício, em relação ao período de elaboração do presente trabalho, conheceu algumas alterações, sobretudo na sua fachada, além de uma série de pequenas intervenções internas.
246. A edificação também possui dois subsolos, que abrigam vários equipamentos e unidades de suporte. Além disso, o edifício possuía recursos múltiplos, como o Estúdio de Som e TV, que também foram objeto do reflexão arquitetônica, ampliando ainda mais o gradiente de questões presentes no projeto.

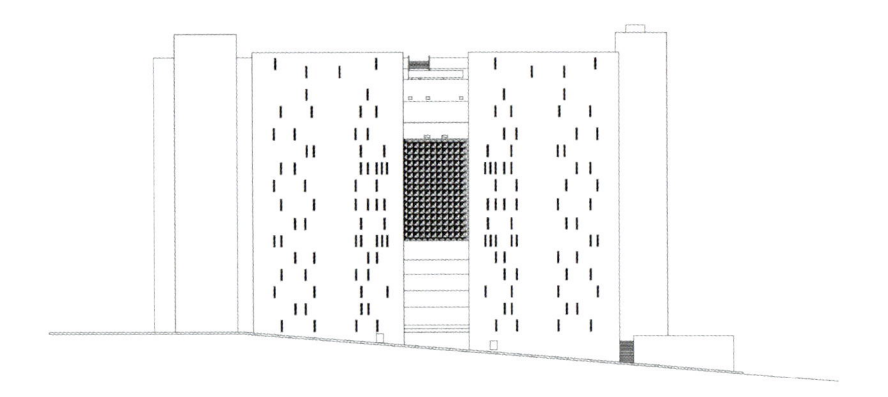

O projeto do DNER foi muito importante para o desenvolvimento das concepções arquitetônicas de Lefèvre e para seu próprio desenvolvimento como arquiteto, que, de um profissional atuando em um escritório "artesanal", como ele mesmo se referia aos escritórios pequenos, passou a lidar com equipes técnicas grandes, programas com várias ordens de complexidade, clientes institucionais etc. Ademais, pela proximidade com o local de trabalho, o projeto e a obra do Instituto dos Ambulatórios permitiu a Lefèvre a oportunidade de transpor para esse universo de questões as suas ideias de participação e educação por meio do processo de trabalho. Evidentemente, não desprezava a relação profissional estabelecida a partir da empresa, mas esta não o impediu de tentar exercer as suas ideias.

Um dos poucos projetistas remanescentes daquele período na Hidroservice – e que trabalhou no projeto do Instituto dos Ambulatórios –, relatando a admiração que Lefèvre despertava nas pessoas em geral, principalmente em função da sua obstinação em resolver os problemas projetuais, lembrou, com prazer, que Lefèvre levava todos os desenhistas e projetistas para a obra, para que vissem e sentissem aquilo que desenhavam na prancheta[247]. Dito de outra forma, para que eles absorvessem a materialidade da obra e, com isso, refletissem sobre o projeto, sobre a relação entre aquilo que era desenhado e sua concretização na obra e também acerca da qualidade do trabalho que executavam. Esse tipo de ação era restrita, e devia sofrer resistência tanto por parte da empresa como de colegas profissionais que, simplesmente, não viam nela qualquer utilidade.

A ação de Lefèvre, como era de se imaginar, não se limitava aos trabalhadores do escritório, envolvendo também os operários na obra. Da mesma forma, como era de se esperar, as resistências, nesse caso, eram maiores. Comparando o trabalho que realizaram, juntos, durante os anos 1960, e o trabalho que Lefèvre realizava na Hidroservice, Sérgio Ferro relatou:

[...] cito sempre o caso do Hospital das Clínicas. Aquele hospital foi pensado com a mesma lógica, só que numa outra escala, enorme. Eu me lembro da raiva do Rodrigo ao constatar que todos os desenhos dele iam parar numa cabana à qual os operários não tinham acesso[248].

Transcorridos os anos de experiências da década de 1960 e dos primeiros anos da década seguinte, e mesmo num momento político e profissional distinto, Lefèvre mantinha como perspectiva a colaboração entre formuladores e construtores, entre o trabalho intelectual e o trabalho não especializado. Ainda levando em conta os projetos anteriores, e refletindo sobre a consciência de Lefèvre quanto às suas ações, Ferro concluiu sobre o tema:

[...] e o Rodrigo no Hospital das Clínicas procedeu da mesma maneira (como nas obras residenciais que concebia). Ora, nessa obra os operários foram impedidos de entrar na cabana onde estava depositado o conjunto das informações sobre o projeto. Para nós, sempre foi essencial que todo mundo soubesse o que estava fazendo e por que fazia. A Hidroservice impedia isso. Rodrigo não era ingênuo, sabia que fatalmente isso aconteceria – mas nunca desistiu de tentar furar a barreira[249].

Ainda sobre a consciência que Lefèvre tinha do confronto entre as suas ideias e os procedimentos da empresa, e o porquê de seu trabalho nela, Ferro acrescenta:

[...] acho que o Rodrigo, depois que saímos da prisão, viveu um período muito difícil – no qual, entretanto, continuou

---

247. Essas informações foram fornecidas pelo projetista de arquitetura José Mendonça Campinas, durante as visitas à Hidroservice.
248. Entrevista de Sérgio Ferro ao autor, em março de 2001.
249. Ibidem.

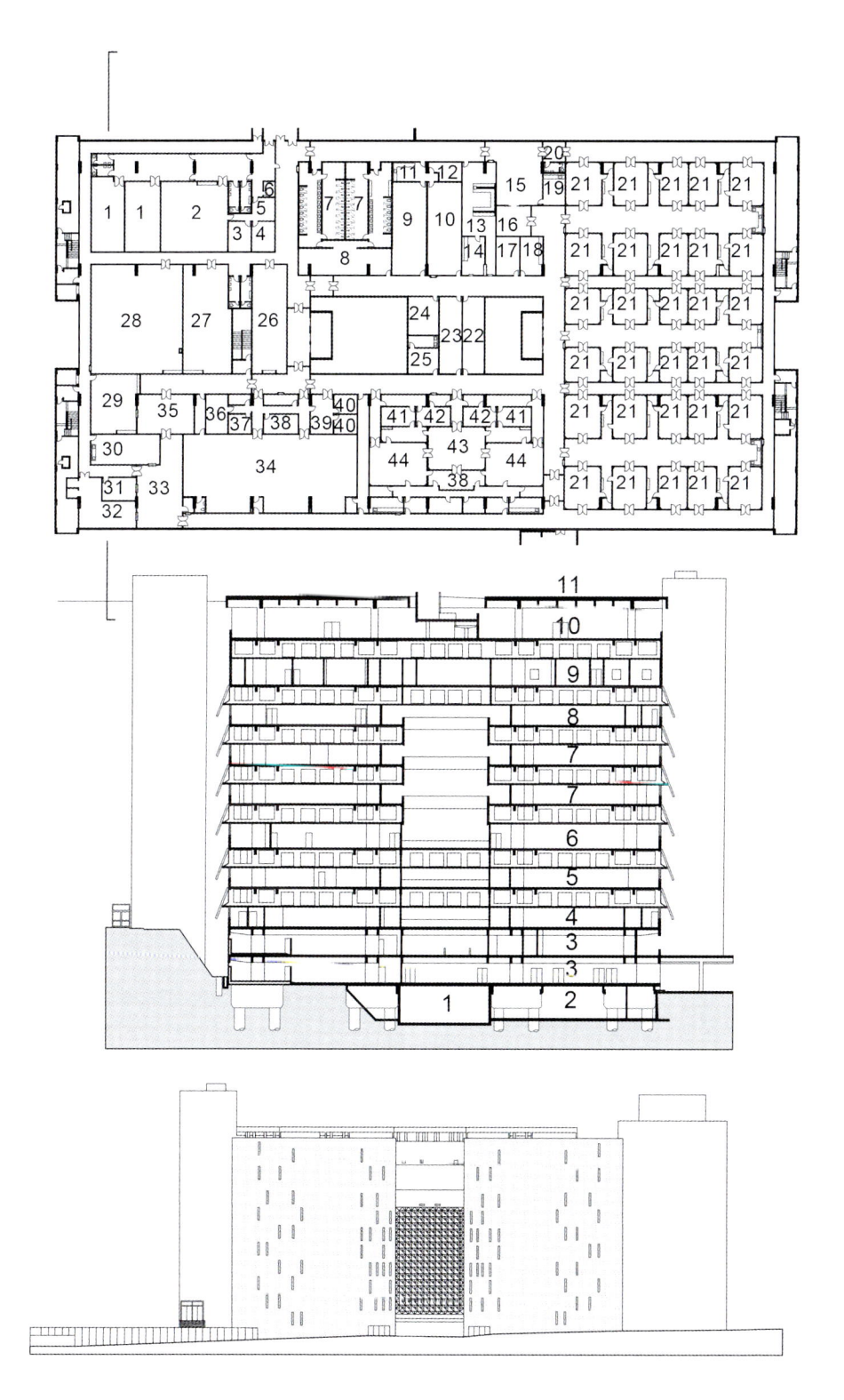

Instituto dos Ambulatórios; (1) planta do pavimento cirúrgico, (2) corte transversal e (3) elevação sudoeste – desenhos refeitos para este livro.

1. Sala de aula
2. Secretaria
3. Reunião
4. Diretoria
5. Espera
6. Informações
7. Vestiário
8. Controle de uniformes
9. Conforto médico
10. Conforto geral
11. Copa
12. Depósito
13. Laboratório de análise
14. Anatomia patológica
15. Espera pacientes
16. Transferência de pacientes
17. Sala da supervisão
18. Controle enfermagem
19. Enfermagem
20. Utilidades
21. Sala de cirurgia
22. Desintoxicar
23. Depósito carros
24. Coordenação anestesia
25. Raio X
26. Sala de material – anestesia / gasoterapia
27. Farmácia e almoxarifado
28. Estoque – material esterilizado
29. Esterilização e depósito de instrumental
30. Lavagem e secagem de instrumental
31. Expurgo
32. Instrumental
33. Descarregamento de carros
34. Recuperação pós-anestésica
35. Esterilização e guarda de carros
36. Conforto enfermagem
37. Médico plantão
38. Controle
39. Antessala
40. Isolamento
41. Sala de médicos
42. Enfermeiras
43. Sala do doador
44. Sala do receptor

LEGENDA CORTE

1. Caixa d'água
2. Casa de máquinas
3. Serviços gerais
4. Banco de sangue
5. Laboratório central
6. Praça
7. Ambulatório
8. Farmácia
9. Centro cirúrgico
10. Cobertura
11. Heliponto

a ser um combatente exemplar. Não foi fácil para ele, de modo algum, trabalhar na Hidroservice. Ele não foi para lá enganado, pensando que iria conseguir fazer tudo o que antes fazíamos, mas tinha família, precisava trabalhar como todo mundo. Ele não queria sair do país, tentou depois, ficou um ano na EAG, onde eu ensinava, mas não se adaptou. Foi um período dificílimo, no qual ele resistiu com toda sua energia[250].

Lefèvre devia confidenciar as dificuldades e desavenças dentro da Hidroservice apenas às pessoas mais próximas. Em termos profissionais e políticos mais amplos, como no caso do debate no IAB, ou ainda em artigo na revista *Módulo*, intitulado "O arquiteto assalariado", ele manifestava uma posição construtiva em relação à empresa e ao trabalho que lá realizava, não dando ocasião para críticas ou lamentações[251].

Particularmente no artigo, quando teve oportunidade de expor de forma mais estruturada o seu pensamento, Lefèvre pôde tecer considerações sobre três pontos da crítica em relação ao trabalho assalariado de arquitetos em grandes empresas, utilizando-se, como não podia deixar de ser, de sua própria experiência na Hidroservice. Em primeiro lugar, voltando a informar que a Hidroservice era uma empresa de capital inteiramente nacional, afirmava que nela ocorria, "com grande ênfase, a defesa do reconhecimento e do desenvolvimento de uma tecnologia nacional de construção e de um conhecimento nacional sobre a realização de projetos"[252]. Depois, de forma combinada com o primeiro ponto, contestava a ideia de que, necessariamente, nenhuma das grandes empresas elaborava projetos, porque estes viriam, prontos, de fora. Novamente relatando o caso da Hidroservice, escrevia que a maioria dos projetos era inteiramente concebida e produzida na empresa, embora, em determinadas ocasiões, fossem desenvolvidos projetos iniciados em algumas empresas estatais, o que não era razão para demérito algum. Por fim, contestava a ideia de que em uma grande empresa haveria limitações de criatividade, pois, trabalhando em equipes multidisciplinares, "mais temos ajustado nossas criações às condições concretas possíveis de produção, uso e manutenção dos edifícios que projetamos"[253], sendo que esse momento em equipe não se contrapunha ao momento do trabalho isolado de definição do partido arquitetônico, quando os engenheiros ficavam na "expectativa de uma grande 'bolada' dos arquitetos"[254].

Essa ambiguidade entre riqueza profissional e restrição trabalhista e ideológica, que por um lado incentivava e, por outro, bloqueava o trabalho coletivo que Lefèvre almejava, devia gerar momentos de angústia e revolta.

Mas esses momentos, ainda que reforçados pela consciência da postura de restrição às suas ações, por parte da empresa, não atenuava sua disposição de atuar desvendando caminhos políticos no exercício da arquitetura, como atesta o depoimento de Ferro. Essa disposição motivava Lefèvre a – além de insistir nas suas propostas, nos trabalhos da Hidroservice – procurar alternativas que viabilizassem a consecução de seus objetivos de, em última análise, parodiando Gregotti, utilizar-se da arquitetura para fazer circular ideias e práticas[255].

Cosipa; seção de processamento de alimentos da cozinha industrial. Cubatão, 1976.

As alternativas tinham de ser construídas, não estando dadas de imediato. Uma das suas vertentes, contudo, Lefèvre confessara no debate do IAB, ao afirmar que, apesar da defesa que fazia de seu trabalho na Hidroservice, o que possibilitava manter-se naquela atividade, a *condição básica* para isso, era a docência que exercia na FAUUSP, que permitia exercitar suas ideias no plano pedagógico, sem nenhuma restrição. Um proveito mais rico dessa atividade, ou do conjunto das atividades acadêmicas, teve de aguardar algum tempo, até a conclusão de seu mestrado em 1981. Nesse meio tempo, seu trabalho na empresa de projetos manteve-se em evolução.

Outros projetos

A partir de 1973, Lefèvre passou a chefiar o Departamento de Arquitetura da Hidroservice. Desde então, todos os projetos de arquitetura tiveram sua participação, em graus diferentes. De forma mais ativa, em ordem cronológica, destacam-se: Projeto Executivo da Cozinha Industrial da Companhia Siderúrgica Paulista – Cosipa, em 1976; Projeto Básico da Fábrica de Elementos Combustíveis da Nuclebrás, em 1977; Estudo Preliminar de Ampliação e Readaptação do Hospital Sírio-Libanês, em 1978; e Projeto Executivo do Centro de Serviços e Comunicações – Cesec, do Banco do Brasil, em 1979. De forma menos incisiva, ou não acompanhando diretamente o desenvolvimento do projeto, podem ser citados: Projeto Executivo do Terminal Rodoviário do Tietê, em 1978; Estudo Prévio de Localização e Viabilidade Técnico-Econômica do Aeroporto Intercontinental da Ilha da Madeira ou Aeroporto do Funchal; projetos executivos de pontes e viadutos para a via Leste (Estado de São Paulo), em 1980; e Plano de Massas e Anteprojeto do Centro da Cidade de Ajaokuta, na Nigéria, em 1980. Existem vários outros projetos em que Lefèvre atuou, mas de difícil verificação quanto à dimensão de sua participação[256].

250. Ibidem.
251. R. B. Lefèvre, "O arquiteto assalariado", op. cit.
252. Ibidem, p. 68.
253. Ibidem, p. 69.
254. Ibidem.
255. A frase correta de Gregotti, sem dúvida mais rica, é: "[arquitetura] aquele modo especialíssimo de fazer circular as ideias utilizando-as". Ver Vittorio Gregotti, "Los materiales de la proyectación", em: Guido Canella et al., op. cit., Barcelona: Gustavo Gili, 1971, p. 226.
256. Essa lista baseia-se nas informações do *curriculum vitae* funcional de Rodrigo Brotero Lefèvre na Hidroservice. Quanto ao grau de sua participação em cada um dos projetos, as informações foram fornecidas pelo diretor engenheiro Osmar Onofre Vianna, que já ocupava esse cargo no período em que Lefèvre trabalhou na empresa, sendo a ele que Lefèvre se reportava em última instância. Foram solicitadas informações de duas obras, em particular: a primeira, o Hotel Niccon Plaza, em Lagos, na Nigéria; a segunda, a ampliação das instalações da Alcan, em Taubaté. Segundo Vianna, o trabalho de Lefèvre nesses projetos deu-se de forma lateral, não participando de sua concepção ou desenvolvimento. O projeto da Central de Abastecimento de Curitiba, em função das questões anteriormente apresentadas, não consta no *curriculum* mantido pela empresa.

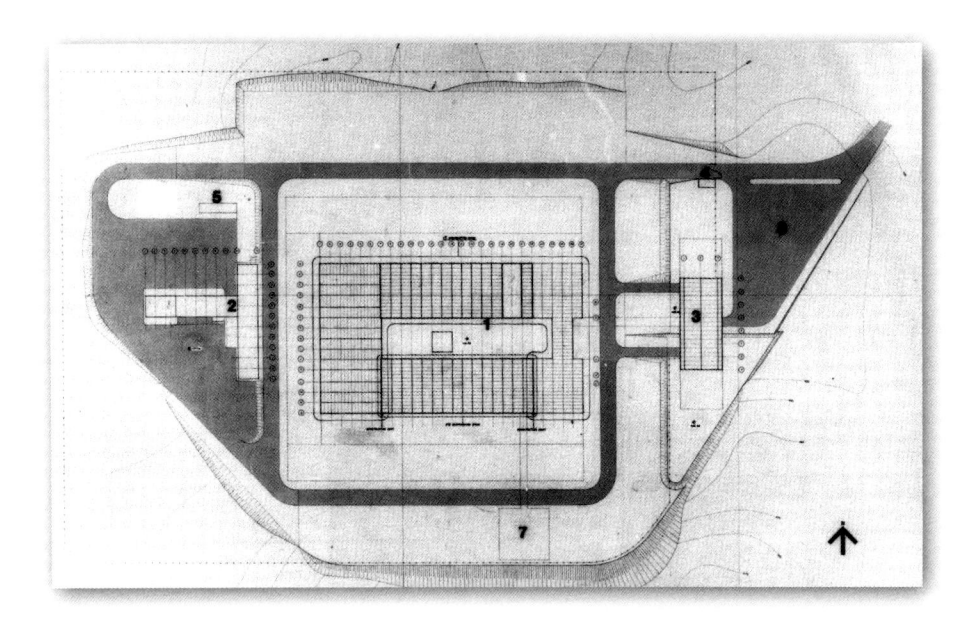

Fábrica de elementos combustíveis da Nuclebrás. Resende, 1977. Pranchas originais. Ao lado, implantação geral. Abaixo, planta do edifício de produção.

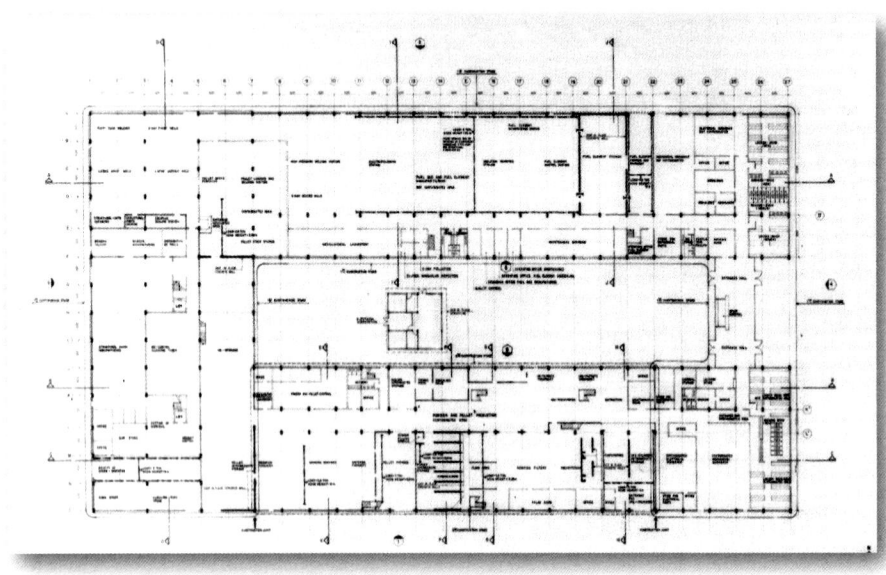

O projeto da cozinha industrial da Cosipa agregava, inicialmente, o projeto de um novo refeitório. Por orientação do cliente, entretanto, durante seu desenvolvimento o trabalho restringiu-se à cozinha, que deveria estar ligada ao refeitório central preexistente.

O partido adotado por Lefèvre é claramente funcional. A resolução arquitetônica estabeleceu um grande piso 0,7 m acima da cota da via de acesso, criando uma plataforma, conhecida como docas, na qual os caminhões efetuam o desembarque de produtos a serem processados e o embarque das refeições para os dez outros refeitórios espalhados pela área da empresa. A partir da plataforma, e no mesmo nível, organizam-se a cozinha propriamente dita e o depósito de estocagem de mantimentos.

O pé-direito da cozinha atípico, muito alto, possibilitou que acima da plataforma, e já sobre a cozinha, Lefèvre locasse uma faixa de escritórios de administração, que possuem uma fachada interna de vidro voltada para o "salão" da cozinha, numa solução semelhante à de algumas fábricas onde os escritórios, acima do piso de trabalho, perscrutam esse espaço. Segundo a empresa que operava os serviços terceirizados, essa solução não é comum. Na verdade, seria única, segundo o conhecimento do pessoal técnico da empresa.

Para o engenheiro Osmar Onofre Vianna, diretor da Hidroservice, o pé-direito teria sido uma combinação das normas e recomendações específicas para cozinhas industriais, em relação às dimensões do salão. Assim, o porte do ambiente justificava-se em função do número de refeições que deveriam ser preparadas, num total de 18 mil por dia, incluindo almoço, jantar e ceia. Com essa capacidade, segundo a Hidroservice à época da construção, a cozinha industrial da Cosipa seria a maior da América Latina.

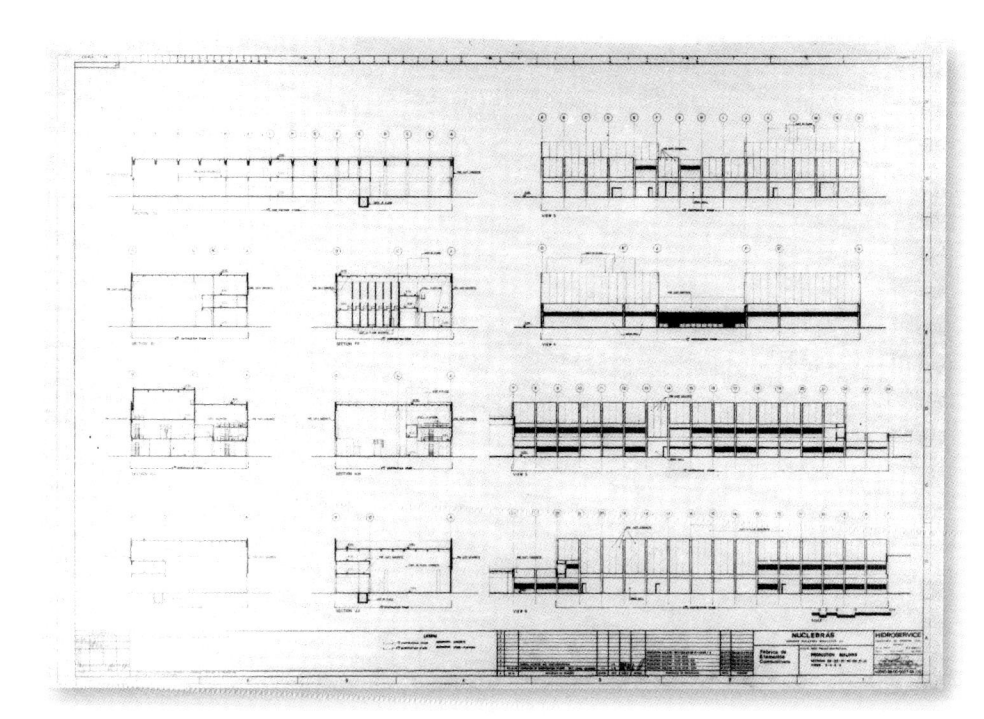

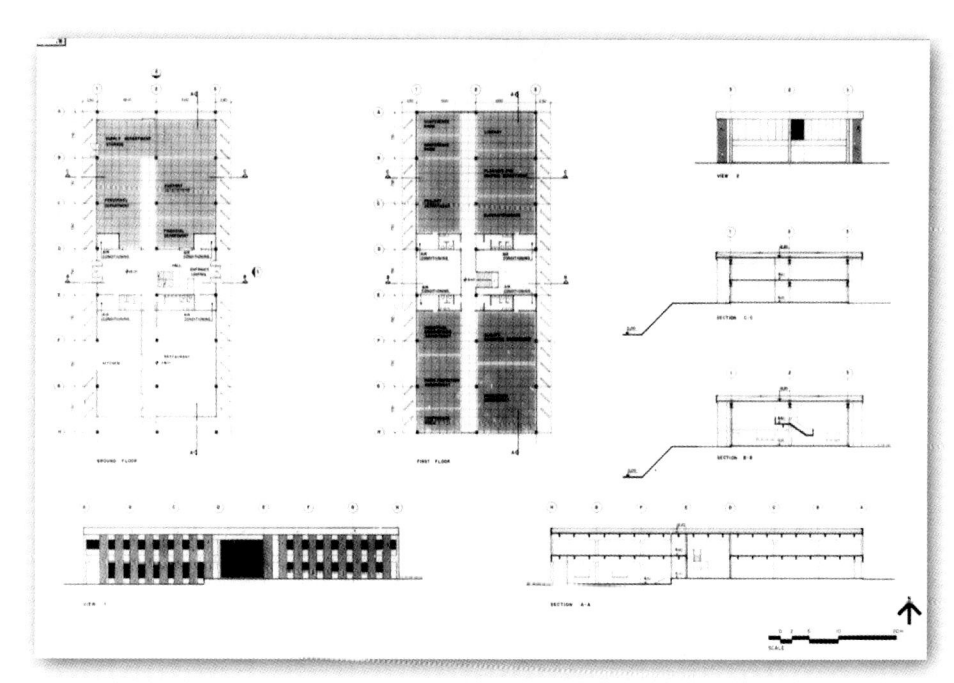

Fábrica de elementos combustíveis da Nuclebrás. Ao lado, edifício de produção; cortes e vistas. Abaixo, edifício administrativo; planta, elevações e cortes.

De forma reveladora de seus procedimentos funcionais, nesse projeto Lefèvre também previu um piso técnico. Aproveitando-se do desnível da plataforma, e rebaixando o piso abaixo da cozinha, praticamente criando um porão, implantou um piso de serviço peculiar, contornando algumas dificuldades.

O solo, no terreno ocupado pela Siderúrgica, em Cubatão, não é propício à criação de subsolos. Além disso, por se tratar de uma obra acoplada a um edifício existente, por um lado Lefèvre tinha de compatibilizar a cota de piso de ambos e, por outro, não podia realizar uma obra com retirada de muito solo com a correspondente contenção do terreno, daquilo que foi chamado de "porão", sem encarecer o seu custo, o que não era possível. Assim, para se visualizar a solução elaborada para o piso técnico, pode-se interpretá-lo como um telhado de duas águas invertido, sendo as cotas das duas extremidades iguais entre si e mais altas do que a cota da "cumeeira" central, que, na verdade, é uma faixa de circulação. Desse modo, o piso técnico limitou-se, praticamente, a essa faixa, que, mesmo assim, tem um pé-direito muito baixo, que mal permite que um funcionário trabalhe de pé. Ora, se no Instituto dos Ambulatórios, com condições de trabalho muito melhores, os pisos técnicos não são interpretados corretamente, na cozinha industrial – que, segundo informações colhidas no local, não dispunha mais dos projetos, ou estes não se encontravam disponibilizados – houve uma quebra de informações, o que acarretou a eliminação do uso do piso técnico. Todas as instalações foram transferidas para o próprio salão da cozinha, inclusive utilizando-se do amplo pé-direito (por meio de instalações aéreas), e mesmo o escoamento de água servida, que corria por baixo, na faixa central, foi substituído por uma canaleta no próprio piso da cozinha.

A prática de corrigir problemas a partir da visualização física dos mesmos, a qualquer momento, sem a existência de rotinas pré-estabelecidas – ou sem confiar em tais rotinas –, parece governar as ações de manutenção e, evidentemente, é mais forte do que as "determinações" de projeto. A insistência nesse aspecto não é casual, pois em várias residências, de alguma forma, Lefèvre, Ferro e Império conseguiram que seus moradores fossem colaboradores do projeto, na medida em que eram conquistados pelas suas qualidades. Nesses casos, o projeto tornava-se, em certo sentido, o "plano" que Lefèvre citara no projeto dos Ambulatórios, um plano introjetado nos moradores. Essa mesma introjeção, mais elaborada tecnicamente, foi verificada no DNER. Entretanto, nos Ambulatórios e na Cozinha Industrial da Cosipa, onde não existiu uma continuidade no fluxo de informações entre a concepção do projeto e a utilização das edificações, problemas de várias ordens surgiram.

É claro que mudanças são necessárias em edificações de uso intenso. Da mesma forma, alguns arquitetos contemporâneos admitem – e chegam a incentivar – uma ação, por parte dos usuários, sobre as soluções de projeto. Assim, não se trata, aqui, da defesa de uma visão "romântica" sobre a obra do arquiteto estudado, mesmo porque o problema abordado não concerne apenas aos edifícios de Lefèvre; talvez seus projetos só aprofundem essas questões por apresentarem soluções que fogem aos padrões convencionais. Tampouco se almeja criticar a atuação de técnicos responsáveis pela manutenção dos edifícios ou operação dos equipamentos, que, evidentemente, podem levantar questões justas, pois são obrigados a dar respostas cotidianas aos seus problemas de trabalho. Na verdade, o que se constata, nesse ponto, é o distanciamento entre projetistas e usuários (técnicos ou não).

O mesmo distanciamento, que era um dos itens que a atividade de Lefèvre procurava superar, com o passar dos tempos vem se aprofundando cada vez mais. O que talvez fosse adequado em edifícios com programas de uso complexo – nem tanto nas residências unifamiliares, cujos moradores nem sempre são especialistas na manutenção de determinadas soluções de projeto – seria que, de fato, como formulava Lefèvre, o projeto fosse concebido e interpretado também como um plano, e que este não se constituísse apenas de desenhos, como indicou na entrevista anteriormente citada. Assim, as mudanças – e mesmo as rupturas com o projeto – poderiam não ser aleatórias ou casuísticas, como por vezes transparecem.

O trabalho na Hidroservice permitia a Lefèvre o enfrentamento de alguns desafios únicos. Esse foi o caso da sua participação no projeto da Fábrica de Elementos Combustíveis da Nuclebrás em Resende, no estado do Rio de Janeiro. O conjunto da fábrica é composto pelos edifícios de Administração, com área de cobertura de 1.335 m² e área construída de 1.777,65 m²; de Produção, com área de cobertura de 10.917,49 m² e área construída de 16.700,98 m²; e de Utilidades, com área de cobertura de 1.950 m² e área construída de 1.950 m².

Uma vez que se tratava de tecnologia adquirida da Alemanha, as rígidas especificações técnicas do edifício foram fornecidas pela empresa RBU, também da Alemanha – e não poderia ser de outra forma, em função da especificidade da tecnologia de produção de elementos combustíveis.

Cruzando especificações com programa, Lefèvre adotou um partido construtivo que buscava dotar os edifícios de Administração e Produção do máximo de funcionalidade e flexibilidade espacial. Assim, o Edifício de Administração, de planta retangular, possui um *hall* no centro, de pé-direito duplo, que abriga, na ala voltada para o sul, na parte inferior, cozinha e restaurante, e, na ala norte, escritórios. Sobre a cozinha e os escritórios do piso térreo, foram alocadas mais duas alas de escritórios (uma sul, outra norte). Segundo o Relatório do Projeto Básico, essa composição permitia a expansão, para o norte, somente de escritórios; para o sul, de escritórios ou refeitório, ou ambas as expansões, dependendo das necessidades. Além da possibilidade de retirada das divisórias internas, os vedos das fachadas sul e norte foram projetados de forma a serem desmontáveis quando da expansão, não restando alvenarias no interior da edificação. Nas fachadas leste e oeste, foram previstos quebra-sóis de elementos vazados de concreto, repetindo-se a preocupação de que esse dispositivo vedasse a incidência direta de raios solares, sem, porém, eliminar a visão para o exterior.

No Edifício de Produção, as especificações da RBU impunham a organização do espaço a partir do *layout* dos processos produtivos, restando de forma livre para o projeto a zona de vestiários e oficinas no interior do prédio. Diante disso, o exercício projetual explorou as alternativas de pré-fabricação dos elementos da superestrutura, de vedação e de cobertura, na medida em que tinham condições de ser agregadas à obra e que respondiam de forma adequada às necessidades de projeto. Por exemplo, por recomendação da RBU e decisão da Nuclebrás, as áreas afetas ao dióxido de urânio (UO_2) e depósito de combustíveis receberam cobertura de concreto. Essa cobertura conheceu três possibilidades: a primeira, de cobertura e pilares fundidos no local; a segunda, de pilares fundidos no local e vigas e demais elementos produzidos no canteiro de obra e, depois, montados; a terceira previa todos os elementos produzidos em uma usina de pré-moldados, ou adquiridos no mercado e instalados na obra. Ainda que não possa haver uma confirmação definitiva, em função da indisponibilidade de alguns relatórios, a julgar pelas plantas observadas, a solução adotada foi a segunda.

Conforme o relatório, o fechamento do Edifício de Produção se daria por meio de placas pré-moldadas de concreto armado. Plasticamente, o relatório indica essa solução como a mais adequada, explicando-se essa opção pelo entendimento de que as paredes com altura acima de 4 m não deveriam ser de alvenaria construída, mas sim de pré-moldados (as placas de fechamento, e mesmo algumas internas, variavam de 5 m a 12,5 m de altura).

O Edifício de Utilidades é uma construção muito particular, pois estoca uma série de substâncias e produtos químicos, que são conduzidos mecanicamente, através de dutos, para o Edifício de Produção, não sendo manipulados por pessoas de forma contínua.

A Fábrica de Elementos Combustíveis é, simbolicamente, bastante representativa da extensão dos trabalhos realizados por Lefèvre. Na residência Helládio Capisano, ainda que a concepção do projeto fosse mais atinente a Ferro, Lefèvre experimentou um perfil e um viés do mundo tecnológico. O perfil seria o da baixa tecnologia; a força motriz, que punha em andamento a traquitana, era humana. Já o viés seria lúdico, dado pela

Cesec, Centro de Serviços e de Comunicação do Banco do Brasil; maquete da edificação. 1979.

brincadeira de produzir o claro-escuro pedalando ou fazendo girar as pás de um moinho de luz. Em contrapartida, na fábrica, como unidade de produção especializada, a utilidade do processo tecnológico não dá margem à dimensão lúdica. Mas, mais do que isso, o perfil tem um cunho racional, ligado ao incremento da alta tecnologia, à visão materialista histórica do homem controlando a natureza, arranjando cientificamente seus elementos para sobrepujá-la, chegando no limiar de sua destruição. Já o viés é o do desenvolvimento, que não admite desvios, pois comprometido com um cálculo estratégico de absorção de tecnologia de ponta.

Lefèvre operou entre esses dois mundos. Um viés lúdico sempre seria permitido em suas obras, mas a militância por meio da arquitetura sustava e redirecionava esse viés, reconduzindo-o ao compromisso perene para com a construção e suas questões.

O projeto seguinte, do Centro de Serviços e de Comunicação – Cesec, do Banco do Brasil, em Brasília, é ainda mais claro quanto à orientação arquitetônica que Lefèvre adotava[257]. A planta da edificação pode ser interpretada como um conjunto de dois blocos articulados por um espaço de ligação e circulação, ordenados a partir de uma malha estrutural com quadrados de 9 m de lado, de eixo a eixo dos pilares. Assegurada a regularidade de um módulo estrutural, um dos blocos possui uma planta regular, dada por um retângulo de nove módulos de comprimento por dois módulos de largura. Contrariamente, no outro bloco o módulo estrutural é trabalhado construindo uma base irregular (um polígono irregular de ângulos retos). A base regular de um bloco e a base irregular de outro se apresentam como manifesto das variações

[257]. O edifício não mais se destina à função original. Ele compõe, junto com outras edificações, o Complexo Central de Tecnologia do Banco do Brasil, no qual funciona o Centro de Processamento de Dados do banco e outros departamentos considerados estratégicos, como uma fábrica de *softwares*. Em razão disso, na visita técnica não foi permitido fotografar o interior do local.

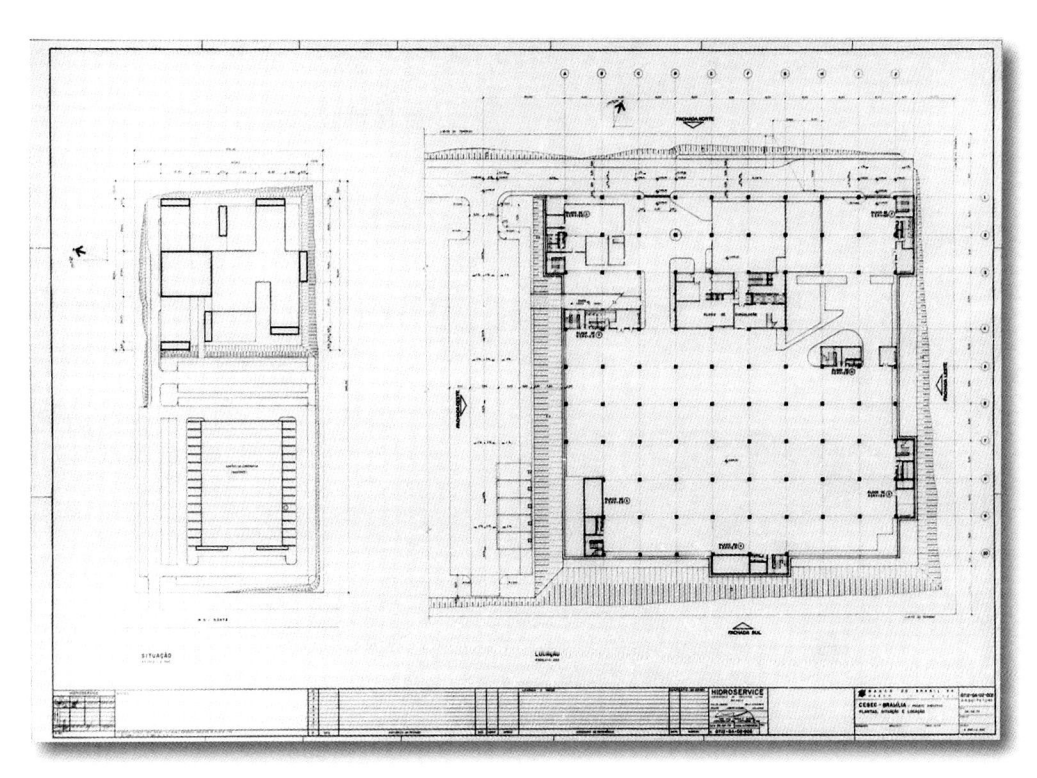

Cesec, Centro de Serviços e de Comunicação do Banco do Brasil. (1) plantas de situação e locação e (2) planta de cobertura.

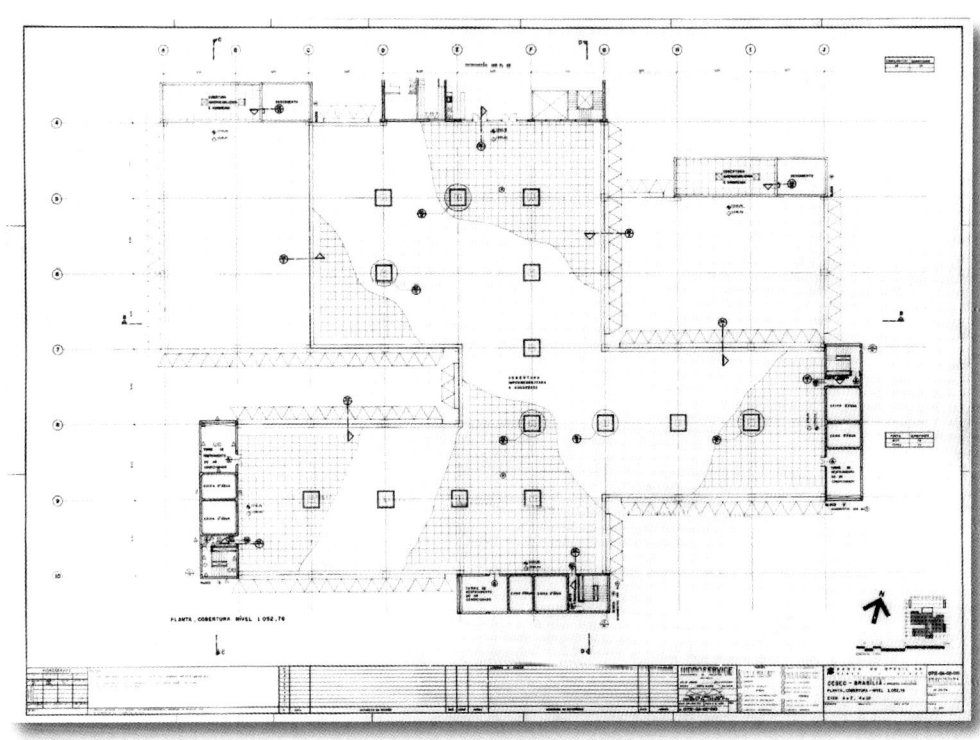

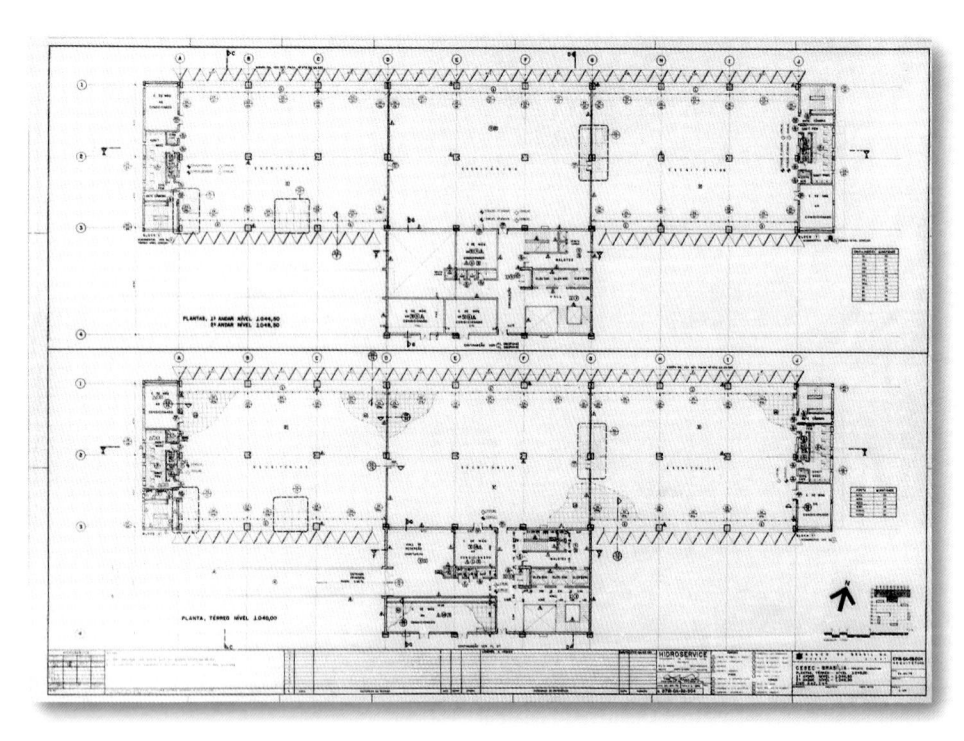

Cesec. Projeto executivo; plantas do pavimento térreo e do primeiro e segundo pavimentos.

de articulação espacial que a modulação estrutural permite, indicando que na composição arquitetônica movimento e variação espacial também podem ser obtidos em projetos caracterizados por uma racionalidade/modulação construtiva.

As extremidades dos dois blocos são ocupadas por outros sete "blocos (faixas) de serviços", desenvolvendo a solução que Lefèvre adotara no Instituto dos Ambulatórios, onde as mesmas faixas compareciam junto à empena frontal. Desnecessário estender-se nessa configuração espacial marcadamente referenciada na solução de espaços servidos e serventes. Entretanto, vale insistir que, alocando nesses blocos verticais os sanitários, as copas, as escadas de incêndio e os dispositivos de refrigeração, as tubulações corriam livres por elas e não cruzavam indevidamente os pavimentos. As faixas, ou blocos de serviços, como o projeto indica, são significativamente denominadas pela engenharia local de "torres". Além das sete periféricas, há também mais três torres internas, que repetem a solução de incorporar maquinário de refrigeração e permitir a passagem de dutos e cabeamentos internos.

Outra questão que também merece ser analisada é a concentração de áreas úmidas em pontos precisos da edificação, por medida de economia e racionalidade.

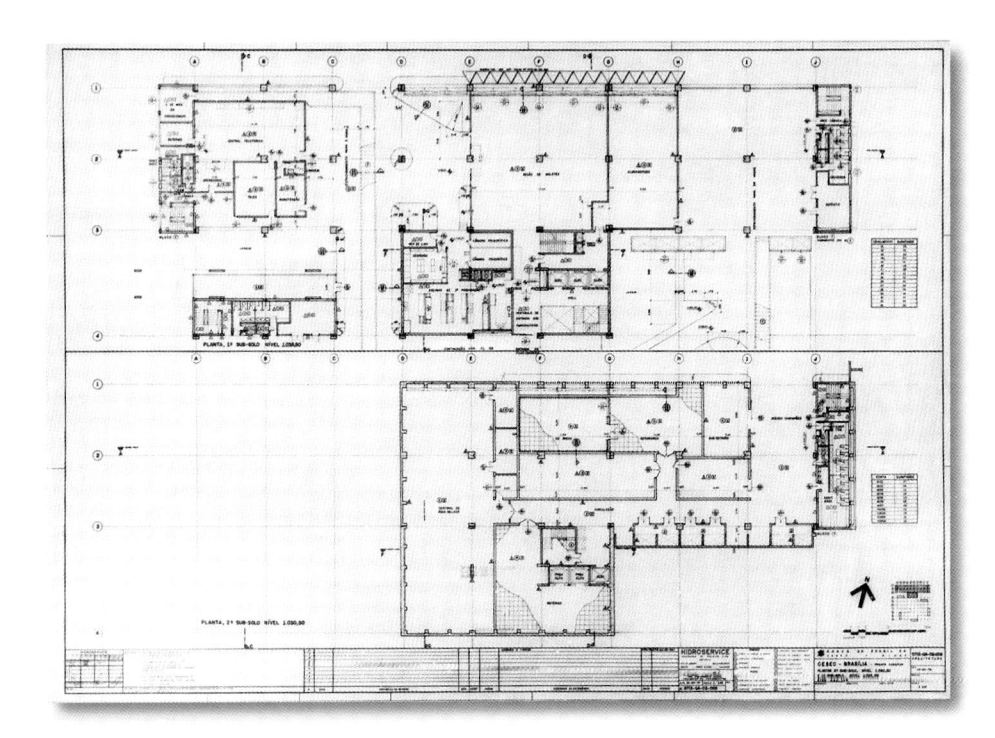

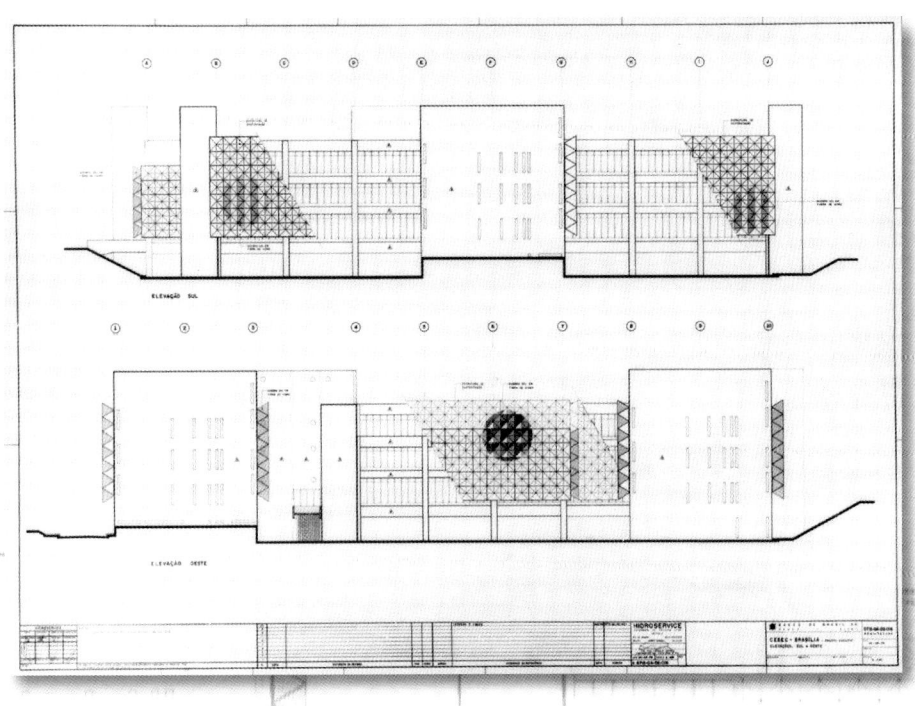

Cesec; (1) plantas dos subsolos e (2) elevações norte e leste

Essa solução não é uma "invenção" de Lefèvre – nem de Kahn –, entretanto, a clareza na organização desses espaços em relação ao conjunto, por meio de uma hierarquia espacial que extrapola a funcionalidade – mas com o seu máximo aproveitamento –, é uma contribuição específica de Kahn e uma incorporação e um desenvolvimento conceitual significativo que Lefèvre auxiliou a trazer para a arquitetura brasileira. No período do projeto, e atualmente de forma acentuada, ganhou força o conceito de escritório paisagem, que, concentrando circulação vertical e serviços em um ou mais setores pontuais da edificação, a depender do seu porte, permite que o restante da planta fique livre para a disposição dos escritórios, da maneira mais conveniente para cada empresa.

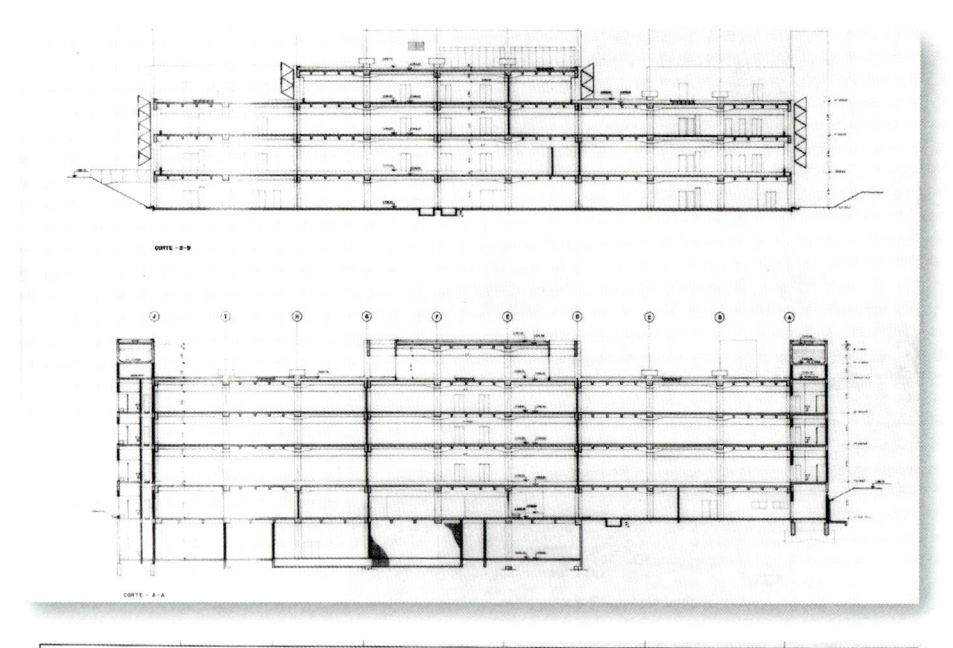

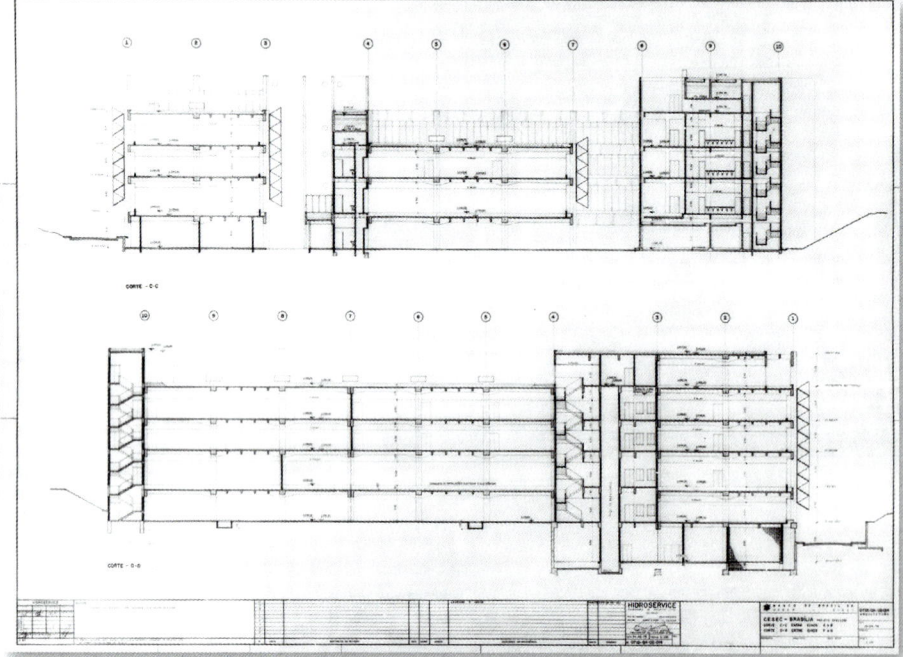

A solução de planta que Lefèvre adotou é significativa de sua visão desse processo. De certa forma, o escritório paisagem convencional, com planta quadrada – ou, mais comumente ainda, retangular, por vezes sextavada – e núcleo de serviços e circulação em um ponto médio de uma das fachadas, representa uma redução da planta livre do movimento moderno, simplificada em uma solução genérica, desprovida de quaisquer outras elaborações. Assim, a justaposição de um polígono regular a um polígono irregular, além do aspecto construtivo já visto, agrega o aspecto interpretativo de conceitos espaciais: contra uma banalização dos preceitos modernos e dos conceitos elaborados por Kahn, Lefèvre "dificulta" a solução de planta e, ao fazê-lo, enriquece a arquitetura sem abrir mão dos procedimentos que incorporava.

Cesec. (1) Vista externa com destaque para um dos blocos de serviço. (2) e (3) pranchas originais; cortes.

Estudo de localização e viabilidade técnico-econômica do Aeroporto Intercontinental da Ilha da Madeira.

De forma significativa quanto a suas intenções de dignificação de uma obra pública e de um local de trabalho, o restaurante dos funcionários foi implantado na cobertura do edifício, e, a partir dele, acessava-se um terraço (praça) vegetado, destinado ao convívio (o que lembra o já comentado projeto de Foster). O restaurante era "servido", desde a cozinha implantada no subsolo, por meio de um monta-cargas. Essa situação não pode ser avaliada, pois o banco aboliu o restaurante e instalou, em seu lugar, uma academia de ginástica para os funcionários, e o terraço nunca foi implantado. A despeito dessas modificações, segundo o engenheiro Antonio Carlos, que acompanhou a visita, algo das intenções iniciais ficou, pois as atividades de confraternização dos funcionários são realizadas no salão de entrada da academia[258].

Ao mesmo tempo que realizava o projeto do Cesec, e mesmo anteriormente, Lefèvre participava de vários outros trabalhos, como o Estudo Preliminar de Ampliação e Readaptação do Hospital Sírio-Libanês, que teria tido prosseguimento sem sua participação direta. No Projeto Executivo do Terminal Rodoviário do Tietê, ainda que, segundo as informações obtidas na Hidroservice, a atuação do arquiteto não tenha sido muito efetiva, há alguns detalhes que parecem derivados de outros projetos que elaborou e participou. Particularmente, a caixilharia verticalizada da ala de embarque – cuja disposição formal pode ser apreciada, em menor escala, desde as suas residências – guarda uma similitude muito grande com os caixilhos do térreo e mezanino do edifício do DNER.

Nesse período, também integrou o Estudo Prévio de Localização e Viabilidade Técnico-Econômica do Aeroporto Intercontinental da Ilha da Madeira. Segundo Ferro, esse projeto interessava muito a Lefèvre; entretanto, a solução acabou ficando a cargo de outro escritório, o que teria frustrado suas pretensões de desenvolver um programa que não havia enfrentado ainda. A participação no Projeto Executivo de Pontes e Viadutos para a Via Leste (atual Rodovia Ayrton Senna) se deu em colaboração com outro setor da empresa, o de estradas, e não existem informações que esclareçam a profundidade do seu envolvimento nesse trabalho.

Em 1980, Lefèvre teve uma participação maior na confecção do Plano de Massas e Anteprojeto do Centro da Cidade de Ajaokuta, na Nigéria. Esse trabalho havia sido iniciado pela Hidroservice em 1975, e foi objeto de uma Proposta para Planejamento de uma Cidade Multiuso em Ajaokuta, no estado de Kwara. Ajaokuta seria uma cidade nova, projetada e construída próximo à futura usina siderúrgica de mesmo nome. Nessa fase inicial, compunham a equipe responsável pela proposta vários profissionais de renome, entre arquitetos, engenheiros e sociólogos; entretanto, Lefèvre ainda não estava envolvido com o trabalho[259].

[258]. Um elemento muito interessante, o painel de quebra-sóis, nunca foi instalado, tendo sido trocado na obra por outro, de lâminas verticais metálicas. Em termos funcionais, o projeto previu um piso elevado no andar térreo para facilitar as instalações. Essa solução foi estendida a todos os andares. Assim, o edifício sofreu algumas modificações e uma reforma, visando a ampliação vertical de alguns setores, o que, segundo o engenheiro Antonio Carlos, já estava previsto no projeto.

[259]. Da equipe participava, por exemplo, o professor Flávio Vilaça, da FAU USP, autor de trabalhos de referência dedicados à questão urbana.

Ajaokuta; zoneamento, edifícios públicos e área verde.

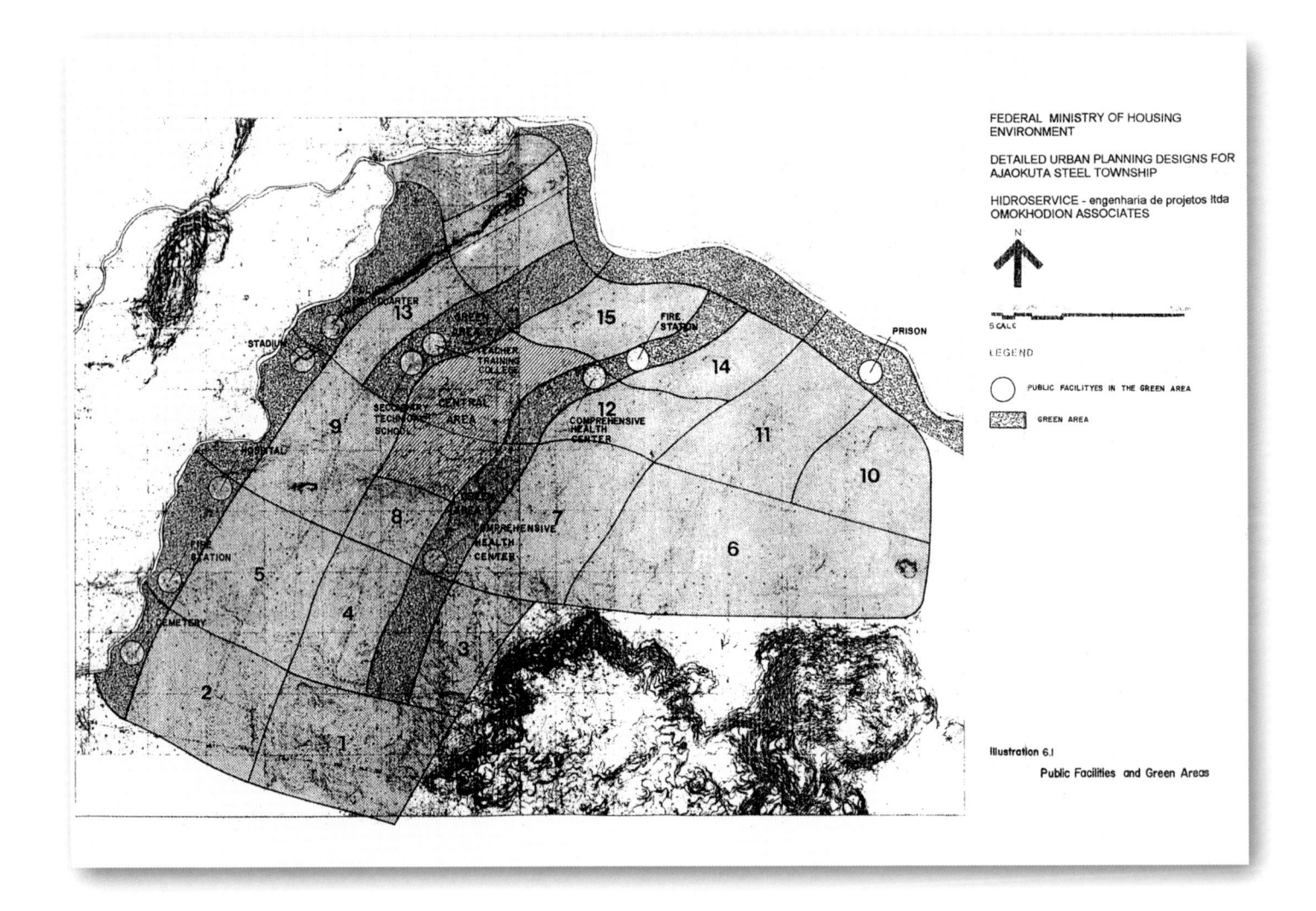

Plano para a Cidade de Ajaokuta; capa do volume do projeto com a perspectiva do plano da área central.

No relatório de apresentação, todas as dificuldades de construção de uma cidade nova eram explicitadas, bem como as justificativas para a definição exata do sítio e do partido adotado, que pode ser interpretado como uma solução intermediária entre as propostas da segunda e da terceira geração das *new towns* inglesas. Isso porque, se em termos do traçado a referência parece ser Milton Keynes, projetada em 1972, com sua rede viária relativamente irregular e indeterminada, apenas referenciada no relevo do sítio, o zoneamento é mais tradicional, mantendo as áreas residenciais marcadamente separadas da área central, que abrigava comércio e serviços. Dessa forma, lembra as críticas feitas à primeira geração de *new towns*, nas quais faltava um centro (o núcleo ou "coração da cidade", conforme preconizado no CIAM VIII, realizado em Hoddesdon, na Inglaterra, em 1951).

A proposta final foi elaborada entre o fim de 1980 e meados de 1982. Nessa fase, Lefèvre participou da elaboração das propostas para a área central[260]. Significativamente, afora desenvolver as fases de implantação da cidade, as proporções relativas a cada tipo de zona do plano, o detalhamento da densidade pretendida, as tipologias habitacionais básicas e a conformação e tipologia do viário, o Plano apresentava vários equipamentos públicos situados fora da área central, no interior das Áreas Verdes. Isso contrariava, parcialmente, a ideia de um centro no qual fossem celebradas as qualidades da viva urbana, reforçando a conformação urbana analisada anteriormente.

A participação de Lefèvre nesse projeto pode ser interpretada como o vértice de um percurso que, desenvolvendo-se a partir dos projetos residenciais, passando por edifícios públicos, como escolas, e por outros mais complexos, como o do Instituto dos Ambulatórios ou da Fábrica da Nuclebrás, chegaria ao projeto de uma cidade e, mais especificamente, ao estudo do seu centro.

Claro está que esse percurso não é linearmente crescente, pois, como informado, alguns projetos de porte maior foram realizados no início da carreira; além disso, mesmo um projeto com um programa conhecido, como o de uma residência, pode guardar soluções mais complexas do que um equipamento de porte. Entretanto, pode-se vislumbrar um sentido para essa trajetória, que implica aspectos de completude e, ao mesmo tempo, de ausência. O caráter de completude foi agora assinalado: da residência à cidade. Afinal, com essa gama escalar de projetos, grande parte do universo das possibilidades de atuação do profissional arquiteto foi objeto de trabalho por parte de Lefèvre. Quanto ao aspecto de ausência, anteriormente também considerado, estaria representado pela impossibilidade de praticar, mais firmemente, suas ideias de um trabalho participativo no projeto e na obra, mesmo que a abrangência deste fosse diferenciada daquela dos anos 1960 e do início dos anos 1970.

260. O relatório da proposta final intitulava-se *Detailed Urban Planning Designs for Ajaokuta Steel Township*.

Residência Juarez Brandão Lopes II.
Ibiúna.

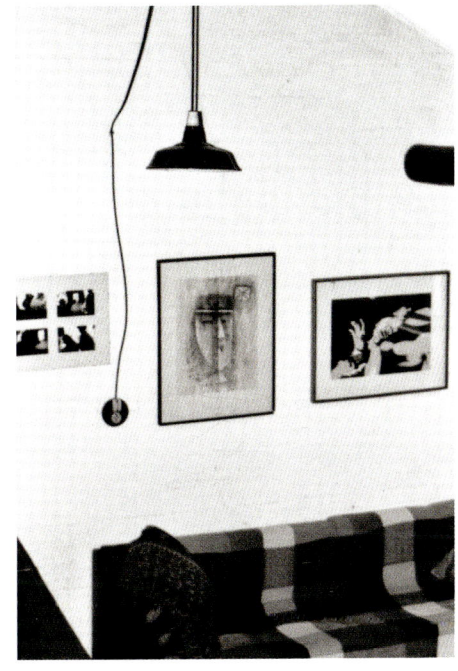

Residência Juarez Brandão
Lopes II. Interior da residência,
ambientes de estar.

PROJETOS INDEPENDENTES

Isso pode tê-lo motivado a manter uma pequena atividade profissional independente. Uma alternativa, nesse sentido, seria retomar a elaboração de projetos residenciais, dando continuidade ao desenvolvimento da tipologia de abóbadas – e de todas as questões a ela vinculadas.

Esse parece ter sido o caso da residência Paulo Vampré, projetada em São Paulo, no bairro de Pinheiros, em 1977. Nesse trabalho, Lefèvre valeu-se da articulação de abóbadas sequenciais para compor a cobertura do piso superior com cinco abóbadas[261]. A residência Sylvio Bresser Pereira tinha oito abóbadas, no total, mas sua concepção foi mais devida a Ferro do que a Lefèvre. As experiências com abóbadas sequenciais haviam sido realizadas nos projetos escolares e, como visto, também na Central de Abastecimento de Curitiba. Até então, Lefèvre havia articulado, no máximo, duas abóbadas em projetos residenciais (residência Thomaz Farkas). As cinco abóbadas sugerem a vontade de pensar a arquitetura, naquele momento, associada a grandes estruturas, na linha dos trabalhos da Hidroservice.

Entretanto, por ocasião da elaboração desta pesquisa, a residência Paulo Vampré abrigava uma distribuidora de revistas, o que tornou difícil uma avaliação das suas soluções.

Durante o período em que trabalhou na Hidroservice, Lefèvre projetaria ainda outras residências. Duas delas, erguidas em um loteamento de casas de veraneio, em Ibiúna – as casas Juarez Brandão Lopes II e Gabriel Bolaffi II, ambas de 1974[262], merecem destaque por alguns elementos "diferenciados": tinham, além da alvenaria de tijolos, cobertura de telhas de barro.

Particularmente interessante, a residência Juarez Brandão Lopes II foi projetada a partir de uma composição espacial que definia uma grande faixa central, com as áreas de uso comum – estar, refeições e cozinha –, e duas faixas laterais, com os dormitórios e o escritório. A faixa central, em dois níveis, tinha grandes aberturas, que possibilitavam a visão através da construção. Marcante na casa é a manutenção de toda a linguagem de instalações aparentes, com alvenaria de tijolos e mobiliário de concreto articulado a postes de eletricidade trabalhados como vigas.

A casa possui uma grande varanda, que percorre três lados da planta retangular, o que propicia um espaço intermediário entre o exterior vegetado e o interior. Além disso, é toda porosa: todos os ambientes, inclusive os sanitários, possuem acesso direto à varanda, ou diretamente ao exterior, no caso da face não servida por varanda. As portas-janelas dos ambientes foram trazidas e adaptadas

261. Na ocasião da elaboração da pesquisa que deu origem a este livro, a Residência Paulo Vampré abrigava uma distribuidora de revistas; as significativas alterações internas prejudicaram a avaliação da concepção espacial.
262. Em 1970, Lefèvre havia feito o projeto de reforma da residência Gabriel Bolaffi, na capital paulista.

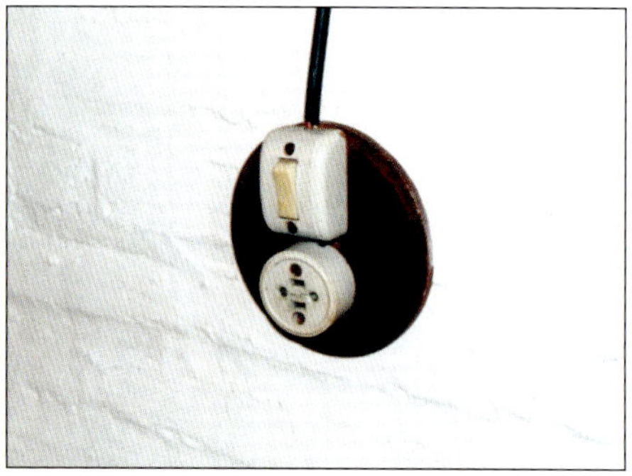
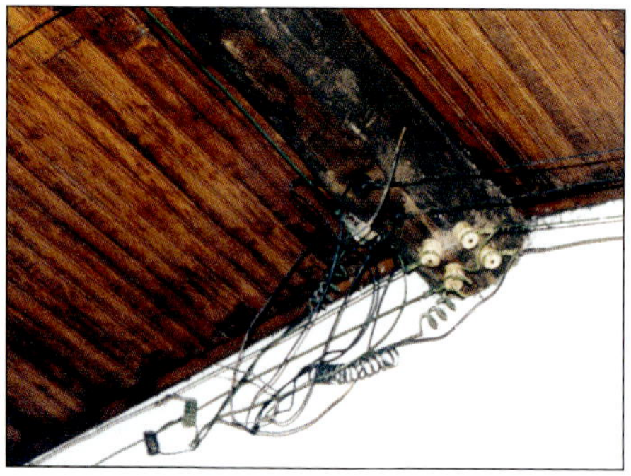
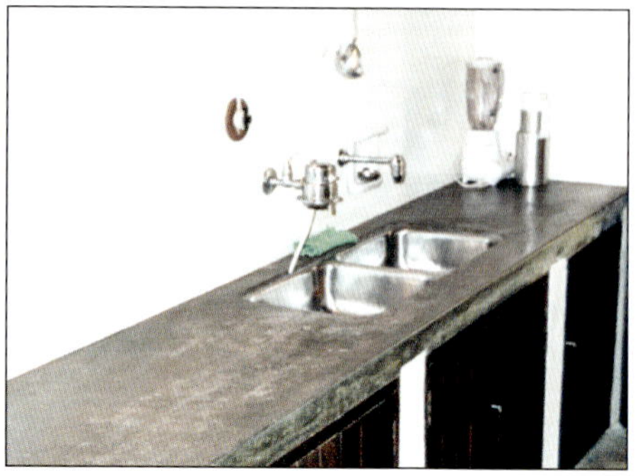
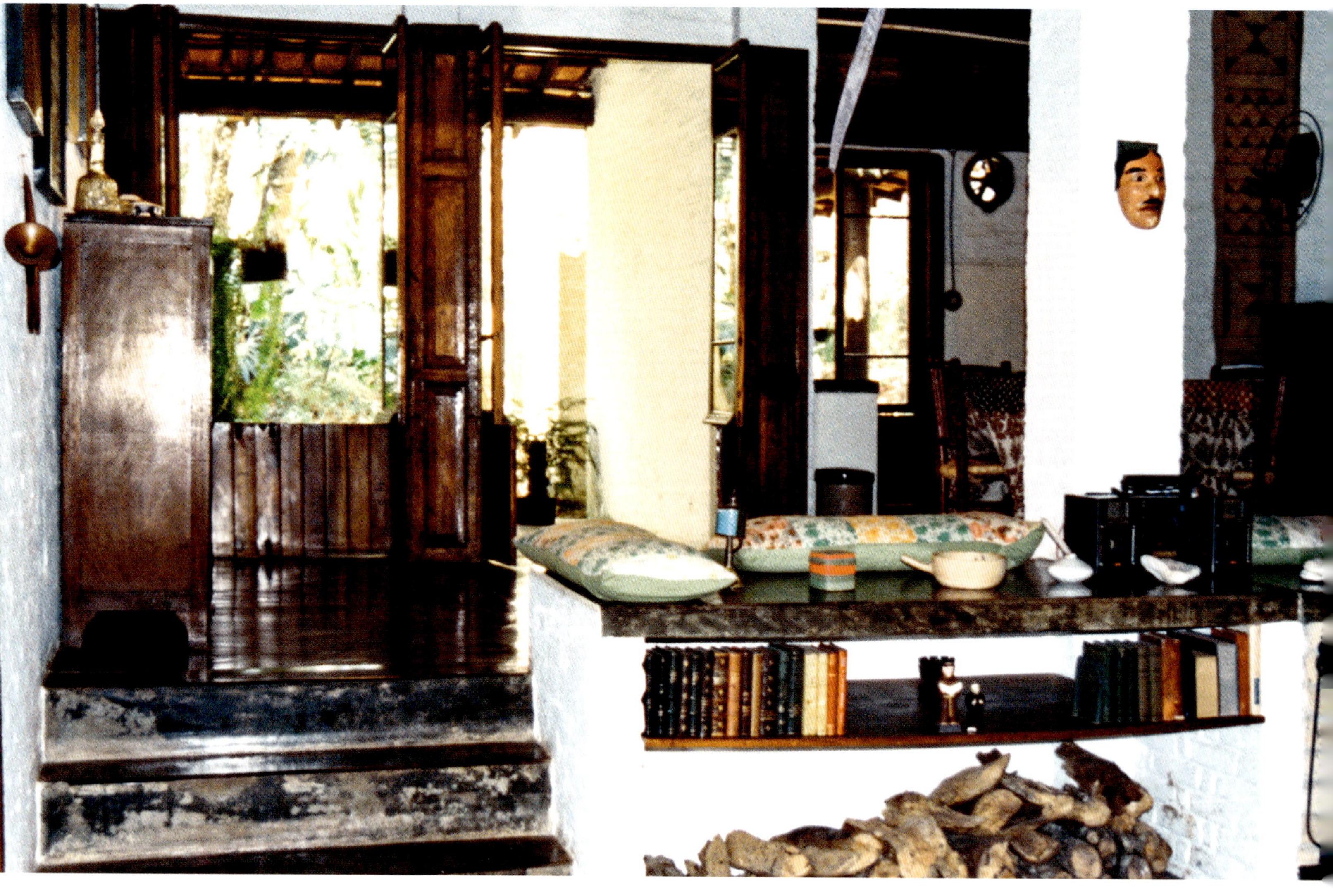

Residência Juarez Brandão Lopes II

PÁGINA AO LADO
(1) Detalhe do interruptor e da tomada, (2) instalação elétrica aparente, (3) bancada da cozinha e (4) ambientes de estar.

ESTA PÁGINA
(1) Bancada de trabalho e (2) cama em alvenaria.

da demolição de um casarão no bairro paulistano da Barra Funda. Por essas e por outras soluções, Lefèvre, nessa obra, trabalhou de forma mais aberta a "colagem" de materiais e elementos, sem perder, contudo, a unidade do projeto caracterizado por grandes ambientes de convívio e permeabilidade física e visual.

Mesmo permitindo algum nível de experimentação, os trabalhos de residências unifamiliares certamente não mais satisfaziam o conjunto das preocupações que a trajetória de Lefèvre foi construindo. Assim, as possibilidades acadêmicas de pesquisa devem ter surgido como a oportunidade de atualizar e dar coesão aos pressupostos teóricos de uma ação que não encontrava na atividade profissional uma forma efetiva de realização[263].

263. Como dito, durante seu período como empregado da Hidroservice, Lefèvre realizou alguns trabalhos próprios. Basicamente reformas, como a da residência Marcos Gonçalves, no Sumaré, em 1972, e projetos que mantinham a tipologia da abóbada, como para a residência Carlos Carvalhosa, no Jardim Paulistano, em 1974. Entretanto, sua atenção voltava-se para outros caminhos. Destaque-se, como projeto não residencial, a reforma da sede do Cebrap (com a colaboração de Félix A. de Araújo), no bairro de Vila Mariana, na capital paulista.

CAPÍTULO **7**
ARQUITETURA: UTOPIA E REALIDADE

PROJETO DE UM ACAMPAMENTO DE OBRA: UMA UTOPIA

a) Não pode haver pensamento sem utopia, sem exploração do possível, do outro lugar. b) Não pode haver pensamento sem referência a uma prática (aqui a prática de habitar e de uso; mas que prática é possível se habitante e usuário permanecem mudos?).
— **Henri Lefebvre**

A atividade docente permitia a Lefèvre uma reflexão autônoma sobre as questões que lhe estimulavam. A receptividade às suas ideias pelos alunos o incentivaram a buscar uma formulação mais acabada de suas concepções, que relacionavam a arquitetura à sua produção por parte dos trabalhadores no canteiro, as mesmas que na Hidroservice tinham uma circulação por demais limitada. Nada mais prático do que se valer da sua dissertação de mestrado para organizar e expor essas ideias.

O título do trabalho defendido em 1981 é *Projeto de um acampamento de obra: uma utopia* e, com certeza, em termos estritamente acadêmicos, não se encaixaria no formato de uma dissertação de mestrado. Trata-se de um grande ensaio, que elabora uma pedagogia do trabalho participativo articulada a uma proposta de ação. De forma suplementar, por não se limitar a uma reflexão teórica, e pretendendo comprovar a sua viabilidade, Lefèvre ainda demonstrava, por meio de algumas obras suas, as qualidades da abóbada hiperbólica de tijolos e vigotas pré-moldadas, e as possibilidades de pré-fabricar elementos e racionalizar sua construção.

O problema que procurava enfrentar era, novamente, o da habitação social, que no texto trabalhava não de forma direta, mas a partir dos problemas que geravam o déficit habitacional ou acarretavam soluções de provimento da moradia à margem de uma política social. Dessa forma, abria a "Introdução" afirmando que a escolha do tema de sua reflexão recaía sobre a migração, que alcançava números por demais expressivos: entre 1950 e 1980 a população da Região Metropolitana de São Paulo (RMSP) quadruplicara, passando de 3 milhões para 12 milhões de habitantes. Era como se, nesse período, três cidades adicionais de 3 milhões de pessoas fossem construídas, e quem respondia pela edificação de pelo menos 90% dessas "cidades" era a população de baixa renda, na sua maioria sem apoio e não tendo outra escolha senão lançar mão da autoconstrução.

Os problemas relativos ao déficit habitacional, à falta de uma política realmente social, por parte do Estado para a questão da habitação, e à ausência de propostas tecnoconstrutivas que pudessem enfrentar esse problema – ou, usando a terminologia da época, para satisfazer a demanda solvente e incluir o maior número de famílias nessa demanda –, Lefèvre havia abordado no texto "Casa do Juarez"[264]. No debate do IAB, ele havia criticado a política "financeira", e não social, do BNH. De forma indireta, também havia discutido a questão habitacional, por meio do problema correlato da renda fundiária, em um trabalho intitulado "Notas sobre o papel dos preços de terrenos em negócios imobiliários de apartamentos e escritórios na cidade de São Paulo", apresentado na XXX Reunião Anual da Sociedade Brasileira para o Progresso da Ciência – SBPC[265].

Debatia-se, em 1968, uma proposta que causava muita polêmica (e que, de certa forma, ainda causa): a transformação da autoconstrução em política social, como resolução do problema habitacional, até que a sociedade tivesse meios tecnológicos de substituir tais construções. Sobre essa questão, na entrevista concedida a Renato Maia, Lefèvre afirmou que, quando falava de mutirão, as pessoas não percebiam que ele e Sérgio Ferro estavam se "preparando para uma situação futura". Naquele momento, a compreensão que ele tinha da utilização de mutirão e de autoconstrução, a partir da crítica de Francisco de Oliveira, era que "a pessoa autoconstruindo sua casa está rebaixando os salários"[266]. Com a dissertação, mais de dez anos depois dos eventos de 1968, não pôde deixar de retomar o assunto e explicitar a sua posição por completo. Dessa forma, novamente a partir das considerações negativas de Francisco de Oliveira sobre as consequências do trabalho de mutirão, ou outras formas de cooperação entre trabalhadores para o provimento da casa própria, questionando o papel regulador do excedente de mão de obra[267], Lefèvre não propunha a autoconstrução como uma prática para o presente. Autoconstrução e transformação social unir-se-iam em outro momento. Para tanto, ele criou um modelo teórico caracterizado como utópico. Esse modelo, permeado por uma questão real, a vinda de migrantes para a cidade, possibilitava refazer as discussões dos

264. R. B. Lefèvre, "Casa do Juarez", *op. cit.*
265. Ver R. B. Lefèvre, "Notas sobre o papel dos preços de terrenos em negócios imobiliários de apartamentos e escritórios na cidade de São Paulo", em: Ermínia Maricato (org.), *A produção capitalista da casa (e da cidade) no Brasil industrial*, São Paulo: Alfa Omega, 1979, pp. 95-116. O mesmo texto também foi apresentado num seminário na Fundação do Desenvolvimento Administrativo – Fundap, em 1978, com o título "A renda fundiária na economia urbana".
266. Entrevista de Rodrigo B. Lefèvre a Renato de Andrade Maia, *op. cit.*

267. Para essa questão, na dissertação de mestrado, ver R. B. Lefèvre, *Projeto de um acampamento de obra: uma utopia, op. cit.*, pp. 20-40. Para a crítica de Francisco Oliveira, ver *Economia brasileira: crítica à razão dualista, op. cit.*, particularmente pp. 35-6. O debate sobre a relação entre mutirão, valor da força de trabalho e autoconstrução é um tema em aberto, que escapa aos objetivos deste livro. Para essa questão, ver: Francisco de Oliveira, "O vício da virtude: autoconstrução e acumulação capitalista no Brasil", *Novos Estudos – Cebrap*, São Paulo: mar. 2006, n. 74, pp. 67-85. João Marcos Lopes, "O anão caolho", e Sérgio Ferro, "Nota sobre 'O vício da virtude'", ambos em *Novos Estudos – Cebrap*, São Paulo: nov. 2006, n. 76, respectivamente pp. 219-227 e pp. 229-234.

mesmos problemas que sempre colocara: as relações de trabalho, a formação política e social dos envolvidos no processo, a crítica à cultura erudita e um reposicionamento do trabalhador a partir da valorização da sua experiência anterior (repertório), combinada com a nova vida urbana. A definição da sua proposta, na dissertação, seria assim explicada:

O modelo utópico é um "modelo de uma produção numa época de transição", supondo já o eixo de decisões deslocado coincidindo, portanto, com um outro modo de produção que não o capitalista, utilizando a autogestão e a autoconstrução de suas casas e [seu] bairro como base de um processo de formação e aprendizado de algumas atividades profissionais, aquelas ligadas à construção, com vistas ao retorno de seus participantes ao modo de produção geral, adotado pelo conjunto da sociedade, e à formação de uma cultura urbana, só que agora do povo, não mais só erudita ou de massa ou popular[268].

Para que não restassem dúvidas sobre seu entendimento da questão da autoconstrução naquele momento, Lefèvre novamente esclarecia que apenas em função do modelo utópico admitiria essa hipótese de trabalho: "só lá, na época de transição, onde algumas relações econômicas e políticas estiverem alteradas, é que posso aceitar participar de um processo de autoconstrução em larga escala"[269].

Ou seja, a autoconstrução, que no final dos anos 1960 e início dos anos 1970, havia gerado uma compreensão equivocada, talvez porque tingida pelas cores de ações diretas em curso, com as críticas conceituais, conheceria, na dissertação, uma conceituação "histórica". Cabe novamente lembrar que, a partir de 1978, outro personagem entrava em cena, com as greves do ABC paulista: o trabalhador organizado. Isso levaria, já na década seguinte, a uma reorganização sindical e, principalmente, partidária (de massas) dos trabalhadores, inédita na vida política brasileira, e que obrigava a repensar as propostas de transformação social, afastando em definitivo qualquer possibilidade de uma atuação que substituísse por completo a prática política partidária e de massas.

Mas isso não significava que a nova situação política não pudesse fazer uso das suas formulações anteriores – desde que solucionada a questão da autoconstrução –, uma vez que o desenvolvimento da situação política podia acelerar o momento da utopia, tornando-a factível. Assim, Lefèvre concluía a "Introdução" vislumbrando uma conciliação do modelo utópico com a realidade:

[...] a busca, neste trabalho, é de participação na dinâmica do desenvolvimento da sociedade, lembrando que utopias que correspondam à vontade da maior parte da sociedade, dentro de certas condições de organização política, poderão ser simplesmente predição de um futuro próximo, ao "alcance das mãos", e poderão ser um sonho pleno e uma vontade coletiva possível de cumprir[270].

A dissertação foi estruturada em sete capítulos. O primeiro intitula-se "Por que utopia?", e nele Lefèvre aproveita

268. R. B. Lefèvre, *Projeto de um acampamento de obra: uma utopia*, op. cit., p. XVII.
269. Ibidem, p. 31. Ver também afirmação complementar, feita na p. 39: "pelo exposto, propor uma organização de um processo de autoconstrução é, por um lado, perpetuar uma situação de penúria e, por outro, criar elementos que vão aumentá-la. Nessas condições profiro imprimir um caráter utópico na proposta [...]".
270. Ibidem, p. XVIII.

para repassar boa parte da bibliografia que elegera em sua trajetória de vida – tanto a que empregava nos cursos como a que utilizou para definir seus objetivos políticos, ao longo da atividade de arquiteto e militante político. Marx, Lefebvre, Mannheim, Petitfils, dentre outros, são analisados para fundamentar seu conceito de utopia. A discussão que desenvolve sobre utopia procura eliminar qualquer noção de abstração, qualquer traço de irrealidade, assim como qualquer interpretação de relativismo utópico: o que seria um projeto para uns, não seria para outros.

Sua formulação de utopia pretendia ser pautada na realidade, aproximando-a de um programa de ação. Devia ser material, porque seu propósito era, de fato, investigar uma ação concreta. Portanto, a utopia que "construía" era relacionada com as condições brasileiras e retirada delas. Nesse sentido, agregava aos autores mencionados no parágrafo anterior as formulações de Francisco de Oliveira – contidas no ensaio *A economia brasileira: crítica à razão dualista* –, comentadas anteriormente, fazendo uma "revisão do modo de pensar a economia" e acertando os ponteiros para poder construir um mecanismo utópico consequente, porque baseado "na compreensão científica possível das leis objetivas que regem a evolução da natureza e da sociedade, e que nos coloquem preocupações quanto aos caminhos que nos levarão a ela e quanto aos empecilhos que nos impedirão de chegar a ela"[271].

Há nessa afirmação a certeza, que o acompanhou por toda a vida, da inexorabilidade de uma transformação social profunda, fruto das condições objetivas que a evolução nos modos de produção ia impondo. Sua preocupação era determinar o modo de tornar objetiva ou científica a ação subjetiva dos indivíduos.

Na sequência, Lefèvre definiria todas as questões pertinentes à utopia e à sua visão do acampamento. No segundo capítulo, ele trata do "Modelo de uma produção na época de transição", a partir da definição de época de transição como aquela em que a apropriação dos meios de produção, antes individual, passa para as mãos do Estado. Não constituindo, ainda, a realização plena de uma utopia social, nesse modelo haveria inúmeras contradições. Um conjunto delas dar-se-ia pela própria forma como a produção seria realizada, comandada, planificada e distribuída. Para Lefèvre, a passagem para a utopia plena não ocorreria naturalmente, não seria um resultado inevitável da coletivização dos meios de produção; ela exigiria ser pensada, exigiria que se interferisse nas contradições entre os que detêm o conhecimento técnico e aqueles que constroem com o trabalho físico. A resultante implicaria a alteração da assimetria entre os dois grupos, mas de uma forma "inovadora", considerando o conhecimento "popular" como uma fonte cultural a ser respeitada, e não desprezada ou, de forma oposta, mitificada.

Assim, a mesma questão estava colocada no caso da produção de residências e de infraestrutura urbana e, para Lefèvre:

[...] *o modelo de uma produção proposto nesta dissertação [...] [presume que seja] com as capacidades específicas dos migrantes que se formará a base de todo o processo de desenvolvimento do conhecimento novo, necessário, em busca da formação e formulação de elementos da cultura urbana do povo, em busca de uma formação profissional que facilite a integração dos migrantes no conjunto da produção da R.M.S.P. e, finalmente, em busca daquela reformulação dos técnicos de grau superior*[272].

271. *Ibidem*, p. 19.
272. *Ibidem*, p. 123. R.M.S.P.: Região Metropolitana de São Paulo.

O próximo passo foi discutir quais estratégias pedagógicas deviam ser utilizadas para que o conhecimento da realidade fosse a base para sua transformação organizada. A influência de Paulo Freire, com o conceito de situação-problema, é explícito. Esse teórico da pedagogia do oprimido, ao lado de outros teóricos que compartilhavam, em maior ou menor grau, das suas elaborações, era citado a partir da própria experiência didática que Lefèvre desenvolvia com os seus alunos. Nela, o objetivo consistia em exercitar "o diálogo, a troca, a comunicação mútua de ideias e conhecimentos, a ação conjunta e a participação de todos"[273] como forma de produção de um conhecimento coletivo[274]. Experiência fundamental, porque os migrantes seriam os novos alunos do projeto.

Antes de apresentar de forma objetiva os elementos do acampamento, retomou o conjunto das questões em um resumo crítico muito claro:

[...] *a organização do "modelo de uma produção", os técnicos de grau superior, os migrantes, o local onde se dará a autoconstrução, os materiais de construção, os métodos pedagógicos, as reuniões, a construção, a discussão e tudo o mais que se possa fazer, não são senão a condição para o desenvolvimento do conhecimento dos alunos, o qual terá por base de mudança, por base de transformação o próprio cérebro dos participantes, seus próprios conhecimentos, seus próprios núcleos de evidências, os seus próprios "desejos", as suas próprias "disposições reais".*

Nesse momento pode ficar mais claro como é importante, quase fundamental, a participação nas decisões sobre quais as condições em que se deve transformar o real dentro do modelo para que o desenvolvimento de seus conhecimentos aconteça tomando por base as suas próprias contradições[275].

Essa e outras questões vão sendo retomadas e aprofundadas nos capítulos seguintes. O capítulo 5, "Algumas características das atitudes dos técnicos de grau superior em relação aos seus trabalhos", como o próprio nome sugere, trata das relações do "conhecimento e do real". Para Lefèvre, os técnicos superiores viviam num mundo de subjetividades, entre "o indivíduo e suas expressões", "o indivíduo e os outros indivíduos com que trabalha junto" e "o indivíduo e a realidade". De certa forma, essas relações eram deformadas, conforme o arquiteto, por uma atitude *subjetivista* que impedia o entendimento do real, mascarando-o, induzindo a falsos problemas, uma exacerbação de atitudes individualistas, competitivas e não cooperativas entre os indivíduos. Contra tal atitude, apontava a necessidade de um estudo minucioso e sistemático das proposições de trabalho (para não se cair em falsos problemas) e das propostas de intervenção na realidade (como a sua dissertação propunha).

Como as preocupações estavam voltadas para as questões operativas de sua proposta, contida na dissertação,

273. Ibidem, p. 232.
274. A citação que Lefèvre faz dos escritos de Paulo Freire relaciona-se diretamente com esse ideário: "na sua prática libertadora, o educador deve 'morrer' enquanto educador exclusivo do aluno a fim de 'renascer' como aluno de seu aluno. Simultaneamente deve propor ao aluno que 'morra' enquanto aluno exclusivo do educador, a fim de 'renascer' como educador de seu educador. Se trata de um perpétuo ir e vir, um movimento humilde e criador que se impõe ao educador e ao aluno". Paulo Freire *apud* R. B. Lefèvre, *Projeto de um acampamento de obra: uma utopia, op. cit.*, p. 232.
275. Ibidem, pp. 254-5. Pode-se perceber que a transformação dos participantes possui alguma ligação com o que escrevera anos antes no programa da disciplina "Arquitetura e Consumo na Sociedade de Massa" acerca da Racionalidade Substantiva e da Racionalidade Funcional (ver manuscritos no Anexo).

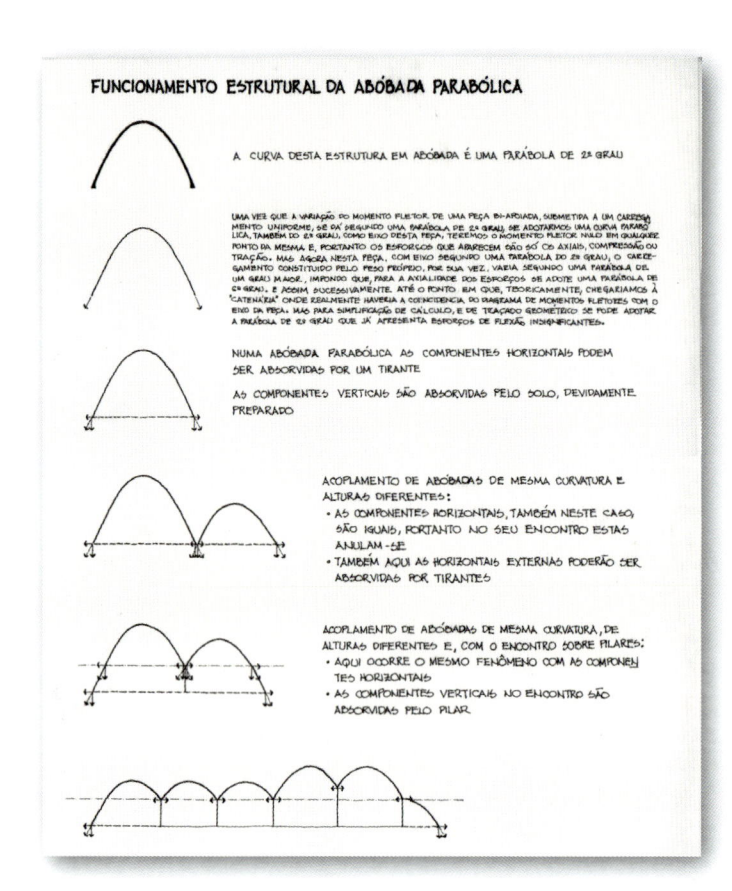

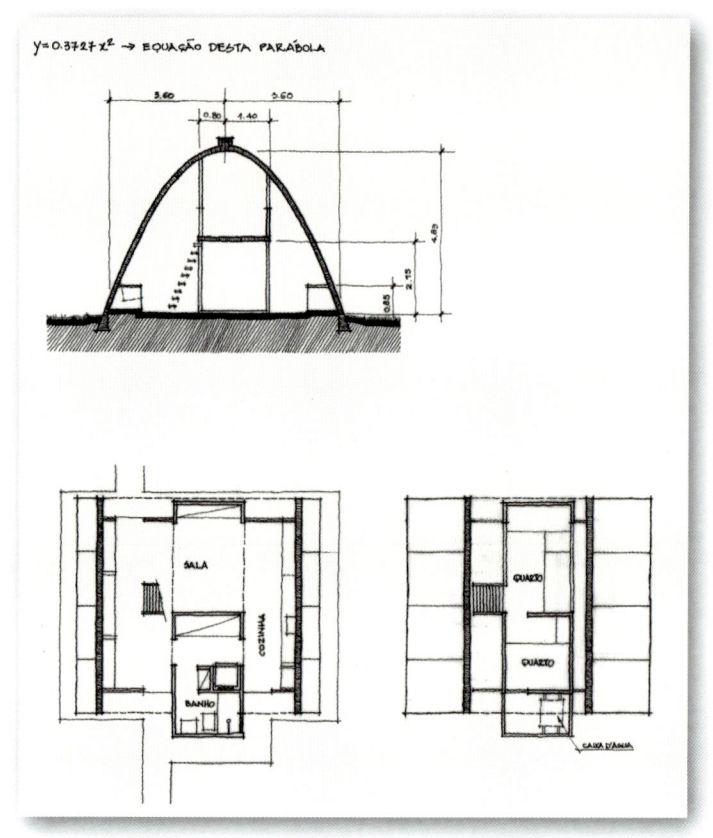

o interesse perseguido era o de intervir na própria atitude dos técnicos que se envolveriam com o trabalho. Assim, eles deveriam passar por uma

re-formação [...] no sentido de adquirirem uma maior objetividade, ou seja, que cada vez mais, a maior parte de sua subjetividade passe a estar, mais e mais, conformada ao mundo real em que esteja vivendo, ao migrante e a sua problemática rural-urbana [...] [276].

A partir dessa "re-formação", o seu conhecimento poderia ser mais bem inscrito na realização do Projeto de Acampamento. Nessa passagem, ele reitera a dimensão do intelectual moderno e sua formulação, que devota à compreensão do mundo à dimensão objetiva, material e científica, para nele poder atuar e intervir. Vale lembrar que a arquitetura moderna se pretendia construção. Para Argan, "a construção é a expressão típica da construtibilidade ou criatividade da consciência"[277]. Para Lefèvre e vários pensadores e arquitetos modernos, a consciência da realidade subtrai os desvios da subjetividade, inscrevendo-a na mesma realidade.

Lefèvre buscava a conciliação entre formação e re-formação e, nesse giro, a conciliação entre realidade e construção, que a objetividade propiciava, também estava presente. Acreditava na superação das várias dimensões da contradição social e material, para tanto, as formulações de Freire faziam-se presentes na sua concepção:

[...] a razão de ser da educação libertadora está no seu impulso inicial conciliador. Daí que tal forma de educação implique na superação da contradição educador educandos, de tal maneira que se façam ambos, simultaneamente, educadores e educandos[278].

276. *Ibidem*, p. 209. Nessa citação, a influência de Freire fica patente.
277. Giulio C. Argan, "A arquitetura moderna", em: *Projeto e destino*, São Paulo: Ática, 2000, p. 163.
278. Paulo Freire, *Pedagogia do Oprimido*, Rio de Janeiro: Paz e Terra, 1983.
279. Há nesse elemento alguma presença da arquitetura desenvolvida, dentre outros, por Dieste.

No capítulo 7, "Projeto de um acampamento de obra", Lefèvre esclarece o conjunto do processo de autoconstrução do acampamento; resolvidas as acomodações provisórias, e antes da autoconstrução das casas por parte dos migrantes, alguns equipamentos coletivos seriam construídos rapidamente, a partir de um sistema pré-fabricado de elementos parabólicos, executados com tijolos cerâmicos furados, "amarrados" por uma cinta de concreto. Esses "painéis" seriam confeccionados em unidades de produção fora do acampamento, e para ele transportados para serem montadas as estruturas de abóbadas parabólicas[279].

O esquema de produção desses elementos, seu transporte e montagem são explicitados com ilustrações, assim como ilustrações legendadas explicavam o funcionamento estrutural da abóbada parabólica e também as possibilidades de uso do espaço interno de uma abóbada para uma família composta de quatro a seis pessoas.

Por fim, por meio dos projetos das residências Pery Campos, Thomaz Farkas, Carlos Ziegelmeyer, Dino Zammataro e Frederico Brotero, Lefèvre analisava rapidamente as possibilidades espaciais da abóbada.

A dissertação guarda uma questão interessante. Todas as referências que se situam ao redor da construção do acampamento são pertinentes e estão ao alcance de uma efetivação imediata. Excetuados o porte do empreendimento e a participação do Estado (naquele momento), a autoconstrução autogerida não era uma utopia. A recorrência, durante todo o texto, à "fase de transição", parece tensa, e o modelo "dito" utópico, apesar de reportar a outro momento, mantém uma relação operativa com o presente, em termos de uma mudança de postura dos arquitetos (e intelectuais) diante da realidade, e de um posicionamento ideológico diante do pensamento de esquerda – ainda hegemônico no período, pois refletia mais uma crítica ao socialismo real (da então União Soviética e dos demais estados socialistas) –, que não modificou as relações entre os detentores do conhecimento e a massa proletária. Enfim, apesar de toda precaução conceitual, sem pretender questionar a crítica de Oliveira ao mutirão, Lefèvre estava falando de uma

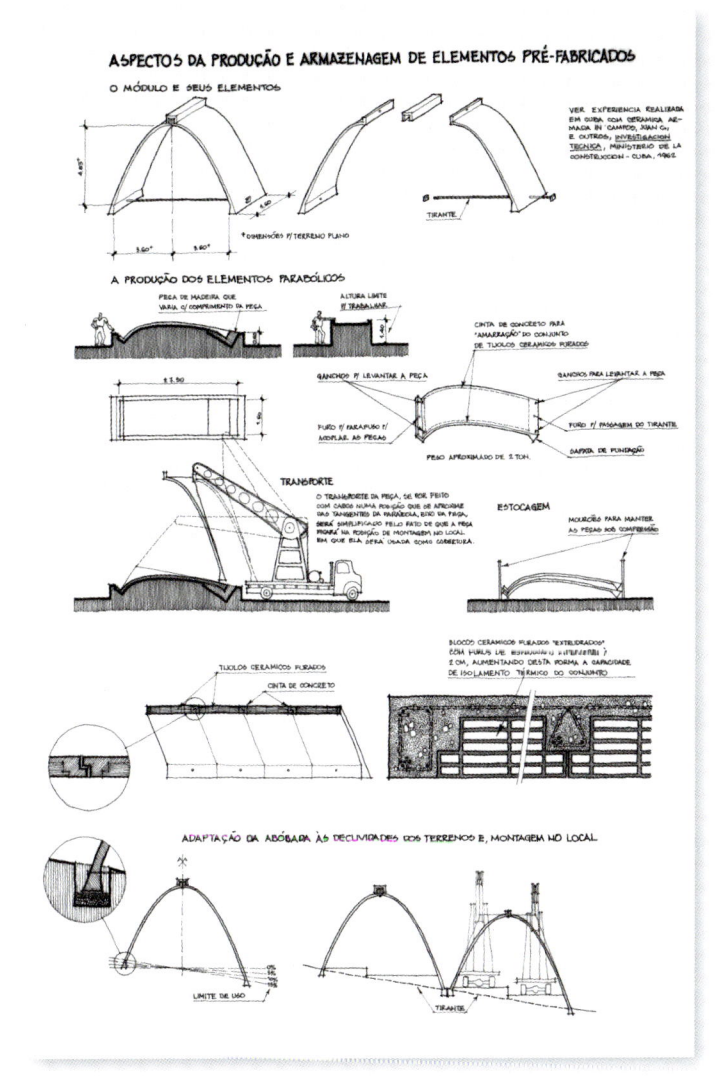

ESTA PÁGINA
Estudos de abóbadas; aspectos de produção e armazenagem.

PÁGINA AO LADO
Estudos de abóbadas; possibilidades espaciais e funcionamento estrutural.

atuação concreta, o que só demonstra vontade de pôr suas ideias em prática, de atuar e intervir na sociedade.

Há uma última consideração que se faz pertinente sobre a dissertação de Lefèvre. Ainda que a questão da autoconstrução iluminasse boa parte do trabalho, outra discussão permeava o texto. O conhecimento do técnico – o arquiteto, o engenheiro – manifestado através do desenho, como visto, necessitava adquirir uma re-formação. Residia na mudança de relacionamento entre técnicos e trabalhadores, ditos não especializados, a possibilidade de superar a alienação reinante no canteiro e denunciada por Ferro no texto O canteiro e o desenho. A heteronomia do canteiro, que o desenho produzia, era camuflada pela subjetividade da "boa forma" arquitetônica perseguida e concebida pelo desenho dos técnicos. O canteiro como utopia era uma via de sentido duplo, para os trabalhadores e para os técnicos especializados. Era um manifesto pela unidade do trabalho no canteiro, unidade que já buscava quando, junto com Ferro, elaborava os projetos de forma a permitir que cada trabalhador compreendesse a importância do seu *métier* em relação ao seguinte. Na utopia do acampamento-canteiro, suspensas a subjetividade e a exploração, a autonomia política deixaria de ser muda.

ESCOLA TÉCNICA DE FORMAÇÃO DE QUADROS DE SAÚDE: REALIDADE

É um país [Guiné-Bissau] de pouco menos de 1 milhão de habitantes, divididos entre 3.600 aldeias tradicionais e uma capital com 110 mil pessoas, formando um povo de várias etnias e línguas. Tem uma área de 36 mil km^2 e uma renda per capita inferior a 200 dólares, 80% da população na agricultura, quase 90% de analfabetos e um consumo de energia desprezível, o que significa que o essencial é feito com as mãos. Durante 500 anos de dominação portuguesa foi construído um único liceu, equivalente ao nosso ginásio. Em 1974, na independência, a Guiné-Bissau tinha apenas cinco médicos.
— **Antonio Carlos Sant'anna**

Independentemente da evolução positiva da situação política do país, e mesmo admitindo-se que Lefèvre buscava uma forma de atuação na qual pudesse operar suas ideias quando da elaboração de sua dissertação, o fato de ter desenvolvido sua proposta de intervenção no campo teórico, ainda que lhe tenha servido para melhor estruturá-la, devia deixar uma marca de angústia, na medida em que não encontrava condições de aplicar suas concepções no trabalho, fosse de forma ampla, fosse de maneira parcial.

Na Hidroservice, já conhecia os limites de atuação para além do projeto, ou seja, não tinha autonomia para desenvolver suas propostas de colaboração entre os trabalhadores de capacitação diferenciada; quanto às residências que projetara no período, não comportavam a amplitude que as questões recentemente desenvolvidas requeriam.

Esses fatores, afora questões pessoais, devem ter contribuído para que Lefèvre ficasse entusiasmado com um projeto desenvolvido pela Hidroservice, o da

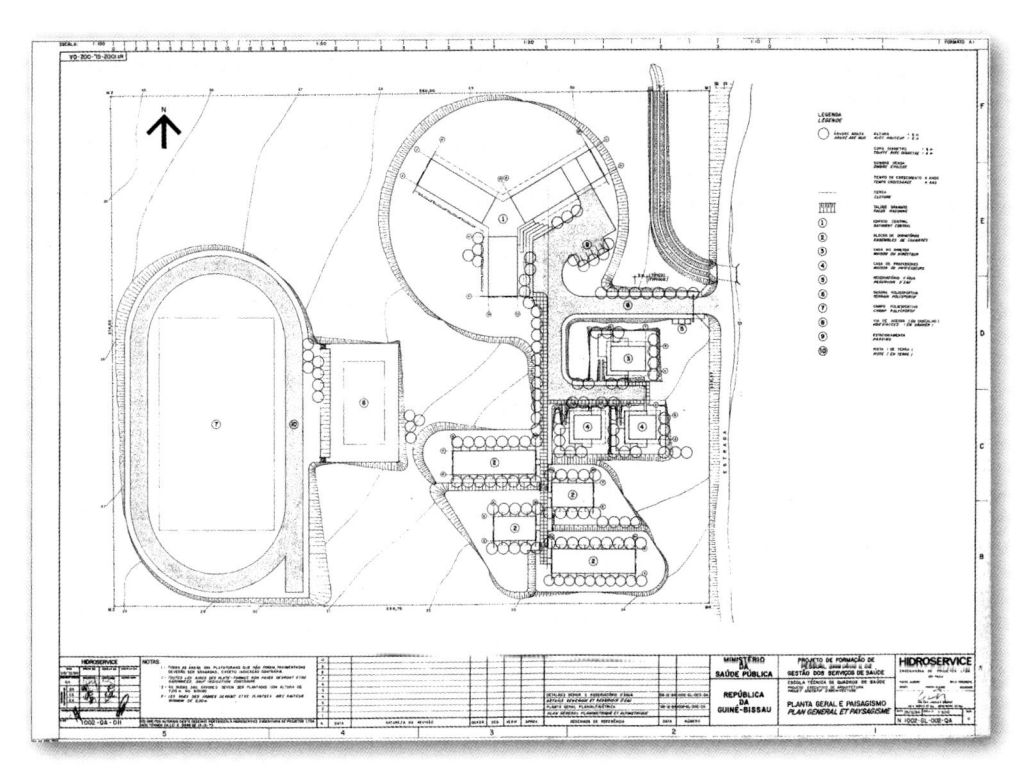

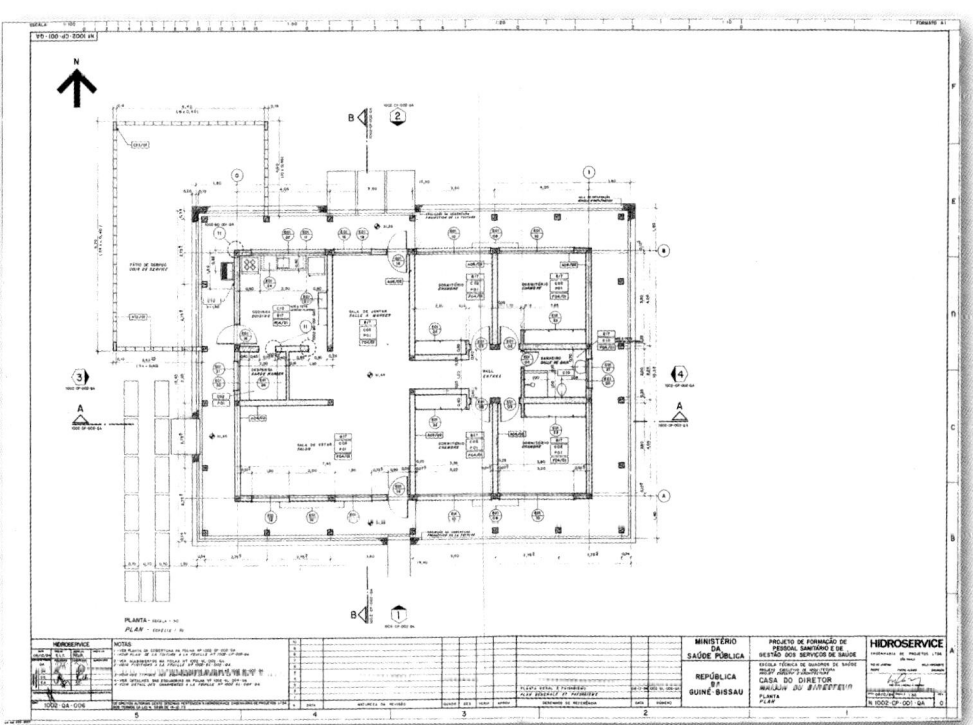

Escola Técnica de Formação de Quadros de Saúde; (1) planta geral e paisagismo e (2) planta da casa do diretor. Guiné-Bissau.

Escola Técnica de Formação de Quadros de Saúde; cortes e fachadas.

implantação de uma Escola Técnica de Formação de Quadros de Saúde na Guiné-Bissau, ex-colônia portuguesa, que, depois da Revolução dos Cravos, em 1974, havia conquistado sua independência.

Tratava-se de um país jovem, com problemas sociais básicos e população mantida em estado de indigência durante séculos de dominação. A Guiné-Bissau, extremamente carente de quadros técnicos, mas com um governo de perfil popular, que parecia comprometido com a melhoria do bem-estar da população, talvez reunisse as condições objetivas para que Lefèvre a concebesse como lugar para desenvolver suas propostas de cooperação e colaboração entre detentores do saber e população excluída de benefícios sociais. Em um local onde tudo estaria por fazer, em um país onde a dominação havia sido total, sem nenhum mascaramento, a independência política apresentava-se como a oportunidade de iniciar a construção de uma nova sociedade, de forma não autoritária, respeitando os valores culturais da população local e se valendo do conhecimento moderno.

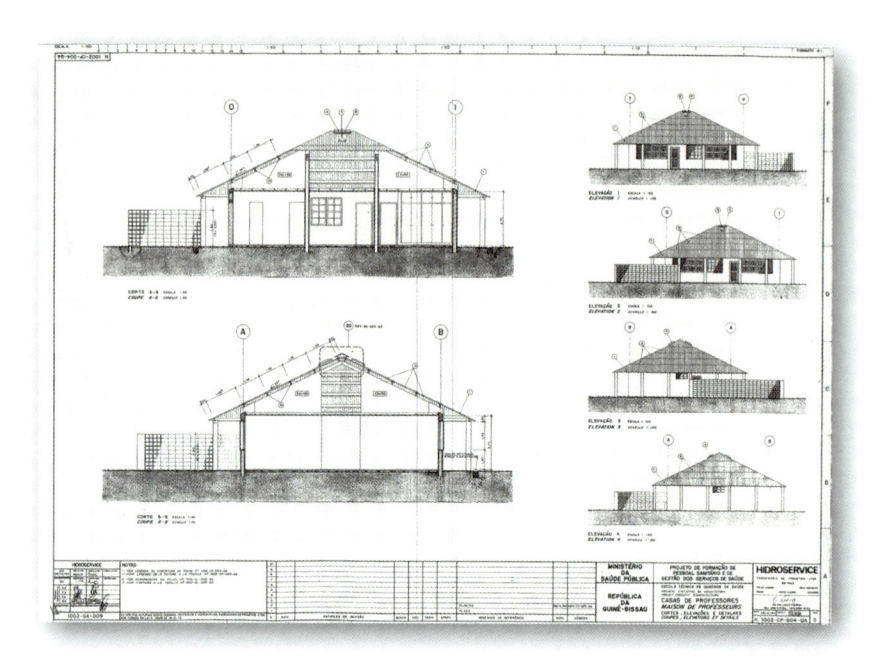

Existem duas versões, não necessariamente contraditórias entre si, sobre a atuação de Lefèvre nesse trabalho: a da empresa e a contida num artigo publicado quando de seu falecimento. Segundo o engenheiro Vianna, da Hidroservice, Lefèvre não havia participado da proposta realizada entre 1982 e 1983, com a qual a empresa ganhou a concorrência internacional promovida pelo Ministério da Saúde Pública da República da Guiné-Bissau. Entretanto, ofereceu-se para dirigir a implantação do projeto, para o que teria obtido a concordância da direção técnica da empresa. Já Antonio Carlos Sant'anna, em artigo homenageando Lefèvre, afirma que ele era o responsável pela coordenação do projeto desde a concorrência.

As duas versões podem ser equacionadas, uma vez que se considere que a informação da Hidroservice guarda maior precisão sobre o desenvolvimento do projeto, e que se leve em conta, conforme informações do engenheiro Vianna, que havia a disposição de Lefèvre de ampliar o escopo do projeto – ao que a empresa não se opunha, desde que os termos financeiros do contrato fossem mantidos. Assim, a partir do momento em que assumiu a direção da implantação do projeto, havia condições objetivas de ele efetuar alterações segundo suas concepções. Isto é, Lefèvre passava a ser o coordenador, não apenas da implantação do projeto, mas do projeto, inclusive podendo revelá-lo à luz das suas elaborações.

Sobre as inclinações de Rodrigo diante do novo desafio, Ferro declarou:

[...] era ainda um projeto da Hidroservice, no qual Rodrigo teria maior autonomia, podendo conduzi-lo mais à sua maneira. Convinha ao seu radicalismo: partir praticamente do zero, instaurar caminhos num país em situação bastante primitiva, iniciar pelas raízes[280].

Sant'anna relatou a grande expectativa que Lefèvre nutria em relação ao projeto, ao apresentar aos colegas e alunos na FAUUSP as suas ideias, no final do primeiro semestre de 1983, quando expôs a intenção de um trabalho cooperativo[281]. Da mesma forma, também apresenta o tom mais realista de Lefèvre ao retornar "da primeira viagem exploratória", no início do segundo semestre do mesmo ano, quando a dimensão dos problemas de implantação do projeto, mensurados em relação às dificuldades de interlocução cultural que suas ideias participativas exigiam, começavam a se esclarecer[282].

Sant'anna reproduz um relato de Lefèvre que sintetizava "suas impressões", e que ele considerou "quase uma metáfora":

Descreveu [Lefèvre] o esforço de um grupo de técnicos holandeses tentando convencer as pessoas a construir carros de boi para transportar o arroz do campo para a cidade. O transporte era feito tradicionalmente pelas mulheres, em sacos precariamente equilibrados nas cabeças, em percursos de muitos quilômetros.

Ninguém se entusiasmou com a proposta, afinal as mulheres sempre tinham carregado o arroz dessa maneira. Os holandeses não desistiram, construíram um carro de boi, explicando cada etapa do trabalho, e, depois de pronto, tentaram ensinar os homens a guiá-lo. Nenhum se interessou, pois afinal transportar o arroz era tarefa das mulheres. Elas também se recusaram e os próprios holandeses tiveram que conduzir o carro de boi para trazer o arroz. Durante meses continuaram a acompanhar, a pé, o carro de boi. Quando os holandeses finalmente se foram, as mulheres soltaram os bois, deixaram o carro apodrecer à beira da estrada e voltaram, como antes, a transportar o arroz em sacos sobre as cabeças[283].

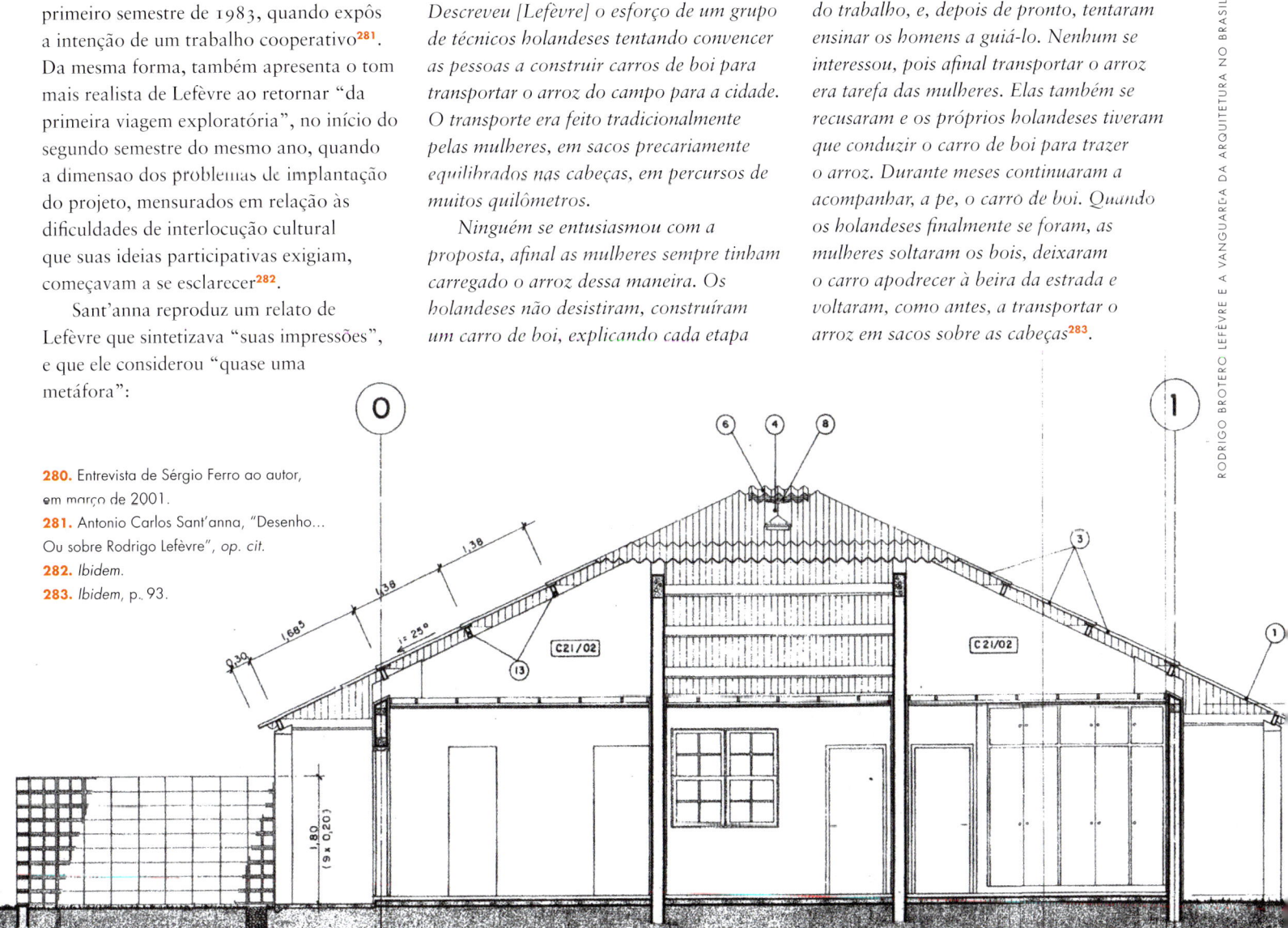

280. Entrevista de Sérgio Ferro ao autor, em março de 2001.
281. Antonio Carlos Sant'anna, "Desenho... Ou sobre Rodrigo Lefèvre", *op. cit.*
282. Ibidem.
283. Ibidem, p. 93.

Escola Técnica de Formação de Quadros de Saúde. Plantas do piso e da cobertura.

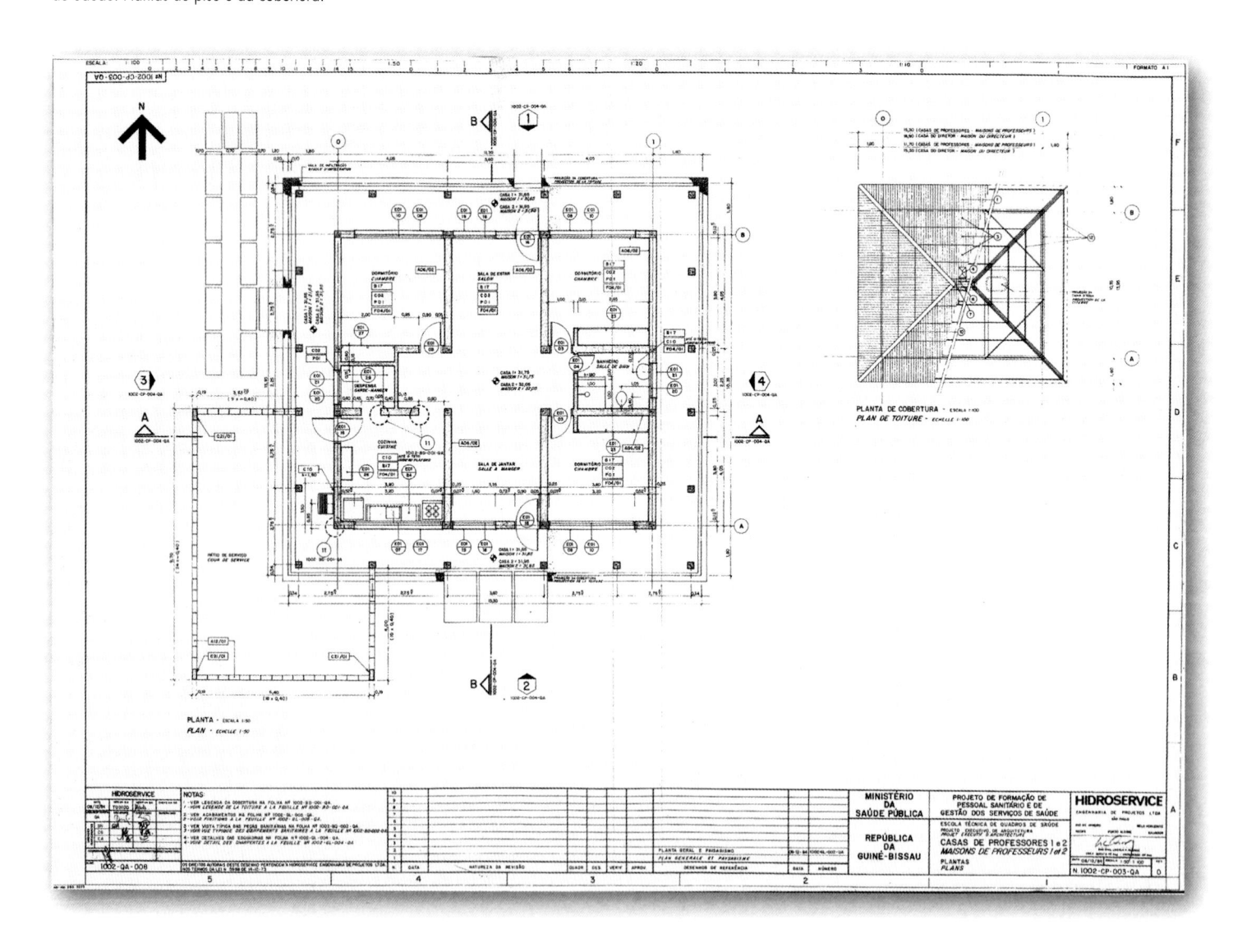

Escola Técnica de Formação de
Quadros de Saúde. Casa do diretor;
cortes e fachadas.

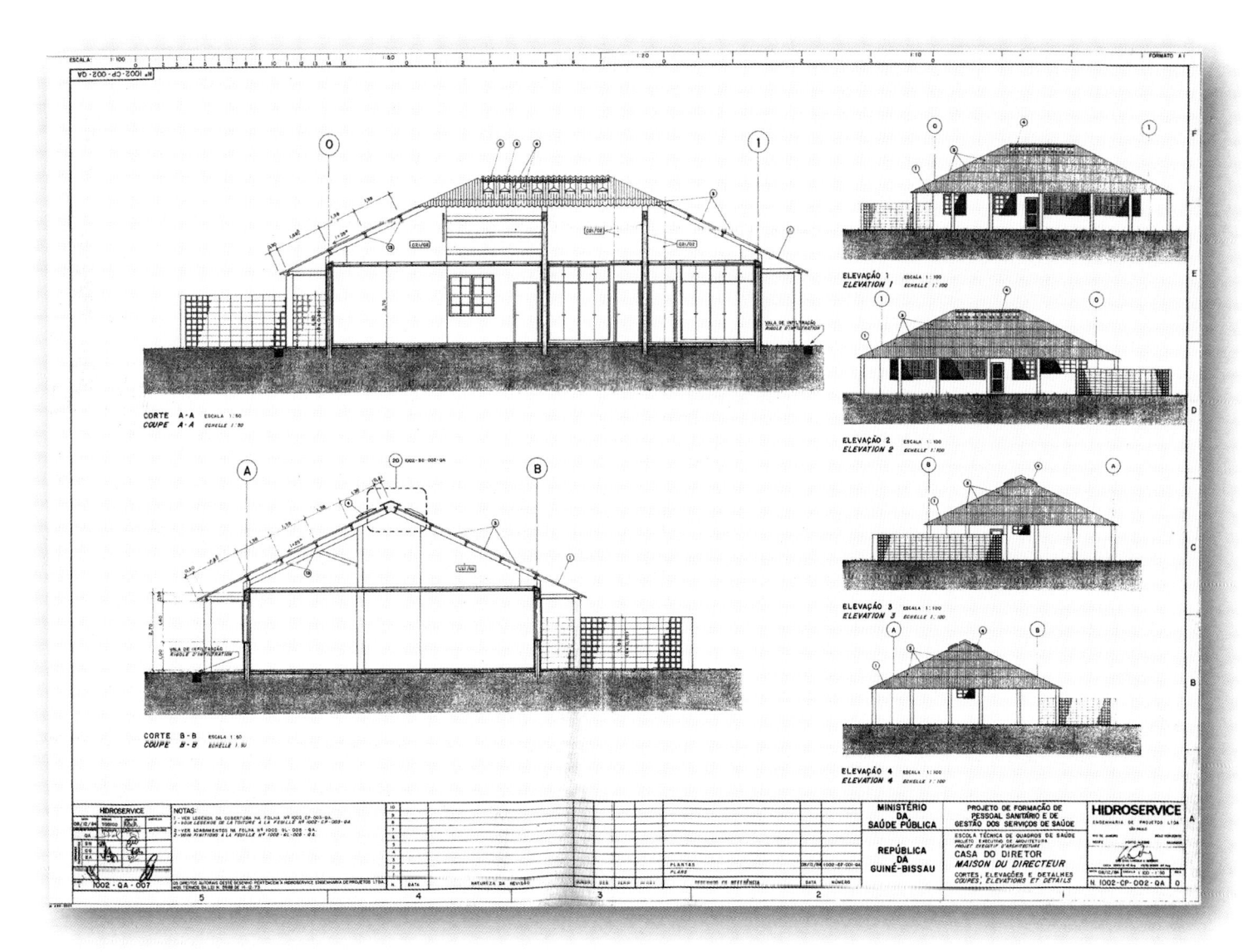

A conclusão de Sant'anna (ou de Lefèvre) sobre esse acontecimento é justa, ainda que talvez imprecisa, em relação aos hábitos sociais e culturais: "não se apaga muito rapidamente a marca imprimida pelo colonizador durante cinco séculos de dominação". Entretanto, as questões que integram o relato extrapolam as condições geradas pela dominação e referem-se também à essência das dificuldades de um trabalho participativo quando a alteridade cultural é muito profunda, o que passaria a ser o cotidiano de Lefèvre.

Mas, evidentemente, sua disposição incluía enfrentar questões como a relatada, e ele voltaria para a Guiné-Bissau na sequência, para iniciar os trabalhos. No final de 1983, ainda viria ao Brasil, para depois retornar à África, onde faleceria em junho de 1984.

O programa inicial da escola consistia em um edifício central com as dependências de ensino, blocos de dormitórios, casas de professores, casa do diretor, quadra poliesportiva e campo poliesportivo. Segundo informações da empresa, Lefèvre conseguira expandir os itens do projeto, sendo um deles a reforma e ampliação do depósito do Hospital 3 de Agosto. Sua contribuição precisa é difícil de ser estabelecida, diante do pouco material existente na Hidroservice sobre esse empreendimento. Entretanto, conforme as informações disponíveis, tudo indica que seu projeto foi mantido, o que é corroborado pelo pouco tempo transcorrido entre o seu falecimento e o início do processo de contratação da execução do empreendimento. Em novembro de 1984, o Ministério da Saúde Pública da República da Guiné-Bissau lançou um edital de pré-qualificação para concurso público internacional de construção do projeto[284].

Nas peças mais informativas do projeto, pode-se verificar que a economia de meios, a funcionalidade e as preocupações quanto ao conforto térmico eram muito presentes. Os projetos da casa do diretor e da casa do professor apresentam a mesma tipologia: a primeira construção possui uma base retangular, enquanto a segunda tem uma planta quadrada; ambas são avarandadas nos quatro lados e têm pé-direito (piso-forro) de 2,70 m, com uma cobertura que, do forro do teto até a cumeeira do telhado, tem outros 2,70 m. Na cumeeira, e rente a ela, foram dispostas aberturas para a renovação (saída) do ar, que deveria penetrar através de vãos localizados entre a face interna da cobertura e o topo das paredes da construção, na varanda, de forma a obter-se uma melhor condição térmica nos ambientes (abaixo do forro e do colchão de ar renovável).

O programa das casas era convencional, nos moldes ocidentais. Na casa do diretor a base retangular era dividida em duas. Em uma metade, ficavam sala de estar, sala de jantar, cozinha e despensa. Na outra, quatro dormitórios e um banheiro. A casa era dividida em três faixas iguais. A primeira continha cozinha, despensa e um dormitório. Na faixa central, um pouco mais estreita, ficavam as salas de estar e jantar, enquanto a faixa seguinte, com a mesma dimensão da inicial, possuía dois dormitórios e um banheiro. Em ambas as casas, o tanque de lavar roupa ficava na varanda, e um pátio de serviço murado, de tijolo vazado, desenvolvia-se a partir dele.

A altura entre o forro e a cobertura permitia a instalação de uma caixa d'água interna. Ainda que seja tentador inferir que a forma triangular das elevações do telhado seja uma referência a construções tribais, tal afirmação seria muito precipitada e, provavelmente, gratuita, mesmo porque uma referência de tipo regionalista não fazia parte do ideário arquitetônico de Lefèvre – muito menos uma referência do tipo "cenográfica". O diálogo com a cultura local deveria passar por dar voz a ela no projeto e no processo de implantação das edificações. A primeira condição é difícil de ser estabelecida com o material disponível. A segunda, infelizmente, não pôde ocorrer em função do falecimento de Lefèvre.

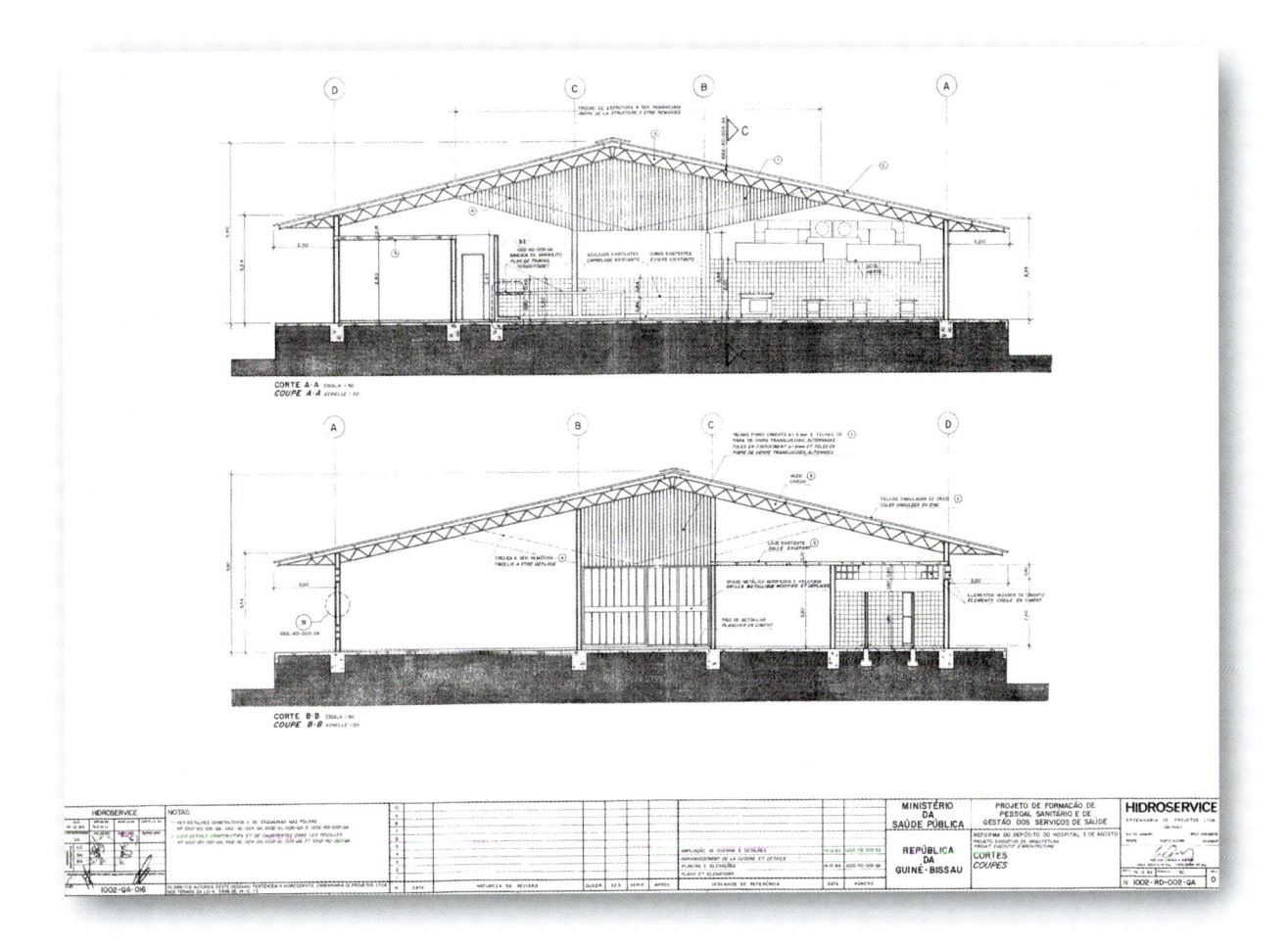

De acordo com o engenheiro Vianna, ocorreu uma colisão entre um veículo que transportava Lefèvre e um caminhão que carregava canos e outras peças. No choque, teria se ferido na cabeça. Ele ainda foi levado com vida até Dacar, no Senegal, de onde seria trazido ao Brasil, mas não resistiu aos ferimentos.

284. Conforme *Relatório Interno nº 01 – 21/11/84 – Escola Técnica de Formação de Quadros de Saúde*. O relatório informa que se trata da construção de um conjunto de edifícios, totalizando 3.400 m², e de reforma de pavilhão junto ao Hospital 3 de Agosto. O anúncio de Pré-qualificação para Concurso Público Internacional foi publicado no jornal *O Estado de S. Paulo*, de 9 nov. 1984.

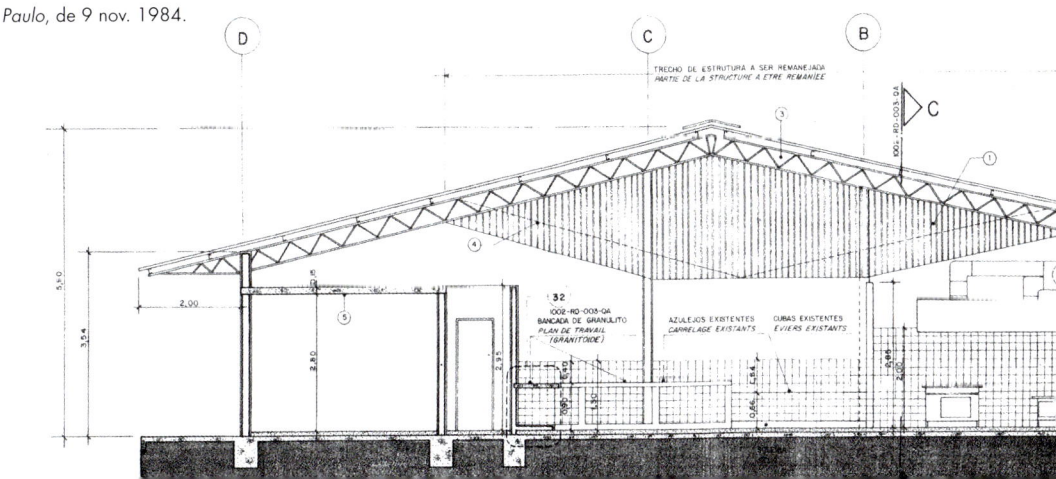

CONCLUSÃO

UMA CONCLUSÃO PARA A HISTORIOGRAFIA

Na história não existem "soluções". Mas pode sempre diagnosticar-se que a única via possível é a exacerbação das antíteses, o embate frontal das posições, a acentuaçao das contradições.
— **Manfredo Tafuri**

O tratamento dispensado às diferenças entre Vilanova Artigas e Oscar Niemeyer, no livro *Arquitetura contemporânea no Brasil* [285], de certo modo recompondo e selando a historiografia da arquitetura moderna brasileira, pode ser interpretado como a reafirmação de tudo aquilo que a historiografia hegemônica formulou e, ao mesmo tempo, "esqueceu".

Na história da arquitetura, o percurso de Vilanova Artigas é "achatado"; sua fase moderna wrigthiana, seguindo as próprias considerações do arquiteto, é desqualificada, e suas críticas à arquitetura moderna são vistas de modo folclórico, enquanto a adoção da linguagem moderna assemelhada à obra de Niemeyer, revelando a influência de Le Corbusier, é confusamente articulada com as obras brutalistas posteriores. Num depoimento transcrito no livro, distante das discussões dos anos 1950 e 1960, Artigas declarou que entre ele e o arquiteto de Brasília não haveria diferenças quanto às preocupações de fundo; mas, enquanto Niemeyer exprimia-se procurando "resolver as contradições numa síntese harmoniosa", ele se preocupava em expô-las "claramente" [286].

285. Yves Bruand, *Arquitetura contemporânea no Brasil,* São Paulo: Perspectiva, 1981.
286. *Ibidem,* p. 302.

As diferenças resolveram-se, talvez porque o próprio Artigas fosse partícipe da unidade apregoada pela historiografia e, assim, dela um "construtor" – ainda que um construtor problemático. Mas os caminhos da arquitetura foram outros que não os do consenso "oficioso". As diferenças advinham da forma como cada um dos arquitetos expressava a produção moderna, num meio técnico-industrial atrasado e guardando uma relação assimétrica com o sentido social que, em tese, almejariam para suas obras. A arquitetura de Artigas, desda a residência Olga Baeta, de 1956, adquiriu novos significados, porque nela a ambiguidade no trato dos materiais, e a configuração brutalista da obra, ganhariam um conteúdo crítico. A denúncia das contradições sociais e econômicas, que seriam as grandes marcas de nossa identidade, aparecia, surpreendentemente, pela lembrança da infância, que servia como núcleo para o resgate de uma identidade perdida na modernidade, mas recomposta na modernização dos materiais: o ripado de madeira da tradicional casa paranaense era reinventado em concreto. Essas contradições, vislumbradas como superáveis, e que sua obra ia esmaecendo, a partir de então, porque se alinhando com o projeto desenvolvimentista, sofreriam um abalo com o golpe de 1964, que questionava diretamente o projeto nacional-desenvolvimentista.

Num momento posterior ao golpe, como discutido neste livro, quando o debate arquitetônico se politizava de forma aguda, Artigas colocou em dúvida, na casa Elza Berquó, seus procedimentos arquitetônicos alinhados ao projeto de desenvolvimento nacional. Entretanto, praticamente no mesmo momento, no projeto do Conjunto Habitacional Zezinho Magalhães Prado, que previa a incorporação da pré-fabricação dos seus componentes, retomava com esse expediente o que pregava anteriormente sobre a arquitetura moderna e suas ligações com o desenvolvimentismo. Nesse período, diante do golpe que contradizia o modelo democrático de desenvolvimento, a obra de Artigas agregou o significado de pertencente a outro "mundo", em oposição ao Brasil que o regime militar ia moldando. O país que a obra de Artigas pretendia representar, e que ao fazê-lo, buscava antecipá-lo, não encontrava mais base de apoio na nova situação política. Sua obra aparecia como desígnio de outro país e da luta por ele.

Por sua vez, na segunda metade dos anos 1960 e início da década seguinte, Lefèvre, Ferro e Império buscavam uma arquitetura de aproximação das práticas construtivas ditas populares, uma aproximação que pudesse informar a arquitetura com outros referenciais que não os historiográficos, conceitualmente comprometidos com a questão nacional. Não era apenas a casa popular que estava ali onde sempre estivera. O povo real, os trabalhadores, também estava ali onde sempre estivera, na periferia social, no ocaso da política populista e, de certa forma, sempre esquecido ou secundarizado na historiografia da arquitetura – tanto na da casa como na geral. Em vez de idealizar o povo, os três arquitetos pretendiam compartilhar o desenvolvimento dos projetos, transmitir e assimilar conhecimentos, integrando decisões. Para eles, pode-se intuir, o modelo que o Conjunto Habitacional Zezinho Magalhães Prado incorporava não era o do desenvolvimento democrático, mas de uma modernização autoritária e politicamente excludente, que não respeitava o trabalhador na sua atividade. A arquitetura não era desígnio da sociedade, ainda que pudesse abrigar novas práticas sociais e, nesse sentido, exprimir um projeto de sociedade. Para Ferro e Lefèvre, a transformação da sociedade deveria conhecer outros caminhos que não os da arquitetura. Para Lefèvre, iniciadas as transformações, na fase de transição dessa sociedade para outra, socialista, a arquitetura poderia ter um desenvolvimento pleno em termos sociais, mas, mesmo para essa fase, ela já deveria ser outra, diferente daquela impulsionada pela historiografia da arquitetura moderna.

Entretanto, para Bruand, em relação a esse momento crítico, o importante seria apenas concluir que, apesar de Artigas e de seus alunos percorrerem um caminho particular, o brutalismo paulista "não se separa do movimento moderno brasileiro", porque está vinculado a ele "através de uma ênfase nas preocupações formais"[287]. É evidente que as questões formais configuram uma relação crítica do brutalismo paulista com as obras de Niemeyer (e de outros arquitetos do chamado grupo carioca, que, *grosso modo*, pode ser identificado com o que Bruand, não por acaso, tipifica como o movimento moderno brasileiro), mas limitar a questão a isso compromete qualquer análise substantiva.

Quando foi apontada a existência de um sistema brasileiro de arquitetura, organizado a partir de uma narrativa da arquitetura e sendo ela, por sua vez, uma componente da narrativa da nação, que na sua fase "democrática" excluía os trabalhadores, deve-se concluir que por força do compromisso político-ideológico nacionalista esse sistema não suportou um rearranjo da amplitude que a obra de Lefèvre e amigos impunha. A historiografia "salvou" o sistema enquanto construção ideológica, praticamente "excluindo" os arquitetos "dissidentes" da arquitetura hegemônica, vale dizer, da "arquitetura moderna brasileira" – que, todavia, a partir daquele período passaria a perder sua força.

Dessa forma, ocorreu o mais grave em termos historiográficos. O tratamento dado aos arquitetos que se diferenciavam no interior da própria produção paulista seria lateral, inversamente proporcional à importância das questões que trouxeram ao debate e à prática arquitetônica. Pouco destaque foi dado a eles, escamoteando o próprio debate crítico. O trabalho de Ferro é comentado rapidamente no livro de Bruand, por meio da residência Boris Fausto. O de Império é citado em função da casa Simão Fausto, e o de Lefèvre, nem é mencionado. Ele apenas comparece como colaborador de Ferro. A irrelevante referência feita é ainda mais problemática, visto que, dos três, era o único que mantinha uma produção arquitetônica no período de elaboração do livro de Bruand, durante os anos 1970[288].

Considerando o intervalo de tempo que separa a publicação do livro de Bruand dos dias atuais, e levando em conta as transformações que ocorreram no país e no debate arquitetônico, local e internacional, seria possível supor que essa interpretação historiográfica não teria mais ressonância entre os profissionais da arquitetura e nos meios a ela ligados, mesmo porque novas leituras da produção arquitetônica afastam-se dos seus referenciais e valores. Entretanto, mesmo não sendo muito atuais, três registros da persistência da operação historiográfica devem ser observados.

O primeiro refere-se ao campo restrito da historiografia escrita. Nos anos 1980, foi publicada uma seção interessante na revista *A Construção em São Paulo*, que reproduzia tanto obras pioneiras, como outras exemplares do modernismo paulista. A residência Dino Zammataro foi incluída nesse levantamento de forma peculiar, pois todas as obras presentes nos vários números em que a seção foi editada ali estavam pelos seus valores positivos. Caso único, a residência Zammataro apareceu como exemplo de impropriedade, demonstração do que não deveria ser feito. Sobre ela, foi comentado:

A primeira obra brasileira a empregar abóbadas parabólicas em concreto armado foi a igreja da Pampulha, em 1942. A ela seguiram-se algumas experiências destinadas a programas variados, destacando-se as realizadas na década de 1960 pelo arquiteto Lefèvre, voltadas a programas residenciais. Neste exemplo, a abóbada recobre uma laje elevada sobre oito pilares, onde se situam os três dormitórios, cujas paredes altas, no entanto, truncam o espaço, impossibilitando visuais que acompanhassem a curvatura do teto, o que na verdade é uma pena, porque este sistema estrutural sugere, quando muito, paramentos baixos [...][289].

[287]. *Ibidem*, p. 319.
[288]. *Ibidem*, pp. 317-9.
[289]. Alberto Xavier, "Residência Dino Zammataro", *A Construção em São Paulo*, São Paulo: ago. 1982, n. 1802, p. 25. O material da seção serviu de base para a edição de um livro; Ver Alberto Xavier, Carlos Lemos e Eduardo Corona, *Arquitetura moderna paulistana*, São Paulo: Pini, 1983.

Claro está que a crítica ocorre de forma sutil, por meio de objeções ao obstáculo construtivo que impede a observação espacial da abóbada no seu conjunto. No entanto, cabe perguntar: se a percepção da abóbada era tão importante, por que, então, não registrar outra residência de Lefèvre que a possibilitasse, como a Frederico Brotero, ou mesmo a Juarez Brandão Lopes, para ficar apenas em dois exemplos? Certa censura decorrente da introjeção da historiografia da arquitetura moderna brasileira dirigia a percepção da obra, que devia ser minimizada. Nessa mesma linha de raciocínio, a forma como se dá a "filiação do arquiteto Lefèvre" à arquitetura moderna brasileira é exemplar, surgindo como um "discípulo menor e incoerente de Niemeyer". Nenhuma palavra sobre o sistema construtivo, distinto da utilização do concreto armado, ou outro aspecto que esclarecesse a obra, suas propostas, e que pudesse qualificá-la positivamente é mencionada.

O segundo registro remete à exposição comemorativa dos 50 anos da FAUUSP, em 1998. Para tanto, o relato de Ferro, preciso, direto e essencial, como sua obra, é inestimável: "quando fizeram a exposição dos cinquenta anos da FAU [...] arquitetos significativos [...] foram citados, eu e o Flávio, se bem que sempre da mesma maneira; eu como pintor, o Flávio como cenógrafo e [sobre] o Rodrigo, nenhuma palavra"[290].

A omissão a Lefèvre, professor da Faculdade até 1981[291], pode não ter sido mal-intencionada, mas é reveladora da censura que pairou sobre sua obra. As palavras incisivas da declaração de Ferro a esse respeito são justificadas, pois se a atitude de criticar determinada produção sem fazer a análise de suas qualidades – como ocorreu em relação à residência Zammataro – já é questionável, o ato de retirá-la da história (seja por que razão for) é completamente condenável.

O terceiro registro é quase alegórico, mas explícito quanto à historiografia como construção – no caso, representada por uma colagem. A revista *AU – Arquitetura e Urbanismo* publicou uma edição especial, comemorativa do seu número 100, em fevereiro/março de 2002. Sua capa é uma colagem fotográfica, conformando o que pode ser caracterizado como o panteão da arquitetura brasileira. À frente, os patriarcas Lúcio Costa e Niemeyer, ladeados por Paulo Mendes da Rocha e Vilanova Artigas. O conjunto da colagem, esse primeiro recorte e a maneira como cada um dos quatro arquitetos comparecem, já poderia ser objeto de várias observações. Entretanto, o que interessa aqui é constatar duas coisas. A primeira é como Sérgio Ferro figura na capa. Parece estar sendo flagrado ao fundo, observando de soslaio e desconfiado a festividade que o panteão conforma, e para a qual não foi convidado – numa feliz interpretação, por parte do autor da colagem, da sua condição "de intruso" da historiografia. A segunda é que, novamente, Rodrigo Lefèvre não comparece, nem como personagem, nem como penetra, dentre os mais de sessenta arquitetos retratados – e, nesse caso, não sabemos se é uma feliz ou infeliz interpretação do autor da colagem.

290. Entrevista de Sérgio Ferro ao autor, em março de 2001.
291. Ibidem, pp. 254-5. Pode-se perceber que a transformação dos participantes possui alguma ligação com o que Lefèvre formulara anos antes no programa da disciplina Arquitetura e Consumo. (Ver Manuscritos.)

Revista AU n. 100: o panteão da arquitetura brasileira

Há, certamente, registros em que o nome e a obra de Rodrigo Lefèvre constam, e são recuperados, de forma qualificada, como os livros *Grupo Arquitetura Nova*, de Ana Paula Khoury, e *Arquitetura Nova: Sérgio Ferro, Flávio Império e Rodrigo Lefèvre, de Artigas aos mutirões*, de Pedro Fiori Arantes, e a dissertação de mestrado de Humberto P. Guimarães, *Rodrigo Brotero Lefèvre: a construção da utopia*, que auxiliam a pensar a obra de Lefèvre em conjunto com a de Ferro e Império. Todavia, o efeito das omissões citadas não é desprezível, pois resulta no empobrecimento da cultura arquitetônica brasileira. Ainda mais se for levado em consideração que algumas das ideias que Lefèvre, junto com Ferro e Império, colocou em prática, manteve e desenvolveu, continuam atualmente presentes em trabalhos de vários arquitetos, que, sem imaginar a arquitetura movendo transformações sociais, buscam democratizar sua produção e apropriação por movimentos de moradia, em que a luta por esse bem atualiza o conjunto de lutas contrárias às assimetrias sociais que caracteriza o país.

CATEDRAIS – OU, UMA CONCLUSÃO PARA A ARQUITETURA

Vasari foi o primeiro a observar que a cúpula de Santa Maria del Fiore não devia ser relacionada apenas ao espaço da catedral e respectivos volumes, mas ao espaço de toda a cidade, ou seja, a um horizonte circular, precisamente ao perfil das colinas em torno de Florença. [...]

A cúpula é uma representação porque visualiza o espaço, que por certo é real ainda que não seja visível; mas ela é justamente a representação do espaço em sua totalidade e não algo que acontece numa porção do espaço. [...] Em suma, a extraordinária invenção de Brunelleschi não é, no modo de ver de Alberti, um objeto arquitetônico, mas um imenso objeto espacial, vale dizer, um espaço objetivado, isto é, representado, pois cada representação é uma objetivação, e cada objetivação é perspéctica, porque dá uma imagem unitária e não fragmentada, o que implica uma distância ou uma distinção, bem como uma simetria, entre objeto e sujeito, de forma que a representação não é cópia do objeto, mas a configuração da coisa real enquanto pensada por um sujeito.
— Giulio Carlo Argan

Uma mancha azul revela a catedral, ao cair da tarde. O amarelo extravasa a luz do meio-dia. As variações da *Catedral de Rouen*, executadas por Claude Monet, subverteram a objetividade do olhar. O impressionismo, mesmo valendo-se de um dado natural, as variações da luz solar sobre o objeto a ser representado, parecia desmontar a objetividade do olhar ao introduzir a subjetividade da leitura e da representação. Naquele momento, os artistas iniciaram uma revolução na qual a arte revelaria sua maior qualidade, a de ser uma forma de pensamento que elabora o mundo e que, ao fazê-lo, reconhece-se como capaz de "projetar" o mundo, e não apenas de representá-lo naturalmente.

A instabilidade do olhar impressionista, a impossibilidade de igualar a apreensão da realidade, num dado momento do dia, a outro momento qualquer, sendo esse ato pensado antes da pintura, mas sentido durante sua elaboração, permitiu ao artista executar a obra de forma distinta do que era observado, ainda que trespassada pela realidade. Essa combinação de apreensão e elaboração impulsionou o modernismo.

Entretanto, quando observamos as catedrais de Monet, apesar da compreensão de todo o processo renovador das artes que elas engatilham, uma luta interna entre a subjetividade e a consciência da objetividade, instala-se em nós. É como se víssemos cada leitura da *Catedral de Rouen* como "uma" catedral, como configuração de um objeto distinto da leitura seguinte. Vitória absoluta da arte sobre a realidade, ao se transformar em saber autônomo. Sim. Mas vitória também da necessidade de objetividade, da necessidade de afirmarmos uma autenticidade, uma verdade sobre as outras.

Assim, vemos verdades ao vermos os quadros das catedrais. Por momentos, vemos experimentos, e, para todo o sempre, compartilhamos sua experiência conceitual, mas fixamos verdades. Uma após outra, o que evidentemente depõe contra a verdade, pois ela necessitaria ser uma, e não uma sequência, um *continuum*.

Entre o jogo do experimento do conjunto de telas e de verdades sequencialmente impossíveis, fundamos a subjetividade cativa de uma objetividade. E, independentemente de um quadro, de uma fase de artista ou grupo, reconhecemos uma obra de conjunto, um período de renovação, uma grande tendência artística.

Mas, e se o artista assumisse a condição de criador de verdades? Não de uma verdade qualquer, mas da verdade da arte comprometida com um determinado momento político? Nesse caso, se a verdade sobre o momento político não fosse una, cada verdade artística corresponderia a uma verdade política. Teríamos, então, uma sequência de verdades – cada verdade uma catedral, um experimento da realidade ou do projeto de uma realidade.

Quando Artigas, no conturbado ano de 1967, perguntava aos seus alunos que catedrais tinham no pensamento, Rodrigo Lefèvre, àquela altura também professor da FAUUSP, já construía sua própria catedral.

Poucas vezes a necessidade de ser objetivo perante a realidade esteve tão fortemente marcada na arquitetura como na obra de Lefèvre. Fruto de um universo cultural e arquitetônico que via a obra como ligada à realidade e, ao mesmo tempo, um projeto dela, sua arquitetura conheceu inflexões, porque seu entendimento da realidade ia adquirindo nova compreensão. Para ele, a interpretação da realidade fornecida pelos companheiros políticos e de profissão e a realidade vivida teimavam em não coincidir. Marcada pelo debate objetivo sobre a realidade e sua representação, a subjetividade parecia adormecida.

Entretanto, ao contrário, vivia-se num mundo de subjetividades. Interpretações políticas engajadas da realidade e ideologias a definir verdades e desenhar as mentes, antes que estas projetassem catedrais.

Sua objetividade só pode ser apreciada se pudermos entender como de forma rigorosa canalizava sua subjetividade para formular uma compreensão da realidade da construção e da arquitetura brasileiras. Do programa da casa brasileira ao programa de um acampamento de obra, um longo caminho foi percorrido por meio das obras e das catedrais construídas na mente de Lefèvre, e erguidas no solo das disputas político-culturais. Um percurso que vai da construção nacional (sempre crítica, para ele) à construção social, plena de participação. Tal participação, exercida por meio de sua prática político-profissional, não deve ser entendida como corriqueira e repetitiva, pois devia incidir sobre um sintoma característico da sociedade brasileira – o arcaísmo. Mas não o arcaísmo tecnológico, ou coisa que o valha, ainda que fosse real. Essa participação questionava o que seria o pior dos arcaísmos: o social.

Esse questionamento foi decisivo em sua trajetória. Sua arquitetura de materiais convencionais articulados a materiais modernos, de arcaísmos construtivos, mas de riqueza de informações por meio de uma contenção formal, podia ser absorvida pela corrente moderna paulista mais engajada, como evidencia o número de *Acrópole*, de 1966, dedicado à obra de Lefèvre, Ferro e Império. Contudo, não houve aceitação em relação à participação de outros parceiros no trabalho do arquiteto, os trabalhadores do canteiro de obra, e à crítica à dominação técnica, que passava pelos profissionais de nível superior, como os arquitetos, combinada com a crítica ao modelo do nacional-desenvolvimentismo. Assim, suas formulações arquitetônicas e sociais, bem como suas construções, foram negadas e esmaecidas pelo sistema de arquitetura brasileira, porque essas concepções, imbricadas como eram, questionavam o próprio modelo.

A ruptura que suas concepções implicavam, em relação ao sistema de arquitetura e ao modelo nacional-desenvolvimentista, assentou definitivamente as bases para o entendimento de um lugar específico para Lefèvre, o de vanguarda que se distanciava das formulações que a realidade teimava em não acompanhar.

As formulações que atribuíam à arquitetura o papel de representação da nação e, na sequência, de instrumento de transformação social, ainda que poeticamente fossem belas, tornavam-se limitadas, e mesmo conformistas, em tempos difíceis como o do período ditatorial. Seriam a antítese de uma postura de vanguarda. Por sua vez, a vanguarda a que Lefèvre e companheiros davam forma era *sui generis*. Trabalhava os cruzamentos técnicos e construtivos entre o moderno e o arcaico, a época e o lugar, mas não se limitava a eles. Abria-se ao reconhecimento de uma capacidade de interlocução, cultural e política, por parte daqueles que só eram admirados porque simples e distantes, excedendo as noções mais vulgares de "ida ao povo", ou relativismo cultural, porque o objetivo não era apenas formar construtores de casas, mas construtores de "catedrais", indivíduos políticos e autônomos a decidirem seus destinos[292]. Dessa forma, *habitar* e *ser* podiam ser unidos, porque se tratava de indivíduos *pensando e agindo* na busca da emancipação social. Certamente, existe aí o risco, como aponta Marilena Chauí, de trabalhadores e cultura popular estarem circunscritos pela "condução de vanguardas tutelares e revolucionárias"[293]. Esse risco põe em xeque a autonomia dos trabalhadores nessa situação, apesar de todos os esforços de Lefèvre, em sua dissertação, de se desprender de falsas interpretações (de classe) da realidade, o que permitiria o reconhecimento objetivo da cultura popular, minimizando a participação e a influência do técnico vanguardista.

De qualquer forma, mesmo que essa questão pudesse implicar alguma ambiguidade, não seria a única. Na verdade, o reconhecimento efetivo de uma interlocução com os trabalhadores no ambiente de trabalho, ainda que sendo uma postura de vanguarda, traça, na sua origem, o fim do conceito de vanguarda histórica. Essa vanguarda, no limite da sobrevida social do movimento moderno (final dos anos 1960 e anos 1970), já tinha que se haver com outras formulações, como a que trazia as noções de hibridismo cultural, que questionavam as limitações do projeto moderno, dentre outras. Assim, as propostas de Lefèvre, Ferro e Império podem ser vistas como atinentes a uma vanguarda de novo tipo, mas, ao mesmo tempo, tensionavam a própria noção de vanguarda.

A crítica de Tafuri talvez seja cruel demais para a arquitetura moderna, mas nem por isso deixa de ser precisa. O tempo da vanguarda histórica findou, e sua reconstituição, nos moldes iniciais, não é mais possível. De certa forma, a obra de Lefèvre, nos anos 1960 e 1970, inaugurava outro tempo, o da parceria, o da colaboração, para aqueles arquitetos que pretendiam uma inserção política da arquitetura.

Essas concepções, de todo modo, não seriam totalmente novas. Em termos locais, significaria a renovação do conceito de intelectual engajado na transformação da sociedade, aproximando-se da formulação de Walter Benjamin apresentada na conferência "O autor como produtor", de 1934, muito apropriada em relação ao pensamento de Lefèvre, mesmo que a arquitetura não fosse mencionada no texto exposto. Para Benjamin:

[...] somente a superação daquelas esferas compartimentalizadas de competência no processo da produção intelectual, que a concepção burguesa considera fundamentais, transforma essa produção em algo de politicamente válido; além disso, as barreiras de competência entre as duas forças produtivas – a material e a intelectual –, erigidas para separá-las,

precisam ser derrubadas conjuntamente. O autor como produtor, ao mesmo tempo em que se sente solidário com o proletariado, sente-se solidário, igualmente, com outros produtores, com os quais antes não parecia ter grande coisa em comum[294].

Lefèvre foi colhido por mudanças econômicas, políticas e culturais que sua crítica às formulações do modelo nacional--desenvolvimentista já divisavam, em parte. O que surpreende é sua capacidade de reinventar a arquitetura em situações diferentes, mas mantendo suas ideias fundamentais.

Ele produziu obras significativas durante o longo período de trabalho na Hidroservice. Essas obras permitem reler o conjunto de sua produção, ampliando o conhecimento das referências utilizadas. Pela sua atuação, pelas disputas políticas, pelo conteúdo engajado de suas propostas, por sua produção arquitetônica, sempre foi objeto de uma leitura especular: a imagem da arquitetura refletindo "construções" políticas e sociais. Lembremos, a propósito, a leitura feita do cilindro que, na residência Juarez Brandão Lopes, abrigava o quarto de empregada, cujo significado reportava a um contexto histórico e social. Essa leitura, ainda que pertinente, não deve obscurecer outras qualidades. A beleza e a riqueza de significados das obras de Lefèvre somente podem ser apreendidas, em toda sua dimensão, quando interpretadas não como reflexos da realidade, mas como objetos autônomos que discutem e problematizam a realidade e, assim, dela passam a fazer parte.

As catedrais de Lefèvre revelam um projeto para além da arquitetura, mas também criam espaços arquitetônicos, gerados a partir da inventividade formal, do tratamento apropriado de materiais, da elaboração técnica e da hierarquia espacial. Nesse sentido, são complexas, não devem ser resumidas numa fórmula – "a caixa", "a abóbada". Essas denominações são corretas, mas representam figurações para o início da análise das edificações, e não para uma conclusão arquitetônica. Podemos ver suas obras como uma série ou podemos congelá-las como variações de um ou dois tipos construtivos e espaciais. Como catedrais, comunicam, em ambas as alternativas de abordagem, uma mesma matriz de criatividade, que descobre no ato de conceber suas formas precisas a riqueza arquitetônica e suas contradições presentes no processo de produção, revelando caminhos para a superação dessas mesmas contradições.

292. A noção de produtor autônomo está intimamente vinculada à de militante político ou de um ativista da autonomia política, propósito que estava ausente, por exemplo, nas formulações do casal Smithson, como visto, o que acarretava um "enfraquecimento" do tipo de participação nas obras que incentivavam. O vínculo com a política, ou com uma formulação política de emancipação, deveria nutrir de objetividade a arquitetura de Lefèvre. A objetividade política permitia unir elementos da cultura "popular" a elementos da arquitetura moderna, sem se cair em uma bricolagem fortuita.
293. Marilena Chauí, *Conformismo e resistência: aspectos da cultura popular no Brasil*, op. cit., p. 99.
294. Walter Benjamin, "O autor como produtor", em: *Obras escolhidas, v. 1: Magia e técnica, arte e política. Ensaios sobre literatura e história da cultura*, São Paulo: Brasiliense, 1984, p. 129.

ANEXO
MANUSCRITOS

PROGRAMA DA DISCIPLINA ARQUITETURA E CONSUMO NA SOCIEDADE DE MASSA – DEPTO. DE HISTÓRIA DA ARQUITETURA E ESTÉTICA DO PROJETO – E ANOTAÇÕES SOBRE RACIONALIDADE SUBSTANTIVA.

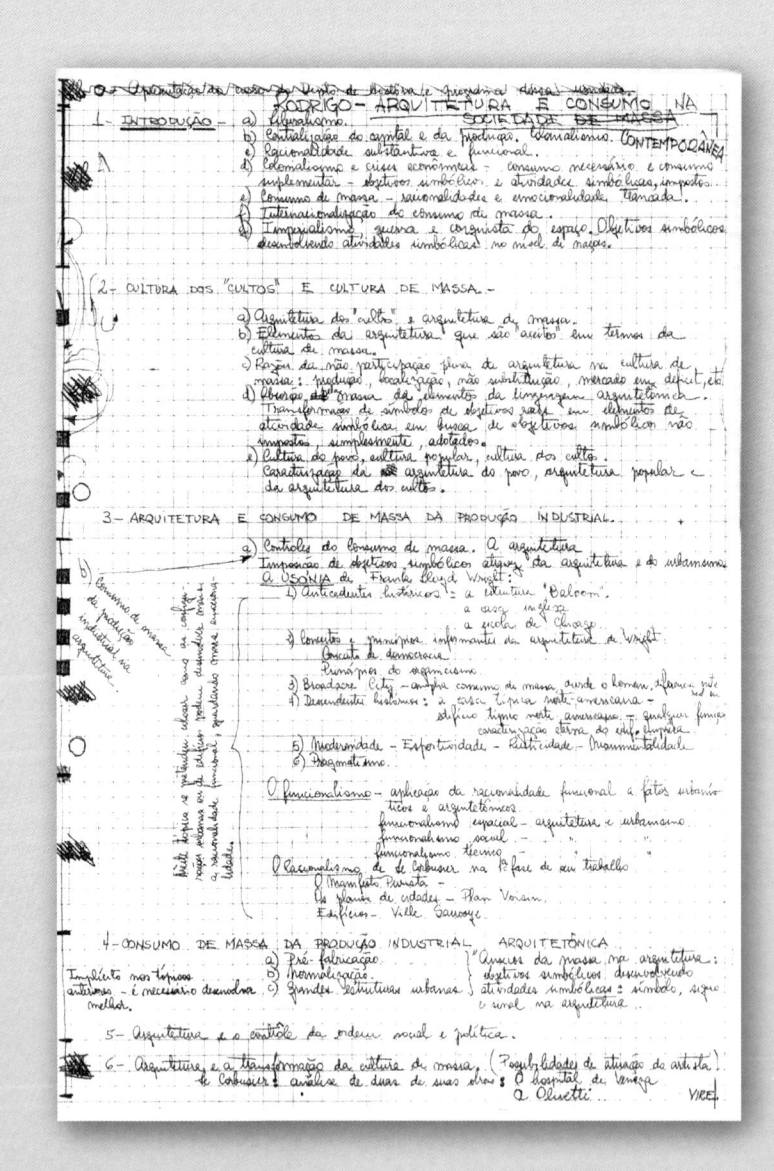

7 - SEMINÁRIO. Todos os alunos devem ler.
No início, cada um fará uma exposição de 2 minutos, para levantamento de problemas.
Depois, discussão.

Tema: Ideologia da Sociedade Industrial - Marcuse. pag. 23 a 37

ASPECTOS QUE DEVEM SER DESENVOLVIDOS:

1 - Pré-fabricação e normalização - consumo de massa de edifícios, grandes estruturas urbanas. - consumo de massa de espaço.

2 - Símbolos, signos e sinais na Arquitetura. "Ânsias" da massa.

3 - Pesquisa de comunicação de massa, centrada em arquitetura e urbanismo.

4 - Teoria das emoções: SARTRE e outros?
    Emoções e racionalidades.
    Objetivos simbólicos desenvolvidos atividades simbólicas. } MANNHEIM e outros?
    Regulamentação sem planificação.
    Alienação do homem moderno.   Poppenheim e outros?

                    Teoria crítica - Filosofia ⟶ Meios?

5 - Possibilidades de atuação na sociedade de massa capitalista.

Renato De Fusco
   Arquitetura como "Mass-média"

Racionalidade ~~substancial~~ substantiva - ato de pensamento que revela percepção capacidade de agir com inteligência numa determinada situação à base de percepção inteligente das inter-relações dos acontecimentos própria da inter-relação dos acontecimentos. mentos de uma determinada situação.

Racionalidade funcional - ~~~~ ato dentro de uma série de medidas organização da atividade dos membros organizadas de forma a levar a um da sociedade em função de objetivo previamente ~~~~ definido, recebendo finalidades objetivas. todos os atos dessa série uma porção e um papel funcionais.

O objetivo previamente definido pode ou não ser racionalmente substancial.

Critérios para determinação da funcionalidade racional da série de atos: a) organização funcional com referência a um objetivo definido
b) uma consequente calculabilidade quando considerada do ponto de vista de um observador que procure ajustar-se a ela.

Substancialmente irracional - ato (não de pensamento) como impulsos, desejos e sentimentos, tanto conscientes como inconscientes. ou ato que não revela percepção inteligente das interrelações dos acontecimentos de uma determinada situação.

Funcionalmente irracional - tudo o que desintegra e interrompe a série organizada de ação com referência a um objetivo definido.

Quanto mais industrializada a sociedade, mais avançada sua divisão do trabalho e sua organização ⟶ nº de esferas de atividades humanas funcionalmente racionais.
Isso leva à racionalização funcional da conduta ou
AUTO - RACIONALIZAÇÃO

Auto-racionalização — contrôle sistemático, pelo indivíduo, de seus impulsos, para que suas ações sejam ajustadas às demais da série, ~~elaborando~~ elaborando um treinamento mental.

Auto-observação — é mais do que um treinamento mental: visa principalmente a auto transformação interna.

→ Processo de racionalização funcional — { liberalismo { monopolismo —

A racionalização funcional não aumenta a Racionalidade Substancial.

A racionalização funcional está destinada a privar o indivíduo ~~de~~ de reflexão, percepção e responsabilidade, e a transferir essa capacidade aos que dirigem o processo de racionalização. Isso se dá no momento em que o indivíduo ~~não~~ permite que as decisões sejam tomadas por outros indivíduos e acata essas decisões sem discuti-las, sem compreendê-las.

DEPARTAMENTO DE HISTORIA DA ARQUITETURA E ESTETICA DO PROJETO
PROGRAMA : H2 AM 5 " ARQUITETURA E CONSUMO"
Instrutor : Rodrigo Brotero Lefèvre.

<u>Pré-requisitos</u>: História da Arte.
História da Arquitetura I.
Estudos Sociais e Econômicos.

<u>OBJETIVOS</u>: Fornecer aos alunos elementos de análise para a compreensão da Arquitetura Brasileira inserida num complexo de sociedades de consumo de massa.

<u>DESENVOLVIMENTO</u>: 1. Introdução: Liberalismo.Centralização do capital e da produção. Colonialismo; racionalidade substantiva e funcional. Colonialismo e crises econômicas. Consumo necessário e consumo suplementar. Objetivos e atividades simbólicas,impostos. Consumo de massa. Racionalidades e emocionalidade trancadas. A internacionalização do consumo de massa. Objetivos e atividades simbólicas no nível de nações.

2. Cultura erudita e cultura de massa:
Arquitetura erudita e arquitetura de massa. Elementos de arquitetura "aceitos" em têrmos de cultura de massa. Absorção de elementos arquitetônicos. Transformação de símbolos de objetivos reais em elementos de atividade simbólica em busca de objetivos simbólicos, não impostos, adotados. Cultura do povo,cultura popular e cultura erudita. Caracterização da arquitetura do povo, arquitetura popular e arquitetura erudita. Razões da não participação plena da arquitetura na cultura de massa(produção,mercado,localização, etc.

3. Arquitetura e consumo de massa da produção industrial: arquitetura como contrôle do consumo de massa. Consumo de massa da produção industrial no objeto da arquitetura e do urbanismo. Análise de alguns movimentos arquitetônicos: o organicismo de Wright e a Usonia, arquitetura americana atual, o funcionalismo, o racionalismo de Le Corbusier.

4. Consumo de massa da produção industrial arquitetônica:
A pré-fabricação, a normalização,grandes estruturas urbanas. Anseios da massa na arquitetura:objetivos simbólicos e atividades simbólicas: símbolo, signo e sinal na arquitetura

5. Arquitetura e o contrôle da ordem social e política.

6. Arquitetura e a transformação da cultura de massa: possibilidade de atuação do arquiteto na sociedade de consumo de massa:análise de algumas obras atuais.

<u>ORIENTAÇÃO METODOLOGICA</u>: A unidade será desenvolvida por meio de aulas expositivas,projeção de diapositivos,debates de análise de obras, seminários sôbre textos.

UNIDADE DE ENSINO MONOGRÁFICA

Coord.: Rodrigo Lefevre.

OBJETIVOS: 1.- Fornecer aos alunos elementos de análise para a compreensão da Arquitetura Brasileira inserida num complexo de sociedades de consumo de massa.
2.- Fornecer ao Departamento de História uma publicação que contenha o desenvolvimento desta Unidade.

BIBLIOGRAFIA BÁSICA: Morin, Edgar - Cultura de Massas no séc. XX, Forense, Rio, 1967.
Mannheim, Karl - O homem e a sociedade, Zahar Ed., Rio, 1962.
Marcuse, Herbert - Ideologia da sociedade industrial, Zahar Ed., Rio, 1967.

Bibliografia básica sôbre Arquitetura Contemporânea.

DESENVOLVIMENTO:

I.- Introdução: Liberalismo - Centralização do capital e da produção. Colonialismo - Racionalidade substantiva e funcional - Colonialismo e crises econômicas. Consumo necessário e consumo suplementar. Objetivos simbólicos e atividades simbólicas, impostos. - Consumo de massa. Racionalidades e emocionalidade trancadas - A internacionalização do consumo de massa - O imperialismo, guerra e a conquista do espaço. Objetivos simbólicos e atividades simbólicas no nível de nações.

II.- Cultura dos "cultos" e Cultura de massa:
Arquitetura dos cultos e arquitetura de massa - Elementos de arquitetura ######### "aceitos" em têrmos da cultura de massa. - Absorção de elementos da linguagem arquitetônica. Transformação de símbolos de objetivos reais em elementos de atividade simbólica em busca de objetivos simbólicos, não impostos, adotados. - Cultura do povo, cultura popular e cultura dos cultos. Caracterização da arquitetura do povo, Arquitetura popular e arquitetura dos cultos. - Razões da não participação plena da arquitetura na cultura de massa: prod., merc., local, etc.

III.- Arquitetura e consumo de massa da produção industrial:
Arquitetura como controle do consumo de massa - Consumo de massa da produção industrial no objeto da arquitetura e do urbanismo - Análise de alguns movimentos arquitetônicos: O organicismo de Wright e a Usonia, arquitetura americana atual, o funcionalismo, o racionalismo de Le Corbusier

IV.- Consumo de massa da produção industrial arquitetônica:
A pré-fabricação, a normalização, grandes estruturas urbanas - Anseios da massa na arquitetura; objetivos simbólicos e atividades simbólicas: símbolo, signo e sinal na arquitetura.

V.- Arquitetura e controle da ordem social e política.

VI.- Arquitetura e a transformação da cultura de massa:
Possibilidades de atuação do arquiteto na sociedade de consumo de massa: análise de algumas obras atuais.

INSTRUÇÕES METODOLÓGICAS: A unidade de ensino será desenvolvida por meio de aulas expositivas, projeção de diapositivos, debates de análise de obras, seminários sôbre textos da bibliografia básica.

APROVEITAMENTO: Será aferido a partir da participação do aluno nos debates e seminários, e de uma prova a se realizar no fim de unidade.

PRÉ-REQUISITOS: O aluno deve ter realizado as unidades de ensino básicas:
Introdução à Arquitetura.
Fundamentos sócio-econômicos da Arquitetura.
Evolução do edifício no Brasil.
Evolução urbana no Brasil.

São Paulo, 3 de março de 1969.

APÊNDICE 1
ACERVO RODRIGO BROTERO LEFÈVRE

Descrição do material encontrado[1]
Todos os materiais levantados estão divididos em quatro recipientes, a saber:
- 1 caixa de papelão (copos Iplac), contendo todo o conjunto de documentos;
- 1 caixa de papelão contendo diversas publicações antigas;
- 2 tubos grandes de papelão contendo pranchas técnicas e croquis.

[1]. O material do acervo foi transferido, no segundo semestre de 2001, para a FAUUSP.

PRIMEIRA CAIXA

Caixa verde, de plástico, com a etiqueta "Rodrigo Lefèvre – relação do acervo / outros"

Conteúdo:
- envelope *craft* contendo outro levantamento do material sobre Lefèvre preservado na Fundação Artigas;
- revista *Ou...*, jun. 1971, n. 4. Obra apresentada: residência Juarez Brandão Lopes, com texto de Lefèvre;
- texto com o título "Notas sobre a arquitetura paulista na década de 60: a obra de Rodrigo Brotero Lefèvre";
- fichas de identificação de obras; pesquisadora: Ângela Maria Rocha. As fichas são do Centro de Documentação e Informação sobre Arte Brasileira Contemporânea. Há muitas fichas em branco, algumas poucas preenchidas. Destaque para a residência Bernardo Issler;
- saco plástico com três pastas, referentes ao TGI "Arquivo sobre obras de arquitetura e planejamento do arquiteto Rodrigo Brotero Lefèvre"; autor: Regina de Castro Torres; orientador: Flávio Império; defendido na FAUUSP em 1975 (material incompleto); conteúdo das pastas:

> Pasta 1. Índice geral do arquivo; introdução; texto.
> Pasta 2. Título "Uma experiência de arquitetura independente"; texto e imagens xerocadas (de péssima qualidade).
> Pasta 3. Título "Abóbadas: etapas construtivas e funcionamento estrutural"; texto, imagens e esquemas.
> Papel vegetal solto, com plantas de projeto não identificado. (Anexado a esse material estava um recibo de devolução, constando que não seria utilizado na exposição sobre a obra de Flávio Império no Sesc Pompeia.)

Pasta amarela com etiqueta "Rodrigo Lefèvre: negativos, contatos e curriculum".

Conteúdo:
- *curriculum vitae* de Lefèvre;
- plástico com conjunto de negativos e positivos das seguintes obras de Lefèvre, além de ficha de levantamento da pesquisadora Angela Maria Rocha:
  > Residência Juarez Brandão Lopes
  > Residência Bernardo Issler
  > Residência Sylvio Luis Bresser Pereira
  > Residência Cleômenes Dias Batista

- > Residência Paulo Vampré
- > Residência Frederico Brotero
- > Residência Juarez Brandão Lopes II
- > Residência Dino Zammataro
- > Residência Marietta Vampré
- > Residência Pery Campos
- > Residência Boris Fausto
- > Residência Thomaz Farkas
- > Residência Albertina Pederneiras
- levantamento manuscrito, não identificado, do material do acervo.

Caixa amarela de películas Kodak

Conteúdo:

- três folhas de papel vegetal com ilustrações e textos acerca de:
    > aspectos da produção e armazenagem de elementos pré-fabricados;
    > possibilidades de utilização do espaço interno de uma abóbada;
    > funcionamento estrutural da abóbada parabólica.
- 22 fotos da casa Juarez Brandão Lopes (muitas repetidas).

Pasta amarela, de papel e elástico, com etiqueta "mand. segur. Cx universidade" (provavelmente mandado de segurança)

Conteúdo:

- caderno azul com o estatuto dos funcionários públicos civis do Estado de São Paulo;
- certidão de tempo de efetivo serviço prestado ao exército por Lefèvre;
- depoimento de esclarecimento à FAU, redigido à máquina por Lefèvre;
- recorte de jornal – "A homenagem dos alunos ao prof. Paulo Emílio";
- carta endereçada ao reitor Orlando M. de Paiva, por parte dos alunos da FAU, a respeito da demissão de Lefèvre;
- carta de Lefèvre ao reitor;
- anotações, sem identificação, sobre estatuto da universidade e dos funcionários públicos;
- papel com requerimento de Lefèvre para contagem de tempo de serviço prestado;
- carta da auditoria do poder judiciário;
- outras cópias do mesmo depoimento de Lefèvre descrito anteriormente;
- papelada de contrato de honorários do advogado de Lefèvre;
- cópia de parte do diário oficial de 1970;
- recorte de jornal grifado: "autoridades estão alertas";
- dois envelopes endereçados a Lefèvre.

Saco plástico etiquetado "34"

Conteúdo:

- revista de arquitetura *Chão*, com texto de Lefèvre – "Do pensar ao fazer";
- revista *Projeto e Construção*, com artigo de Lefèvre sobre abóbadas na vedação e cobertura;
- outra cópia da revista *Ou...*, descrita anteriormente;
- revista sem capa, com a anotação "depoimentos sobre arquitetura";
- publicação da FAU intitulada "Notas de um estudo sobre objetivos do ensino da arquitetura e meios para atingi-los em trabalho de projeto", por Lefèvre;
- texto a máquina, de Lefèvre, intitulado "Autoconstrução e variação do valor e do preço da força de trabalho";
- texto de Artigas intitulado "Uma falsa crise";
- texto manuscrito não identificado.

Pasta verde, de plástico e elástico, etiquetada "Rodrigo Lefèvre, ampliações fotográficas"

Conteúdo:
- envelope pardo com a inscrição "DNER – 27 ampliações" (27 fotos p&b da maquete do edifício do DNER, de boa qualidade);
- série de envelopes *craft* contendo as fotos p&b ampliadas, que estão em um CD. Fotos separadas conforme o projeto:
    > Residência Dona Albertina Pederneiras (envelope: 7 fotos / CD: 6 fotos)
    > Residência Helládio Capisano (envelope: 12)
    > Ginásio Estadual de Brotas (envelope: 14)
    > Residência Thomaz Farkas (envelope: 7 / CD: 8)
    > Residência Juarez Brandão Lopes (envelope: 19 / CD: 5)
    > Residência Cleômenes Dias Batista (envelope: 22 / CD: 1)
    > Residência Dino Zammataro (envelope: 35 / CD: 35)
    > Residência Pery Campos (envelope: 31 / CD: 31)
    > Residência Marietta Vampré (envelope: 16 / CD: 16)
    > Residência Frederico Brotero (envelope: 15 / CD: 15)
    > Residência Carlos Alberto Ziegelmeyer (envelope: 27 / CD: 27)
    > Residência Sylvio Luis Bresser Pereira (envelope: 3 / CD: 3)
    > Residência Juarez Brandão Lopes II (envelope: 5 / CD: 5)
    > Residência Bernardo Issler (envelope: 4 / CD: 39)
- envelope *craft* branco com a inscrição "fotos coloridas, não identificadas e rejeitadas":
    > total de cinquenta fotos p&b (várias repetidas), mais dois envelopes com fotos pequenas, coloridas, das residências Thomaz Farkas e Pery Campos.

Caixa de copos Iplac

Conteúdo:
Total de 31 pastas, de papel e elástico, numeradas fora de ordem.

- Nº 7: "arq. e const. na soc. Contemp."
    > Estrutura da disciplina ministrada por Lefèvre na FAU: "Arquitetura e consumo".
- Nº 33: "est. da forma na arq".
    > Textos manuscritos e à máquina, e uma perspectiva não identificada.
    > Texto intitulado "Considerações sobre o desenvolvimento da arquitetura no processo de urbanização, hoje".
- Nº 8: "Camboriú-Lei".
    > Envelope *craft* com a inscrição "Rascunhos para lei provisória de Camboriú"; textos manuscritos, cálculos e tabelas.
    > Pasta verde, não identificada, com texto à máquina (texto de lei).
- Nº 9 (vermelha) – "Cosipa – Plano de Localização".
    > Dois guias de turismo da ilha da Madeira e Porto Santo.
    > Texto manuscrito – "Norma de procedimentos para entrega de projetos da Cosipa".

- Nº 12 (sem identificação).
    > Oito pranchas técnicas formato (aproximado) A1, para a residência Thomas Farkas.
    – *plantas (1:50)*
    – *três cortes aa, bb, cc (1:50)*
    – *três cortes dd, ee, ff (1:50)*
    – *detalhes da abóbada (1:20)*
    – *detalhes de madeira (1:20)*
    – *planta pisos externos / piscina (1:100)*
    – *planta e corte da casa do caseiro (1:50)*
    – *detalhes de alvenaria – isométrica*
- Nº 14: "fotos".
    > Texto a máquina – "DNER, texto da projeção diapositivos".
- Nº 32: "Trabalhos finais – P.G."
    > Envelope branco com texto "Originais dos textos: o consumo de massa..."
    > Texto de Lefèvre – "Autoconstrução e variação do valor e do preço da força de trabalho".
    > Texto para *Módulo*, set. 1981; projeto do DNER.
    > Texto manuscrito para a publicação de debates da exposição permanente de projetos do IAB/79.
    > Esquemas indicados como "Pacotes de leitura 2 e 3".
    > Textos e xerox sobre os seguintes autores:
    – Marcial Echenique
    – John Turner
    – Juan L. Mascaro
    – Pierre Riboulet
    – François Ascher
    – Sérgio Ferro
    > Relatório da viagem à França.
- Nº 4: "Residência Mario e Ruth (dr. Paulo).
    > Sete pranchas técnicas do projeto da residência Mario e Ruth:
    – *planta e corte (1:50)*
    – *locação das estacas*
    – *armação das vigas da cobertura e pilares*
    – *armação das vigas baldrames e vigas da laje superior*
    – *armação das vigas baldrames*
    – *armação das lajes – escadas – blocos e vigas baldrames*
    – *formas das fundações*
    – *cálculos e esboços técnicos do projeto*
- Nº 5: "Juarez".
    > Oito pranchas técnicas em formatos diversos da residência Juarez Lopes:
    – *divisão de lotes (esboço)*
    – *fachada, planta, cortes e localização (p/ prefeitura, talvez)*
    – *esquema da rede de água fria*
    – *esquema da rede de água fria e quente*
    – *esquema da rede de esgoto*
    – *tesoura de madeira – telhado*
    – *planta (1:50) (com inscrição "ultrapassado")*
    – *planta (1:50) (com inscrição "ultrapassado")*
    – *conjunto de cálculos e esboços em papel arroz*
    – *dois desenhos não identificados*
- Nº 2: "Mendonça".
    > Conjunto de esboços e croquis sem identificação (várias plantas).
- Nº 24: "Cópias heliográficas casas Dino Zammataro & Frederico Brotero"
    > Sete cópias heliográficas do projeto da residência Frederico Brotero:
    – *detalhes da abóbada*
    – *detalhes de alvenaria (isométrica) (x2)*
    – *plantas (locação dos detalhes de madeira)*
    – *esquema de água fria e quente*
    – *plantas (esquema da rede de esgoto)*
    – *locação dos pontos de luz e telefone*
    – *locação das brocas*
- Nº 13: "Brotero".
    > Par de cópias xerocadas com desenhos de planta e corte da residência Frederico Brotero.

- Nº 17: "Zicafe".
  > Três cópias heliográficas de projeto denominado "Zicafe":
    – *planta superior*
    – *planta inferior (x2)*
  > Onze cópias heliográficas de projeto denominado "Carvalhosa" (o projeto tem as mesmas características do Zicafe):
    – *planta superior (x3)*
    – *cortes aa, bb (x2)*
    – *planta inferior*
    – *corte cc (x3)*
    – *fachadas*
    – *planta térreo (x2)*
  > Levantamento topográfico não identificado.
  > Papelada com orçamentos e cálculos.
- Nº 10: "Casa Ziegelmeyer".
  > Seis cópias heliográficas do projeto da residência Carlos Alberto Ziegelmeyer:
    – *armação das fundações e mezanino*
    – *formas das fundações e mezanino*
    – *hidráulica / plantas e cortes*
    – *eletricidade / planta e cortes*
    – *plantas e cortes*
    – *detalhes de alvenaria*
- Nº 29: "Rodrigo Lefèvre (xerox)".
  > Cópias xerox reduzidas de várias residências (Dino Zammarato, Ziegelmeyer, Pery Campos, Albertina).
- Nº 18: "Sud Mennucci – Piracicaba (o que caiu)".
  > Proposta e apresentação do projeto do Instituto de Educação Sud Mennucci.
  > Anotações não identificadas e recortes de jornal sobre o projeto.
- Sem número: "Projeto completo – Brotas".
  > Vinte cópias heliográficas do projeto da escola e ginásio estadual de Brotas:
    – *implantação dos eixos de locação*
    – *cortes e elevações*
    – *planta edifício principal*
    – *planta edifício principal (cont.)*
    – *anfiteatro – planta, cortes, elevações*
    – *casa do zelador – det. dos caixilhos*
    – *detalhes das abóbadas*
    – *detalhes das abóbadas (cont.)*
    – *caixilhos – det. dos montantes*
    – *caixilhos – det. casos especiais*
    – *detalhes de portas*
    – *detalhes – impermeabilização das paredes*
    – *detalhes de piso e impermeabilização*
    – *aparelhos sanitários – detalhes*
    – *detalhes especiais de mesas, pisos e alvenaria*
    – *marquises do anfiteatro*
    – *quebra-sol*
    – *portões – detalhes*
    – *detalhes de instalações hidráulica e elétrica*
- Nº 25: "Instituto de Ambulatórios do Hospital das Clínicas de SP".
  > Portfólio do edifício dos ambulatórios.
  > Texto, assinado por Diovaldo Antônio Silva, a respeito da construção do instituto.
  > Projeto executivo do instituto.
- Nº 22 (preta): sem identificação.
  > Bilhete: "tiradas uma série de páginas para copiar para Françoise".
- Nº 26 (laranja): sem identificação.
  > Conjunto de anotações, desenhos, cálculos e recibos p/ projeto da residência Gabriel Bolaffi
- Nº 31 (vermelha): sem identificação.
  > Anotações sobre modelos construtivos e xerox de cascas e geodésicas.
- Nº 11: "Pery Campos - cópias".
  > Seis cópias heliográficas da residência Pery Campos:
    – *elétrica – estudo*
    – *plantas do térreo e mezanino (x2)*
    – *cortes e vistas*
    – *planta para prefeitura (totalmente diferente)*
    – *locação das estacas*
    – *croquis e anotações sobre o comportamento estrutural da casca*

- Nº 20: "Marcos Gonçalves".
  > Planta em papel vegetal, marcada "Gonçalves".
  > Cópia heliográfica do mesmo projeto, com alterações.
  > Três cópias (duas heliográficas, uma xerox) em mau estado, para Lázaro Pinto de Souza.
- Nº 19: "Zicafe conc".
  > Treze cópias heliográficas do projeto das formas e fundações.
- Sem nº (vermelha): "Ângela Rocha".
  > Material de pesquisa de Ângela Rocha.
- Nº 21: "Dino Zammataro".
  > Onze cópias heliográficas da residência Dino Zammataro:
    – *corte*
    – *plantas*
    – *esquemas: hidráulica e esgoto*
    – *cortes e elevações (x2)*
    – *planta para prefeitura*
    – *plantas: térreo / superior*
    – *detalhes de alvenaria*
    – *formas – escada*
    – *eletricidade*
    – *locação das brocas*
- Nº 23 (*craft*): sem identificação.
  > Croquis sem identificação.
- Nº 28: "Rodrigo Lefèvre".
  > Croquis não identificados.
  > Recorte de jornal sobre Sérgio Ferro.
  > Textos e ementas para as aulas de mestrado de Lefèvre.
  > Artigo para a revista *Acrópole*, out. 1966 – "Uma crise em desenvolvimento".
- Nº 30: "Rodrigo Lefèvre".
  > Projeto completo da residência Marietta Vampré, cópias heliográficas.
- Nº 6: "Juarez I".
  > Projeto executivo da residência Juarez Brandão Lopes, cópias heliográficas.
- Nº 3: "Ginásio Estadual de Vila Ercília".
  > Memorial descritivo e projeto executivo completo, cópias heliográficas.
- Nº 16: "Projeto completo – Brotas (v.2)".
  > Projeto executivo da escola e ginásio estadual de Brotas, cópias heliográficas.
- Nº 27 (saco plástico): sem identificação.
  > Anotações sobre a pós-graduação – "Estruturas ambientais urbanas" –, feitas por Lefèvre em 1977.

TUBOS DE PAPELÃO

Primeiro tubo

- Rolo de papel vegetal, aproximadamente A 0 [zero] identificado "Brotas"; desenho, a nanquim, do ginásio de Brotas; planta inacabada, sem identificação.
- Rolo com quatro folhas de papel vegetal, aproximadamente A1, identificado "Boris Fausto"; desenho a nanquim, em bom estado, da residência Boris Fausto.
  > Cobertura e detalhes de água.
  > Instalação elétrica.
  > Instalação elétrica (continuação).
  > Armação da caixa d'água.
- Rolo solto de xerox, aproximadamente A4, com plantas e cortes rabiscados, com caneta vermelha, de residência não identificada.
- Rolo de papel vegetal identificado "Brotas – 6 pranchas" (seis pranchas a nanquim, com desenhos em bom estado, do ginásio de Brotas).
  > Cortes longitudinais.
  > Pavimento térreo.
  > Cortes transversais.
  > Sit. Detalhes, casa zelador.
  > Elevações.
  > Pavimento superior.
- Rolo solto de papel milimetrado (4), sem identificação (desenhos a lápis, de residência não identificada).

- Rolo de papel vegetal identificado "Albertina Pederneiras – detalhes construtivos e complementares":
    > três pranchas a nanquim
    > acabamentos / memorial quantitativo
    > detalhes da distribuição de esgoto e água
    > esquemático e detalhes de água
- Rolo com quatro folhas de papel-arroz, aproximadamente A1, solto, sem identificação. Desenhos a nanquim da residência Dino Zammataro:
    > escada
    > bancos
    > locação da abóbada
    > cotas do terreno / locação da casa
- Rolo com duas folhas de papel-arroz, aproximadamente A3, sem identificação. Croquis (corte e perspectiva) de residência não identificada.
- Folha solta, de papel milimetrado, com desenho (corte) a lápis, de residência não identificada.
- Rolo de papel vegetal com três pranchas, identificadas "Brotas – 3 pranchas – detalhes". Desenhos muito bem-acabados do Ginásio de Brotas – cortes e plantas.
- Folha de xerox A2, sem identificação, da residência Frederico Brotero – plantas.
- Rolo de papel vegetal sem identificação.
    > Conjunto de pranchas, a nanquim, do anteprojeto para o Clube da Orla.
- Rolo vegetal identificado "Inst. de educação – Piracicaba e Ginásio em S. J. Rio Preto".
    > Quatro pranchas, a nanquim, com projeto de Rio Preto e bons detalhes das abóbadas.
- Rolo vegetal identificado "Farkas – executivo".
    > Quatro pranchas, aproximadamente A1, a nanquim:
    – *detalhes de alvenaria (x3)*
    – *detalhes de abóbada*
    > Cinco pranchas, aproximadamente A2, com croquis e estudos relacionados à construção da piscina da residência.
- Rolo de papel vegetal identificado "Farkas – casa do caseiro" – oito pranchas.
- Rolo vegetal identificado "Farkas – executivo".
    > Cortes, plantas, elevações gerais; cinco pranchas ao todo, a nanquim.
- Rolo vegetal identificado "Residência Dino".
    > Nove pranchas, a nanquim – formato variado –, da residência Dino Zammataro:
    – *cortes e elevações*
    – *plantas térreo/superior*
    – *caixas de iluminação*
    – *detalhes de acabamento*
    – *lareira e corrimão da escada*
    – *detalhes de madeira (x2)*
- Rolo de papel vegetal identificado "Farkas – desenho para publicação".
    > Desenho original a nanquim e xerox, com plantas e cortes.
    > Rolo de papel vegetal identificado "Jardim de inverno".
    > Desenho, a nanquim, para cobertura de um jardim de inverno para a dra. Beatriz Helena Whitaker Ferreira.
- Rolo de papel vegetal identificado "Albertina Pederneiras".
    > Prancha, a nanquim, com plantas, cortes e elevação da residência Albertina Pederneiras.
- Rolo de papel vegetal identificado "Carlos Alberto Ziegelmeyer".
    > Nove pranchas, a nanquim, da residência Carlos Alberto Ziegelmeyer:
    – *planta e cortes*
    – *detalhes de alvenaria*
    – *alvenaria de embasamento (x2)*
    – *duas pranchas de formas*
    – *planta e corte / perspectiva*
    – *planta para prefeitura*
    – *esquadrias de madeira*

- Rolo de papel vegetal identificado "Brotas – 4 pranchas".
  > Quatro pranchas, aproximadamente A1, a nanquim e a lápis, para o ginásio de Brotas – anteprojeto.
- Rolo vegetal identificado "Marietta e Ruth Vampré".
  > Duas pranchas, a nanquim, com peças gráficas muito bem desenhadas da residência Vampré.
- Rolo com 1 cópia heliográfica, identificada: "Farkas-plantas".
- Rolo de papel vegetal identificado "Cleômenes Dias Batista".
  > Doze pranchas, a nanquim, com projeto completo da residência Cleômenes Batista.
- Rolo com pranchas em papel vegetal e cópia heliográfica identificados: "Casas – Rodrigo, Flávio, Sérgio".
- Conjunto de pranchas com plantas, cortes e elevações das residências Dino Zammataro e Carlos Ziegelmeyer.
- Rolo de papel vegetal identificado "Frederico Brotero".
  > Prancha para prefeitura, com plantas e cortes a nanquim, da residência Frederico Brotero.
- Rolo de papel vegetal identificado "Res. Simão Fausto - Ubatuba".
  > Conjunto de pranchas, a nanquim, da residência Simão Fausto.

- Rolo de papel vegetal identificado "Zicafe (Carvalhosa)".
  > Pranchas a nanquim e estudos, a lápis, da residência Carvalhosa (plantas e cortes desenhados parte a mão livre e parte com instrumentos).
- Rolo de papel arroz identificado "Brotas – cópias".
  > Duas pranchas xerox, com desenhos dificilmente aproveitáveis.
- Rolo de papel vegetal identificado "Estudo (2)".
  > Série de pranchas em papel vegetal e papel-arroz com estudos e detalhamentos de residência não identificada.
- Rolo de papel vegetal identificado: "Farkas – cronograma de obras" – 1 prancha.

Segundo tubo

- Rolo de papel vegetal identificado "Dr. Paulo Vampré – projeto de detalhamento".
  > Cinco pranchas a nanquim, a mão livre, com plantas inacabadas da residência Vampré.
- Rolo de papel vegetal identificado "Marietta e Ruth Vampré".
  > Quatro pranchas, a nanquim, com plantas e cortes (muito bem--executados) de residência não identificada – provavelmente da residência Vampré.
- Rolo de papel vegetal identificado "Casas populares em Piracicaba".
  > Três pranchas, a nanquim, com plantas e cortes de tipologias de casas.
- Rolo de papel milimetrado, solto, sem identificação.
  > Duas folhas milimetradas com "desenhos" a lápis de cor.
  > Uma folha com charges inspiradas na pergunta "eram os Deuses arquitetos?"
- Rolo de papel-arroz identificado "Farkas – modificação dormitório casal".
  > Uma prancha, com planta incompleta, a nanquim, da residência Farkas.

- Rolo de papel vegetal solto, sem identificação.
  > Duas pranchas, a nanquim, da residência Juarez Brandão:
  – *perspectiva e detalhes da churrasqueira*
  – *divisão de lotes*
- Rolo de papel vegetal solto, sem identificação.
  > Planta e corte de residência não identificada.
- Rolo de papel-arroz identificado "M. Mendonça – estudos".
  > Série de croquis, a lápis, sem identificação.
- Rolo de papel vegetal identificado "Residência X".
  > Uma prancha, a nanquim, com plantas e cortes de residência não identificada (bem-representada).
- Rolo de papel vegetal solto, sem identificação.
  > Detalhes de instalação elétrica para o projeto escolar de Piracicaba.
- Rolo de papel vegetal identificado "Casa Mario e Ruth".
  > Duas folhas milimetradas, a lápis, com corte dos sanitários e detalhamento hidráulico da residência Vampré.
- Quatro pranchas de papel vegetal e duas folhas de sulfite com croquis, plantas e cortes da residência Vampré (as folhas de sulfite têm peças gráficas muito bem executadas).
- Rolo de papel vegetal identificado "Piracicaba – detalhamento".
  > Quatro pranchas, a nanquim, com detalhes de alvenaria, portas e caixilhos para o projeto escolar de Piracicaba (rolo de papel vegetal solto, não identificado, com detalhes elétricos, descrito anteriormente, pertence a esse conjunto de pranchas).
- Rolo de papel vegetal solto, não identificado.
  > Uma prancha, a nanquim, com planta e corte de residência não identificada.
- Rolo de xerox solto, não identificado.
  > Uma prancha com a planta principal do ginásio de Vila Ercília, em São José do Rio Preto.
- Rolo de papel vegetal solto, não identificado.
  > Uma prancha, a nanquim, com plantas e cortes da residência Cleômenes Dias (representação muito bem-executada).
- Rolo de papel-arroz identificado "Memorial F. Brotero".
- Rolo de papel vegetal identificado "Juarez II".
  > Conjunto de pranchas a nanquim, folhas milimetradas e folhas de sulfite com croquis e estudos da residência Juarez Brandão Lopez II.
- Rolo de papel-arroz sem identificação.
  > Dez pranchas pequenas, com desenhos a lápis, da residência M. Mendonça (plantas, cortes, divisão do lote).
- Rolo vegetal identificado "res. Simão".
  > Duas pranchas, a nanquim, com planta geral, corte e elevação da residência Simão Fausto.
- Rolo de papel-arroz identificado "Carlos Ziegelmeyer".
  > Quatro pranchas, a lápis e a nanquim, com estudos para a residência Carlos Alberto Ziegelmeyer.
- Rolo de papel vegetal identificado "Pery Campos".
  > Duas pranchas, a nanquim, com planta e vários cortes da residência Pery Campos (desenhos muito bem-executados).

- Rolo de papel vegetal identificado "Casa Cunha Lima".
  > Três pranchas, a nanquim, e hidrográfica com três alternativas de projeto para a residência Cunha Lima.
- Rolo de papel vegetal identificado "José – res. Albertino".
  > Uma prancha, a nanquim, com a localização da construção no lote; e uma cópia heliográfica, com planta do projeto.
- Rolo de papel vegetal identificado "Boris Fausto".
  > Nove pranchas a nanquim, com detalhamento de caixilharia e mobiliário da residência Boris Fausto (a qualidade de algumas das peças é muito boa).
- Rolo de papel de seda identificado "2 plantas – instituto de ed. Piracicaba" (não aberto).
- Rolo de papel vegetal identificado "Helládio Capisano".
  > Uma prancha, a nanquim, com plantas e cortes sem identificação.
- Rolo de papel vegetal sem identificação.
  > Duas pranchas, a nanquim, com implantação e elevações de projeto urbano não identificado.
- Rolo de papel vegetal identificado "Eletricitários".
  > Nove pranchas, a nanquim, com desenhos e textos do anteprojeto da nova sede para o Sindicato dos Eletricitários de SP (desenhos muito bem-executados, principalmente os cortes e as perspectivas).
- Rolo de papel sulfite identificado "cópias heliográficas – diversos projetos".
  > Oito pranchas heliográficas, com peças gráficas de várias residências, sem identificação.
- Rolo de papel vegetal identificado "Mario e Ruth – Dr. Paulo Vampré – estrutural".
  > Duas pranchas, a nanquim, com locação das estacas e desenho das formas da residência Vampré.
- Rolo de papel-arroz, solto, não identificado.
  > Três pranchas, a nanquim e a lápis, da residência Thomas Farkas, com plantas dos dois pavimentos e corte, todos em fase de estudo.
- Rolo de papel vegetal identificado "Projeto estrutural – Dino e C. Carvalhosa".
  > Nove pranchas, a nanquim, com projeto das fundações, das formas e detalhamento estrutural das residências Dino Zammataro e C. Carvalhosa.
- Rolo de papel vegetal identificado "Frederico Brotero".
  > Conjunto de pranchas, a nanquim, com projeto completo da residência Frederico Brotero (peças gráficas muito bem-executadas, isométricas dos espaços e muitos detalhes – da abóbada, do mobiliário, instalações etc.).
- Rolo de papel vegetal identificado "Aldo Bove".
  > Pranchas, a nanquim, de projeto residencial para Aldo Bove (o nome de Lefèvre, na autoria do projeto, limita-se mais ao projeto de instalações; autoria do projeto de arquitetura de Paulo Madeira e Ronaldo Duschenes).
- Rolo de papel vegetal identificado "res. Dino Zammataro".
  > Seis pranchas com projeto da residência Dino Zammataro (algumas peças gráficas inacabadas).
- Rolo de papel vegetal identificado "Farkas – proj. estrutural".
  > Treze pranchas, a nanquim, com projeto estrutural completo (formas, fundação, detalhes) da residência Farkas.

- Rolo de papel vegetal identificado "Farkas – executivo, caixilharia".
  > Oito pranchas, a nanquim, com grande quantidade de detalhes das esquadrias e caixilharia da residência Farkas.
- Rolo de papel vegetal identificado "Farkas – anexação de lotes".
  > Quatro pranchas, a nanquim, com estudo e projeto de anexação de lotes para a residência Farkas.
- Rolo de papel vegetal identificado "Sítio Remanso".
  > Cinco pranchas, a nanquim, com estudos da residência Cleômenes Dias Batista".
- Rolo de papel vegetal identificado "Cleômenes".
  > Duas pranchas, a nanquim, com plantas e cortes da residência Cleômenes Dias Batista (planta colorida, muito bem-executada).
- Rolo de papel vegetal identificado "Cleômenes".
  > Pranchas a nanquim, com detalhes de componentes metálicos e da alvenaria, e desenhos inacabados da planta do projeto Cleômens Dias Batista.
- Rolo de papel sulfite identificado "Zicafe – cópias heliográficas".
  > Seis pranchas heliográficas, com planta e cortes da residência Carlos Roberto Franco Matos (Zicafe).
- Rolo vegetal identificado "Boris Fausto".
  > Quatro pranchas, a nanquim, com plantas e cortes da residência Boris Fausto (o nome de Lefèvre não aparece na autoria; apenas o de Sérgio Ferro).
- Rolo de papel vegetal identificado "Farkas – executivo – acabamentos".
  > Quatro pranchas, a nanquim, com detalhes de instalação hidráulica e elétrica da residência Farkas.
- Rolo de papel sulfite identificado "Farkas – revisão caixilharia".
  > Duas pranchas heliográficas, com detalhes de esquadria e caixilharia, da residência Farkas.
- Rolo de papel vegetal identificado "Marcos Gonçalves".
  > Quatro pranchas, a nanquim, com plantas, cortes, isométricas e detalhes do projeto de reforma da residência Marcos Gonçalves.
- Rolo de papel vegetal identificado "Sítio Gabi Bollaf".
  > Uma prancha, a nanquim, com projeto da residência Gabriel Bolaffi.
- Rolo de papel vegetal identificado "Farkas – projeto legal".
  > Uma prancha, a nanquim, com projeto para a prefeitura, da residência Farkas.
- Rolo de papel vegetal identificado "Frederico Brotero – estrutural".
  > Pranchas, a nanquim, com projeto das fundações, formas e detalhes estruturais da residência Frederico Brotero.

Caixa de revistas

- Exemplares de: *American Artist*, *Art Instruction*, *Architectural Review*, *Domus* e de revistas russas.
- Revista *Fundamentos*.
- Pasta/revista sobre arquitetura moderna suíça.

APÊNDICE 2
ACERVO HIDROSERVICE

A pesquisa realizada na Hidroservice foi a primeira efetuada por um pesquisador, e contou com a colaboração inestimável do diretor da empresa, o engenheiro Osmar Onofre Vianna, do arquivista Benedito de Lima, do projetista de arquitetura José Mendonça Campinas e do desenhista Valdenir Aparecido Pascoal[1].

MATERIAL PESQUISADO

O material pesquisado compreende: relatórios internos e externos dos projetos; álbum com os projetos; cópias em *rosalide* dos projetos e chapas microfilmadas dos projetos. Além desse material, várias informações foram colhidas com os funcionários citados, as quais foram fundamentais para o andamento da pesquisa[2].

[1]. Quando da publicação deste livro, a Hidroservice Engenharia não pôde confirmar a origem das imagens, por não estar mais de posse dos arquivos originais.
[2]. Entrevistas não foram realizadas, em função de orientações da empresa.

Relatórios do Arquivo Geral

Relatório Externo - Administração Central do DNER
- Ministério dos Transportes. Departamento Nacional de Estradas de Rodagem
- Diretoria de Planejamento – DEP
- Projeto da Edificação Central do DNER em Brasília
- Projeto Final de Engenharia
- Relatório Final vol. III
- maio de 1973

Relatório Externo - Instituto dos Ambulatórios do Hospital das Clínicas
- Hospital das Clínicas da Faculdade de Medicina da Universidade de São Paulo
- Serviços de Engenharia Consultiva para o Instituto dos Ambulatórios do Hospital das Clínicas – Eng. Executiva
- Projeto do Centro Cultural do Instituto dos Ambulatórios do Hospital das Clínicas – segunda versão
- HE 205-R1-0974
- Abril de 1974

- Hospital das Clínicas da Faculdade de Medicina da Universidade de São Paulo
- Serviços de Engenharia Consultiva para o Instituto dos Ambulatórios do Hospital das Clínicas – Eng. Executiva
- Relatório sobre Revisões do Projeto efetuadas para atender ao Decreto Municipal nº 10.878, de 07 de fevereiro de 1974
- HE 205-R2-0794
- Setembro de 1974[3]

Relatório Externo – Fábrica de Elementos Combustíveis
- Nuclebrás
- Fábrica de Elementos Combustíveis
- Relatório do Projeto Básico
- vol. I (e único)
- Nuclebrás (Empresas Nucleares Brasileiras S.A.)
- Relatório Final do Projeto Básico
- Hidroservice
- São Paulo
- Agosto de 1977

[3]. Além desses relatórios, foram analisados outros nove, referentes a memoriais de cálculo, quantitativos, dimensionamentos etc.

Relatório Interno – Edifício para Cozinha Industrial da Cosipa
- Projeto Básico e Executivo: Memorial Descritivo e Justificativo - Ed. do Refeitório da Adm. estudo Preliminar. REP 01/76, 02/76, 27/10/76

Relatório Interno nº 3 – Central de Abastecimento
- QA.181 - Supervisão da construção da Central de Abastecimento de Curitiba: avaliação das modificações a introduzir no projeto executivo de arquitetura em função da adoção de novo sistema construtivo para as cobertas.
- Arqtº Henri Michel Lespaupin
- 24/06/74

Relatório Interno nº 10
- Assunto: OE - 181 - Supervisão da construção da Central de Abastecimento de Curitiba. Parecer sobre a substituição da cobertura em concreto armado por abóbada em tijolo cerâmico armado "sistema EDEC"
- Engº Guilherme Ernesto Orth.
- 30/10/74

Relatório Externo – "Proposal for Planning of a Multi-Purpose Town in Ajaokuta, Kwara State, Nigéria"
- Proposta efetuada para "Nigerian Steel Developement Authority", Lagos, Nigéria
- Nigerian Steel Development Authority. Lagos, Nigéria
- Autoria: Hidroservice - Engenharia de Projetos Ltda.
- Junho de 1975

Relatório Externo – "Detailed Urban Planning Designs for Ajaokuta Steel Township"
- Final Design. Volume I - Report. Draft
- Cliente: Federal Ministry of Housing and Environment. Lagos, Nigéria
- Autoria: Hidroservice - Engenharia de Projetos Ltda e Omokhodion Associates
- Janeiro de 1981

Relatório Externo – "Detailed Urban Planning Designs for Ajaokuta Steel Township"
- Final Design. Volume I - Final Report.
- Cliente: Federal Ministry of Housing and Environment. Lagos, Nigéria.
- Autoria: Hidroservice - Engenharia de Projetos Ltda. e Omokhodion Associates
- Junho de 1982

Relatório Interno nº 1 - 21/11/84
- Assunto: material para concorrência da Escola Técnica de Formação de Quadros de Saúde (diversas edificações de um pavimento, totalizando cerca de 3.400 m²) e de Reforma de um Depósito (com um pavimento de área de 1070 m²) existente junto ao Hospital "3 de Agosto".

Álbuns de projeto - sala QA. Catálogos - materiais de construção.

1. Álbum Projeto Executivo: 3º est. "a"
   > Formato: A3 (capa papel *craft*)
   > Cosipa
   > Cozinha Industrial
2. Álbum 3B
   > Formato: aproximadamente A3 (capa acetato)

Hospital das Clínicas
Faculdade de Medicina da USP
1. Álbum 3B
   > Formato: aproximadamente A3 (capa cartolina azul)

Hospital das Clínicas
Faculdade de Medicina da USP
1. Álbum Figuras Humanas
   > Formato: irregular (capa de papelão - preso com elástico)
   > Sinalização do hospital
   > Instituto dos Ambulatórios
   Faculdade de Medicina da USP
2. Álbum Revestimento de Pisos: 3º "b"
   > Formato: aproximadamente A2 (capa de cartolina amarela)
   > Hospital das Clínicas
   > Faculdade de Medicina - USP
   > Instituto dos Ambulatórios
3. Álbum Estruturas - Formas. Projetos Executivos 3B
   > Formato: aproximadamente A2 (capa de acetato)
   > Instituto dos Ambulatórios

Hospital das Clínicas - USP
1. Álbum Sanitários e Serviços. Projetos Executivos 3B
   > Formato: aproximadamente A3 (capa de cartolina azul-claro)
   > Instituto dos Ambulatórios

Hospital das Clínicas da USP
1. Álbum 6º A-5
   > Formato: aproximadamente A3 (capa de cartolina azul)
   > NB
   > Nuclebrás

2. Álbum DNER Caixilhos ESB
   > Formato: aproximadamente A2 (capa de cartolina amarela)
   > Ed. Sede em Brasília
   > Projeto Executivo da "FICHET" 8º "A-1"
3. Álbum DNER
   > Formato: aproximadamente A2/A3 (capa de papelão rígido)
   > Edifício. Sede: Brasília
   > Administração Geral
   > Anteprojetos 8º "A-1"
   > Arquitetura - Geologia
   > Instalações elétricas e telefone
   > Rede de saneamento
   > Instalações mecânicas/Projeto contra incêndio
4. Álbum Aeroporto do Funchal
   > Formato: irregular (capa de acetato e cartolina azul-claro)
   > Aerogare definitiva
   > Mapa de voos e acabamentos
   > Detalhes construtivos (terceiros) 7º A
5. Álbum Aeroporto do Funchal
   > Formato: aproximadamente A3 (capa de papelão)
   > Aerogare e serviços técnicos
   > Documentação fotográfica (terceiros) 7º A
6. Álbum Secretaria Regional do Equipamento Social. Região Autônoma da Madeira. Portugal

Aeroporto do Funchal. Ilha da Madeira
   > Formato: irregular
   > Projeto das Obras de Ampliação
   > Hidroservice Engenharia de Projetos Ltda.
   > Prof. Engº. Edgar Cardoso
   > set. 1981 (carimbo - jan. 1985 07A)

1. Álbum BB - Brasília
   > Formato: aproximadamente A2/A3 (capa de cartolina branca)
   > Projeto Executivo. 9º B

Cópias de projeto do Arquivo Geral
Dezesseis pranchas do Projeto da Escola Técnica de Formação de Quadros de Saúde.

Chapas microfilmadas
Foram analisadas aproximadamente seiscentas chapas microfilmadas dos projetos.

REFERÊNCIAS BIBLIOGRÁFICAS

Livros, textos e artigos

ACAYABA, Marlene Milan. *Branco & preto: uma história do design brasileiro nos anos 50*. São Paulo: Instituto Lina Bo e P. M. Bardi, 1994.

AGUIAR, Flávio (org.). *Antonio Candido: pensamento e militância*. Sao Paulo: Fundação Perseu Abramo / Humanitas, 1999.

ALEXANDER, Christopher et al. *Uma linguagem de padrões*. Porto Alegre: Bookmann, 2013.

ALGRANTI, Leila Mezan. "Família e vida doméstica". Em: SOUZA, Laura de Mello e (org.). *História da vida privada no Brasil, V. 1: Cotidiano e vida privada na América portuguesa*, São Paulo: Companhia das Letras, 1997.

ALVARADO, Daysi V. M. Peccinini de. *Figurações – Brasil anos 60: neofigurações fantásticas e neo-surrealismo, novo realismo e nova objetividade brasileira*. São Paulo: Edusp/Itaú Cultural, 1999.

AMARAL, Aracy A. *Tarsila: sua obra e seu tempo*. São Paulo: Perspectiva, 1975.

____. *Projeto construtivo brasileiro na arte (1950-1962)*. Rio de Janeiro/São Paulo: MEC-Funarte/Secretaria da Cultura, Ciência e Tecnologia do Estado de São Paulo, 1977.

____. *Arte para quê?*. São Paulo: Nobel, 1987.

ANAIS do IV Congresso Brasileiro de Arquitetos. São Paulo: Instituto dos Arquitetos do Brasil, 1954.

ANDERSON, Perry. "Modernidade e revolução". *Novos Estudos – Cebrap*. São Paulo: fev. 1986, n. 14.

ANDRADE, Mário de. "Brazil Builds". *Folha da Manhã*. São Paulo: 23 mar. 1944.

____. *Aspectos da literatura brasileira*. São Paulo: Martins, 1978.

____. *A enciclopédia brasileira*. São Paulo: Giordano/Loyola/Edusp, 1993.

ANDRADE, Oswald de. *Memórias sentimentais de João Miramar*. São Paulo: Difel, 1964.

____. *Marco zero II: chão*. Em: *Obras completas - 4*. Rio de Janeiro: Civilização Brasileira, 1971.

ARANTES, Otília B. Fiori. *Mário Pedrosa: itinerário crítico*. São Paulo: Scritta, 1991.

____. *O lugar da arquitetura depois dos modernos*. São Paulo: Nobel/Edusp, 1993.

ARANTES, Otília B. Fiori e ARANTES, Paulo Eduardo. *Um ponto cego no projeto moderno de Jürgen Habermas*. São Paulo: Brasiliense, 1992.

____. *Sentido da formação: três estudos sobre Antonio Candido, Gilda de Mello e Souza e Lúcio Costa*. São Paulo: Paz e Terra, 1997.

ARANTES, Pedro Fiori. *Arquitetura Nova: Sérgio Ferro, Flávio Império e Rodrigo Lefèvre, de Artigas aos mutirões*. São Paulo: Nova, 2004.

ARENDT, Hannah. *Homens em tempos difíceis*. São Paulo: Companhia das Letras, 1987.

ARGAN, Giulio Carlo. *El arte moderno: 1770-1970*. Valência: Fernando Torres, 1976.

____ et al. *El pasado en el presente: el revival en las artes plásticas, la arquitectura, el cine y el teatro*. Barcelona: Gustavo Gili, 1977.

____. *Walter Gropius e a Bauhaus*. Lisboa: Presença/Martins Fontes, 1983.

____. *História da arte como história da cidade*. São Paulo: Martins Fontes, 1992.

____. *Arte moderna: 1770-1970*. São Paulo: Companhia das Letras, 1993.

____. *Projeto e destino*. São Paulo: Ática, 2000.

ARTIGAS, João Batista Vilanova. "Le Corbusier e o imperialismo". *Fundamentos*. São Paulo: maio 1951, n. 18.

____. "A Bienal é contra os artistas brasileiros". *Fundamentos*. São Paulo: dez. 1951, n. 23.

____. "Os caminhos da arquitetura moderna". *Fundamentos*. São Paulo: jan. 1952, n. 24.

____. "Aos jovens arquitetos". *Fundamentos*. São Paulo: dez. 1955, n. 40.

_____. "Uma falsa crise". *Acrópole*. São Paulo: jul. 1965, n. 319.

_____. *Caminhos da arquitetura*. São Paulo: Fundação Vilanova Artigas/Pini, 1986; Cosac Naify, 2004.

_____. *A função social do arquiteto*. São Paulo: Fundação Vilanova Artigas/Nobel, 1989.

ÁVILA, Affonso (org.). *O modernismo*. São Paulo: Perspectiva, 1975.

AYMONINO, Carlo. *La vivienda racional. Ponencias de los Congresos CIAM 1929-1930*. Barcelona: Gustavo Gili, 1973.

BANHAM, Reyner. *El brutalismo en arquitectura: ¿ética o estética?*. Barcelona: Gustavo Gili, 1966.

_____. *Teoria e projeto na primeira era da máquina*. São Paulo: Perspectiva, 1975.

_____. *Megaestructuras: futuro urbano del pasado reciente*. Barcelona: Gustavo Gili, 1978.

BAUDELAIRE, Charles. *Sobre a modernidade*. São Paulo: Paz e Terra, 1997.

BENJAMIN, Walter. "O autor como produtor". Em: *Obras escolhidas, v. 1: Magia e técnica, arte e política. Ensaios sobre literatura e história da cultura*. São Paulo: Brasiliense, 1984.

BELLEZA, Gilberto et al. "Ausência de Rodrigo Lefèvre: três anos". *Projeto*. São Paulo: jun. 1987, n. 100.

BELLUZZO, Ana Maria de Moraes (org.). *Modernidade: vanguardas artísticas na América Latina. Cadernos de Cultura - 1*. São Paulo: Unesp-Memorial, 1990.

BICCA, Paulo. *O arquiteto, a máscara e a face*. São Paulo: Projeto, 1984.

BOLAFFI, Gabriel. "Rodrigo Lefèvre, arquiteto". *Novos Estudos – Cebrap*. São Paulo: jan. 1985, n. 11.

BONDUKI, Nabil Georges. *1930-1954. Origens da habitação social no Brasil: arquitetura moderna, Lei do Inquilinato e difusão da casa própria*. São Paulo: Estação Liberdade, 1998.

_____. *Os pioneiros da habitação social no Brasil, v. 1: Cem anos de política pública no Brasil*. São Paulo: Unesp/Sesc, 2014.

BRADBURY, Malcon e McFARLANE, James. *Modernismo guia geral 1890-1930*. São Paulo: Companhia das Letras, 1989.

BRASÍLIA: *GUIARQUITETURA*. São Paulo: Empresa das Artes, 2000.

BRECHT, Bertold. *Poemas, 1913-1956*. São Paulo: Brasiliense, 1990.

BRITO, Mário da Silva. *História do modernismo brasileiro: antecedentes da Semana de Arte Moderna*. Rio de Janeiro: Civilização Brasileira, 1974.

BRITO, Ronaldo. *Neoconcretismo*. Rio de Janeiro: Funarte, 1985.

BRUAND, Yves. *Arquitetura contemporânea no Brasil*. São Paulo: Perspectiva, 1981.

BRUNA, Paulo J. V. *Arquitetura, industrialização e desenvolvimento*. São Paulo: Edusp/Perspectiva, 1976.

_____. *Os primeiros arquitetos modernos: habitação social no Brasil 1930-1950*. São Paulo: Edusp, 2010.

BURKE, Peter (org.). *A escrita da história: novas perspectivas*. São Paulo: Unesp, 1991.

_____. *A Revolução Francesa da historiografia: A Escola dos Annales, 1929-1989*. São Paulo: Unesp, 1992.

BUZZAR, Miguel A. *João Batista Vilanova Artigas: elementos para a compreensão de um caminho da arquitetura brasileira, 1938-1967*. São Paulo: Unesp/Senac, 2014.

_____. "Difusão da arquitetura moderna brasileira: o caso do Plano de Ação do Governo do Estado de São Paulo (1959-1963)". In: VII Seminário Docomomo Brasil, 2007.

CANCLINI, Néstor García. *Culturas híbridas: estratégias para entrar e sair da modernidade*. São Paulo: Edusp, 2000.

CANDIDO, Antonio. *Literatura e sociedade*. São Paulo: Nacional, 1976.

_____. *Parceiros do Rio Bonito*. São Paulo: Companhia das Letras, 2001.

CANELLA, Guido et al. *Teoría de la proyectación arquitectónica*. Barcelona: Gustavo Gili, 1971.

CARDOSO, Fernando Henrique e FALLETO, Enzo. *Dependência e desenvolvimento na*

América Latina: ensaio de interpretação sociológica. Rio de Janeiro: Zahar, 1970.

CARONE, Edgar. *O PCB*. São Paulo: Difel, 1982.

____. *A República Velha II: evolução política (1889-1930)*. São Paulo: Difel, 1983.

____. *A República liberal I: instituições e classes sociais (1945-1964)*. São Paulo: Difel, 1985.

____. *A República liberal II: evolução política (1945-1964)*. São Paulo: Difel, 1985.

____. *A República Velha I: instituições e classes sociais (1889-1930)*. Rio de Janeiro: Bertrand Brasil, 1988.

CARVALHO JR., José Mário Nogueira de. *Prática de arquitetura e conhecimento técnico*. 273f. Tese (Doutorado em arquitetura e urbanismo) – Universidade de São Paulo. São Paulo: 1994.

CAVALCANTI, Lauro (org.). *Modernistas na repartição*. Rio de Janeiro: URFJ, 1993.

CASTORIADIS, Cornelius. *As encruzilhadas do labirinto*. V.1. Rio de Janeiro: Paz e Terra, 1987.

CERTEAU, Michel de "A operação histórica". Em: LE GOFF, J. e NORA, P. (orgs.) *História, v. 1. novos problemas*. Rio de Janeiro: Francisco Alves, 1988.

CHACON, Vamireh. *Estado e povo no Brasil: as experiências do Estado Novo e da democracia populista 1930-1964*. Rio de Janeiro: José Olímpio, 1977.

CHARTIER, Roger. "Figuras da modernidade". Em: ARIÈS, Philippe e DUBY, Georges (org.). *História da vida privada, v. 3: Da Renascença ao Século das Luzes*. São Paulo: Companhia das Letras, 1991.

CHAUÍ, Marilena. *Cultura e democracia: o discurso competente e outras falas*. São Paulo: Moderna, 1981.

____. *Conformismo e resistência: aspectos da cultura popular no Brasil*. São Paulo: Brasiliense, 1986.

____. *Convite à filosofia*. São Paulo: Ática, 1995.

____. *Brasil: mito fundador e sociedade autoritária*. São Paulo: Fundação Perseu Abramo, 2000.

CHIPP, H. B. *Teorias da arte moderna*. São Paulo: Martins Fontes, 1988.

COLEÇÃO DAS LEIS do Império do Brasil. Rio de Janeiro: Typographia Nacional. 1886, tomo 11, parte 1ª, secção 44ª.

CONSTRUÇÃO CIRCULAR NO BUTANTÃ. *Casa e Jardim*. Set. 1973, nº 284.

CORDEIRO, Waldemar. "Arte industrial". *Arquitetura e Decoração*. São Paulo: fev.-mar. 1958, n. 27.

CORONA, Eduardo "Características da arquitetura brasileira". *Anais IV Congresso Brasileiro de Arquitetos*. São Paulo: IAB, 1954.

____. "Acerca da habitação popular". *Acrópole*. São Paulo: jul. 1965, n 319.

COSTA, Lúcio. *Sobre arquitetura*. Porto Alegre: Centro dos Estudantes Universitários da Arquitetura, 1962.

CURTIS, William J. R. *Arquitetura moderna desde 1900*. Porto Alegre: Bookman, 2008.

DA MATTA, Roberto. *A casa e a rua: espaço, cidadania, mulher e morte no Brasil*. Rio de Janeiro: Rocco, 1997.

DE FEO, Vittorio. *URSS architettura: 1917-1936*. Roma: Editori Riuniti, 1963.

DE FUSCO, Renato. *La idea de arquitectura*. Barcelona: Gustavo Gili, 1976.

DURAND, José Carlos. *A profissão de arquiteto: estudo sociológico*. Rio de Janeiro: CREA-RJ, 1974.

____. *Arte, privilégio e distinção*. São Paulo: Perspectiva/Edusp, 1989.

ESCUELA SECUNDARIA Jorge Cury, São Paulo, Brasil. *Conescal*. Abr. 1968, n. 9.

FARIAS, Agnaldo A. C. *Arquitetura eclipsada: notas sobre história e arquitetura a propósito da obra de Gregori Warchavchik, introdutor da arquitetura moderna no Brasil*. 316f. Dissertação (Mestrado em história) – Universidade Estadual de Campinas. Campinas: 1990.

____. *La arquitectura de Ruy Ohtake*. Madrid: Celeste, 1994.

FAUSTO, Boris. *A Revolução de 1930: historiografia e história*. São Paulo: Brasiliense, 1972.

_____. *Trabalho urbano e conflito social*. Rio de Janeiro/São Paulo: Difel, 1977.

FERRAZ, Geraldo. *Warchavchik e a introdução da nova arquitetura no Brasil: 1925-1940*. São Paulo: Museu de Arte, 1965.

FERREIRA, Carlos A. Martins. *Arquitetura e Estado no Brasil: elementos para uma investigação sobre a constituição do discurso moderno no Brasil; a obra de Lúcio Costa (1924/1952)*. S.f. Dissertação (Mestrado em história) – Universidade de São Paulo. São Paulo: 1987.

FERRO, Sérgio e LEFÈVRE, Rodrigo Brotero. "Proposta inicial para um debate: possibilidades de atuação". *Encontros GFAU 63*. São Paulo: GFAU, 1963.

FERRO, Sérgio. "Residência no Butantã". *Acrópole*. São Paulo: jul. 1965, n. 319.

_____. "Residência em Cotia". *Acrópole*. São Paulo: jul. 1965, n. 319.

_____. "A forma da arquitetura e o desenho da mercadoria". Em: *Almanaque 2: Cadernos de literatura e ensaio*. São Paulo: Brasiliense, 1976.

_____. *A Casa Popular / Arquitetura Nova*. São Paulo: GFAU, 1979.

_____. "Arquitetura Nova". *Arte em Revista 4: Arquitetura Nova*. São Paulo: Kairós, 1980.

_____. "Reflexões para uma política na Arquitetura". *Arte em Revista 4: Arquitetura Nova*. São Paulo: Kairós, 1980.

_____. *Michelangelo: notas por Sérgio Ferro*. São Paulo: Palavra e Imagem, 1981.

_____. *O canteiro e o desenho*. São Paulo: Projeto, 1982.

_____. "Reflexões sobre o Brutalismo Paulista". *Projeto*. São Paulo: 1986, n. 86.

_____. *Futuro anterior*. Catálogo de exposição no Masp. São Paulo: Nobel, 1986.

_____. "Flávio Arquiteto". Em: *Flávio Império em cena*. Catálogo da exposição realizada no Sesc Pompéia. São Paulo: Sesc/SCFI, 1997.

_____ "Nota sobre 'O vício da virtude'". *Novos Estudos - Cebrap*. São Paulo: nov. 2006, n. 76.

FRAMPTON, Kenneth. *História crítica de la arquitectura moderna*. Barcelona: Gustavo Gili, 1983.

_____. *História crítica da arquitetura moderna*. São Paulo: Martins Fontes, 1997.

FREIRE, Paulo. *Pedagogia do oprimido*. São Paulo: Paz e Terra, 1983.

_____. *Educação como Prática da Liberdade*. São Paulo, 1989.

GIANCARLO, Latorraca (org.). *João Filgueiras Lima. Lelé*. Lisboa/São Paulo: Blau/Instituto Lina Bo e P. M. Bardi, 1999.

GIURGOLA, Romaldo. *Louis I. Kahn*. Barcelona: Gustavo Gili, 1989.

GOODWIN, Philip L. *Brazil Builds. Architecture Old and New 1652/1942*. New York: MoMA, 1943.

GORENDER, Jacob. *Combate nas trevas*. São paulo: Ática, 1987.

GORZ, André. "Técnica, técnicos e luta de classes". Em: GORZ, André (org.). *A divisão social do trabalho*. São Paulo: Martins Fontes, 1989.

GREGOTTI, Vittorio. "Los materiales de la proyectación". Em: CANELLA, G. et al. *Teoria de la proyectación arquitectónica*. Barcelona: Gustavo Gili, 1971.

GROUPIUS, Walter. *Bauhaus: novarquitetura*. São Paulo: Perspectiva, 1972.

GUIMARÃES, Humberto P. *Rodrigo Brotero Lefèvre: a construção da Utopia*. Dissertação de mestrado. São Carlos: EESC-USP, 1987.

GULLAR, Ferreira. *Vanguarda e subdesenvolvimento: ensaios sobre arte*. Rio de Janeiro: Civilização Brasileira, 1969.

HABERMAS, Jürgen. *Mudança estrutural da esfera pública*. Rio de Janeiro: Tempo Brasileiro, 1984.

HABRAKEN, J. N. et al. *El diseño de soportes*. Barcelona: Gustavo Gili, 2000.

HARVEY, David. *Condição pós-moderna*. São Paulo: Loyola, 1993.

HEIDEGGER, Martin. *Filosofía, ciencia y técnica*. Santiago: Editorial Universitaria, 1997.

HERTZBERGER, Herman. *Lições de arquitetura*. São Paulo: Martins Fontes, 1999.

HOBSBAWM, Eric J. *A era dos impérios, 1875-1914*. Rio de Janeiro: Paz e Terra, 1988.

____. *Nações e nacionalismo desde 1780*. São Paulo: Paz e Terra, 1991.

HORKHEIMER, Max. *Eclipse da razão*. São Paulo: Unesp, 2016.

IAB-RJ. *Arquitetura brasileira após Brasília*. Rio de Janeiro: IAB-RJ, 1978.

IAB-SP. *Arquitetura e desenvolvimento nacional: depoimentos de arquitetos paulistas*. São Paulo: Pini, s.d.

INSTITUTO DE EDUCACIÓN Sud Mennucci, Brasil. *Conescal*. Dez. 1967, n. 8.

IMPÉRIO, Flávio. "Residência na Praia". *Acrópole*. São Paulo: jul. 1965, n. 319.

____. "Cenografia". *Acrópole*. São Paulo: jul. 1965, n. 319.

JAMESON, Fredric. *Marxismo e forma, teorias dialéticas da literatura no século XX*. São Paulo: Hucitec, 1985.

____. *O inconsciente político. A narrativa como ato socialmente simbólico*. São Paulo: Ática, 1992.

KARL, Frederick R. *O moderno e o modernismo. A soberania do artista: 1885-1925*. Rio de Janeiro: Imago, 1989.

KOPP, Anatole. *Quando o moderno não era apenas um estilo e sim uma causa*. São Paulo: Nobel/Edusp, 1990.

KOURY, Ana Paula. *Grupo Arquitetura Nova*. S.f. Dissertação (Mestrado em arquitetura e urbanismo) – Escola de Engenharia de São Carlos (USP). São Carlos: 1999.

LE CORBUSIER. *Planejamento urbano*. São Paulo: Perspectiva, 1971.

____. *Por uma arquitetura*. São Paulo: Perspectiva, 1973.

____. *Os três estabelecimentos humanos*. São Paulo: Perspectiva, 1976.

LEFEBVRE, Henry. *La revolución urbana*. Madrid: Alianza, 1972.

LEFÈVRE, Rodrigo Brotero. "Uma crise em desenvolvimento". *Acrópole*. São Paulo: out. 1966, n. 333.

____. "Para quem gosta de novos caminhos, aqui está um". *Casa e Jardim*. São Paulo: ago 1970, n. 187.

____. "Casa do Juarez". *Ou...* São Paulo: GFAU, 1971, n. 4.

____. "Notes sur le travail de projet dans une école d'architecture". Grenoble, 1976.

____. *Objetivos do ensino da arquitetura e meios para consegui-los em trabalho de projeto*. Apostila. São Paulo: FAUUSP, 1977.

____. "O fazer e o pensar na obra de Ferro". *Folha de S. Paulo*. São Paulo: 27 fev. 1977.

____. "Notas sumárias sobre a renda da terra urbana". *Chão*. Rio de Janeiro: set.-nov. 1978, n. 3.

____. "Rodrigo Lefèvre". *Varal*. Set. 1979, n. 1.

____. "O arquiteto assalariado". *Módulo*. Rio de Janeiro: set. 1981, n. 66.

____. *Projeto de um acampamento de obra: uma utopia*. 352f. Dissertação (Mestrado em arquitetura e urbanismo) – Universidade de São Paulo. São Paulo: 1981.

LEFÈVRE, Rodrigo Brotero e FERRO, Sérgio. "Clube da Orla, projeto apresentado". *Acrópole*. São Paulo, out.-nov, 1963, nº 300.

____. "Residência em Perdizes". *Acrópole*. São Paulo, jul: 1965, n. 319.

____. "Residência no Itaim". *Acrópole*. São Paulo, jul: 1965, n. 319.

____. "Residência no Sumaré". *Acrópole*. São Paulo: jul. 1965, n. 319.

LEFÈVRE, Rodrigo Brotero; FERRO, Sérgio e IMPÉRIO, Flávio. "Notas sobre Arquitetura". *Acrópole*. São Paulo: 1965, n. 319.

LE GOFF, Jacques e NORA, Pierre (orgs.). *História, v. 1: novos problemas*. Rio de Janeiro: Francisco Alves, 1979.

____. *História, v. 2: novas abordagens*. Rio de Janeiro: Francisco Alves, 1979.

____. *História, v. 3: novos objetos*. Rio de Janeiro: Francisco Alves, 1979.

LE GOFF, Jacques (org.). *A história nova*. São Paulo: Martins Fontes, 1993.

LEMOS, Carlos A. C. *Arquitetura brasileira*. São Paulo: Melhoramentos/Edusp, 1974.

____. *Cozinhas, etc*. São Paulo: Perspectiva, 1978.

____. "O morar no modernismo paulista". *O Caderno de São Paulo*. São Paulo: Rhodia, 1979.

____. *Alvenaria burguesa*. São Paulo: Nobel, 1989.

____. *História da casa brasileira*. São Paulo: Contexto, 1989.

____. *Ramos de Azevedo e seu escritório*. São Paulo: Pini, 1993.

____. *A República ensina a morar (melhor)*. São Paulo: Hucitec, 1999.

____. *Casa paulista*. São Paulo: Edusp, 1999.

LENINE, Vladimir Ilitch. *Obras escolhidas em três tomos - 1*. São Paulo: Alfa-Omega, 1979.

LOPES, João Marcos. "O anão caolho". *Novos Estudos – Cebrap*. São Paulo: nov. 2006, n. 76.

LOPES, Juarez Brandão. "O consumo da arquitetura nova". *Ou...* São Paulo: GFAU-USP, 1971, n. 4.

MANNHEIM, Karl. "O problema da juventude na sociedade moderna". Em: *Diagnóstico de nosso tempo*. Rio de Janeiro: Zahar, 1961.

MANTEGA, Guido. *A economia política brasileira*. São Paulo/Rio de Janeiro: Polis/Vozes, 1984.

MARCUSE, Herbert. *Eros e civilização: uma crítica filosófica ao pensamento de Freud*. Rio de Janeiro: Zahar, 1968.

MARICATO, Ermínia (org.). *A produção capitalista da casa (e da cidade) no Brasil industrial*. São Paulo: Alfa-Omega, 1979.

____. "Companheiro". *Projeto*. São Paulo: jul. 1984, n. 65.

____. "Sobre Rodrigo Lefévre". Projeto. São Paulo: jun. 1987, n. 100.

MARINS, Paulo César G. "Habitação e vizinhança: limites da privacidade no surgimento das metrópoles brasileiras". Em: SEVCENKO, Nicolau (org.). *História da vida privada no Brasil, v. 3. República – da belle époque à era do rádio*. São Paulo: Companhia das Letras, 1998.

MARQUES, Ricardo. *Metrópole e abstração*. S.f. Tese (Doutorado em filosofia) – Universidade de São Paulo. São Paulo: 1993.

MARQUES NETO, José Castilho. *A solidão revolucionária: Mário Pedrosa e as origens do trotskismo no Brasil*. São Paulo: Paz e Terra, 1993.

MASCARÓ, Lucia (org.). *Tecnologia e arquitetura*. São Paulo: Nobel, 1989.

MICELI, Sérgio (org.). *Estado e cultura no Brasil*. São Paulo: Difel, 1984.

MINDLIN, Henrique E. *Brazilian Architecture*. London: Royal College of Art, 1961.

MONTANER Josep Maria. *Después del movimiento moderno: arquitetctura de la segunda mitad del siglo XX*. Barcelona: Gustavo Gilli, 1993.

MOTOYAMA, Shozo (org) *Tecnologia e industrialização no Brasil: uma perspectiva histórica*. São Paulo: Unesp, 1994.

MOTTA, Flávio. "Desenho e emancipação". Em: ARTIGAS, João Batista Vilanova; ANDRADE, Mário e MOTTA, Flávio. *Sobre desenho*. São Paulo: CEB-GFAU, 1975.

NIEMEYER, Oscar. "Problemas atuais da arquitetura brasileira". *Módulo*. Rio de Janeiro: dez. 1955, n. 3.

____. "Considerações sobre a arquitetura brasileira". *Módulo*. Rio de Janeiro: fev. 1957, n. 7.

____. "Depoimento". *Módulo*. Rio de Janeiro: fev. 1958, n. 9.

____. *Meu sósia e eu*. Rio de Janeiro: Revan, 1992.

NOVAES, Adauto (org.). *Tempo e história*. São Paulo: Companhia das Letras, 1992.

NOVAIS, Fernando A. *História da vida privada no Brasil, v. 3: República – da belle époque à era do rádio*. Org. Nicolau Sevcenko. São Paulo: Companhia das Letras, 1998.

____. *História da vida privada no Brasil, v. 1: Cotidiano e vida privada na América portuguesa*. Org. Laura de Melo e Souza. São Paulo: Companhia das Letras, 1999.

OLIVA, Monica M. "O projeto da cozinha". *Casa e Jardim*. São Paulo: fev. 1980, n. 301.

OLIVEIRA, Francisco de. *A economia da dependência imperfeita*. Rio de Janeiro: Graal, 1980.

____. *A economia brasileira: crítica à razão dualista*. Petrópolis: Vozes, 1988.

____. "O vício da virtude: autoconstrução e acumulação capitalista no Brasil", *Novos Estudos - Cebrap*. São Paulo: mar. 2006, n. 74.

OTTO, Frei *et al*. *Arquitectura adaptable: seminario organizado por el Instituto de Estructuras Ligeras*. Barcelona: Gustavo Gili, 1979.

PARA um modo de vida simples e Inteligente. *Casa e Jardim*. Abr. 1975, n. 243.

PEDROSA, Mário. *Mundo, homem, arte em crise*. São Paulo: Perspectiva, 1975.

____. *Dos murais de Portinari aos espaços de Brasília*. São Paulo: Perspectiva, 1981.

____. *Política das artes*. Org. Otília Arantes. São Paulo: Edusp, 1999.

PINHEIRO, Paulo Sérgio. *Estratégias da ilusão: a revolução mundial e o Brasil, 1922-1935*. São Paulo: Companhia das Letras, 1992.

PUPPI, Marcelo. *Por uma história não moderna da arquitetura brasileira: questões de historiografia*. Campinas: Pontes, 1998.

QUILICI, Vieri. "L'architettura del construttivismo," Bari: Laterza, 1969.

REIS FILHO, Nestor Goulart. "Plano para cidade satélite". *Acrópole*. São Paulo: jul. 1965, n. 319.

____. *Quadro da arquitetura no Brasil*. São Paulo: Perspectiva, 1970.

____. *Racionalismo e proto-modernismo na obra de Victor Dubugras*. São Paulo: FBSP, 1997.

RESIDÊNCIA PERY CAMPOS. *Architektur & Wohnen*. Jan. 1973.

RESIDÊNCIA PERY CAMPOS. *Mais*. Mar. 1974.

RIDENTI, Marcelo. *Em busca do povo brasileiro*. Rio de Janeiro: Record, 2000.

RIBEIRO, Demetrio. "Sobre arquitetura brasileira". *Horizonte*. Porto Alegre: maio 1951, n. 5.

RIBEIRO, Demetrio; SOUZA, Nelson; e RIBEIRO, Enilda. "Situação da arquitetura brasileira". Anais IV Congresso Brasileiro de Arquitetos. São Paulo: IAB, 1954.

ROCHA, Ângela M. "No horizonte do possível". *Arquitetura e Urbanismo*. São Paulo: jun.-jul. 1988, n. 18.

ROCHA FILHO, Gustavo Neves da. "A tradição na arquitetura brasileira". Anais IV Congresso Brasileiro de Arquitetos. São Paulo: IAB, 1954.

RODRIGUES, Carme *et al*. *Grupo R*. Barcelona: Gustavo Gili, 1994.

ROGERS, Ernesto N. *A arquitetura moderna desde a geração dos mestres*. Porto: CIAM Porto, s.d.

____. *Experiencia de la arquitectura*. Buenos Aires: Nueva Visión, 1965.

ROIO, Marcos del. *A classe operária na revolução burguesa - a política de alianças do PCB: 1928-1935*. Belo Horizonte: Oficina de Livros, 1990.

ROWE, Colin. *Manyerismo y arquitectura y otros ensayos*. Barcelona: Gustavo Gili, 1999.

RUDOFSKY, Bernard. *Architecture without Architects*. Catálogo. New York: MoMA, 1964.

RYKWERT, Joseph. *La casa de Adán en el Paraíso*. Barcelona: Gustavo Gili, 1975.

SAIA, Luís. *Morada paulista*. São Paulo: Perspectiva, 1978.

____. "A fase heroica da arquitetura contemporânea brasileira já foi esgotada há alguns anos". *Arte em Revista 4: Arquitetura Nova*. São Paulo: Kairós, 1980.

SANT'ANNA JR., Antonio Carlos. "Desenho... Ou sobre Rodrigo Lefèvre". *Arquitetura e Urbanismo*. São Paulo: jun.-jul. 1988, n. 18.

SANTOS, Fábio L. de Souza. *Modernismo e visibilidade: relações entre as artes plásticas e a arquitetura*. S.f. Tese (Doutorado em arquitetura e urbanismo) – Universidade de São Paulo. São Paulo: 2001.

SCHWARTZMAN, Simon, BOMENY, Helena Maria B. e COSTA, Vanda Maria Ribeiro. *Tempos de Capanema*. São Paulo: Paz e Terra/Edusp, 1984.

SCHWARZ, Roberto. *O pai de família e outras histórias*. Rio de Janeiro: Paz e Terra, 1978.

_____. *Ao vencedor as batatas*. São Paulo: Duas Cidades, 1981.

_____. *Que horas são?* São Paulo: Companhia das Letras, 1989.

_____. *Duas meninas*. São Paulo: Companhia das Letras, 1997.

_____. *Sequências brasileiras*. São Paulo: Companhia das Letras, 1999.

SEGAWA, Hugo. *Arquiteturas no Brasil: 1900-1990*. São Paulo: Edusp, 1997.

SEVCENKO, Nicolau. *Literatura como missão*. São Paulo: Brasiliense, 1985.

_____. *Orfeu extático na metrópole: São Paulo, sociedade e cultura nos frementes anos 20*. São Paulo: Companhia das Letras, 1992.

SKIDMORE, Thomas E. *Brasil: de Getúlio a Castelo Branco (1930-1964)*. Rio de Janeiro: Paz e Terra, 1975.

SODRÉ, Nelson Werneck. *História da burguesia brasileira*. Petrópolis: Vozes, 1983.

SONTAG, Susan. *O amante do vulcão*. São Paulo: Companhia das Letras, 1993.

SOUZA, Abelardo de. *Arquitetura no Brasil*. São Paulo: Diadorim/Edusp, 1978.

STANGOS, Nikos (org.). *Conceitos da arte moderna*. Rio de Janeiro: Jorge Zahar, 1991.

TAFURI, Manfredo. *Teoria e história da arquitetura*. Lisboa: Presença/Martins Fontes, 1981.

_____. *Projeto e utopia*. Lisboa: Presença, 1985.

TAFURI, Manfredo e DAL CO, F. *Architettura contemporanea*. Milano: Electa, 1976.

TAFURI, Manfredo; CACCIARI, Massimo e DAL CO, Francesco. *De la vanguardia a la metropoli: crítica radical a la arquitetura*. Barcelona: Gustavo Gili, 1972.

TELES, Gilberto Mendonça. *Vanguarda europeia e modernismo brasileiro*. Petrópolis: Vozes, 1983.

TOLIPAN, Sérgio (org.). *Sete ensaios sobre o modernismo*. Rio de Janeiro: MEC/Funarte, 1983.

TORRES, Regina de Castro. *Arquivo sobre obras de arquitetura e planejamento do arquiteto Rodrigo Brotero Lefèvre*. TGI. São Paulo: FAUUSP, 1975.

TOURAINE, Alain. *Crítica da modernidade*. Petrópolis: Vozes, 1994.

TROTSKY, Leon. *Literatura e revolução*. Rio de Janeiro: Zahar, 1980.

UM PROJETO ARROJADO para Casa de Praia. *Casa e Jardim*. Set. 1978, n° 284.

VARGAS, Milton (org.). *História da técnica e da tecnologia no Brasil*. São Paulo: Unesp, 1994.

VV. AA. *Constructivismo*. Madrid: Alberto Corazon, 1973.

VV.AA. *O nacional e o popular*. São Paulo: Brasiliense, 1983.

VEYNE, Paul. *Como se escreve a história: Foucault revoluciona a história*. Brasília: UnB, 1998.

XAVIER, Alberto. "Residência Dino Zammataro". *A Construção em São Paulo*. São Paulo: ago. 1982, n. 1802.

XAVIER, Alberto; LEMOS, Carlos e CORONA, Eduardo. A*rquitetura moderna paulistana*. São Paulo: Pini, 1983.

XAVIER, Alberto e MIZOGUCHI, Ivan. *Arquitetura moderna em Porto Alegre*. São Paulo: FAUFRGS/Pini, 1987.

WEBER, Max. *A ética protestante e o espírito do capitalismo*. São Paulo: Companhia das Letras, 2014.

WICK, Rainer. *A pedagogia da Bauhaus*. São Paulo: Martins Fontes, 1989.

ZANETTINI, Siegbert. "Homem, profissional e professor". *Projeto*. São Paulo: jun. 1987, n. 100.

ZANINI, Walter (org.). *História geral da arte no Brasil*. São Paulo: Instituto Walter Moreira Sales, 1984.

ZEIN, Ruth V. "Rodrigo Brotero Lefèvre, o caminho da utopia (1938-1984)". *Projeto*. São Paulo: jul. 1984, n. 65.

ZILIO, Carlos. "Debate CEB. 1968". *Desenho*. São Paulo: FAUUSP, 1972, n. 4.

_____. *A querela do Brasil*. Rio de Janeiro: MEC/Funarte, 1982.

Entrevistas e depoimentos ao autor

Entrevista com Helena Brotero, em novembro de 2000.

Entrevista com Maria do Carmo (atual proprietária da residência Bernardo Issler), em dezembro de 2000.

Entrevista com Sérgio Ferro, em março de 2001.

Entrevista com Beatriz Lefèvre, em março de 2001.

Entrevista com Júlio Devita Dreyfus (atual proprietário da residência Sylvio Bresser Pereira), em março de 2001.

Entrevista com Aylton Nery (atual morador da residência Dino Zammataro), em abril de 2001.

Entrevista com Helládio Capisano, em abril de 2001.

Entrevista com Ricardo Toledo, em outubro de 2001.

Depoimento de José Osmando Vieira Lima (responsável pela administração do edifício do DNER), em julho de 2001.

Depoimento de Juarez Lopes Brandão, em agosto de 2001.

Depoimentos de Jackson Guilherme Ferreira, gerente regional da CAIPA, em setembro de 2001.

Depoimento de Antonio Carlos (engenheiro responsável pela adminstração do edifício CESEC), em outubro de 2001.

Depoimentos de Osmar Onofre Vianna (diretor da Hidroservice), em várias ocasiões.

Informações colhidas com vários técnicos, nas visitas às obras.

Entrevistas realizadas por terceiros

Entrevista de Rodrigo Brotero Lefèvre a Renato de Andrade Maia. Disponível em: <http://www.vitruvius.com.br/revistas/read/entrevista/01.001/3352>. Acesso em: fev. 2017.

Entrevista de Francisco de Oliveira a Cibele Saliba Rizek.

Revistas

Acrópole. São Paulo, n. 259, 300, 319 e 333.
Almanaque: cadernos de literatura e ensaio. São Paulo: Brasiliense, 1976, n. 2.
Architecture d'aujourd'hui. Paris, n. 177.
Architectural Design Profile. Londres, n. 93.
Argumento. Rio de Janeiro, n. 3.
Arquitetura e Decoração. São Paulo, n. 27.
Arquitetura e Urbanismo (AU). São Paulo, n. 18 e 19.
Arte em Revista 1: Anos 60. São Paulo: Kairós, 1979.
Arte em Revista 3: Questão popular. São Paulo: Kairós, 1980.
Arte em Revista 4: Arquitetura Nova. São Paulo: Kairós, 1980.
Caramelo. São Paulo: GFAU, n. 8.
Caros Amigos. São Paulo, n. 49.
Casa Cláudia. São Paulo, n. 197-A.
Casa e Jardim. São Paulo, n. 79, 187, 243, 284 e 301.
Chão. Rio de Janeiro, n. 3.
Conescal – Revista del Centro Regional de Construcciones Escolares para América Latina. méxico, n. 8 e 9.
(A) Construção em São Paulo. São Paulo, n. 1755 e 1802.
Desenho. São Paulo, n. 1 e 4.
Fundamentos. São Paulo, n. 18, 23, 24 e 40.
Horizonte. Porto Alegre, n. 5.
Módulo. Rio de Janeiro, n. 3, 7, 9 e 66.
Novos Estudos. São Paulo, n. 11, 14 e 25.
Ou... São Paulo: n. 4.
Pós. São Paulo, n. 5.
Projeto. São Paulo, n. 32, 65, 109, 100, 110 e 115.

SOBRE O AUTOR

Miguel Antonio Buzzar é formado pela Faculdade de Arquitetura e Urbanismo da Universidade de São Paulo (1980), mestre (1996) e doutor (2002) em estruturas ambientais urbanas pela mesma instituição. Em 2011, obteve o título de livre-docente pela Escola de Engenharia de São Carlos/USP. Docente da USP desde 1989, ocupou vários cargos, entre eles coordenador do Curso de Arquitetura e Urbanismo e presidente da Comissão de Graduação do Instituto de Arquitetura e Urbanismo da Universidade de São Paulo – IAU-USP. É professor associado e diretor eleito (2016-2020) do Instituto de Arquitetura e Urbanismo/USP, sendo membro do Conselho Universitário/USP. Trabalhou nas Prefeituras de Diadema, Santo André e na COHAB de Santos entre 1989 e 1993. Leciona na graduação e pós-graduação e pesquisa temas associados à teoria e à história da arquitetura e do urbanismo, principalmente arquitetura moderna, arquitetura e urbanismo contemporâneos e políticas urbanas e habitacionais. Coordena dois grupos de pesquisa certificados pelo Conselho Nacional de Desenvolvimento Científico e Tecnológico (CNPq): "Arquitec – arquitetura, tecnologia e habitação" (com o prof. Márcio M. Fabrício) e "ArtArqBR – arte e arquitetura, Brasil: diálogos na cidade moderna e contemporânea" (com o prof. Fábio L. S. Santos). Autor de diversos trabalhos acadêmicos, com destaque para o livro *João Batista Vilanova Artigas: elementos para a compreensão de um caminho da arquitetura brasileira – 1938-1967*, para a coordenação das pesquisas "Difusão da Arquitetura Moderna no Brasil – o caso do Plano de Ação do Governo do Estado de São Paulo (1959-1963)", com apoio da Fundação de Amparo à Pesquisa do Estado de São Paulo (Fapesp) e "Desenvolvimento de Procedimentos Metodológicos para Avaliação das dimensões Relativas ao Processo, Produto e Impactos do Programa Minha Casa Minha Vida e do Eixo de Urbanização de Assentamentos Precários do Programa de Aceleração do Crescimento; PAC-Urbanização", com apoio do CNPq. Foi editor da *Risco*, revista de pesquisa em arquitetura e urbanismo, periódico vinculado ao Programa de Pós-Graduação do IAU-USP, de 2006 a 2013. Faz parte do Conselho Editorial dos periódicos *Pós*, revista do Programa de Pós-graduação da Faculdade de Arquitetura e Urbanismo/USP e *arq.urb*, revista eletrônica do Programa de Pós-Graduação em Arquitetura e Urbanismo/ Universidade São Judas Tadeu, sendo também revisor de outros três periódicos científicos: *Ambiente Construído*, revista da Associação Nacional de Tecnologia do Ambiente Construído – ANTAC), *Arquitecturas del Sur*, revista do Departamento de Diseño y Teoría de la Arquitectura de la Universidad del Bío-Bío, e *Cadernos Metrópole*, revista do Observatório das Metrópoles – Instituto Nacional de Ciência e Tecnologia (INCT). É também parecerista *ad-hoc* das agências de fomento Fapesp e CNPq e pesquisador bolsista em produtividade do CNPq – bp 2.

AGRADECIMENTOS

A confecção deste trabalho deu-se em um arco temporal muito longo. Desde a conclusão do doutorado em 2011, até a publicação do livro em 2018, situações pessoais, acadêmicas, políticas e sociais multiplicaram-se e diferenciaram-se. Mas permanecem os colegas com os quais dividi reflexões e questões, que auxiliaram a dar consistência aos temas que o livro desenvolve, e colaboradores que viabilizaram a produção do material que compõe o livro, sem os quais este não seria possível. São inúmeras as pessoas que me honraram com sua contribuição e seu trabalho, quer de forma contínua, quer em momentos específicos, que espero, sintam-se representadas nestes agradecimentos: ao Paulo Bruna, meu orientador de doutorado, que pacientemente acompanhou o desenvolvimento da pesquisa inicial; à Cibele S. Rizek, a quem devo um aprofundamento crítico de questões presentes, direta e indiretamente; ao Fábio L. S. Santos e às nossas conversas sobre as várias dimensões da arte e da arquitetura; à Ana e à Beatriz Lefèvre, que gentilmente cederam os direitos de imagem da produção de seu pai, Rodrigo Brotero Lefèvre; ao Cláudio Maksoud, que cedeu o uso das imagens relativas à produção de Lefèvre na Hidroservice; ao Paulo Kiss e ao Mário Sérgio Pini, do Grupo PINI; e aos alunos e alunas que se responsabilizaram pelo tratamento de imagens, pela produção de desenhos e correção de legendas.

A todos que colaboraram, meu muito obrigado!

CRÉDITOS DAS IMAGENS

CRÉDITOS DAS IMAGENS

PÁGINA	AUTOR/PROPRIETÁRIO/ACERVO
22	Ilka Apocalypse
25	Arquivo Família Lefèvre
26	Arquivo Família Lefèvre
29	Arquivo Família Lefèvre
30	Arquivo Família Lefèvre
34	Lyonel Feininger
55	Miguel Antonio Buzzar
56	Ana Rosa Machado de Angelo
57	Miguel Antonio Buzzar
58	Miguel Antonio Buzzar
59	Miguel Antonio Buzzar
60	Miguel Antonio Buzzar
61	Miguel Antonio Buzzar (1, 2, 4)
	Rodrigo Brotero Lefèvre (3)
62	Ana Rosa Machado de Angelo
63	Miguel Antonio Buzzar (1, 2, 4)
	Rodrigo Brotero Lefèvre (3)
64	Miguel Antonio Buzzar (1)
	Rodrigo Brotero Lefèvre (2)
65	Miguel Antonio Buzzar
66	Miguel Antonio Buzzar
67	Rodrigo Brotero Lefèvre
68	Miguel Antonio Buzzar
69	Miguel Antonio Buzzar
70	Miguel Antonio Buzzar
71	Miguel Antonio Buzzar
72	Miguel Antonio Buzzar
73	Veruska Bichuette Custodio
74	Miguel Antonio Buzzar
75	Miguel Antonio Buzzar
76	Miguel Antonio Buzzar
77	Miguel Antonio Buzzar
78	Miguel Antonio Buzzar
79	Veruska Bichuette Custodio
80	Miguel Antonio Buzzar
81	Miguel Antonio Buzzar
82	Rodrigo Brotero Lefèvre (1, 2)
	Ana Rosa Machado de Angelo (3)
83	Ana Rosa Machado de Angelo
84	Ana Rosa Machado de Angelo
85	Rodrigo Brotero Lefèvre
87	Revista Codescal
88	Revista Codescal
89	Revista Codescal
90	Revista Codescal
	Kelly Yumi Yamashita (2)
91	Miguel Antonio Buzzar
92	Rodrigo Brotero Lefèvre
93	Rodrigo Brotero Lefèvre
94	Miguel Antonio Buzzar
95	Miguel Antonio Buzzar
	Kelly Yumi Yamashita (planta)
96	Rodrigo Brotero Lefèvre
	Miguel Antonio Buzzar (foto maior)
97	Veruska Bichuette Custodio
98	Miguel Antonio Buzzar (1, 2)
	Rodrigo Brotero Lefèvre (3)
99	Rodrigo Brotero Lefèvre (foto 1)
	Miguel Antonio Buzzar
100	Miguel Antonio Buzzar
101	Miguel Antonio Buzzar
102	Miguel Antonio Buzzar
103	Miguel Antonio Buzzar
104	Acervo Vilanova Artigas
105	Acervo Vilanova Artigas
118	Ana Rosa Machado de Angelo
119	Mateus Rosada
161	Rodrigo Brotero Lefèvre
162	Rodrigo Brotero Lefèvre
163	Rodrigo Brotero Lefèvre
164	Rodrigo Brotero Lefèvre
165	Rodrigo Brotero Lefèvre (originais)
	Veruska Bichuette Custodio (novos)
166	Rodrigo Brotero Lefèvre
167	Rodrigo Brotero Lefèvre
168	Rodrigo Brotero Lefèvre
169	Rodrigo Brotero Lefèvre (originais)
	Veruska Bichuette Custodio (novos)
170	Rodrigo Brotero Lefèvre (1, 2)
	Miguel Antonio Buzzar (3, 4)
171	Miguel Antonio Buzzar
172	Rodrigo Brotero Lefèvre
173	Rodrigo Brotero Lefèvre (originais)
	Veruska Bichuette Custodio (novos)
174	Rodrigo Brotero Lefèvre
175	Rodrigo Brotero Lefèvre
176	Rodrigo Brotero Lefèvre

177	Rodrigo Brotero Lefèvre	**216**	Miguel Antonio Buzzar	**255**	Rodrigo Brotero Lefèvre
178	Miguel Antonio Buzzar (1, 2)	**217**	Hidroservice Engenharia Ltda.	**257**	Hidroservice Engenharia Ltda.
	Rodrigo Brotero Lefèvre (foto maior)	**218**	Hidroservice Engenharia Ltda.	**258**	Hidroservice Engenharia Ltda.
179	Miguel Antonio Buzzar (1, 2)	**219**	Hidroservice Engenharia Ltda.	**259**	Hidroservice Engenharia Ltda.
	Rodrigo Brotero Lefèvre (3, 4)	**220**	Hidroservice Engenharia Ltda.	**260**	Hidroservice Engenharia Ltda.
180	Ana Rosa Machado de Angelo	**221**	Hidroservice Engenharia Ltda.	**261**	Hidroservice Engenharia Ltda.
181	Ana Rosa Machado de Angelo	**222**	Kaio Stragliotto	**263**	Hidroservice Engenharia Ltda.
182	Miguel Antonio Buzzar	**223**	Hidroservice Engenharia Ltda.	**269**	Sérgio Colotto para Revista AU/Pini
183	Miguel Antonio Buzzar	**224**	Hidroservice Engenharia Ltda. (planta)		
184	Veruska Bichuette Custodio		Miguel Antonio Buzzar (foto)	**274**	Rodrigo Brotero Lefèvre
185	Miguel Antonio Buzzar	**225**	Hidroservice Engenharia Ltda.	**275**	Rodrigo Brotero Lefèvre
186	Miguel Antonio Buzzar	**228**	Carolina Dupin Hosino	**276**	Rodrigo Brotero Lefèvre
187	Miguel Antonio Buzzar	**229**	Carolina Dupin Hosino	**277**	Rodrigo Brotero Lefèvre
196	Hidroservice Engenharia Ltda.	**231**	Miguel Antonio Buzzar		
198	Ana Rosa Machado de Angelo (1, 2)	**232**	Hidroservice Engenharia Ltda.		
	Hidroservice Engenharia Ltda. (3)	**233**	Hidroservice Engenharia Ltda.		
199	Ana Rosa Machado de Angelo	**236**	Hidroservice Engenharia Ltda.		
200	Hidroservice Engenharia Ltda.	**237**	Hidroservice Engenharia Ltda.		
201	Hidroservice Engenharia Ltda.	**238**	Hidroservice Engenharia Ltda.		
202	Miguel Antonio Buzzar (fotos)	**239**	Hidroservice Engenharia Ltda.		
	Hidroservice Engenharia Ltda. (desenho)	**240**	Hidroservice Engenharia Ltda.		
203	Hidroservice Engenharia Ltda. (desenho)	**241**	Hidroservice Engenharia Ltda.		
		242	Hidroservice Engenharia Ltda.		
	Miguel Antonio Buzzar (foto)	**243**	Hidroservice Engenharia Ltda.		
204	Miguel Antonio Buzzar	**244**	Rodrigo Brotero Lefèvre		
205	Miguel Antonio Buzzar	**245**	Rodrigo Brotero Lefèvre (1)		
			Miguel Antonio Buzzar (2)		
208	Miguel Antonio Buzzar	**246**	Miguel Antonio Buzzar		
209	Miguel Antonio Buzzar	**247**	Miguel Antonio Buzzar		
		254	Rodrigo Brotero Lefèvre		

Rodrigo Brotero Lefèvre.

Fonte Futura e Sabon
Papel Supremo Alta Alvura 300 g/m² (capa) e
Couché fosco 115 g/m² (miolo)
Impressão Nywgraf Editora Gráfica Ltda.
Data Fevereiro de 2019

MISTO
Papel produzido a partir
de fontes responsáveis
FSC® C044162